2

다시 돌아보는
러시아 혁명 100년

현대의 지성 167
다시 돌아보는 러시아 혁명 100년 2—인문|예술
제1판 제1쇄 2017년 10월 24일

엮은이 박종소
지은이 김민아 김성일 김수환 김정희 손유경 송은지 박종소 박혜경 이병훈 이장욱 차지원
    최진석
펴낸이 이광호
펴낸곳 ㈜문학과지성사
등록번호 제1993-000098호
주소 04034 서울 마포구 잔다리로7길 18(서교동 377-20)
전화 02)338-7224
팩스 02)323-4180(편집) 02)338-7221(영업)
전자우편 moonji@moonji.com
홈페이지 www.moonji.com

ISBN 978-89-320-3048-7 94920
    978-89-320-3046-3 94920 (세트)

이 도서의 국립중앙도서관 출판예정도서목록(CIP)은 서지정보유통지원시스템 홈페이지(http://seoji.nl.go.kr)와
국가자료공동목록시스템(http://www.nl.go.kr/kolisnet)에서 이용하실 수 있습니다.(CIP제어번호: CIP2017026756)

현대의 지성
167

인문 | 예술

**Russian
Revolution
100 years**

박종소
엮음

2

다시 돌아보는
러시아 혁명 100년

문학과지성사

러시아 혁명 100년, 새로운 반복의 조건을 찾아서

1917년, 근대 문명을 이끌어온 서구 세계의 변경으로부터 거대한 전환의 신호탄이 쏘아 올려졌다. 전제정과 농노제로 악명 높은 동토凍土 러시아에서 인류 역사상 최초로 사회주의 혁명이 발생했던 것이다. 일차적으로 혁명은 오랜 세월 짓눌려왔던 피억압 민중이 기성의 지배 구조에 반역을 일으키고 체제를 전복시킨 정치적 격변이었다. 하지만 동시에 그것은 근대 문명이 형성되면서 불가피하게 수반했던 억압적 권력 관계를 해체하고, 합리성을 표방한 위계적 조직화와 감수성에 대한 교묘한 이데올로기적 조작을 타파하여 새로운 인류 공동체를 구축하기 위한 사회문화적 사건이었다. 달리 말해, 러시아 혁명은 근대성이 도달한 고유한 정점을 표시하면서, 또한 근대성이 봉착한 한계를 극복하기 위해 폭발할 수밖에 없던 반反역사적 돌발의 표지였다.

러시아 혁명에 대한 인식과 평가는 오랫동안 냉전 이데올로기에 좌우되었고, 도식적인 해석의 틀을 벗어나지 못했다. 공산주의 대 자본주의, 혹은 공산주의 대 자유민주주의의 대립은 선과 악의 도덕적 대치로 은밀히 치환되었고, 악의적이고 선동적인 프로파간다를 통해 공존 불가능한 절멸의 구도 속에 상호 각인되었다. 이에 따라 러시아 혁명이 내걸었던 평등과 자유, 해방의 원대한 이념도 의심스러운 거부의 대상으로 전락했음은 물론이다. 가령 평등의 이념은 사회를 위협하는 적대적 요소로 간주되었고, 노동 해방과 민주주의적 자유에 대한 염원은 물질적 성장과 통치의 안정을 위해 양보해야 할 요구로 묵살되어온 것이다. 근대성의 또 다른 계승자인 러시아와 공산권 내에서도 사정은 다르지 않았다. 마르크스주의와 볼셰비즘은 혁명 당시의 신선한 충격과 강도를 상실한 채 인간을 억압하는 또 다른 이데올로기로 추락했고, 혁명의 성취를 위해 삶을 바쳤던 사람들은 낙담과 좌절, 공포 속에 한 세기를 살아야 했다.

아이러니컬하게도, 동서 양 진영에서 러시아 혁명의 위대한 순간은 비상과 동시에 추락이라는 기묘한 '변증법적 전도'를 경험해야 했다. 레닌과 트로츠키, 스탈린의 이름은 악명 높은 독재자, 혹은 시대를 잘못 읽은 예언자로 평가절하되었고, 소련이 해체된 후로는 혁명 자체가 처음부터 잘못 끼워진 단추처럼 조소와 냉소의 대상이 되고 말았다. 정치적 영웅뿐만 아니라 문화적 영웅들의 운명 또한 다르지 않았다. 예컨대 혁명의 미학적 전위였던 마야콥스키와 예이젠시테인은 불가능한 이데올로기에 젊음과 재능을 낭비한 비운의 예술가로 추모되었던 것이다. 20세기가 마감될 즈음 이들에게 내려진 선고는 더욱 가혹했다. 러시아 혁명은 19세기 이래 이상 사회를 꿈꾸고 행동했던 인텔리겐치아의 몽상으로 치부되었고, 소련의 붕괴는 그러한 이상의 최종적인 파산으로 언명되었다. 혁명을 독려하고 예술적으로 형상화하려던 시인과 소설가,

각계의 활동가들은 헛된 망상에 아까운 시간과 열정을 탕진한 인물이 되었다. 그렇게 러시아 혁명은 부당하게 폄하되었고, 소비되었으며, 끝내 망각되고 말았다.

혁명 100년을 돌아보는 일은 낡은 고물 수집가의 회고적 취향도 아니고, 옛 시절에 대한 낭만적 동경이 가득한 노스탤지어도 아니다. 혹은 시대착오적인 혁명의 열기로 과거를 찬미하는 일도 될 수 없고, 아카데미에 온존한 연구자들의 논문 소재에 그칠 수도 없다. 21세기의 지금이 자리에서 러시아 혁명에 대해 사유해보고, 사태를 재구성하며, 다른 관점과 방법으로 기록하는 작업은 그 사건적 역동성을 재구축하여 오늘날의 조건 속에서 반복해보기 위함이 아닐까? 하지만 이미 지나간 사실들을 차이에 대한 고려 없이 강령과 구호 속에 되풀이하는 악무한적 질곡에 빠져서는 곤란하다. 오히려 우리는 지금-여기서 벌어지는 정치·경제·사회·문화·인간적 상황들 전반을 탐구하면서 러시아 혁명의 경험과 교훈을 차이 속에 재기입할 수 있도록 매진해야 할 것이다. 온갖 화려한 아카데미적 수사와 속빈 강정 같은 구호나 강령을 내려놓은 채, 100년 전의 사태 속으로 시선을 돌려 철저하게 분석하고 냉정하게 종합해야 하는 까닭이 그에 있다.

모든 시대는 자기만의 이상을 갖게 마련이며, 100년 전의 이상이 오늘의 이상과 같을 수 없다. 우리는 100년 전 러시아에서 벌어진 인류사적 사건을 기억하고 재구성함으로써 오늘의 이상을 새로이, 그러나 다르게 설정해야 할 것이다. 오늘날의 러시아가 자본주의와 국가주의의 첨병으로서 어떠한 얼굴을 하고 있든, 지금과는 달랐던 조건과 차이 속에서 혁명의 사건을 되돌아보고 우리의 현재적 지형으로 삼어와야 한다. 그런 의미에서 한국의 인문사회과학이 러시아 혁명을 의례적인 기넘일로서가 아니라 현행적인 사태이자 도래할 사건으로서 불러내야 할 이유는 넘치도록 충분하다. 이와 같은 목적으로 우리는 러시아 혁명 100년을 재해석하고 재평가하여, 새롭고 다르게 전망하고자 함께 모였다.

*

러시아 혁명 100년을 조감하며, 비단 러시아학의 울타리 안에 있는 연구자들뿐만 아니라 비러시아 전공자들이 혁명을 평가하고 해석한 성과들도 함께 모아 책에 싣고자 노력했다. 최근 수년간 학계와 여러 토론 공간에서 발표된 논문과 평론 들을 실었고, 이 가운데는 서로 상치되는 해석적 경향조차 포함될 정도로 다양한 입장과 관점을 두루 통합하여 제시하는 데 힘썼다. 지금 이 책에 같이 싣지는 못하였으나, 다방면에서 응원해주고 성원을 아끼지 않은 여러 연구자들과 활동가들에게 진심으로 감사드린다.

애초에 이 책의 기획은 2015년 제7회 맑스코뮤날레 집행위원장이었던 심광현 선생님의 제안으로 시작되었다. 서울대학교 박종소 선생님은 흔쾌히 인문·예술 분야의 작업을 떠맡아주셨고, 국민대학교의 정재원 선생님은 나와 함께 정치·사회 분야의 논문 선정과 집필의 부담을 나누어주셨다. 특히 서울대학교의 한정숙 선생님께서는 책의 전반적 모양새와 흐름, 러시아 혁명의 평가와 해석의 기틀에 관해 심도 있는 조언을 해주신 바 있다. 항상 한국에 대한 날카로운 비판과 애정을 함께 보여주시는 박노자 선생님께서도 바쁜 일정에도 불구하고 총론의 글을 보내주셨다. 그 외에 이 기획에 기꺼이 동참해주신 모든 집필자분들께 고마

8

움의 인사를 전하지 않을 수 없다. 당연하게도, 이 두 권의 책으로 러시아 혁명 100년을 결산하는 일은 불가능한 노릇이다. 이와 유사한 기획을 갖고 여러 권의 다른 책들이 곧 출판될 예정이라 들었는데, 이 두 권의 책이 그러한 흐름의 한편을 온전히 차지하면서 러시아 혁명에 관한 우리의 성찰을 심화시키고 변혁의 미래를 앞당기는 데 소용이 되길 바라는 마음 간절하다.

2017년 10월
편저자들을 대신하여
최진석

차례

러시아 혁명과
러시아 문학

박종소

20세기 초엽 러시아는 세 차례의 혁명(1905년 혁명과 1917년 2월, 10월 혁명)을 겪는다. 이 혁명들은 러시아 역사 속에서 변혁을 동반했던 다른 사건들—러시아의 기독교 개종, 몽골의 침입, 종교 분열, 표트르 대제의 개혁; 나폴레옹 전쟁 등—과 견주어도 그 규모와 충격에서 결코 비교할 수 없는 전대미문의 대사건이었다. 그런데 엄밀히 말한다면 문학의 영역에서 1917년 공산혁명 자체가 러시아 문학에 즉각적인 새로운 '혁명적' 변혁을 가져온 것은 아니었다.

러시아 문학의 출현은 서양 문학사의 중세기로 거슬러 올라간다. 「이고르 원정기」와 같은 작품을 비롯하여, 중세 러시아 문학은 종교문학, 영웅서사시, 민담, 동화 등의 여러 장르에서 뛰어난 작품들을 문학적 유산으로 자랑한다. 그러나 러시아 문학에서 서구적 의미의 근대 문학이 출현한 것은 '12월 당원(데카브리스트)' 사건이 발생한 1825년 무렵이다. 전제정치를 폐지하고 유럽식 입헌군주제 등의 도입을 주장하며 봉기를 꾀했던 '12월 당원' 사건은 러시아 귀족 청년들이 주도했다. 그런데 이들은 또한 대부분 시인이었고, 문학 활동에도 적극적으로 참여하고 있었다. 푸시킨의 동년배들이었던 이들 귀족 청년들은 당시의 서유럽 국가들을 비교적 자유롭게 오가면서 뒤처진 러시아의 정치적 현실에 대한 비판적인 인식을 갖게 되었을 뿐만 아니라, 문학에서도 당시의 뛰어난 서유럽의 문학작품들을 자유롭게 접하며 새로운 러시아 문학을 모색하고 있었던 것이다. 푸시킨의 창작 과정이 보여주듯이 19세기 초엽의 러시아 문학은 한편으로는 서유럽 문학의 영향을 받았지만, 다른 한편으로는 이 영향을 러시아적으로 수용하며 독자적인 발전으로 이끌어 가게 된다. 물론 19세기 이전의 러시아 문학에도 서유럽 문학사의 바로크, 고전주의, 낭만주의 사조의 경향성을 띤 작품들이 나타나지만, 이 작품들 역시 서유럽 문학의 영향으로부터 완전히 자유롭지 못했다. 결국 19세기 초엽까지 러시아 문학은 서유럽 문학을 수용하고 반영하면서 점진적으로 독자적인 문학적 성취를 달성해가는 과정이었다고 할 수 있다. 그러나 19세기 중반부에 이르면 러시아 문학은 어느덧 여느 서유럽 국가의 문학보다 뛰어난 세계 문학사의 리얼리즘 문학을 꽃피우게 된다. 알렉산드르 푸시킨을 비롯하여, 니콜라이 고골을 거친 러시아 리얼리즘 문학의 흐름은 도스토옙스키, 투르게네프, 톨스토이, 체호프의 문학에서 인간과 삶, 그리고 세계에 관한 이른바 '영원한 물음'을 중심으로 심도 깊고 뛰어난 문학적 결정체들을 쏟아낸다.

그런데 19세기의 이른바 '위대한 러시아 리얼리즘 문학'은 1880년대에 시나브로 종언을 맞이하게 된다. 도스토옙스키(1881년)와 투르게네프(1883년)가 이 시기에 생을 떠났으며, 톨스토이조차 정신적인 위기(1882년경)를 거쳐 리얼리즘을 떠나 윤리적이고 계몽적인 성격의 새로

16

운 예술을 주창하기 시작했다. 그 후 1890년대부터 1920년대까지 러시아 문단에는 신新리얼리즘, 상징주의, 아크메이즘, 미래주의, 레프 등의 작가들이 출현하여 백가쟁의적인 문학적 실험과 활동을 전개하게 된다. 따라서 우리가 이 책에서 살펴고자 하는 '러시아 혁명과 러시아 문학'의 관계는 이러한 러시아의 문학적 시대 상황 속에서 이해해야만 한다. 즉 1917년 러시아 혁명이 러시아 사회의 정치, 경제에 급격한 변화를 가져오고, 제정 러시아의 역사를 단절하는 대사건이었던 것에 반해, 러시아 문학의 주된 경향은 이미 1890년대부터 진행되어온 러시아 모더니즘 문학의 연속선상에서 진행되고 있었으며, 러시아 공산혁명이 작가들의 활동이나 문학 그룹에 즉각적인 변화를 촉발했다고 볼 수는 없다. 그보다는 오히려 1917년 러시아 공산혁명은 1925년 무렵까지 러시아 문학에 내적인 변화의 동력을 꾸준히 주입하여 1925년 이후의 소비에트 연방 시대의 새로운 문학을 준비하는 계기가 되었다고 하는 것이 올바른 이해일 것이다. 실제로 1925년은 소비에트 연방 공산당 중앙위원회가 문학과 예술에 관한 공산당의 포괄적인 지배적 위치를 점할 수 있는 결의안을 통과시킨 해였다. 물론 1925년의 결의안이 통과된 즉시 공산당이 러시아 문학과 예술에 영향을 끼친 것은 아니었지만, 그 후 몇 년이 지나 문학에 대한 실제적인 통제가 공산당의 이 강령에 따라 이루어졌다. 따라서 1917년 혁명 직후의 러시아 문학은, 1890년부터 활동해온 작가와 작가 그룹 들이 상호 견제와 비판, 또 상호 모방하면서 새로운 변혁을 모색하던 러시아 모더니즘의 연속선상에 있었다고 할 수 있다.

자가들이 1917년 공산혁명이 가져온 변화를 즉각적으로, 또 직접적으로 체감할 수 있었던 것은 문학 내적인 분야보다는 문학 외적인 분야였다. 작가들은 당시 많은 인텔리겐치아와 마찬가지로 식량, 땔감, 출판인쇄용지의 부족을 직접 겪게 되었다. 특히 인쇄용지의 부족은 작품 출판과 긴밀히 연관된 문제였는데, 정부가 운영하는 국영 출판사는 부족한 인쇄용지를 그나마 선점하여 어렵게 명맥을 유지할 수 있었지만, 개인 출판사는 이 때문에 문을 닫을 수밖에 없었다. 실제로 혁명이 발발한 다음 해인 1918년과 1919년은 책들이 거의 출판되지 못했다. 이러한 문제를 극복하기 위해 출현한 것이 "구텐베르크를 극복하자"라는 슬로건을 내건 상징주의, 미래주의, 프롤레트쿨트Proletcult 시인들의 공공장소에서의 공연이었다. 카페, 공연장, 공개 장소 등에서 열린 대규모 축제는 한편으로는 프랑스 혁명의 국가적 축제를 모델로 한 것이었고, 또 한편으로는 바그너의 민주적 극장, 예술종합주의 이념에 영향을 받은 것이었다.[1]

1917년 러시아 공산혁명을 기점으로 당시의 러시아 문단의 지형을 이념적으로 구분한다면, 대략 상징주의와 아방가르드적인 미래주의를 양대 축으로 말할 수 있다. 물론 매우 인위적인 구분일 수 있으나 이 축을 중심으로 아크메이즘이 상징주의 계열을, 레프(좌익 전선)를 비롯한 아방가르드 좌파 그룹이 미래주의 계열을 이어간다고 할 수 있다. 이제 1917년 공산혁명이 일어난 시점으로 중심으로 당시 활동하던 작가들의 혁명에 대한 태도를 간략하게 살펴보자.

1917년 러시아 혁명이 발생했을 때 당시 가장 활발히 문학 활동을 하던 그룹은 상징주의자들이었다. 1910년대 왕성하게 활동하던 이들은

---

1) B. G. Rosental, "Literature and the Russian Revolution," *Dictionary of the Russian Revoluton*, Greenwood Press, 1989, p. 359.

따라서 직간접적으로 혁명에 대한 자신의 입장을 밝힌다. 전반적으로 대다수의 상징주의자들은 혁명을 환영하고 있었다. 소설이 중심을 이루던 19세기 후반부와는 달리, 뛰어난 상징주의자들이 주류를 이루며 활동하던 1910년대 러시아 혁명기는 시가 주 장르를 차지하고 있었다. 푸시킨을 대표로 하는 19세기 전반기의 시의 '황금기'를 빗대어 '은세기 silver age'라고도 일컫는 이 시기를 이끈 시인들은 알렉산드르 블로크, 안드레이 벨르이, 뱌체슬라프 이바노프 등이다. 이들은 전반적으로 혁명을 환영하고 수용하고 있었다. 그럼에도 불구하고 개별적으로는 조금씩 그 입장에서 차이가 났다.

우리는 혁명에 관한 가장 대표적인 상징주의 시 작품 가운데 하나로 알렉산드르 블로크의 「열둘」(1918)을 들 수 있다. 혁명 직후 상트페테르부르크를 순찰하는 적위군의 모습을 그리는 이 시에서는 흥미롭게도 예수 그리스도가 그들의 맨 선두에서 가고 있다. 또 같은 해에 발표된 「스키타이인들」에서도 블로크는 러시아의 정체성을 유럽적인 것과 아시아적인 것의 이중적인 것으로 파악하면서, 혁명 러시아에 서유럽의 형제들을 초대하는 것으로 작품을 끝맺는다. 즉 블로크는 러시아 혁명을 수용하면서도, 볼셰비키 사회주의자들의 유물론과 합리론과는 반대로 혁명을 기독교적인 영적이고도 문화사적인 관점에서 해석하고 받아들인다. 그는 혁명 직후에 쓴 「인텔리겐치아와 혁명」(1918), 「예술과 혁명」(1918) 등의 에세이에서도 구세계의 붕괴를 환영하고 있다. 또 다른 러시아 상징주의 시인으로 한국 독자들에게는 소설 『페테르부르크』(초판: 1913, 개정판: 1922)로 널리 알려진 안드레이 벨르이가 있다. 그는 15쪽가량의 에세이 「혁명과 문화」(1917)에서 혁명과 문화의 상관성을 논하면서, 정신의 혁명성을 강조한다. 또한 혁명 다음 해에 씌어진 50쪽

남짓의 서사시 「그리스도가 부활하셨다」(1918)에서도 여전히 영성이 강조된다. 그 외에도 당시 문단의 러시아 상징주의자들은 혁명 직후, 혁명에 관련한 다양한 입장의 글들을 남겼다. 예를 들어, 뱌체슬라프 이바노프는 혁명을 수용하는 문화와 혁명에 관한 글들을 발표하면서도, 반反볼셰비키적인 논문모음집 『심연으로부터』(1919)에 「우리의 언어」를 투고하기도 하였다. 사실 이 논문집은 1909년 니콜라이 베르댜예프, 세르게이 불가코프 등이 중심이 된 7인의 관념론적 철학자들이자 신지학자들이 출판한 러시아 인텔리겐치아에 관한 논문모음집 『방향표지』의 연속적 성격을 띤다. 상징주의 작가로 평가되며 모스크바에서 태어나 파리에서 생을 마친 알렉세이 레미조프는 「러시아 땅의 파멸에 관한 말」(1917)에서 러시아 혁명을 구 러시아의 죄의 결과로 인식하기도 한다. 반면 1919년 유럽으로 망명한 러시아의 구세대 상징주의자인 드미트리 메레쥬콥스키와 지나이다 기피우스는 혁명을 인정하지 않았으며, 볼셰비키 체제를 적그리스도의 지배라고 비난했다. 한국 독자에게 『고독』(1912)으로 소개된 독창적인 러시아 사상가이자 구세대 상징주의 작가인 바실리 로자노프는 그의 생애 말년에 발생한 러시아 공산혁명을 러시아 역사의 피할 수 없는 비극으로, 즉 『우리 시대의 아포칼립스』(1917~18)로 받아들였다.

세계 문학사에서 전례를 찾기 어려울 정도로 단기간에 여러 작가들과 다양한 그룹이 명멸해간 1910년대 러시아 혁명기에는 그 밖에도 뛰어난 작가들이 활동했다. 예를 들어, 상징주의의 언어관과 세계관에 반기를 들고 시어의 명징성과 일원적인 세계관을 추구한 니콜라이 구밀료프, 오시프 만델시탐, 안나 아흐마토바 등의 아크메이즘akmeizm 시인들을 들 수 있다. 6인의 시인이 대표적으로 활동한 아크메이즘 단체 '시인 조합'은 기본적으로 비정치적인 입장의 작품을 발표했다. 이들은 약 2년간의 활동을 끝으로 1914년 혁명 전에 해체했지만, 개별적으로는 혁명 이후에도 번역과 시 창작 활동을 계속한다. 그러나 혁명 후에 이들은 암울하고 비극적인 운명을 맞이한다. 아크메이즘의 설립자라고 할 수 있는 니콜라이 구밀료프는 정치적 탄압으로 체포되어 처형되었고 (1921), 그의 동료이자 아내였고 오늘날에도 러시아에서 가장 사랑받는 시인들 가운데 한 명인 안나 아흐마토바는 이때부터 평생 동안 정치적 감시와 탄압을 받았으며, 아들마저도 옥살이를 겪는 등 고통을 당한다. 그러나 그녀는 이혼과 정치적인 탄압 속에서도 『하얀 무리』(1917~21), 『그리스도 기원 1921』(1921) 등의 주옥같은 작품들을 발표했다.

러시아 상징주의자들과 함께 혁명 당시의 1910년대 러시아 문단에서 주된 활동을 하던 문학 그룹은 미래주의자들이었다. 일반적으로 러시아 아방가르드 작가들로 알려지기도 한 이들은 혁명을 적극적으로 지지했다. 이탈리아 미래주의의 영향을 받아 출발한 러시아 미래주의는 그들 직전의 상징주의 작가들이 신화적 세계, 여성성의 찬미, 조화로운 세계를 추구했던 것과 달리 도시 문명, 남성적 원칙, 기계 시대의 도래를 노래하고 있었고, 러시아 혁명을 그들의 예술적 목표의 실현을 가져올 역사적 사건으로 인식하였다. 그런데 이들도 러시아 상징주의자들과 마찬가지로 '시어' 자체에 관심을 집중하여 다양한 실험을 하였다. 즉 상징주의자들과 마찬가지로 시어 자체의 물성을 강조하여, 단어의 뜻보다는 소리 자체가 빚어내는 효과를 주목하였다. 상징주의자나 미래주의자 모두 리얼리즘 시대의 작가들이 토대하던 '시니피에(기의)'와 '시니피앙(기표)'의 확정적인 결합을 의심하고 해체하고자 하였으며, 기의로부터 기표의 해방을 추구하였다. 그러나 그 방향에 있어서는 차이가 있었다. 상징주의자들이 기표와 기의의 확정적 결합을 해체하여 대상과 언어와의 일대다대응의 상징적 관계를 만들었다면, 미래주의자들은 기표, 음성 상징의 절대적 우위를 강조했기 때문이다. 또한 미래주의자들은 상징주의자들의 이원론적인 세계관을 공유하지 않았다. 일반적으로 상징주의자들은 단어의 정교한 음성성의 추구를 통해 천상계의 실재와의 상응을 구현하고자 했다는 점에서 낭만주의의 세계관과 유사한 이원적인 세계관의 특성을 띤다. 러시아의 미래주의자들은 상징주의자들의 이러한 신비적 세계관, 이원론적인 세계의 이른바 '저 세계'의 존재를 인정하지 않고, '이 세계'의 존재만을 유일한 세계로 인정했다. 단어가 갖는 음성 상징, 즉 소리 자체에 대한 집중은 곧 미래주의자들의 세계관이 반영된 결과이기도 하다. 따라서 상징주의의 시인이 이 세계와 저 세계를 매개하는 성직자, 제사장의 위상을 갖는다면, 미래주의자들에게 시인은 단어를 새롭게 만들고 조합하고 생산하는 기술자, 노동자였다. 이들은『예술』『코뮌의 예술』(1918) 등의 잡지를 출판했고, 혁명 직후 설치된 '인민계몽위원부Narkompros'의 예술 분과에 가입하여 적극적인 활동을 펼치기도 했다.

그런데 여기서 잠깐, 미래주의자들의 언어에 대한 태도와 관련하여 문학이론 및 비평사에서 중요한 사항 한 가지를 언급할 필요가 있다. 흔히 문예비평의 효시로 언급되는 러시아 형식주의가 출현한 시기가 바로 러시아 혁명 전후이다. 빅토르 시클롭스키, 보리스 에이헨바움, 오시프 브리크, 유리 티냐노프 등이 중심이 된 이른바 러시아 형식주의자들은 '시어연구회OPOIAZ'를 결성해 활동했고, 잡지『시학』(1919)을 발간했다. 문학의 역사와 본질에 대한 탐구를 목표로 내세운 이들의 활동은 실제로는 시어와 언어의 본질에 대한 탐구에 기울어져 있었고, 러시아 미래주의자들의 언어에 대한 태도와 긴밀히 연결되어 있었다.

러시아 미래주의자들은 "푸시킨과 도스토옙스키, 톨스토이를 현대라는 증기선으로부터 던져버려라"라는 도발적이면서도 충격적인 내용을 담은 선언문 「사회적 취향에 따귀를 때려라」(1912)를 발표하며 활동했다. 이러한 러시아 미래주의 작가들 중 대표적인 작가가 블라디미르 마야콥스키와 벨레미르 흘레브니코프이다. 특히 마야콥스키는 우리에게도 널리 알려진 혁명 시인이자 극작가이며 프로파간다 그 자체였다. 혁명 1주년을 기념하여 창작한 희곡 「미스테리야-부프」(1918)와 서사시 「150000000」(1919~20)은 러시아 혁명에 대한 시인의 분명한 수용적 태도를 보여준다. 앞의 작품이 혁명 직후의 세계에서 노동자 계급의 자본주의로부터의 해방과 지상에서의 낙원의 건설을 노래하며, 성경적인 모티프들을 차용하여 기독교적 세계관을 조소한다면, 뒤의 작품은 동일하게 알레고리적이고 상징적인 문체로 쓰였지만, 앞의 작품에서 보이던 작가적 아이러니가 줄어들고 좀더 진지한 어조를 유지한다. 이 시에서는 구세계 제국주의를 대표하는 우드로 윌슨 미 대통령과 노동자 사이의 복싱이 전 우주적인 차원으로 확대되어 그려진다. 미래주의자의 또 다른 대표자는 벨레미르 흘레브니코프이다. '자움zaum'의 언어, 즉 초이성언어로 대표되는 새로운 언어를 추구한 아방가르드의 시인으로 널리 알려진 그는 무엇보다도 러시아 시어의 개혁자로도 평가된다. 특히 자연적 순환론에 토대한 자신의 독특한 역사철학을 견지하고 있던 흘레브니코프는 러시아 혁명을 자연 법칙에 의한 역사적 사건, 즉, 필연적인 사건으로 받아들였다. 혁명 직후 발표된 그의 작품 「라도미르」(1920)는 작품 제목('조화의 세계'라는 뜻)이 암시하듯, 유토피아적인 세계상을 그리고 있다.

또 우리에게 노벨문학상 수상자이자 『닥터 지바고』로 널리 알려진 보리스 파스테르나크도 이 시기에 활동한 시인이자 작가이다. 그의 초기 문학 활동은 1910년대에 활동하던 미래주의 시인들과의 교류에서 시작되었다. 훗날 서유럽에서 제정한 노벨문학상 수상자(1958)로 지명되었다는 이유로 소련인들의 극심한 공분의 대상이 되었던 그는 결국 스스로 수상을 철회하지만, 이미 러시아 혁명기에 매우 서정적인 문체와 그만의 독특한 환유적 기법 등으로 당시 동료 시인들로부터 주목을 받았다.

1910년대 러시아 문단에서 활동한 다양한 문학 그룹들 중에서 러시아 혁명의 정신에 가장 정치적으로 충실한 문학 그룹 가운데 하나로 프롤레트쿨트를 꼽을 수 있다. 사회주의 이론가이자 활동가였던 알렉산드르 보그다노프에 의해 주창된 이 기구는 노동자들이 직접 창작을 할 수 있도록 문학적·예술적 기법들을 지도했으며, 궁극적으로는 새로운 노동자 문화를 일궈 구세계의 부르주아적 질서로부터 해방되도록 하는 목표를 갖고 있었다. 프롤레트쿨트의 시인 가운데 한 명인 미하일 게라시모프의 시 「철에 관한 노래」(1917)는 노동과 산업화의 직접적인 미덕의 대상으로서의 철鐵에 대한 시인의 태도가 드러난다. 프롤레트쿨트 이후 흔히 아방가르드 좌파 그룹으로 분류되기도 하는 여러 문학 그룹들이 등장한다. 프롤레트쿨트의 후신의 성격을 갖는 '대장간' 그룹, 과학적 환상과 우주에 관한 시를 쓰던 그룹 등이 출현하여 길지 않은 기간 동안 활동하게 된다.

또한 이 기간 동안 훗날 볼셰비키로 전향하는 이바노프-라줌니크를 중심으로 한 좌익사회주의 계열의 이른바 『스키타이인들』의 문학 그룹이 활동하였다.[2] 문학비평가이자 철학, 역사에 관한 저술을 남긴 이바노프-라줌니크, 안드레이 벨르이, 혁명주의자이자 작가였던 세르게이 므스티슬랍스키가 함께 발간한 『스키타이인들』(1917, 1918)에는 농촌 시인이었던 니콜라이 클류예프, 세르게이 예세닌 등도 작품을 발표한다. 적극적인 반전反戰의 입장과 정치사회적인 대격변을 예견하던 『스키타이인들』의 동인들은 혁명 시점의 러시아가 겪는 고통을, 본질적으로는 정신적인 관점에서 구세계를 파괴하는 정화의 힘으로 지각하고 있었다. 물론 이 가운데 클류예프와 예세닌 같은 농촌 작가들은 농촌을 이상화하면서 볼셰비키 혁명을 러시아 대지의 도시에 대한 승리로 노래하기도 한다.

1910년대 러시아 혁명기에 활동한 또 한 명의 대표적인 작가가 있다. 소설 『어머니』(1906), 희곡 『밑바닥에서』 등으로 우리에게 프롤레타리아 작가로 알려져 있는 막심 고리키이다. 그는 이른바 '사회주의 리얼리즘' 문학의 대표자로 일컬어진다. 1932년 작가동맹의 결성을 계기로 19세기의 전통적인 러시아 리얼리즘과는 구별되는 새로운 문학적 강령을 추구한 소비에트 문학이 그 문학적 전범典範으로 삼은 것이 바로 막심 고리키였다. 그런데 우리에게 잘 알려지지 않았으나 그는 혁명 직후 레닌과 트로츠키 등을 비판하는 글을 게재(그는 1917년 5월에 신문 『새로운 삶Novaia zhizn'』을 창간하고 이 지면에 '진정한 문화 정신' 등의 필요성을 역설하는 「제때에 맞지 않는 생각들」이란 글을 발표한다. 이 신문은 이듬해에 폐간된다)하여 레닌과 불화하게 되고, 또 그가 견지했던 '건신론Bogostroitelstvo, 建神論' 등으로 결국 혁명을 주도한 볼셰비키 세력과 갈등

---

2) 박종소, 「러시아 문학과 스키타이 문명신화: 블록A. Блок의 「스키타이인들」을 중심으로」, 『러시아연구』 26권 2호, 2016, 서울대학교 러시아연구소, 2016.

을 겪게 되면서 외국으로 떠나(1921) 10여 년을 체류하게 된다. 사실상 해외 망명생활이었다. 해외 체류 후 스탈린 정권 치세에 귀국한 그는 소련 당국과 정치적 갈등을 겪고 있던 많은 작가들을 구제해주기도 했다. 그러나 이미 혁명 직후 고리키는 세계 문학사에서도 기념이 될 세계 문학 번역 사업을 기획하여, 당시 경제적, 정치적으로 곤란을 겪고 있던 작가들을 실제적으로 돕기도 했다.

주시하다시피, 러시아 볼셰비키 혁명은 곧 내전의 양상으로 발전하여 1921년까지 전시공산주의 체제가 유지된다. 러시아 공산당은 러시아 내전에서 승리하며 정권을 잡지만, 러시아의 경제 상황은 매우 악화되어 있었다. 이런 상황에 대한 타개책으로 제한적으로 자본주의적 요소를 채택한 러시아의 신경제정책(네프NEP)은 위기의 소비에트 경제를 성공적으로 부활시킨다. 당시 많은 이들은 이 정책을 공산주의 체제의 실패와 자본주의 체제로의 회귀로 이해하기도 했다. 러시아 문단에서 이 시기는 이른바 '동반자 작가'들이 출현한 시기와 맞닿아 있다. 전반적으로는 혁명 이념에 동의하되, 현실적으로는 다양한 관점을 갖고 있던 이들은 네프 시기가 지나면서 대부분 숙청되는 불행을 맞이한다. 세라피온 형제들, 이삭 바벨, 보리스 필냐크 등이 이런 경향성을 띠었으며, 주로 혁명과 내전 시기의 러시아 삶의 양상을 그리고 있다. 우리에게 유토피아적 공상과학 소설 『우리들』로 알려진 예브게니 자먀친도 이 그룹에 포함할 수 있는 작가이다.

1917년의 러시아 공산혁명과 러시아 문학의 관계는 이 글에서 다루는 1910년대의 상황에만 국한되지 않는다. 러시아 공산혁명은 실질적으로 소비에트가 붕괴된 1991년까지 공식적인 소비에트 연방 문예정책을 지배한 '사회주의 리얼리즘 원칙'의 도입을 가져왔기 때문이다. 그럼에도 불구하고 우리는 이 글에서 가장 협소한 범위에서 1917년 공산혁명 당시의 문학적 상황을 미시적으로 살펴봄으로써 혁명이 러시아 문학에 가져온 내재적인 변화 과정을 개략적으로나마 조감해보았다. 이제는 각 영역에 걸친 필자들의 글을 통해 러시아 혁명과 문학, 예술, 문화의 상관관계, 곧 충돌, 단절, 변화, 소멸, 왜곡 등의 양상을 살펴보도록 하자.

러시아 혁명과
문학비평의 두 방향:

1920년대 소비에트 비평의 근본 문제들

이병훈

1. 들어가며: 1920년대 소비에트 문학비평의 상황

예술은 혁명을 동경한다. 아니, 진정한 예술은 혁명 그 자체이다. 그것은 예술과 혁명 모두 기존에 존재하지 않았던 새로운 것을 추구하는 공통점을 지니고 있기 때문이다. 이런 점에서 새로운 것을 추구하지 않는 예술, 새로운 사회를 꿈꾸지 않는 혁명은 언어도단이다. 그런데 여기서 문제는 새로운 것이 낡은 것을 혁파해야 가능한 것이지만 또한 낡은 것의 계승 없이 불가능하다는 데 있다. 다시 말해 진정한 새로움은 계승해야 할 낡은 것과 새로운 것 사이의 상호작용에 의해서 탄생되는 것이다. 이런 현상은 현실보다 예술에서 두드러지게 나타나는데 러시아 혁명 직후 새로운 예술에 대한 논쟁이 가장 대표적인 예라고 할 수 있다.

러시아 혁명 직후 문학비평은 크게 세 시기로 구분하는 것이 일반적이다. 첫째는 사회주의 혁명이 성공한 1917년부터 네프нэп(신경제정책)가 시작되었던 1921년까지의 내전 시기, 둘째는 1921년부터 1928년까지의 네프 시기, 셋째는 1928년부터 1932년까지 문화혁명의 시기이다. 이 기간에 러시아의 문학비평은 여러 정치적 사건들과 불가분의 관계에 있었다. 혁명 직후 발발한 내전은 1918년에서 1920년까지 계속되었고, 1924년에는 레닌이 사망하였다. 그리고 스탈린에 의해 주도된 1차 5개년 계획은 1928년에서 1932년까지 이어졌다. 같은 시기에 문학 영역에서도 중요한 사건들이 발생했다. 1910년에 시작된 아크메이즘은 혁명 직후인 1920년에 종말을 고했지만 같은 해에 시작된 미래파 운동은 1930년까지 지속되었다. 이에 반해 프롤레타리아 문학단체들은 우후죽순처럼 등장했다. 그리고 블로크는 1918년 서사시 「열둘」을 발표했고, 바벨은 1926년 『기병대』를 완성했다. 마야콥스키가 자살을 선택한 것은 1930년이었다. 또한 혁명 직후부터 1930년대 초반까지는 20세기 러시아 비평의 황금기이기도 했다. 프롤레타리아 문학비평, 상징주의 비평, 형식주의 비평, 바흐친, 파스테르나크 등 혁명 직후 각기 다른 문학비평의 목소리들이 독자적인 영역을 구축하면서 공존하고 있었다.[1] 이 시기에 러시아에서는 근본적으로 새로운 문화가 생성되었다. 변화의 요체는 문화 생산의 주체가 부르주아에서 프롤레타리아로 바뀌었다는 사실에서 연유한다. 즉, 문화의 내용이 그것의 형식과 제도, 가치를 뒤바꿔놓은 것이다.

---

1) 이에 대해 튜파B. Тюпа는 다음과 같이 지적하고 있다. "1920년대 미학적 불협화음 속에서 (바흐친, 만젤시탐, 파스테르나크 등) 신전통주의자들의 목소리는 크지 않았지만 이들의 선집을 읽고 있는 현대의 독자들에게는 큰 설득력을 지니고 있다." B. Тюпа "Полифония русской эстетической мысли 20-х годов," Г. Белая(ed.), *Эстетическое самосознание русской культуры: 20-е годы XX века : антология*, М.: РГГУ., 2003, с. 124.

사회주의 혁명 이후 벌어진 내전과 전시공산주의 시기에 기존의 문화는 심각한 위기에 직면하게 되었다. 정치적, 이데올로기적 상황의 급격한 변화가 모든 문화적 하부구조의 근간을 흔들어놓은 것이다. 여기서 가장 심각한 문제는 예술가와 지식인의 문제였다. 혁명이 일어난 후 몇 년 동안 러시아에서는 과거의 문화, 예술 엘리트들이 설 자리를 완전히 잃고 말았다. 이런 현상은 문화유산의 문제와 밀접하게 연관되어 있었다. 혁명 초기에 문화 영역은 주로 프롤레트쿨트나 미래파 등 극좌파들의 독무대였고, 그들의 예술적 강령은 과거의 문화적 전통에 대해 적대적이었다. 그들은 완전히 새로운 문화의 창조를 내세웠다. 하지만 극좌파 문화단체에 대한 사회주의 정부의 태도는 일관되지 않았다. 아니 당시 현실에서 사회주의 권력이 이 문제까지 충분히 다룰 만한 여유가 없었나고 보는 편이 정확한 지적일 것이다. 권력은 이 문제에 대해 매우 이중적인 태도를 보였다. 사회주의 권력은 프롤레트쿨트의 이데올로기를 지지했지만 문화 영역에 대한 그들의 영향력을 최소화하려고 노력했다. 그리고 내전이 막바지에 이르자 권력은 어쩔 수 없이 '우경화'할 수밖에 없었다. 다시 말해 극좌파 문화단체의 노선은 불안한 사회주의 권력에 큰 부담이 되었던 것이다.

　네프가 이러한 전환점의 시작이었다. 네프는 러시아 경제와 문화에 새로운 활력을 불어넣었다. 이 시기에 '프롤레타리아 작가'와 '동반자 작가' 사이에서 줄타기를 한 것은 당의 문화정책에서 피할 수 없는 것이었다. 동반자 작가들은 사회주의 이데올로기와 미래에 대한 낙관주의가 부족했고, 이 모든 것을 갖추고 있었던 프롤레타리아 작가들은 예술성을 결여하고 있었다. 당의 정책은 동반자 작가들을 계속해서 협력지로 붙들어두려고 했으며, 동시에 프롤레타리아 작가들에 대한 영향력을 유지하려고 했다. 이런 상황이 반영된 것이 1925년 발표된 볼셰비키 당의 「문학에 대한 당의 정책」이다. 이 결의안에는 상대적으로 자유주의적 문학 노선과 미학적 관용이 강조되었고, 동반자 작가들의 입장은 강화되었다. 이에 비해 프롤레타리아 문학의 헤게모니를 주장하는 급진 작가들의 입장은 약화되었다.

하지만 1927년 네프의 종말과 더불어 당의 정책적 전환은 문학 전선의 변화를 불러왔다. 스탈린에 의해 준비된 급격한 좌편향(산업화, 1차 5개년 계획, 집단화)은 프롤레타리아 문화의 순수성을 주장하는 극좌 이념의 신봉자들이 다시 무대 전면에 등장할 수 있는 환경을 조성했다. 이로 인해 1928년에서 1932년 사이에 발생한 '계급투쟁'과 '문화혁명' 시기는 완전히 새로운 '문화 전선'을 탄생시켰다. 이 시기에 가장 특징적인 변화는 프롤레타리아 작가들에 대한 당의 정책이 바뀌었다는 사실이다. 러시아 프롤레타리아 작가연합 라프РАПП는 '문학의 볼셰비즘화' 과정에서 권력의 기초가 되었고, 1925년에 표명된 다양한 작가 그룹들의 연합이라는 이념은 폐기되었다. 문화혁명 시기의 극단적인 투쟁의 결과물은 1932년 중앙위원회에서 발표한 「문학, 예술 조직의 개혁에 관하여」라는 결의문이었다. 이 선언은 소비에트 문화사에서 문화의 선택적 발전의 시기를 마감하는 하나의 이정표가 되었다. 1932년까지 소비에트 권력은 문화계 엘리트들을 고려하여 정책을 펼칠 필요가 있었다. 문화 발전이나 문화정책에서 다양한 선택들을 고려했다는 말이다. 하지만 이제 모든 문학 그룹의 해체와 소비에트 작가동맹의 결성, 사회주의 리얼리즘이라는 통일된 예술 방법의 선포로 인해 또 다른 선택의 가능성은 불필요한 상황이 되고 말았다.[2]

혁명 직후 러시아는 내전, 전쟁, 신경제정책, 정치적 격변으로 점철된 혼란기를 이어갔다. 혁명과 반혁명의 대립이 격화되었던 상황에서 무엇보다 중요한 것은 이데올로기 문제였다. 소비에트 권력의 최우선 과제는 사회주의 이념의 우월성을 선전하는 것이었다. 이런 이유 때문에 이 시기는 창작보다 비평이 득세한 시대였다. 혁명이 일어나고 많은 작가들이 가치관의 혼란에 빠졌을 때, 수많은 문학 이념들이 그 빈자리를 차지했다. 혁명 직후 길지 않은 기간 동안 러시아 문학비평은 최고의 전성기를 구가했다. 특히 1920년대는 비평의 절정기였다.[3] 이 시기 문학비평에 대한 기존 연구는 질적으로나 양적으로 부족함이 많은 것이 사실이다. 그것은 당시 비평사를 소비에트와 반소비에트라는 도식으로 접근한 것에서 연유하는 바가 크다. 물론 이 도식이 전혀 무의미한 것은 아니다. 하지만 기계적 이분법은 첫째, 역사적 스펙트럼을 단순화하고, 둘째 그에 대한 현재적 개입을 차단한다. 도식은 본질적으로 다양성과 대립된다. 비평사를 단순한 도식으로 치환하면 결과적으로 하나의 입장

---

2) 러시아 혁명 직후 문학비평의 개략적 흐름에 대해서는 E. A. Добренко, "Цветущая простота: о советской литературной критике революционной эпохи," E. A. Добренко(ed.), М.: Просвещение, 2003, c. 6~8을 참조할 것.

3) 혁명 직후 비평사 연구의 중심은 시기적으로 보면 1920년대다. 왜냐하면 이 시기에 프롤레타리아 문학의 본질, 동반자 작가에 대한 평가 등 중요한 비평적 논쟁이 집중되었기 때문이다. 하지만 러시아에서 이 시기에 대한 연구가 본격적으로 시작된 것은 1980년대 이후이다. 이 연구에서 중요한 역할을 한 학자로는 벨라야Г. Белая, 니콜라예프П. Николаев 등을 들 수 있다. 벨라야는 "1917년 혁명은 지식인 계층의 사회적 참여를 촉발시켰지만 당시 문화계에는 화합할 수 없는 두 가지 현상, 즉 현실의 혁명에 대한 공포와 혁명과 함께하려는 확고한 방침이 양립하고 있었다"라고 지적하면서 이러한 20년대를 미학적 사상의 황금기였다고 평가하고 있다. 이에 대해서는 Г. Белая, "Проблема искусство и жизнь как экзистенциальное переживание деятелей русской культуры XX века," Г. Белая(ed.), Эстетическое самосознание русской культуры: 20-е годы XX века: антология, c. 10~18을 참조할 것. 그리고 니콜라예프는 1920년대를 러시아 문예학 방법론과 리얼리즘의 토대가 형성되었던 시기라고 평가한다. 이에 대해서는 П. Николаев, Советское литературоведение и современный литературный процесс, М.: Худож. лит-ра, 1987를 참조.

만을 과대평가하게 된다. 다시 말해 소비에트 권력에 동조한 비평적 견해만 진리가 되고, 다른 견해들은 청산의 대상이 되는 것이다. 도식은 또한 새로운 문제의식이나 접근을 구조적으로 차단한다. 도식은 다른 도식에 호의적이지 않은 속성이 있다. 혁명 직후 비평사에 대한 대부분의 연구가 천편일률인 것은 바로 이러한 이유 때문이다.

이 글의 목적은 1920년대 소비에트 비평의 주요 쟁점들을 살펴보는 데 있다. 첫째는 프롤레타리아 문학의 독자성 논쟁이고, 둘째는 동반자 작가 논쟁이다. 이 두 논쟁은 혁명 직후 소비에트 비평을 이해하는 핵심적인 키워드이다. 이 논쟁의 대표적인 비평가는 보그다노프와 보론스키인데, 두 비평가는 예술의 본질과 동반자 작가에 대한 평가에서 상반된 입장을 가지고 있었다. 보그다노프가 혁명기 문학의 사회적 역할을 강조하면서 프롤레타리아 문학의 독자성을 주장했다면 보론스키는 문학의 예술적 가치를 높이 평가하면서 동반자 작가의 의미를 강조하였다. 두 논쟁은 사실 동전의 앞뒷면 같은 것이어서 본질적으로 같은 문제에서 유래된 것이라고 할 수 있다. 그것은 '프롤레타리아 문학의 독자성은 가능한가?'라는 문제에 대한 서로 다른 두 갈래의 입장이다. 이 글에서는 보그다노프와 보론스키의 비평적 견해를 중심으로 이 문제들을 다룰 것이다. 이와 더불어 1920년대 소비에트 비평의 변곡점이 되었던 것은 「문학에 대한 당의 정책」이다. 이 결정문은 동반자 작가를 지원했던 20년대 소비에트 문학정책의 방향을 반영하고 있다. 하지만 이런 상황은 1932년 발표된 「문학, 예술 조직의 개혁에 관하여」로 인해 완전히 바뀌게 된다. 이로 인해 소비에트 문학정책은 문학 창작의 자유와 다양성을 억제하고 사회주의 리얼리즘을 지지하는 노선으로 귀결되고 만다. 필자는 첫번째 결의문의 파기로 인해 혁명 직후 러시아 비평의 다양성과 창의성이 훼손되었다는 입장을 가지고 있다. 요컨대 여기서는 두 결정문의 의미를 구체적으로 분석하고, 후자에 의해 조성된 경직된 문화 환경과 그 문제점들을 결론으로 제시하려고 한다.

2. 프롤레타리아 문학 논쟁: 보그다노프의 비평이론

1917년 사회주의 혁명이 성공한 이후 문화예술 영역에서 가장 중요한 논쟁거리는 '새로운 문화예술의 본질과 특징은 무엇인가?'였다. 즉, 과거의 문화예술과 비교하여 프롤레타리아 문화예술의 우월함이 무엇이냐는 것이다. 이에 대해 대부분의 노동자 작가들은 프롤레타리아의 계급 해방적 성격과 사회주의 이념의 우월성을 그 근거로 제시했다. "프롤레타리아 문화는 삶의 새로운 창조자로서 프롤레타리아와 그의 최종적인 이상인 사회주의의 본질적인 내용을 스스로 표현하면서 미래의 발전 단계에서 오직 자신의 계급적 임무에 충실하고, 이러한 임무에 완전히 일치하는 삶을 수용하는 프롤레타리아 자신의 힘에 의해서만 건설될 수 있다."[4] 하지만 이 문제는 현실적으로 간단치 않았다. 왜냐하면 실제 프롤레타리아 문학은 아마추어 수준에서 크게 벗어나지 못했기 때문이다. 이런 상황을 염두에 두고 크루프스카야는 노동자들이 프롤레타리아 문화를 이해하고 있는 수준에 대해 깊은 우려를 표명하기도 했다. "지금 많은 사람들이 프롤레타리아 문화에 관해 언급하고 있다. 게다가 그들은 프롤레타리아 문화를 언급하면서 노동자 극단, 합창

---

4) *Пролетарская культура*, no. 2, 1918, c. 32~33.

단, 오락 클럽의 결성, 노동자들이 쓴 이야기의 출판 등을 염두에 두고 있다. 이 모든 것은 매우 좋은 일이다. 하지만 이것이 프롤레타리아 문화는 아니다. 최상의 경우라도 이것은 일반적인 프롤레타리아 문화의 보잘것없고, 극히 작은 부분일 뿐이다. 현재 문제의 핵심은 이것이 아니라 프롤레타리아 문화를 발전시키고 모든 사람들에게 영향력을 확대하는 데 도움을 줄 수 있는 사회적 삶의 새로운 형식들을 창조하는 데 있다."[5] 크루프스카야의 지적은 혁명 직후 프롤레타리아 문화에 대한 이해가 얼마나 천차만별이었는지를 상징적으로 보여준다.

당시 프롤레타리아 문학 논쟁을 주도했던 것은 프롤레트쿨트였다. 프롤레트쿨트는 '프롤레타리아 문화계몽 조직Пролетарские культурно-просветительные организации'의 약자로 조직이 처음 결성된 것은 1917년 2월 혁명 직후였다. 같은 해 10월 혁명이 성공하자 프롤레트쿨트는 전 러시아적 대중 조직으로 발전하였다. 이 조직의 결성에 주도적인 역할을 했던 루나차르스키는 프롤레트쿨트의 입장을 지지한 반면, '프롤레타리아 문화'라는 개념 자체를 부정했던 트로츠키는 프롤레트쿨트를 비판했다. 레닌은 양면적인 태도를 취했다. 즉, 그는 프롤레트쿨트의 이념에는 동의했지만 그것이 볼셰비키 당과 독립적인 조직으로 존재하는 것은 인정하지 않았다. 프롤레트쿨트는 『프롤레타리아 문화』라는 기관지를 발행했는데, 창간호는 1918년 7월에 발간되었다. 창간호에는 보그다노프가 쓴 발간사가 실려 있다. 그는 프롤레트쿨트를 대표하는 비평가로서 이후 프롤레타리아 문학 논쟁에서 주도적인 역할을 수행했다.

발간사에서 보그다노프는 프롤레타리아 문화의 독자성, 과거 문화

---

5) Н. Крупская, "О пролетарской культуре," *Правда*, 1918. 3. 23.

유산의 비판적 계승, 비평의 역할에 대해 언급하고 있다. 그는 프롤레타리아의 가장 큰 약점이 자신의 문화를 가지고 있지 못한 점이라고 보았다. 이 계급은 부르주아 사회에서 생존하며 혁명운동을 할 수밖에 없는데, 이런 약점 때문에 자신들의 사상과 정서를 포기하는 경우가 빈번하게 발생한다는 것이다. 그래서 그는 "집단의 의지와 사고를 확고하게 관철시킬 완전한 교육을 계급에게 제공하는 것은 오직 독립적 정신문화의 육성에 의해서만 가능하다"라고 주장한다.[6] 다시 말해 프롤레타리아 문화운동은 정치, 경제운동과 더불어 혁명운동에서 필수불가결한 요소라는 것이다. 보그다노프는 완전한 계급적 자립을 위해 프롤레타리아의 문화적 해방이 필요하다고 했지만 이것이 과거 문화유산의 파괴를 의미하는 것은 아니라고 강조했다. "아니, 프롤레타리아는 과거 문화의 모든 가치 있는 정신적, 물질적 업적들의 정당한 계승자이다. 그들은 이 유산을 거절할 수도 없고, 거절해서도 안 된다."[7] 보그다노프는 프롤레타리아 문화의 독자성과 우월성을 주장하면서 동시에 과거 문화유산의 비판적 계승이 중요하다고 보았다.[8] 그의 입장은 루나차르스키, 레닌의 문화정책과 궤를 같이하는 것으로 1930년대 소비에트 문화정책으로 이어졌다. 이 밖에 보그다노프는 프롤레타리아 문화비평의 임무에 대해 언급하고 있다. "비평은 단점보다 장점을 지적할 때 완전히

---

6) А. Богданов, "1918," *О пролетарской культуре 1904~1924*, Л.-М.: Книга, 1924, с. 101.

7) 같은 글, с. 102.

8) 1918년 9월 1일자 『이즈베스티야』는 모스크바 프롤레트쿨트의 문학제작실이 문을 열었다고 보도하고 있다. 이 문학제작실의 임무는 노동자 작가와 노동자 독자의 문학 교육이다. 문학제작실 교육국은 노동자들에게 과거 문학 유산을 소개하고, 러시아 문학사, 러시아 연극사, 러시아 문화사 강의를 개설할 계획을 갖고 있었다. 그리고 그들은 특히 "노동자 작가와 노동자 독자에게 문학 창작의 기법을 알려주어야만 한다"라고 강조했다. *Известия*, 1918. 9. 1.

목적을 달성한다. 왜냐하면 비평은 프롤레타리아의 독자적 창작물에 기초해야 하기 때문이다."[9] 그에 의하면 비평의 임무는 프롤레타리아가 생산한 창조물의 긍정적인 면을 설명하고 평가하는 것이다.

위에서 언급한 내용들은 보그다노프 비평이론의 핵심적 주제들이다. 그럼 이 주제들을 그의 다른 비평문들을 통해 좀더 구체적으로 살펴보자. 먼저 프롤레타리아 문화의 독자성에 근거한 보그다노프의 예술론이다. 그의 예술론이 지니고 있는 특징은 예술의 본질을 교육적 측면에서 이해하고 있다는 점이다. 교육은 구성원들에게 사회적 역할을 수행하기 위해 필요한 것을 가르치고 훈련시키는 행위라는 점에서 일종의 조직 활동이라고 할 수 있다. 보그다노프는 혁명기 프롤레타리아가 해결해야 할 과제들을 염두에 두고 예술의 이런 측면에 주목하고 있다. 예술은 "사람들을 사회적으로 조직화하는 수단이다."[10] 그의 예술론은 또한 예술의 계급적 본질과 역할에 대한 논의로 이어진다. 보그다노프의 견해에 따르면 모든 예술작품은 오직 하나의 계급, 예를 들어 노예소유자, 지주, 부르주아, 농민들의 이해와 세계관을 반영한다. 그러므로 프롤레타리아는 기존의 예술작품과 맞지 않는다. 왜냐하면 "프롤레타리아의 경험은 기존 계급들의 그것과 다르고, 과거의 인식은 프롤레타리아에게 불충분"하기 때문이다.[11] 프롤레타리아 예술은 현실을 단순히 반영하는 것이 아니라 그것을 변화시키고, 사상의 체계를 제공하며, 또 의지를 조직한다. 그러므로 프롤레타리아의 최후의 승리를 위해서

---

9) А. Богданов, 같은 글, c. 102.

10) А. Богданов, "Пролетариат и искусство," *О пролетарской культуре 1904~1924*, c. 118.

11) А. Богданов, "Проклятые вопросы философии," 같은 책, c. 89.

는 프롤레타리아의 문화적 독립이 필수적이다. "예술은 계급 이데올로기의 하나이며, 계급 의식을 구성하는 하나의 요소이다. 따라서 그것은 계급 생활의 조직화된 형태이고 계급적 힘을 통일하고 단결하는 수단이다."[12]

그렇다면 보그다노프가 주장하는 프롤레타리아 예술의 특징은 무엇인가? 이에 대해 그는 다음과 같이 설명하고 있다. "심오한 연대, 동지적 협력, 보편적인 이상에 의해 연결된 전사들과 건설자들의 긴밀한 형제애의 정신을 사람들에게 심어주는 집단주의 예술은 프롤레타리아에게 필연적이다. 그리고 그런 예술이 자라고 있다. 우리는 러시아의 젊은 프롤레타리아 시에서 그것을 찾을 수 있다. 이것은 대부분 전투적인 집단주의 시이지만 사모브이트니크, 키릴로프, 가스테프의 시처럼 건설자의 집단주의 흐름도 나타나고 있다. 〔……〕 집단주의 시인은 모든 집단주의 예술가와 마찬가지로 프롤레타리아의 삶뿐만 아니라 투쟁하고 노동하는 인간 집단도 다룰 것이다. 아니, 모든 삶과 세계가 집단주의 시의 내용이 될 것이다. 그는 집단주의자의 시선으로 모든 것을 바라볼 것이고 개인주의자가 볼 수 없는 곳에서 교류의 관계를 바라볼 것이다."[13] 보그다노프에 의하면 프롤레타리아 예술은 집단주의 예술이고, 프롤레타리아 시에서 그 예들을 찾아볼 수 있다. 그리고 부르주아 계급의 개인주의 예술과 다른 집단주의 예술의 특징은 "심오한 연대, 동지적 협력, 보편적인 이상에 의해 연결된 전사들과 건설자들의 긴밀한 형제애" 등이다. 여기서 보듯이 보그다노프는 집단주의 예술의 내용을 언급

---

12) А. Богданов, "Возможно ли пролетарское искусство?" 같은 책, с. 105.
13) 같은 글, с. 119~20.

하고 있을 뿐, 그것의 예술적 형식을 제시하지는 않고 있다. 그것은 내용이 형식을 결정한다고 보는 그의 예술론이 작용하고 있기 때문이다.[14] 하지만 그렇더라도 그 내용이 결정한 형식과 그것의 특징이 무엇인지를 해명하지 못한 것은 여전히 숙제로 남는다.

다음은 프롤레타리아 비평과 과거 문화유산의 비판적 계승에 대한 보그다노프의 이론이다. 여기서 후자는 과거 문화에 대한 비평이기 때문에 두 가지 주제는 서로 긴밀하게 연결되어 있다. 보그다노프는 『프롤레타리아 문화』 3호에 실린 「프롤레타리아 예술비평」이란 글에서 프롤레타리아 비평에 대한 자신의 생각을 상세하게 설명하고 있다. 그는 프롤레타리아 비평의 과제를 네 가지로 제시하고 있다. 첫째는 프롤레타리아 예술의 영역과 경계를 분명히 하는 것이고, 둘째는 무엇보다 프롤레타리아 예술의 내용에 집중해야 하며, 셋째는 형식과 관련해서 내용과 완전한 일치 여부에 주목해야 하고, 넷째는 창작과 지각의 측면에서 조정자 역할을 해야 한다는 것이다. 이중에서 프롤레타리아 비평 이론의 창시자로서 보그다노프의 현실적 고민은 첫번째와 세번째 과제에 담겨 있다고 할 수 있다. "프롤레타리아 예술과 관련해서 우리 비평의 첫번째 과제는 프롤레타리아 예술이 주변의 문화 환경이나 낡은 세

---

14) 예술 형식에 대한 보그다노프의 견해는 레닌의 생각과 구별된다. 레닌은 "형식은 본질적이고, 본질은 일정한 형식으로 존재한다"(В. И. Ленин, *Философские тетради*, М.: Изд. политической литературы, 1969, с. 129)고 지적하면서 형식의 능동성을 강조한 바 있다. 레닌이 마르크스주의 유물론과 변증법에 대한 자신의 생각을 메모 형식으로 기록한 것은 대부분 제1차 세계대전 기간 중이었다. 하지만 이 저작이 처음 출간된 것은 1929~30년 사이에 발행된 레닌 전집 중 일부였고, 최초의 단행본으로 출간된 것은 1933년 레닌이 죽은 지 10년 가까이 되어서다. 위 구절은 헤겔의 『대논리학』에 대한 메모로 1914~15년 사이에 작성된 노트 중의 일부이다. 이 저서는 마르크스주의 철학과 변증법적 방법론의 발전에서 중요한 의미를 지니고 있다. 하지만 1920년대 예술 논쟁, 특히 보그다노프의 견해에서 본질(내용)과 형식에 대한 변증법적 사유를 찾아보기는 힘들다.

계의 예술과 섞이지 않도록 프롤레타리아 예술의 영역을 확립하고 그것의 경계를 명확하게 규정하는 것이다."[15] 여기서 보그다노프가 염두에 두고 있는 것은 바로 농민 예술, 프롤레타리아 예술에 섞여 있는 군사적 요소들, 지식인들의 영향 등이다. 그는 이런 종류의 문화, 예술이 프롤레타리아 예술보다 덜 의식적이고 덜 순수하다고 보고 있다. 그는 농민 예술, 군사적 요소, 지식인 문화는 그 뿌리가 부르주아적이라는 점에서 같은 것이라고 생각한다. 특히 지식인 문화는 개인주의로부터 태어난 것이라고 비판하고 있다. 이것은 혁명 직후 프롤레타리아의 문화활동과 그 결과물들이 기존의 것과 비교하여 여러 점에서 열악한 상태에 머물러 있었던 사정과 무관하지 않다. 다시 말해 프롤레타리아 문화가 생성되기는 했지만 그 결과물들이 질적으로 우수하지 못했다는 말이다. 이런 상황에서 보그다노프는 프롤레타리아 문화의 독자성을 지켜야 할 필요성을 강조하고 있다. 형식과 관련된 비평의 과제도 이와 유사하다. "프롤레타리아는 우선 자신의 선구자들로부터 예술적 기교를 배워야만 한다. 여기에 자연스럽게 과거 예술이 만들어놓은 가장 최신의 전범을 배워야 한다는 유혹이 존재한다. 그런 이유 때문에 쉽게 오류에 빠지기도 한다. 예술에서 형식은 내용과 불가분의 관계에 있다. 그렇기 때문에 '내용'은 항상 가장 완성된 상태로 존재하는 것은 아니다. 사회 계급이 역사적 과정에서 자신의 진보적인 역할을 완수하고 몰락을 하고 있을 때 그 계급의 예술 내용은 필연적으로 퇴폐적인 것이 되고, 형식은 그것에 적응하면서 내용의 뒤를 따른다. 지배 계급의 몰락은 일

---

15) А. Богданов, "Критика пролетарского искусства," *О пролетарской культуре 1904~1924*, с. 159.

반적으로 기생적 생활로 변환하는 과정에 근거를 두고 있다. 그 결과 생활 감정의 포화나 마비가 발생한다. 새롭게 발전하는 내용의 본질적인 근원, 즉 사회 창조적 활동은 그로부터 시작되는 것이다. 다시 말해 삶은 공허해지고 '이성적인 것,' 즉 사회적 의미를 상실하게 된다. 사람들은 새로운 쾌락과 감각에 대한 욕구를 충족시키는 것으로 공허함을 메우려고 한다. 그리고 예술은 이런 욕구를 조직한다. 예술은 한편에서 억제된 감정의 자극을 위해 퇴폐적인 편향으로 빠지기도 하고, 다른 한편에서 미적 지각의 세련됨과 섬세함을 위해 극단적으로 복잡해지기 시작하고, 대수롭지 않은 기교들을 동원해서 자신의 형식을 장식하려고 한다."[16] 여기서 보그다노프는 프롤레타리아가 과거의 예술적 기교를 배워야 한다고 주장하면서 실제로는 과거 예술의 부정적인 영향만을 언급하고 있다. 이 문제에 대해 그는 프롤레타리아가 건설할 새로운 현실

---

16) 같은 글, c. 169. 예술사의 발전에 대한 보그다노프의 견해는 그의 사회발전이론에 근거한 것이라고 할 수 있다. 사회 발전에 대한 보그다노프의 사상은 『조직학』이라는 저서에 잘 나타나 있다. 3권으로 구성된 이 책은 1910~20년대에 걸쳐 발표된 것으로 여기서 보그다노프는 자연과학에서 사용하는 균형이라는 원리에 근거하여 자연과 사회의 발전 과정을 설명하고 있다. 보그다노프에 의하면 자연과 사회는 수많은 요소들로 구성된 균형 상태의 체계이다. 하나의 체계는 모순들이 서로 균형을 이루는 방식으로만 안정된 상태에 도달한다. 그리고 발전하는 체계 속에는 두 가지 모순적인 경향이 동시에 작동한다. 통일적인 과정들로 인한 안정성의 향상과 '체계의 모순들'의 발현으로 인한 안정성의 저하가 그것이다. 이 모순들은 일정한 수준의 발전에 도달하면 위기를 맞게 된다. "시기가 이르건 늦건 간에 체계적인 모순들은 체계의 조직 관계가 바뀔 때까지 강해진다. 그때 그 체계의 개혁, 해체, 전복으로 이끄는 위기가 도래해야만 한다." 체계의 모순들로부터 조직화의 과제가 제기되고, 그것의 발전이나 해결 혹은 퇴치의 과제가 강해질수록 그 과제는 더욱 절실해진다. 부정적인 측면에서 보면 체계는 사멸한다. 다시 말해 유기체가 죽는 것처럼 체계 자체가 파괴되는 것이다. 이것은 긍정적인 측면에서 보면 모순으로부터 벗어나는 체계의 개혁이다. 체계의 요소들이 더욱 강한 혹은 '조화로운' 결합일수록 '모순'들은 적게 마련이다. 이것은 보다 고도의 조직성을 의미한다. 이상의 내용에 대해서는 A. Богданов, *Тектология: всеобщая организационная наука*, М.: Экономика, 1989를 참조.

과 삶의 내용이 형식을 결정할 것이라고만 지적하고 있다. 다시 말해 보그다노프는 프롤레타리아 예술 형식에 대해서는 특별한 언급을 피한 채 내용이 형식을 결정할 것이라는 도식적인 '내용결정론'에서 크게 벗어나지 못하고 있다.

보그다노프는 과거의 문화를 부정하지는 않았지만 그에 대한 비판적 재해석을 요구하였다. "예술은 우리에게 필요하지만 과거의 과학과 마찬가지로 새로운 이해, 새로운 프롤레타리아 사상의 비판적 해석 속에서 필요한 것이다. 이것이 우리 비평이 할 일이다. 비평은 과거의 걸작 예술들을 예로 들어 충고하고 설명하면서 프롤레타리아 예술의 발전과 궤를 같이해야만 한다. 비평은 프롤레타리아에게 유용하고 필요한 것 그리고 그들에게 부족한 것을 설명하면서 걸작 예술들을 소개해야 한다. 예술적 재능은 개인적인 것이지만 창작은 사회적인 것이다. 창작은 집단을 위해 복무하면서 집단에서 나와 집단으로 귀착된다. 우리 예술의 조직화는 과학의 조직화와 마찬가지로 동지적 협력 위에 건설되어야만 한다."[17] 여기서 흥미로운 것은 보그다노프가 프롤레타리아 예술의 형식을 논하면서 마야콥스키를 언급하고 있는 대목이다. "몹시 거드름을 피우는 지식인 광고제작자인 마야콥스키나 혹은 더 끔찍하게는 정부와 매춘부의 대변자이자 번지르르한 천박함을 그리는 데 탁월한 재능을 가지고 있는 이고르 세베랴닌에게서 탁월한 예술 형식을 찾고, 또 그럴 수 있다고 생각하는 프롤레타리아 시인을 바라보는 것은 슬픈 일이다."[18] 보그다노프는 마야콥스키에 대한 비판이 마음에 걸렸는지

---

17) А. Богданов, "Пролетариат и искусство," *О пролетарской культуре, 1904~1924*, с. 123.

18) А. Богданов, "Критика пролетарского искусства," 같은 책, с. 170.

1924년 위 비평문을 다시 출판하면서 각주를 달았다. 여기서 그는 마야콥스키의 문학적 재능과 영향력을 부정하지는 않지만, 그것이 그의 독특한 형식에서 기인하는 것은 아니라고 설명했다. 다시 말해 그는 마야콥스키의 난해한 형식 실험이 프롤레타리아 예술의 형식과는 본질적으로 거리가 있는 것이라고 본 것이다. 이것은 프롤레타리아 예술과 혁명적 지식인의 예술 사이에 존재하는 근본적인 간극을 상징적으로 보여준다. 보그다노프는 예술의 사회적 역할을 강조했다. 이런 점에서 보그다노프가 마야콥스키를 위시한 지식인 예술에 대해 적대적 태도를 취한 것은 어쩌면 당연한 것이었는지도 모른다.

보그다노프와 프롤레트쿨트는 과거의 문화유산을 비판적으로 계승해야 한다는 입장을 가지고 있었지만, 이것은 1920년대 비평의 난제 중 하나였던 당대 동반자 작가에 대한 평가와는 별개의 문제였던 것으로 보인다. 요컨대 프롤레트쿨트는 동반자 작가를 계승해야 할, 다시 말해 함께 가야 할 '동반자'라고 생각하지 않았다. 그들에게 동반자 작가의 문학적 재능과 업적은 프롤레타리아 혁명의 이념에 비추어 청산해야 할 대상이었다. 보그다노프 비평과 프롤레트쿨트 활동은 1920년대에 여러 가지 이유로 볼셰비키 당과 레닌에 의해 비판과 견제를 받았다. 트로츠키는 보그다노프의 프롤레타리아 문화론이 관념적인 것이라고 비판했고,[19] 레닌은 프롤레트쿨트의 극단적 경향을 분파주의라고 견제했다.[20]

---

19) Л. Д. Троцкий, "Проле- тарская культура и пролетарское искусство," *Литература и революция*, VI, М.: Красная новь, 1923 참조. 여기서 트로츠키는 "완전한 가치를 지닌 문화와 예술적 수확은 '프롤레타리아적인 것'이 아니라 사회주의적인 것이 될 것이다"라고 주장하고 있다. 그에 의하면 프롤레타리아의 혁명적 과제는 계급 해방이기 때문에 프롤레타리아 계급의 독자적인 문화는 존재할 수 없고, 그것을 추구해서도 안 된다는 것이다.
20) В. И. Ленин, "О пролетарской культуре," *Красная Новь*, No. 3, 1926.

하지만 보그다노프의 비평이론은 최초의 본격적인 프롤레타리아 문학 비평이라는 점에서 역사적 의미가 크다. 그는 프롤레타리아 문학비평의 주제들을 체계적으로 정립하고, 그것을 실제 비평에 적용했다는 점에서 소비에트 비평사뿐만 아니라 마르크스 문학비평의 발전에 중요한 기여를 했다고 평가할 수 있다. 하지만 그의 예술론은 러시아 혁명 시기에 국한된 이론이라는 점에서 보편성을 획득하기에는 부족한 점이 있다. 그리고 집단주의적 특성을 프롤레타리아 문학의 특성과 우월성으로 보는 것도 현실적으로 한계가 있다. 보그다노프가 프롤레타리아 시의 집단주의적 성격을 언급하면서 인용한 작품들은 트로츠키의 표현을 빌리면 "재능 있는 프롤레타리아 계급의 문학작품"이기는 하지만 수준 높은 예술작품이라고 할 수 없기 때문이다.

3. 동반자 작가 논쟁: 보론스키의 비평이론

트로츠키가 "프롤레타리아 시인들의 작품에는 오직 전체 문화의 상태와 발전에 대한 인식과 예술의 심오한 상호작용에 의해서만 획득되는 유기적 통일성이 부족하다"[21]고 지적했을 때, 그는 과거 문화유산에 대한 비판적 계승을 염두에 두고 있었음이 분명하다. 이것은 네프 시대 소비에트 비평의 주요 쟁점이었던 동반자 작가들을 염두에 두면 시사하는 바가 적지 않다. 이와 관련하여 러시아 혁명 직후 문학적 상황에 대한 예세닌의 언급은 매우 흥미롭다. "낡은 관습이 붕괴되고 새로운 관

---

21) Л. Д. Троцкий, 같은 책, VI.

습이 수많은 사건들의 소용돌이 속에서 아직 자라나지 못하고 있던 혁명 후 몇 년 동안 러시아의 예술 창작은 혁명기처럼 혼란스러웠다. 카오스의 세계가 도래한 것이다. 아연실색을 금할 수 없는 미증유의 이합집산이 일어났다. 수를 셀 수 없을 정도로 많은 그룹과 경향 들이 나타났다. 낡은 양식의 내용을 고집했던 작가들과 시인들은 국외로 이주하거나 침묵했고, 혁명을 받아들인 이들은 그 대열에 동참했다. 그리고 겨우 보일 듯 말 듯한 새로운 맹아의 거울이 되고자 했던 프롤레타리아 작가들의 그룹이 있었다. 하지만 아아! 그들은 무능하고, 자의적이고, 모방적이었다. 그래서 그들에 대해서는 간단하게 언급하는 것으로 하고, 실제로 온갖 뜬소문과 야유에도 불구하고 유일하게 재능과 능력을 겸비한 채 우리 시대의 맥박을 포착한 동반자 작가들에게 주목하려고 한다."[22]

동반자 작가 논쟁은 1920년대 소비에트 비평의 최대 쟁점 중 하나였다. 이 논쟁의 주도적 역할을 담당했던 비평가 중 하나는 보론스키이다. 보론스키는 보그다노프와 마찬가지로 혁명 직후 소비에트 비평의 주인공이었음에도 불구하고 아직 제대로 된 평가를 받지 못한 비평가이다. 동반자 작가 문제가 당시 평단의 주된 관심거리가 된 배경은 사실 프롤레트쿨트의 극단적 분파 중 하나였던 『초소에서Ha посту』의 등장과 무관하지 않다.[23] 『초소에서』는 비프롤레타리아 문학 경향에 대해 호전적

---

22) С. Есенин, *Собр. соч*, в 5 т., т. 5, М.: Гослитиздат, 1962, с. 74.

23) 잡지 『초소에서』가 창간된 것은 1923년 6월 24일로, 아베르바흐Л. Авербах, 볼린Б. Волин, 렐레비치Г. Лелевич, 로도프С. Родов, 바르딘Ил. Вардин 등이 편집인으로 참여했다. 이 기관지는 1925년까지 모두 6권을 발행했다. 『초소에서』는 모스크바 프롤레타리아 작가연합 마프МАПП(1923~32)의 기관지였다. 마프는 1923년 3월 15~16일 모스크바에서 개최된 프롤레타리아 작가대회에서 결성된 조직으로, 여기에 그룹 '시월

인 입장을 취하고 있었는데, 이런 입장을 가지고 있었던 대표적인 비평가가 렐레비치이다. 그의 비평문에는 과거 문화유산에 대한 자신의 입장이 보론스키와 어떻게 다르고, 동반자 작가에 대한 그들의 입장이 어떤 것인지가 잘 나타나 있다. "두 가지 관점이 과거 문학에 대한 우리의 견해에 대립된다. 하나는 프롤레타리아 문학을 부정하고 '유산'에 만족하라고 권고한다. 다른 하나는 추상적으로 미래의 프롤레타리아 문학 건설을 인정하지만 현재는 과거 문학의 '훌륭한' 측면들을 습득하라고 충고한다. 첫번째 관점은 객관적으로 정치적인 측면에서 보면 부르주아적 반동과의 협력이고, 이론적인 측면에서 보면 순수한 관념론의 시각이다. 두번째 관점은 절충주의적 혼란의 전형을 보여주며, 객관적으로 첫번째 해악의 일면이 나타나 있다."[24] 여기서 두번째 관점은 보론스키를 지칭하는 것임이 틀림없다. 렐레비치는 마르크스주의적 관점에서 과거의 문학유산을 비판적으로 계승해야 한다고 언급하면서 보론스키와는 달리 당대 부르주아의 문학적 '자산'에 대해서는 적대적이었다. 그는 사상파寫像派, 미래파, 상징주의를 자본주의 붕괴기에 나타난 지식인 계급의 분열된 의식의 산물이라고 평가절하했다.[25] 이런 판단은 곧 동반자 작가에 대한 평가로 이어지는데, 보리스 필냐크에 대한 견해가 그것

Октябрь'(1922~25)이 주도적인 역할을 담당했다. 그래서 이 잡지는 '시월'의 문학적 입장을 대변하는 것으로 평가받고 있다. 『초소에서』는 러시아 프롤레타리아 작가연합 라프 РАПП(1925~32)에 참여하지 않은 '레프ЛЭП'(1922~28), '대장간Кузница'(1920~32) 그룹과 동반자 작가에 대해 적대적인 입장을 취하고 있었다. 1925년『초소에서』가 해체되었을 때 극좌적 입장이었던 렐레비치, 로도프, 바르딘은 아베르바흐, 볼린과 결별하게 된다.

24) Г. Лелевич, "Отказываемся ли мы от наследства?," На посту, No. 1~2, 1923, c. 52.
25) 렐레비치는 안나 아흐마토바에 대해서도 매우 부정적인 견해를 가지고 있었다. 그는 「부르주아 문화와 중간 그룹에 관한 테제」에서 안나 아흐마토바의 문화가 신비주의적 개인주의에 근거한 것이고, 이는 프롤레타리아 독재 시기에 도저히 용납할 수 없는 것이라고 주장했다. 이에 대해서는 이한화 엮고옮김, 『러시아 프로문학운동론 I』, 화다, 1988, p. 120 참조.

을 대변하고 있다. "쓸데없는 헛소리를 지껄여대는 필냐크와 비교하면 대성공을 기둔 라블레나 세르반데스와 같이 기대하고 완전하며 명쾌하고 위대한 고전 작가들의 구성 방법들은 프롤레타리아 문학의 새로운 구성 방법들의 창조를 위해 출발점으로서 이용될 수 있다."[26] 다시 말해 렐레비치는 혁명 직후 부르주아의 문학적 자산을 과거 문화유산 목록에서 제외시킨 것이다. 하지만 아이러니한 것은 필냐크와 안나 아흐마토바의 문학이 러시아의 위대한 과거 문학유산이 되었다는 것이다. 이 점을 상기하면 렐레비치의 비평적 견해는 당시 혁명적 상황에 의해 규정된 것으로 보인다.

반면 동반자 작가에 대해 우호적인 입장을 보였던 보론스키는 렐레비치를 비롯하여 『초소에서』 그룹과는 구별되는 비평적 견해를 가지고 있었다. 보론스키는 무엇보다도 예술에 대한 이해에서 보그다노프와는 출발점이 근본적으로 달랐다. 그는 보그다노프와는 달리 예술을 조직화의 수단이 아니라 삶의 인식이라고 정의했다. "예술이란 무엇인가? 예술은 무엇보다도 삶의 인식이다. 예술은 환상, 감정, 분위기의 자의적인 유희가 아니다. 예술은 단지 시인의 주관적 느낌이나 경험의 표현이 아니다. 예술의 첫번째 목적은 독자에게 '선한 감정들'을 불러일으키는 것이 아니다. 예술은 과학과 마찬가지로 삶을 인식한다. 예술과 과학의 대상은 동일하다. 그것은 삶과 현실이다. 하지만 과학은 분석하고 예술은 종합한다. 과학은 추상적이고 예술은 구체적이다. 과학은 인간의 이성에 호소하지만 예술은 인간의 감각적 본성에 호소한다. 과학은 개념으로 삶을 인식하고, 예술은 생생한 감각적 관조의 형식, 즉 형상으로

---

26) Г. Лелевич, 같은 글, с. 59.

삶을 인식한다."[27]

　하지만 이것은 프롤레타리아 예술뿐만 아니라 모든 예술이 마찬가지이다. 귀족 계급의 예술도, 부르주아 예술도 삶에 대한 인식이고, 그것도 "생생한 감각적 관조의 형식, 즉 형상으로 삶을 인식한다." 그렇다면 프롤레타리아 예술이 과거의 예술과 다른 점은 무엇인가? 이 점과 관련하여 보론스키는 미래파 비평가들의 견해를 예로 들고 있다. "프롤레타리아 예술의 과제는 과거의 생활 관습을 기억하는 것이 아니라 그것의 안티테제를 드러내고, '그것의 운동 속에서' 삶을 묘사하는 것이다." 보론스키는 미래파 비평가들의 위와 같은 견해를 절대적 상대주의라고 비판한다. 왜냐하면 미래파 비평가들은 현실을 '죽어 있는 것' '굳은 것' '침체된 것' 혹은 '저속한 것' '전통' '보수적인 것'으로 인식하고 있기 때문이다. 예컨대 세르게이 트레티야코프는 기존의 생활 관습과 투쟁하는 것이 미래파의 과제라고 주장하면서 "생활 관습은 매우 반동적인 힘이다"라고 지적하고 있다.[28] 이것은 프롤레타리아 예술의 과제가 과거의 생활 관습을 기억하는 것이 아니라는 주장과 일맥상통하는 것이다. 다시 말해 미래파 비평가들은 현재 존재하는 과거를 무시하고 새로운 사회, 새로운 인간을 건설하자고 주장하는 것이다. 이에 대해 보론스키는 다음과 같이 비판하고 있다. "변증법적 유물론자에게 모든 대립은 상대적이다. 이상과 현실 사이의 대립은 상대적이다. 프롤레타리아 예술은 물론 미래에 주목해야 하지만 이것은 현실을 인식하려는 것과 결코 모

---

27) А. Воронский, "Искусство как познание жизни и современность: к вопросу о наших литературных разногласиях," *Искусство видеть мир*, М.: Советский писатель, 1987, с. 365.

28) С. Третьяков, "Откуда и куда?: Перспективы футуризма," *Леф*, no. 1, 1923, с. 200.

순되지 않는다. 반대로 오직 현실을 인식해야만 과학적인 방법으로 미래를 건설할 수 있다."[29]

　보론스키의 예술론은 또한 프롤레타리아 문학의 헤게모니를 주장한 『초소에서』 비평가들과 대립된다. 보론스키는 과거 문학에 대해 가장 적대적인 입장을 취하고 있었던 바르딘의 주장을 비판하면서 자신의 비평적 견해를 『초소에서』와 대비시키고 있다. 바르딘은 과거 문학, 즉 과거의 문학적 전통에 대해 다음과 같이 주장하고 있다. "문학은 의심할 여지없이 이런저런 사회계층에 봉사한다. 〔……〕 과거의 문학은 착취 계급의 정신으로 자란 것이다."[30] 바르딘의 주장은, 보론스키의 입장에 따르면, 예술이 특수한 인식 방법이라는 문제의식이 결여되어 있는 것이다. 다시 말해 바르딘은 진정한 예술 속에 반영된 정확하고 객관적인 순간에 대한 평가를 망각하고 있다는 것이다. "문학, 예술은 의심할 여지없이 사회 안에서 나누어져 있는 이런저런 계급에 봉사한다. 하지만 이런 이유 때문에 주어진 예술적 경험의 결과물이 객관적 가치들을 상실하는 것은 결코 아니다."[31] 여기서 보론스키는 바르딘을 비판하고 있지만 사실은 『초소에서』 그룹 및 프롤레트쿨트의 이론적 지도자였던 보그다노프를 겨냥하고 있다. 보론스키의 견해는 예술이 혁명운동의 도구이자 무기라는 보그다노프의 견해와 정면으로 대립된다. 다시 말해 보그다노프의 말대로 예술이 혁명운동의 무기이기는 하지만 예술의 본질은 거기에만 국한된 것이 아니라는 말이다. 보론스키에 의하면 예

---

29) А. Воронский, 같은 글, с. 373~74.

30) Ил. Вардин, "О политграмоте и задачах литературы," *На посту*, no. 1, 1923, с. 91, 99.

31) А. Воронский, 같은 글, с. 378.

술은 '삶에 대한 특수한 인식 방법'이고, 그런 전제하에 혁명운동에 기여할 수 있는 것이다.

보론스키와 『초소에서』 그룹 사이의 견해 차이는 동반자 작가 문제에서 극단적으로 대립된다. 보론스키는 이 잡지의 주된 목적이 당시 문단에서 활동하고 있는 동반자 작가들을 추방하려는 데 있다고 보고 있다. 보론스키는 이를 증명하기 위해 잡지 편집진의 견해를 인용한다. "우리는 혁명을 왜곡하고 비방하는 '동반자 작가' 문학의 퇴폐적인 계열 중 하나인 마닐로프주의자들과 투쟁할 것이고, 과거와 현재를 잇는 미학적 교각을 건설할 것이다." 이에 대해 보론스키는 다음과 같이 비판하고 있다. "문학의 퇴폐적인 계열들로부터 어떻게 미학적 교각을 건설할 것인지, 의심할 여지없이 터무니없는 기도에 대항하여 왜 특별히 열렬하게 투쟁해야만 하는지 알 수 없다. 하지만 문제는 이것이 아니다. 잡지 『초소에서』는 과거 예술의 이데올로기와 형식으로부터 사회주의 조국을 '완전히' 해방시키기 위해 투쟁한다고 언급한 적이 있다. 그러나 과거 예술의 최상의 시기의 전범들은 혁명의 가장 강력하고 최우선적이며 가장 심오하고 희망적인 동반자들이다. 다른 한편에서 과거 예술과 오늘날의 예술 사이의 '미학적 교각'을 놓는 데 있어서 동시대의 동반자 작가들에게 큰 빚을 지고 있다는 사실은 의심할 여지가 없다. 그런 '교각'은 실제로 존재한다."[32] 여기서 보론스키는 과거 문학유산을 계승하는 데 있어서 동반자 작가들의 위치와 역할에 주목하고 있다. 그에 따르면 동반자 작가들은 과거 문학유산과 현재의 문학 사이를 연결하는 고리 같은 것이다. 이렇게 보면 계승과 동반자 작가의 문제는 별개의 것이

---

32) А. Воронский, 같은 글, c. 382~83.

아니라 내적으로 연결되어 있는 뫼비우스의 띠 같은 것이다.

동반자 작가에 대한 보론스키의 입장은 한편에서 혁명 직후 문학적 상황을 고려한 것이기도 하다. 다만 동일한 상황을 놓고 보론스키와 『초소에서』는 상반된 해결책을 제시한 것이다. "혁명에 기초한 우리 신흥 문학은 두 가지 위험성과 저울추를 가지고 있다. 첫째는 공허한 선동 글로 변질될 수 있는 도식주의와 협소한 지향성이고, 둘째는 종합이 결여된 설익은 예술적 재료들의 무계획적이고 쓸데없는 무더기이다."[33] 여기서 보듯이 보론스키는 당대 프롤레타리아 문학이 아직 아마추어 수준에서 크게 벗어나지 못한 것으로 파악하고 있다. 그는 다른 비평문에서 이 문제에 대해 좀더 구체적으로 언급하고 있다. "10월 혁명은 현실에 대한 신선한 감각을 지닌 일련의 새로운 예술가들을 배출했다. 하지만 그들은 여러 가지 이유에서 아직까지 세계와 새로운 예술의 관계 문제를 해결하지 못했다. 무엇보다도 현대 예술가들의 압도적인 대다수는 아마도 새로운 이념의 선전, 선동에 몰두해 있을 것이다. 이것은 완전히 자연스럽고 필연적인 일이다. 하지만 모든 선동예술은 보여지는 것보다 더 많은 것을 원한다."[34] 예술의 현실 인식적 측면을 주장하면서 특히 '객관성'을 강조한 보론스키의 입장에서 프롤레타리아 문학, 특히 선전, 선동에 치우친 문학은 지나치게 과장되고, 이념에 종속된 것이었다. 이와 반대로 그는 동반자 작가들이 지니고 있는 문학적 자산이 프롤레타리아 문학의 미래를 위해 도움이 된다고 확신했다. 다시 말해 동반자 작가와의 연대는 프롤레타리아 문학의 현주소와 밀접한 관계가 있는 문제

---

33) А. Воронский, "На перевале: дела литературные," *Искусство видеть мир*, М.: Советский писатель, 1987, с. 406.

34) А. Воронский, "Искусство видеть мир(О новом реализме)," 같은 책, с. 552.

였던 것이다.

하지만 다른 한편에서 이 문제에 대한 보론스키의 입장은 자신의 예술론에 입각한 것이기도 했다. 보론스키는 현실의 객관성과 예술의 완전성을 예술작품의 본질적인 구성 요소라고 보았다. 이를 위해 그는 리얼리즘을 토대로 낭만주의와 상징주의도 포용할 수 있다고 주장했다. 이것은 프롤레타리아 문학이 당대 부르주아 문학의 자산으로부터 많은 것을 받아들일 수 있다는 점을 강조한 것이라고 볼 수 있다. "모든 문제는 동반자 작가들이 혁명적인 송가, 찬가, 생기 없이 어색한 단편소설, 선동적인 중편소설 들보다 러시아와 우리 혁명의 특수성들을 훨씬 더 잘 그리고 있으며, 생활 관습과 삶을 훨씬 더 잘 묘사하고 있고, 예술적 감각이 뛰어나는 점이다."[35] 여기서 '러시아'와 '우리 혁명의 특수성들'에 대한 지적은 동반자 작가들이 현실에 더 충실하다는 것을 의미한다. 그리고 '생활 관습' '삶'은 보론스키가 주장한 문학의 객관성과 관계가 있고, '예술적 감각'은 곧 예술적 완전성을 의미하는 것으로 볼 수 있다. 요컨대 동반자 작가의 문학이 프롤레타리아 문학보다 현실성, 객관성, 예술성의 측면에서 한 수 위라는 것이다. 게다가 위에서 인용한 비평문이 프롤레트쿨트가 가장 적대시했던 '대장간Кузница' 작가들의 작품이 지니고 있는 특징을 분석한 글이라는 사실을 상기하면 보론스키가 동반자 작가와 프롤레타리아 작가를 어떻게 평가하고 있는지 알 수 있다. 이와 관련하여 보론스키 비평에 대한 벨라야의 언급은 매우 의미심장하다. "문화에 대한 역사적 이해의 원칙은 여러모로 20년대 미학

---

35) А. Воронский, "Прозаики и поэты кузницы(Общая характеристика)," 같은 책, с. 439.

논쟁에서 보론스키의 입장을 미리 규정하였다. 무엇보다도 이러한 원칙이 보론스키와 그 반대자들 사이의 경계선이 되었다. 보론스키의 반대자들에게 역사는 '내용'과 관계된 것은 제외하고 '형식'에 관계된 것만을 끄집어낼 수 있는 무질서한 창고 같은 것이었다. 예술적 유기체의 완전성, 예술의 합법적 변화, 계승의 복잡한 메커니즘의 문제, '예술적 세계관'이라는 개념의 복잡성 등은 모두 그들의 이해와 분석의 영역 밖에 존재하는 것이었다."[36]

4. 「문학에 대한 당의 정책」의 의미

1920년대 소비에트 비평의 중요한 쟁점이었던 동반자 작가에 대한 평가는 1925년 「문학에 대한 당의 정책」이 발표되면서 일단락되었다. 이 결의문은 당시 문학적 상황에 대한 볼셰비키 당의 고민이 반영되어 있다. 소비에트 권력이 아직 확고하지 않았던 네프 시기에 볼셰비키 당은 사회주의 혁명에 동조하는 동반자 작가들을 협력자로 인정하지 않을 수 없었다. 그에 반해 볼셰비키 당은 동반자 작가와 대립적 관계에 있었던 프롤레타리아 문학 조직을 견제하였다. 왜냐하면 당시 프롤레타리아 문학의 수준으로는 문화혁명의 과제를 온전히 수행하기가 어렵다고 판단했기 때문이다. 이 결의는 1925년 6월 18일에 이루어졌고, 같은 해 7월 1일 『이즈베스티야』와 『프라우다』에 발표되었다. 현재 러시아 문헌 보관소에는 6월 18일 부하린이 작성한 초고가 보관되어 있다. 이 초고

---

36) Г. Белая, "Эстетические взгляды А. К. Воронского," *Искусство видеть мир*, с. 10.

는 다음 날인 19일 약간의 수정을 거쳐 타자로 기록되었고, 여기에 부하린, 루나차르스키, 렐레비치가 서명하여 공식 문서가 되었다. 그런데 여기서 주목할 것은 동반자 작가에 대해 우호적인 입장을 가지고 있지 않았던 렐레비치의 서명이다. 이것은 동반자 작가에 대한 평가가 네프 시기 볼셰비키 당의 전술적 판단에 기인한 것이었음을 반증하는 것이다. 아무튼 이 결의문이 발표되었다는 사실은 동반자 작가 논쟁에서 보론스키가 보그다노프 계열의 프롤레트쿨트에 대해 판정승을 거두었음을 말해준다. 하지만 이런 전술적 판단이 영원히 지속되지는 않았다. 네프 시기가 막을 내리자 동반자 작가들의 운명은 새로운 기로에 서게 되었다.

「문학에 대한 당의 정책」은 동반자 작가에 대한 당의 기본 입장이 되었나. 이 결의안은 모두 16개 항으로 이루어서 있으며, 각 항의 내용은 다음과 같다.

1. 문화혁명 시대의 도래(서론, 정세 인식)

2. 노동자, 농민 문학의 등장

3. 모든 사회적 삶을 문학으로 표현해야 한다.

4. 문학에서의 계급투쟁

5. '유화적인 조직 사업'의 필요성

6. 문학에 대한 프롤레타리아의 입장을 세워야 한다.

7. 프롤레타리아 문학의 현주소: 프롤레타리아 문학, 프롤레타리아의 특수한 예술 형식 및 문체의 부재

8. 문학에 대한 당의 기본 과제들: 1) 프롤레타리아 작가와 농민 작가, 동반자 작가의 상호 관계 2) 프롤레타리아 작가에 대한 당의 정책 3) 비

평의 문제 4) 예술작품의 문체와 형식 및 새로운 예술 형식의 방법에 관한 문제 5) 조직 성격의 문제

　9. 프롤레타리아 작가와 농민 작가의 관계

　10. 동반자 작가에 대한 당의 정책

　11. 프롤레타리아 작가에 대한 당의 정책

　12. 비평의 임무

　13. 문학 형식, 문체, 방법에 대한 당의 정책

　14. 문학 영역에서 자유로운 경쟁의 보장

　15. 문학과 출판에 대한 당의 정책

　16. 작가와 문학 창작에 대한 당의 정책

　1항은 결의안 전체의 서론 격으로 문화 영역에 대한 당의 정세 인식이 담겨 있다. 2~7항은 새로운 문학의 등장을 언급하면서 그에 대한 프롤레타리아의 입장을 정리해야 한다고 강조한다. 이 결의안에서 문학에 대한 당의 구체적인 정책이 서술된 곳은 8항 이후이다. 문제의 8항에는 당시 프롤레타리아 문학과 관련하여 당이 시급히 해결해야 할 정책적 과제들이 제시되어 있다. 그리고 9~15항은 개별 문제에 대한 당의 정책을 제시하고 있다. 마지막 16항은 이 결의문의 결론에 해당한다. 이 결의문에서 동반자 작가에 대한 직접적인 언급이 나오는 항은 8, 10, 14항이다. 특히 10항의 내용은 당시 당 중앙위원회가 동반자 작가를 어떤 관점에서 바라보고 있는지를 상징적으로 드러내고 있다. 그 내용은 다음과 같다.

　10. '동반자 작가들'과의 관계에서 1) 그들의 차별성 2) 문학 기법이 숙

련된 '전문가들'로서의 의미 3) 이 작가군의 실제적 동요가 반드시 고려되어야 한다. 여기서는 그들을 보다 빨리 코뮤니즘 이데올로기로 인도하기 위한 모든 조건을 가능하게 하는, 동반자 작가들에 대한 전술적이고 신중한 태도가 일반적인 지침이 되어야만 한다. 당은 반프롤레타리아적이고 반혁명적인 요소들(현재로서는 극히 사소한)을 제거하고, '동반자 작가들' 중 일부인 전향파сменовеховский толк의 새로운 부르주아 이데올로기와 투쟁하면서 중도적인 이데올로기 형태들에 대해서는 관대해야만 하며, 이런 불가피한 수많은 형태들이 코뮤니즘 문화 세력들과 보다 긴밀한 동지적 연대를 이룰 수 있도록 참을성 있게 도와야 한다.[37]

위 인용문에서 보듯이 볼셰비키 당은 동반자 작가의 양면성을 지적하고 있다. 하나는 그들의 문학적 능력에 대한 평가이다. 동반자 작가는 프롤레타리아 작가와 비교하여 문학 기법에 대한 전문가적 훈련이 잘되어 있다. 실제로 그들은 당시 러시아 문학을 대표하는 작가들이었다. 다른 하나는 그들의 이데올로기적 한계이다. 특히 동반자 작가의 일부는 새로운 부르주아 이데올로기로 무장하고 있었다. 하지만 동반자 작가의 반프롤레타리아적, 반혁명적인 요소들을 제거한다면 볼셰비키 당은 코뮤니즘 문화 세력과의 동지적 연대가 가능하다고 판단하고 있다. 이런 결정은 다분히 프롤레타리아 문학의 현주소에 대한 판단에 근거한 것이었다. 만일 프롤레타리아 문학이 기존의 문학보다 예술성에 있어서 훨씬 우월하거나 어깨를 나란히 할 정도의 수준이었다면 상황은

---

37) Постановление Политбюро ЦК РКП(б), "О политике партии в области художественной литературы," *Правда*, 1925. 7. 1.

달라졌을 것이다. 다시 말해 볼셰비키 당은 문화혁명의 과제를 동반자 작가들의 협력 없이 완수할 수 있다고 판단했을 것이라는 말이다. 하지만 상황은 정반대였다. "문화적으로 억압받아온 노동 계급은 자신의 문학, 특수한 예술 형식, 문체를 가질 수 없었다. 만약 지금 프롤레타리아가 모든 문학작품의 사회, 정치적 내용을 이해하는 정확한 기준을 이미 가지고 있다면 예술 형식에 관한 모든 문제에 대해 그와 같이 명확한 대답을 하지 않아도 될 것이다."(7항) 그러므로 볼셰비키 당은 프롤레타리아 작가에 대해 다음과 같은 결정을 내릴 수밖에 없었다.

11. 프롤레타리아 작가들에 대해 당은 다음과 같은 입장을 취해야 한다. 당은 백방으로 그들의 성장을 돕고, 그들과 그들의 조직을 전폭적으로 지지하면서 그들 사이에 존재하는 유해한 현상인 공산당원의 자만을 온갖 수단을 동원해서 예방해야만 한다. 당은 그들이 소비에트 문학을 선도하는 미래의 지도자들이라고 보기 때문에 예술언어의 전문가들과 같은 과거의 문화유산에 대한 경솔하고 경멸적인 태도와 전력을 다해 싸워야 한다. 마찬가지로 프롤레타리아 작가들의 이념적 헤게모니를 위한 투쟁의 중요성을 과소평가하는 입장은 규탄받아 마땅하다. 당의 슬로건은 한편에서 굴종주의에 반대하는 것이고, 다른 한편에서 공산당원의 자만에 반대하는 것이다. 이 밖에도 당은 순전히 온실에서 자란 프롤레타리아 문학을 배격해야만 한다. 현상의 모든 복잡성을 망라하는 문학, 한 공장의 범위에 머무르지 않는 문학, 조합을 벗어나 수백만 농민을 영도하고 투쟁하는 위대한 계급의 문학, 이것이 프롤레타리아 문학의 내용이 되어야만 한다.

프롤레타리아 작가에 대한 당의 입장도 동반자 작가와 마찬가지로 양면적이었다. 즉, 굴종주의와 공산당원의 자만을 배격하는 것이 그것이다. 볼셰비키 당은 한편에서 프롤레타리아 작가들을 전폭적으로 지지하고, "프롤레타리아 작가들의 이념적 헤게모니를 위한 투쟁의 중요성"을 인정하지만 다른 한편에서 "예술언어의 전문가들과 같은 과거의 문화유산에 대한 경솔하고 경멸적인 태도"를 극도로 경계하고 있다. 자칫 공산당원의 자만이 문화혁명의 대의와 프롤레타리아 문학 발전에 장애물이 되어서는 안 된다는 것이다. 결국 볼셰비키 당은 결의문에 담긴 정신을 14항에 함축적으로 정리하고 있다.

14. 이런 이유 때문에 당은 문학 영역에서 다양한 그룹과 조류 들의 자유로운 경쟁을 지지해야만 한다. 이 밖에 이 문제에 대한 모든 다른 결정은 진부하고 관료적인 거짓 결정이 될 것이다. 이와 같이 법령이나 당의 결정으로 특정한 문학 조직 혹은 그룹의 문학 출판에 대한 합법적인 독점권을 허용해서는 안 된다. 당은 프롤레타리아 문학과 프롤레타리아적 농민 문학을 물질적, 도덕적으로 지지하고, '동반자 작가들'과 그 밖의 문학 그룹들을 도와주면서 사상적으로 프롤레타리아 그룹이라 할지라도 어떤 특정한 그룹에게 독점권을 허용해서는 안 된다. 이것이야말로 프롤레타리아 문학을 파멸시키는 일이기 때문이다.

위 14항은 결의문의 기본 정신을 가장 잘 표현하고 있다는 점에서 의미가 크다. 또한, 여기에는 프롤레타리아 문학의 미래에 대한 예견이 담겨 있기도 하다. 볼셰비키 당은 정치 영역과는 달리 문학 영역에서 다양한 문학적 조류들의 자유로운 경쟁을 지지했다. 물론 이것이 프롤레타리아 문학에 대한 당의 전폭적 지지를 철회했다는 것을 의미하는 것은 아니다. 하지만 이 결의문에는 적어도 프롤레타리아 문학 발전을 위한 바람직한 환경에 대한 통찰이 반영되어 있다. 그것은 프롤레타리아 작가를 포함하여 "어떤 특정한 그룹에게 독점권을 허용"하지 않는 문제이다. 이에 대해 볼셰비키 당은 프롤레타리아 문학이 다른 문학들과의 자유로운 경쟁을 통해서 자생력을 갖추는 것이 필요하다고 판단한 듯하다. 다시 말해 다양성이 존재하는 문화적 생태계를 인정하고, 거기서 프롤레타리아 문학의 보호와 발전을 기대한 것이다. 그러나 안타깝게도 현실은 이러한 방향으로 귀결되지 않았다. 이것은 동반자 작가들에 대한 당의 정책이 기본적으로 '유화적 조직 사업'의 일환이었기 때문인지도 모른다.(5항) 이는 문화정책이 정치적 논리에 의해 결정된 것이라는 사실을 반증한다.

1920년대는 소비에트 비평의 황금기였다고 해도 과언이 아니다. 볼셰비키 당은 프롤레타리아 문학을 적극 지지하면서도 반혁명적인 문학을 제외하고는 다양한 문학적 조류들을 존중하고 보호했다. 이로써 소비에트 비평은 새롭게 제기된 많은 쟁점들에 대해 다양한 의견을 제출하였다. 소비에트 비평사에 백가쟁명의 시대가 펼쳐진 것이다. 물론 당이 동반자 작가의 문학을 비롯해 비프롤레타리아 문학을 무조건 인정한 것은 아니다. 그들의 문학적 자산이 프롤레타리아 문학 발전에 기여하리라고 기대했던 것이다. 하지만 20년대 후반 네프 시기가 끝나고 30년대 스탈린의 극좌 노선이 들어서자 상황은 급변하였다. 우리는 이 과정의 결정적인 전환점이 되었던 「문학, 예술 조직의 개혁에 관하여」에서 그 징후를 찾아볼 수 있다. 「문학, 예술 조직의 개혁에 관하여」는 1932년 4월 23일 발표되었다. 이 결의문은 기존의 모든 문학, 예술 조직을 통폐합하고 문학은 소비에트 작가동맹으로 통일한다는 내용을 담고 있다. 하지만 당의 결정은 일방적인 성격이 강했다. 다시 말해 모든 문학 조직의 의견이 반영된 것은 아니라는 말이다. 실제로 이 결의문이 발표된 직후에 나온 잡지 『문학 초소에서Hа литературном посту』 11호는 결의문에 대한 언급은 없이 라프의 공적을 치켜세우는 글을 발표하였다. 급기야 일시적 혼란은 5월 15일 『프라우다』에 발표된 러시아 소비에트 사회주의 연방 공화국PCФCP 문학 조직들 명의로 작성한 편지가 소개되면서 진정되었다. "러시아 소비에트 사회주의 연방 공화국 문학 조직들은 통일된 소비에트 작가동맹 창립을 위한 특별대회 소집을 실행한다. 현존하는 문학 조직들의 지도와 대회 준비 및 안내를 위해 다음과 같이 조직위원회를 구성한다."[38] 여기에 명예의장으로 고리키가 추대되었고, 라프, 러시아 프롤레타리아 콜호스 작가조직POПKП, 붉은군대와 함대 문학조직ЛOKAФ 등이 위임하였다. 사실 소비에트 작가동맹의 창립은 난립한 문학 조직들을 정리하는 목적도 있었지만 무엇보다도 당시 문학 조직들이 본연의 임무에 충실하지 못했다는 판단이 작용한 것으로 보인다. 예컨대 「라프 개혁의 당면 과제에 관하여」라는 결의를 보자. 이 결의문은 제5차 라프 관리국 전원회의에서 라프 의장이 작성한 것이고 1931년 12월 8일 『프라우다』에 발표되었다. 여기서 "라프는 정부 행정 조직이 아니라 문학계몽 조직이라는 근본 입장이 실천에 있어서 부분적으로 무시되고" 있다고 지적하고 있다.[39] 이것은 라프 내부에서 제기된 문제로 당시 프롤레타리아 문학 조직이 얼마나 관료주의에 물들

---

38) *Правда*, 1932. 5. 15.
39) *Правда*, 1931. 12. 8.

어 있었는지를 잘 보여주고 있다. 그럼「문학에 대한 당의 정책」과 비교하면서「문학, 예술 조직의 개혁에 관하여」의 의미를 살펴보도록 하자.

첫째, 이 결의문에서 우선 눈에 띄는 것은 1920년대와 달라진 문학 영역에 대한 정세 인식이다. 볼셰비키 당은 "최근 몇 년 동안 사회주의 건설의 괄목할 만한 성장을 바탕으로 문학과 예술의 양적 및 질적 성장이 이루어졌다는 사실을 지적하고" 있다.[40] 이런 인식은「문학에 대한 당의 정책」과 비교해보면 상반된 것이다. 20년대 중반까지 당은 프롤레타리아 문학의 성장이 미약한 것으로 판단했지만 30년대 초에는 이런 생각이 달라졌다. 당의 판단대로 30년대 초에 프롤레타리아 문학이 일취월장한 것인지는 의견이 분분할 수 있다. 아무튼 이 문제와 관련하여 결의문은 다음과 같이 이어지고 있다. "문학에서 특히 네프 초창기에 발흥했던 이질적인 요소들의 심대한 영향이 존재했고, 프롤레타리아 문학의 인재들이 아직 미미했던 수년 전에 당은 프롤레타리아 작가와 예술 일꾼들의 입장을 강화하려는(프롤레타리아 작가와 예술가 인재들의 성장을 촉진하려는) 목적으로 문학과 (다양한) 예술의 영역에서 특수한 프롤레타리아 조직들의 결성과 강화를 백방으로 도왔다." 여기서 결의문에 몇 군데 가필된 부분(괄호 표시)은 스탈린의 의견이 반영된 것이다. 이는 30년대 문화혁명이 스탈린에 의해 준비된 급격한 좌편향의 결과였다는 점을 반증하는 것으로 볼 수 있다. 30년대 초 프롤레타리아 문학의 성장에 대한 판단 역시 이와 무관하지 않은 것으로 보인다.

둘째,「문학, 예술 조직의 개혁에 관하여」에서는 주로 소비에트 문

---

40) Постановление Политбюро ЦК ВКП(б), "О перестройке литературно-художественных организаций," *Правда*, 1932. 4. 24.

학, 예술의 조직 문제를 다루고 있다는 점이다. 이것은「문학에 대한 당의 정책」과 비교하면 확연히 다른 것이다. 후자에서 볼셰비키 당은 문학 조직에 대한 직접적 간섭을 가급적 자제하려고 하였다. 하지만 이제 볼셰비키 당은 프롤레타리아 문학 조직뿐만 아니라 모든 예술 조직의 통폐합을 제시함으로써 이전의 정책을 거두어들이고 있다. "프롤레타리아 문학과 예술 일꾼들이 이미 성장했고, 공장과 집단농장 출신의 새로운 작가와 예술가 들이 등장한 지금, 전 소비에트 연방 프롤레타리아 작가연합BOAПП, 라프, 러시아 프롤레타리아 음악가연합PAПM 등과 같은 프롤레타리아 문학, 예술 조직들의 틀은 이미 협소해지고, (문학과) 예술 창작의 중요 범위는 제약을 받고 있다. 이러한 상황은 사회주의 건설의 과제를 놓고 이런 조직들이 소비에트 작가와 예술가의 (실제적인) 대규모 동원 수단에서 폐쇄적인 서클들의 양성 수단으로 전락할 위험성을, 그리고 (때로는) 현대의 정치적 과제들로부터 이탈하거나, 사회주의 건설에 동감하는 (그리고 그것을 지지할 준비가 되어 있는) 중요한 작가와 예술가 그룹들과 멀어질 위험성을 초래하게 될 것이다." 위에서 보듯이 볼셰비키 당이 소비에트의 모든 문학, 예술 조직을 통폐합시키려는 이유는 첫째, 프롤레타리아 문학, 예술의 성장으로 인해 기존의 조직적 틀로는 그것을 담아낼 수 없다고 판단했기 때문이고, 둘째, 그것이 사회주의 건설이라는 과제에 부응하는 것이라고 판단했기 때문이다. 그런데 흥미로운 것은 후자를 지적하면서 "사회주의 건설에 동감하는 (그리고 그것을 지지할 준비가 되어 있는) 중요한 작가와 예술가 그룹들," 즉 동반자 작가에 대해 언급하고 있다는 사실이다. 그러나 실제로 소비에트 작가동맹으로의 통일은 동반자 작가들의 활동을 위축시키는 결과를 초래했다. 이것은 문학 창작의 속성상 필연적인 것이었다. 다양한 소규모 문학 그룹의 해체는 마치 바닷속 플랑크톤의 위기와 흡사하다고 할 수 있다. 다양하고 생명력 넘치는 해양 생태계는 플랑크톤이 급감한 후 점차 단조로운 세계로 변하고 말았다. 이로써 소비에트 문학은 사회주의 이데올로기에 종속된 경향만 득세하게 된다. 비평사의 관점에서 보자면 이런 결과는 창조적인 비평적 논의의 위축으로 귀결되었다. 이제 비평의 최대 이슈이자 유일한 주제는 사회주의 리얼리즘이 되고 말았다.

5. 나가며: 혁명과 예술의 관계

1932년에 결의한 문학, 예술 조직의 통폐합 결정은 당시 러시아의 혁명적 상황을 고려하면 어쩔 수 없는 것이었는지도 모른다. 이념적 성향이 다른 단체들을 포용할 만큼 소비에트 체제가 아직은 안정적이지 못했기 때문이다. 명분상 조직의 통폐합이 사회주의 건설의 자신감을 표현한 것이라는 주장도 있지만 그것은 현실과 거리가 먼 것이다. 그들은 사회주의 건설을 위해 다양성이 아니라 오직 한길로 나갈 수밖에 없는 정도의 역량을 가지고 있었을 뿐이다. 역사에서 가정이란 부질없는 것이지만, 그때 다양한 문학, 예술 조직을 자유롭게 방목했다면 어떤 결과가 나왔을까? 소비에트 문학, 예술이 좀더 다양하고 풍성해지지 않았을까? 필자는 이런 생각을 하면서 혁명과 예술이 묘한 긴장 관계를 이루고 있다는 생각을 해보았다. 이것은 어쩌면 인체의 항상성 작용과 흡사하기도 하다. 다시 말해 어떤 원인 때문에 발생한 결과가 다시 원인에 작용해 기존의 결과에 대해 역작용하는 '자동조절원리'를 말하는 것이다. 러시아 혁명은 분명 새로운 문학, 예술의 촉매제 역할을 했다. 예술은 혁명적 상황에서 상상력에 제트엔진을 장착했던 것이다. 수많은 예술 유파, 다양한 거장들, 기상천외한 실험들, 치열하고 창의적인 논쟁들이 복합적으로 공존하는 다양성의 정원이 조성되었다. 하지만 허니문 기간이 끝나자 혁명은 예술의 다성성과 다차원성을 오직 이데올로기적 잣대로만 평가했다. 혁명에 의해 촉발된 결과가 다시 예술에 대해 반작용을 한 것이다. 새로운 상황은 혁명이 낳은 권력의 한계가 노출되자 여지없이 예술의 정원을 트랙터로 갈아엎으면서 시작되었다. 이데올로기에 복종하는 예술은 살아남았고, 그렇지 않은 예술들, 즉 혁명과 체제에 대해 질문을 제기하는 예술은 탄압을 받았다. 예술의 본질은 기존의 모든 것에 의문을 제기하는 것이기에 소비에트 예술은 단조로운 예술이 될 수밖에 없었던 것이다. 그들은 부르주아 예술을 '체제 진화적'이라고 비판하면서 새로운 예술은 '체제 전복적'이어야 한다고 주장했지만, 막상 새로운 예술이 나타나자 이데올로기의 우월성을 이유로 '체제 찬양성'을 강요했다. 이렇게 혁명과 예술은 상호 친화적이면서 동시에 상호 적대적인 공존 관계를 유지하는 것이 자연스러운 일인지도 모른다.

지금까지 러시아 혁명 직후 소비에트 비평의 흐름을 프롤레타리아 문학의 독자성과 동반자 작가 논쟁을 중심으로 살펴보았다. 여기서 주목의 대상이 되었던 비평가는 보그다노프와 보론스키였다. 하지만 1920년대 소비에트 비평사는 또 다른 주역들의 무대이기도 했다. 가령 그중에서 특히 중요한 역할을 한 인물로는 루나차르스키, 폴론스키, 페레베르제프, 형식주의 비평가들이 있다. 그리고 플레하노프의 미학이론이 동시대에 지대한 영향을 주었던 것은 주지의 사실이다. 이 밖에 레닌,

트로츠키와 같은 혁명가들의 역할 또한 간과할 수 없다. 따라서 본 연구가 보다 설득력을 얻기 위해서는 이들에 대한 평가가 보완되어야 한다. 그리고 무엇보다 중요한 것은 1920년대 비평에 대한 평가가 1930년대 사회주의 리얼리즘에 대한 평가와 동떨어질 수 없다는 사실이다. 소비에트 사회주의 리얼리즘은 일국의 경계를 넘어서 전 지구적 논쟁을 불러일으킨 20세기 문예학의 최대 쟁점이었다. 1920년대 비평에 대한 재평가는 사회주의 리얼리즘 논쟁을 새롭게 이해하는 첫걸음이 되겠지만, 역으로 보면 그것은 1930년대 사회주의 리얼리즘에 대한 연구에 의해서 완성될 수밖에 없는 것이다. 이런 점에서 이 글은 아직 완성된 것이 아니라고 할 수 있다. 시작은 절반이 아니라 문자 그대로 시작일 뿐이다.

프롤레타리아 문화 논쟁과 마음의 정치학:

보그다노프 문화혁명론의 재구성

최진석

1. 공산주의, 또는 마음의 문제

1917년 러시아 혁명이 성공한 직후, 곧바로 이어진 내전은 신생 사회주의 체제의 물질적이고 정신적인 토대를 뒤흔들어놓았다. 인간과 삶을 위한 새로운 공동체 건설이라는 기치를 높이 쳐들기도 전에 전쟁은 우연히도 겹친 대기근과 함께 혁명을 곧장 절체절명의 위기로 내몰았고, 사회의 변혁보다 생존이라는 과제에 매달리도록 강제했다.

최초의 불씨는 혁명과 동시적으로 발화했다. 1917년 12월 라브르 코르닐로프 장군을 등에 업은 고위 장교들이 휘하 부대를 무장시켜 궐기했던 것이다. 그러나 반反볼셰비키 의용군으로 구성된 백군의 위세는 초기엔 미약하기 짝이 없어서 급조된 적군에 의해 1918년 2월까지 패주를 거듭할 지경이었다. 상황은 독일과 소비에트 정부가 브레스트-리토프스크 조약을 맺은 3월부터 급변하게 된다. 러시아 내에서 훈련받던 동유럽 슬라브인들은 독일과 강화한 소비에트 정부에 반감을 품어 백군에 합류했고, 유럽의 연합국들은 재빨리 백군에 대한 공개적인 원조에 나섰다. 1918년 7월께 미군과 일본군이 블라디보스토크에 상륙했고, 영국군은 아르한겔스크와 무르만스크에 진주해 볼셰비키의 위기감은 날로 가중되었다. 전란은 전국적으로 퍼져나가 그렇지 않아도 허약하던 구 러시아 제국의 산업시설을 정지시키거나 파괴해버렸다. 공업생산은 전쟁 전 4분의 1 수준으로 급감했고, 농산물 출하량은 1914년에 비해 60퍼센트 정도로 떨어졌다. 철도수송 총량도 전전戰前의 20퍼센트대로 곤두박질쳤다.[1]

　비단 물질적 생산만이 곤경에 처한 것은 아니었다. 차르의 철권통치와 반대파의 분열적 책동에도 군건히 유지되던 볼셰비키의 대중적 지반이 내전의 폭풍 속에서 점차 와해되어갔다. 도시에서 혁명을 주도했던 산업노동자 계급은 적군에 징집되거나 고향으로 흩어져버려 급속히 감소했다. 내전이 끝날 즈음 그 숫자는 1917년의 3분의 1 수준인 백만 명 정도로 줄어들었는데, 이 과정에서 그들이 지녔던 프롤레타리아 정체성 역시 심각한 굴절을 피할 수 없었다. 혁명 전 노동자들은 소비에트를 통해 자치적 정치기구를 조직했고, 제도 정치권에 대해 계급적 이해에 기반한 목소리를 높여가던 참이었다.[2] 그러나 내전은 이 모든 상황을 일거에 뒤집어놓았다. 집단으로서 노동자들의 수적 우위는 허물어져갔고, 계급 정체성을 유지할 만한 일상도 완전히 망가져버린 상태였다. 무엇보다도 미숙련공이나 사무직 노동자들이 대거 프롤레타리아 계급으

---

1) 존 M. 톰슨, 『20세기 러시아 현대사』, 김남섭 옮김, 사회평론, 2004, pp. 233 이하.
2) 오스카 안바일러, 『노동자 농민 병사 소비에트』, 박경옥 옮김, 지양사, 1986, 제2장.

로 호명되어 결핍된 계급 구성을 메워나가자 '생산과 혁명의 주체'라는 노동자의 자의식은 크게 훼손되지 않을 수 없었다.[3] 혁명은 궁지에 몰리고 있었다.

아이러니컬하게도, 볼셰비키 내부에서는 내전과 대기근, 그로 인한 생산력의 저하와 노동자들의 열세화 등을 점진적으로 해결 가능한 문제로 낙관하는 경향이 있었다.[4] 전제정과 농노제의 갖은 역경에도 불구하고 마침내 성취했던 혁명의 위업에 비하면, 그런 문제들은 어떻게든 극복할 만한 일시적 장애물로 보였을지 모른다. 이런 안일한 태도는 볼셰비키로 하여금 전시공산주의 체제를 밀어붙이게 만든 동인이 되었다. 레닌은 한때 '인민 민주주의적 독재'를 주장하며 농민과 노동자의 연대가 혁명의 불가피한 조건임을 강조했지만,[5] 1918년부터 추진된 전시 공산주의는 농민에 대한 강제 징발과 억압을 정책적으로 묵인했고, 급기야 무력을 통해 그들의 저항을 진압할 정도로 폭력적이 되었다.

이런 점에서 군주제 잔당파 및 외세와의 투쟁이 마무리될 무렵인 1920~21년 남부 러시아에서 벌어졌던 농민전쟁은 또 다른 의미에서의 진정한 내전이었다. 전체 국토의 극히 일부분만이 '발달된' 산업주의의 영향권에 놓여 있던 러시아에서 농민들과의 관계는 기층 민중 전체와 맺는 관계의 뿌리에 해당하는 것이었다. 도시 노동자나 병사 들의 고

3) S. Fitzpatrick, "Class, Culture and Politics in the Early Soviet Years," *Slavic Review*, vol. 47, no. 4, 1988, pp. 610~11.

4) 쉴라 피츠패트릭, 『러시아혁명(1917~1932)』, 김부기 옮김, 대왕사, 1990, pp. 109~10; 리하르트 로렌쯔, 『소련사회사 I: 1917~1945』, 윤근식 외 옮김, 성균관대학교출판부, 1987, pp. 96~99.

5) V. Lenin, "Dve Taktiki sotsial-demokratii v demokraticheskoj revoljutsii," *Sochinenija*, tom 9, OGIZ, 1947, p. 81.

향이 농촌이었기에 농민과의 대립은 당과 민중의 분리를 파국에 도달하게 만들 것이기 때문이다. 1921년 초 크론시타트 군항에서 터져 나온 수병들의 반란은 그 절정의 한 광경을 연출했다. "모든 권력을 당이 아닌 소비에트로!"를 외쳤던 병사와 노동자 들은 이 무렵 볼셰비키의 초기 정책이 얼마나 대중과 이반하고 있었는지 여실히 보여준다.[6] 당면한 정치적이고 군사적인 위협에 맞서며 혁명을 보위하는 와중에 제대로 챙기지 못했던 것은 혁명 자체를 응원하고 지탱했던 민중의 마음이었다. 1919년 적군 사령관 필리프 미로노프가 레닌에게 보낸 서한에서 밝혔듯,[7] 공산주의는 폭력적 전복의 문제라기보다 장기간에 걸쳐 민중의 마음을 얻는 문제였던 것이다.

2. 러시아 혁명과 문화의 정치학

혁명과 정치에서 마음은 어떻게 문제화되는가? 여기서 마음은 합리

---

6) I. Getzler, *Kronstadt 1917~1921, The Fate of a Soviet Democracy*, Cambridge University Press, 1983, ch. 5. 크론시타트 봉기의 직접적 원인은 페트로그라드 노동자들의 파업에 대한 연대적 차원에 있었고, 민주주의에 대한 요구가 가장 큰 원인이었다. 그 외에도 수병 대부분의 고향이 농촌이었기에 "부모가 약탈당하고 있다"는 소문은 그들을 격앙시켜 봉기하도록 부추겼다.

7) P. Aleshkin & J. Vasil'ev, *Krest'janskaja vojna za Sovety protiv kommunistov(1918~1922 gg.)*, Izdatel'skie reshenija, 2016. 소부르주아로서 농민들은 오랫동안 자신들의 심성을 자연적인 것으로 알고 생활해왔는데, '공산주의자들'이 하루아침에 새로운 세상을 건설하겠다고 모조리 징발해 가는 것은 이념적으로는 그럴듯해 보여도 실제적으로는 민중의 마음을 전혀 헤아리지 못한 탁상공론에 가깝다는 판단이 그것이다. 마음의 문제라는 관점에서, 이 글은 필자가 제8회 맑스코뮤날레 본회의에서 발표한 다음 논문에 대한 보충적인 논제를 포함한다. 최진석, 「소비에트 민주주의와 프롤레타리아 독재: 러시아혁명에서의 코뮌과 국가, 마음의 문제」, 제8회 맑스코뮤날레 엮음, 『혁명과 이행』, 한울, 2017, pp. 111~63.

적인 사고 능력에 초점을 맞춘 '마인드mind'라기보다 이를 포함하는 동
시에 인지와 정서, 감정적이고 의지적인 차원을 포괄하는 심리적 지대
로서 '하트heart'에 가깝다.[8] 즉 마음은 군중대회에서 확인되는 가시적
인 지지 표명이나 선거의 투표율과 같은 통계적 수치로 환산되지 않는
비가시적 동의와 공감의 영토를 말한다. 하지만 그것은 개별 심리의 모
호한 영역이나 집단이 겪는 비합리적 동요나 혼란을 지시하지는 않는
다. 오히려 푸코의 에피스테메나 최근의 정동affect 이론이 시사하는 바
와 같이, 마음은 대체로 인간의 집합적 관계에서 작동하는 포괄적인
(무)의식적 감수성의 지대로 묘사할 수 있다.

마음은 인간과 사회의 상호작용을 통해 형성되는 감성적 세계상을
이루며, 나아가 그와 같은 세계감각과 연동되어 있는 욕망하는 힘의 차
원을 내포한다. 따라서 마음은 논리적으로 규정되거나 통계적으로 계
량화되지 않는 집합적인 감정의 흐름으로 나타나고, 개인과 집단의 사
고와 지각, 행동 등을 기술하는 역사적 아프리오리와 상관적으로 기능
한다.[9] 간단히 풀어서 설명한다면 다음과 같다. 마음은 비가시적인 정
동의 운동이지만, '물질적'이고 '제도적'으로 작동하는 힘이라는 점에서
추상적 관념이 아니다. 마음은 하나의 '사회적 사실'로서 특정 사회에서

---

8) 김홍중, 『사회학적 파상력』, 문학동네, 2016, pp. 505 이하. 현대 정치철학에서 마음은 사회
   로부터 배제된 자들, 곧 '마음이 부서진 자들the brokenhearted'과의 관계를 통해 사회를
   (재)구성하는 과제와 연결되어 있다. 피터 파머, 『비통한 자들을 위한 정치학』, 김찬호 옮김,
   글항아리, 2012, pp. 31~44.
9) M. Foucault, *The Archaeology of Knowledge*, Tavistock Publications, 1972, pp.
   126~31. 전前의식적 심성 구조로서 이론과 실천, 현실과 상상, 이성과 감성을 매개하는
   마음은 레이먼드 윌리엄스가 언명했던 감정의 구조structures of feeling와 유사한 기능을
   수행한다. R. Williams, *Marxism and Literature*, Oxford University Press, 1977, pp.
   128~35.

길러진 집합적 심성의 구조를 지칭한다.[10] 마치 몸에 밴 습관이 의식생활을 규정하고 견인하는 것처럼, 마음은 선과 악이나 좌파나 우파와 같은 사회적인 명제들의 근저를 관류하여 우리들을 특정한 행위와 사고로 인도한다. 쉽게 말해, 합리적인 판단 이전에 형성된 감각이나 믿음, 욕망이 사회적 관계 속에서 작용하도록 만드는 바탕이 마음이다.

예를 들어, 종교적 신앙을 타파하고 사회주의적 무신론으로 무장했던 소비에트 사회에서 레닌의 초상은 왜 과거에 성상화가 모셔져 있던 곳krasnyj ugol에 안치되었는가? 1920년대 말, 비록 현실적으로 종교는 더 이상 지배적인 표상이 아니었으나 수백 년간 민중의 마음에 스며든 믿음의 형식은 그대로 잔존했기 때문에 레닌 초상의 위치는 성상화의 바로 그 자리가 아닐 수 없었다. 다른 한편, 혁명이 일어난 후 공식적으로 여성의 지위는 급격히 향상되었으나, 제도적 변동과 달리 일상생활에서 여성은 예전과 크게 다르지 않은 삶의 역할을 수행해야 했다. 법제적으로 명문화된 여성의 지위는 남성과 대칭적인 형태로 대중의 (무)의식 속에 아직 새겨져 있지 않았던 까닭이다.[11] 사회변동의 공식적 부면은 민중적 삶의 비공식적 차원에 스며들어야 한다. 마음이란 그와 같은 비공식적 심부에서 유동하는 사회적 힘이다.

러시아 혁명의 주역들은 사회혁명의 성패가 이와 같은 민중의 마음에 달려 있음을 정확히 인식하고 있었다. 예컨대 레닌은 사회주의에 걸맞은 '새로운 인간'의 창출은 민중이 낡은 믿음으로부터 얼마나 멀리 벗어날 수 있는가에 달려 있다고 보았다. 민중의 마음에 깊이 달라붙어 있

---

10) 김홍중, 『마음의 사회학』, 문학동네, 2009, pp. 43~45.
11) 스티브 A. 스미스, 『러시아 혁명: 1917년에서 네프까지』, 류한수 옮김, 박종철출판사, 2007, pp. 185~86, 204 이하.

는 무의식적인 신념과 욕망으로서의 습관을 바꾸어야 한다는 것, 그것을 뿌리째 뽑아내 새롭게 조형하지 않으면 새로운 사회 역시 불가능하다는 것이다.[12] 전위적 혁명당의 선도성을 강력히 주문했음에도 불구하고, 레닌은 새로운 사회의 건설이란 민중의 무의식적 욕망, 즉 마음의 터전을 새로이 경작하는 데서 비롯된다고 믿었다. 트로츠키 또한 이러한 문제의식을 공유하고 있었다. 스탈린과의 당권 경쟁이 치열하게 벌어지던 1923년을 전후한 시기, 그가 몰두했던 문제는 러시아 대중의 음주 습성과 예의범절, 언어문화나 가정교육 등의 생활 관습에 관한 것이었다. 이는 새로운 사회구성체가 수립되고 난 이후, 구체제의 일상 형식이 소거된 빈 자리를 어떤 사회주의적 의례들로 채워 넣을 것인지에 대한 연구에 다름 아니었다.[13] 트로츠키는 민중의 마음을 조형할 새로운 형식들을 제공하는 것이야말로 공산주의적 미래를 쟁취할 실질적 세기라고 판단했다. 비록 당권 투쟁에서 패배하고 추방당하고 말았으나, 마음의 문제가 혁명에서 얼마나 중요한지 그가 정확히 통찰했다는 점은 염두에 둘 만하다.

문화는 여기서 관건적인 열쇠어가 된다. 혁명 전후의 러시아 사회상이나 레닌, 트로츠키의 사례가 보여주듯, 문화는 특정한 역사와 지역을 공유하는 공동체의 생활 형태라는 사전적 정의에 그치지 않는다. 역으로 문화는 공적이고 사적인 차원을 포괄하여 일상생활을 구성하는 발생론적 힘으로서 정의할 만하다. 바꿔 말해, 문화는 사회를 형성하는

12) V. Lenin, "Detskaja bolezn' 'Lebizny' v kommunizme," *Sochinenija*, tom 31, Polizdat, 1950, pp. 26~27.

13) L. Trotskij, *Problemy kul'tury. Kul'tura perekhodnogo perioda*, M., 2012, pp. 296~98.

능동적인 형식으로 기능하며, 공식 영역에 있는 관습과 규범, 제도와 체제뿐만 아니라 그 하부의 비공식적 생활세계마저 통괄하는 토대의 명칭이다.[14] 정치와 혁명에서 마음이 관건이 되는 문화란 후자를 가리키며, 이는 새로운 문화를 어떻게 창안하여 가동시키는가에 관한 문제 설정으로 이어진다. 혁명과 마음, 문화는 분리 불가능하게 결합하여 정치적인 것의 장을 가로지르고 있다.[15]

혁명기 러시아에서 이 문제에 대해 주의 깊게 천착했던 이론가들 중에는 알렉산드르 보그다노프(1873~1928)가 포함된다. 극좌적이고 몽상적인 프롤레타리아 문화론을 내세워 레닌, 트로츠키와 반목했다고 알려진 것과 달리, 그는 문화의 역할이 민중의 마음을 조형하는 형식에 있다는 점을 발견한 명민한 통찰자였다. 마음의 문제로부터 그를 조명하지 않는 이상, 그의 프롤레타리아 문화론은 비현실적인 몽상으로 치부되어 폐기될 운명을 피할 수 없다. 이 글의 목적은 보그다노프의 문화이론을 역사적 논쟁과 발생사적 맥락에서 살펴보면서, 그것이 어떤 점에서 마음의 정치학과 관련되어 있으며 궁극적으로는 프롤레타리아 혁명과 정치의 핵심적 고리로서 기능하는지 검토하는 데 있다.

---

14) 같은 시기에 미하일 바흐친도 민중의 비공식적 생활세계에서 발원하는 문화의 생성적 힘에 관해 심도 있는 사유를 펼쳤다. 그 역시 제도나 규범의 근저에서 작동하는 마음의 영역에 관심을 기울였고, 이는 기성의 문화를 파괴하며 새로이 창안되는 낯선 문화에 대한 형식의 탐구라 할 만하다. 최진석, 『민중과 그로테스크의 문화정치학』, 그린비, 2017, 제2장 참조.

15) 정치적인 것the political이란 물론 치안police에 대립하는 랑시에르의 개념이다. 후자가 제도와 체제를 통해 가시적으로 표방되는 이념적 분할선을 뜻한다면, 전자는 비가시적인 감각적 미분할 지대에 넓게 걸쳐져 있으며 대중의 마음을 움직이는 정치적인 효과화의 장이다. 자크 랑시에르, 『정치적인 것의 가장자리에서』, 양창렬 옮김, 길, 2013, 제1부.

3. 프롤레트쿨트와 문화혁명의 근본 과제

혁명과 정치의 문제를 보그다노프의 이름과 함께 거론하는 것은 어딘지 낯설고도 낯익다. '낯설다'고 말하는 까닭은 그가 소비에트 시대를 관통해 레닌과 대립했던 적대적 사상가로 낙인찍혀 배척받아왔기 때문이다. 그에 관한 소비에트 문헌의 공식적 평가는 철학적으로는 '관념론자'이고 정치적으로는 '소환주의자'로서 레닌에게 대립한 반동적 사상가이자 활동가라는 것이었다.[16] 특히 혁명 후에 볼셰비키 이론가들 사이에서 대논쟁으로까지 번진 프롤레타리아 문화론은 그의 이력에 치명적인 오점을 남겼다. 이로 인해 그의 주저는 물론이고 다양한 분야의 저술들은 문서고에 오랫동안 봉인된 채 망각되고 말았다. 반면 '낯익다'고 언급한 이유는, 그가 소비에트 연방의 해체 이후 일종의 '사회주의적 대안'의 사상가로 부각되면서 한동안 집중적인 조명을 받았던 탓이다. 정치경제학과 사회심리학, 철학적 저술과 문화예술론을 비롯하여 수혈과 생명 연장에 대한 재기발랄한 발상들이 발굴되어 소개되었고 다시 출판되기도 했다. 그러나 전반적으로 보그다노프의 사상은 이해하기 어려우며 일반적으로 수용될 수 없다는 식으로 선언되었고, 포스트소비에트 시대를 맞아 '빛바랜 추억'으로 정리되어버린 게 사실이다. 흡사 빌헬름 라이히의 경력에 비견할 만한 보그다노프의 이력은 이토록 놀랄 만한 부침을 거듭하면서 역사의 그늘 속으로 사라져버렸다.

---

16) 이런 낙인의 결정적 증표로서 레닌의 비판은 소비에트 시대 내내 회자되었다. "보그다노프는 맑스주의에 대하여 전혀 연구하지 않았다. 그가 한 일이란 단지 이 연구에 의하여 획득된 결과에 생물학적·에너지론적 용어의 옷을 입히는 일이었을 뿐이다. 이 모든 시도는 처음부터 끝까지 아무런 소용도 없는 짓이다"(블라디미르 레닌, 『유물론과 경험비판론』, 정광희 옮김, 아침, 1988, p. 350).

보그다노프에게 '악명'을 안겨다준 프롤레타리아 문화론이란 무엇인가? 도대체 어떤 점이 레닌과 그의 후계자들로 하여금 보그다노프를 '이단자'로 몰아 배척하게 만들었을까? 그의 사유에서 그토록 '위험한' 요소로 여겨진 것은 무엇이었을까? 일단 논쟁의 발단이 된 프롤레타리아 문화론이 제기된 계기와 그 내용을 점검해보자.

1917년 이전부터 다양한 저변 활동을 통해 대중적인 지반을 꾸준히 다져오던 보그다노프는 2월 혁명이 일어난 직후 노동 계급의 문화운동 단체인 프롤레타리아 문화계몽 조직, 약칭 프롤레트쿨트를 조직했다.[17] 문화 영역에서 독자적인 혁명 투쟁을 수행할 것을 주된 목표로 삼았지만, 10월 이전에 세워진 단체였기에 부르주아 우파의 임시정부나 볼셰비키를 비롯한 좌파 혁명주의로부터 일정한 독립성을 확보하고 있었다. 그러나 10월 혁명이 일어나고 사회 전 분야에 걸친 볼셰비키의 통제정책이 운위되자 프롤레트쿨트는 어떤 식으로든 국가와의 관계를 설정하지 않을 수 없게 된다.

실제로 볼셰비키는 1917년 11월 9일자 법령을 통해 국가교육위원회를 구성하여 제정 시대의 교육 기관들을 통합하였으며, 곧이어 교육인민위원회Narkompros를 설치해 소비에트 러시아 내의 모든 문화적 문제들에 대한 중앙통제 업무를 관장할 것을 지시했다. 총 25개 분과로 구성된 교육인민위원회는 교육 일반뿐만 아니라 다양한 문화예술적 활동에서도 볼셰비키의 정책을 수용하고 이행하도록 조치했다. 대중적 문

17) 러시아 혁명 이전까지 보그다노프의 생애와 활동에 관해서는 다음을 참조하라. T. Kul'seeva, *Teoreticheskie osnovanija empiriomonizma A. A. Bagdanova*, 1995, ch. 1; Z. A. Sochor, *Revolutions and Culture. The Bogdanov-Lenin Controversy*, Cornell University Press, 1988, pp. 6~12. 상세한 저술 목록은 다음 책을 통해 일별할 수 있다. J. Biggart et al., *Bogdanov and His Work*, Ashgate, 1998.

화 사업에서 혁명적 임무를 완수하겠다고 공언했던 프롤레트쿨트는 국가의 정치·경제적 주요 의제들에 대해 개입할 필요가 없었다. 자신들의 과업을 문화라는 특정 영역에 한정시킨 프롤레트쿨트는 공식적으로는 당의 정치적 통제를 받아들이는 데 이견이 없었고, 기꺼이 교육인민위원회의 산하 기관으로서 활동하고자 했다. 하지만 이는 국가의 정치적 지도를 문화 사업에 그대로 적용하는 일은 아니었다. 보그다노프는 문화 사업을 펼치는 데 있어서 프롤레트쿨트가 당으로부터 자율적인 행보를 밟아야 한다고 요구했다. 공산주의 사회의 한 기관으로서 복무하되, 활동의 전망과 구체적 과제는 독자적으로 설계하고 수행할 것이란 뜻이다.

이와 같은 주장은 일견 '문화'의 이름으로 일반적으로 규정되는 국부적 영역에서만 프롤레트쿨트의 자율성을 내세움으로써 역으로 정치적 영역에 대한 거리를 두고, 개입하지 않으려는 불간섭주의를 표방한 것처럼 보인다. 정치경제학이 담당하는 토대와 상부구조의 민감한 영역은 남겨둔 채 예술과 일상 규범만을 프롤레트쿨트의 고유한 관장 범위로 스스로 제한하는 듯한 인상을 주는 것이다. 문화혁명의 대상은 '정치'도 아니고 '경제'도 아니며 다만 '문화'라는 좁은 울타리에 제한된다. 과연 프롤레트쿨트의 기관지 『프롤레타리아 문화』 창간호에 실린 보그다노프의 권두언은 그와 같은 제한을 통해 문화적 자율성과 독립성을 확보하려는 선언처럼 읽힐 수 있다.

집합적인 의지와 사상을 지속적으로 관철시킬 총체적인 교육을 계급에게 부여하는 것은 바로 독립적 정신문화의 성취에 의해서만 가능하다. 부르주아 계급은 이러한 자신의 문화를 가지고 있으며 여기에 그들의 강점이 있다. 프롤레타리아트에게는 아직 자신들의 문화가 없으며 바로 여기에 그들의 약점이 있다. 〔……〕 노동 계급의 문화운동은 그들의 경제·정치 운동보다 뒤늦게 출발하였다. 지금 우리는 우리 시대의 이런 사정이 노동 계급의 역사적 운명에 얼마나 큰 어려움을 안겨주는지 목도하는 중이다. 〔……〕 노동 계급으로 하여금 그들이 결여하고 있는 문화의 창조에 전력을 기울이게 하자. 문화적 독립의 달성을 금후의 지속적인 슬로건으로 설정하자.[18]

프롤레타리아의 '문화적 독립'이라는 테제를 피상적으로 이해할 때, 그것은 문학이나 미술, 음악, 영화와 같은 예술 활동 및 일상 에티켓의 발명과 훈련 등으로 간주될 것이고, 문화의 창안과 교육이란 과제는 사회적 질서와 규범의 형성에 무리 없이 겹쳐지게 된다. 풀어 말해, 볼셰비키의 당 정치에 전혀 위배가 되지 않는 순응주의적인 이미지를 통해 문화혁명이 규정되는 것이다. 문화를 일종의 당의정糖衣錠으로 바라보는 시각이 여기 속하는바, 그럴 때 문화는 사회의 외적인 의장意匠에 지나지 않는다. 하지만 이어지는 다음 문장들을 곰곰이 따져보면, 문화적 독립이라는 테제의 심대한 목표는 '볼셰비키 당-국가의 한계 안에서의 문화'라는 장식적 역할을 돌파하는 데 있음을 금세 알 수 있다.

새로운 문화는 생활과 창조의 모든 범위를 포함하여야 한다. 표면적이거나 부분적인 게 아니고 깊고 모든 범위에 걸친 전면적인 것이어야 한

---

18) 이한화 엮고옮김, 『러시아 프로문학운동론 I』, 화다, 1988, p. 28. A. Bogdanov, "1918," *O proletarskoj kul'ture*, Kniga, 1925, pp. 100~103을 참조해 문맥에 맞게 수정하여 인용한다.

다. 우리는 이미 프롤레타리아 정치가 현존하고 있음을 알고 있다. 그러나 거기에는 그것을 방해하는 정신적으로 부르주아적인 정책이 얼마나 많이 혼합되어 있는가! 동지적 결합과 동지적 훈련이 있어야 한다. 그 속에서야말로 계급적 조직의 정신과 힘이 존재하는 것이다. 그러나 우리는 소小에고이즘과 개인적 야심이 종종 그것을 방해하고 있음을 목도하지 않는가! 한편으로는 권력에의 열망, 다른 한편으로는 맹목적인 믿음과 의식 없는 예속——바로 이것은 개인과 개인의 고립, 경쟁에 근거하는 낡은 사회의 유물이다. 마르크스의 시대로부터 프롤레타리아 과학이 발달하고 있으나 대중에 대한 침투는 아직도 미미한 실정이다. 또한 대중은 많은 종교적 미신과 과거의 어두운 사상의 잔재 속에 놓여 있다.〔……〕그렇다! 동지들이여, 프롤레타리아에게는 문화적 해방이 필요하다. 이제 그것을 위해 싸워야 할 때가 왔다. 이것이야말로 계급의 현실적이고 완전한 자기규정을 위한 싸움이다.[19]

'프롤레타리아 문화'의 정당성과 사회적 권리, 독자 노선 확립에 대한 의지를 표출하는 이 권두언은 통상적인 창간사의 수준을 훨씬 넘어선다. 보그다노프는 문화혁명이 정치혁명이나 경제혁명에 귀속되는 종속적 범주이거나 그것들로부터 분리된 제3의 분과라고 생각지 않았다. 오히려 문화혁명은 정치와 경제 영역에서의 혁명보다 더욱 근본적인 위상을 차지한다. 문화는 모든 것의 출발점이자 본원적 바탕이라는 사실이야말로 권두언의 진정한 핵심이다.

10월 혁명과 더불어 러시아의 정치적이고 사회적인 전환이 시작되었

---

19) A. Bogdanov, 같은 글.

다. 구체제의 정치제도는 폐절되었고 생산에서의 노동자 중심주의가 원칙적으로 선포되었다. 하지만 사회의 급진적 변화들은 삶의 근저에까지 도달하지 못한 채 아직 구호에 머물러 있었다. "프롤레타리아 정치"의 "현존"에도 불구하고, 사회 기층의 뿌리는 과거와 크게 달라지지 않은 것이다. 이는 "정신적" 차원의 문제로 지적되는데, 소부르주아적 에고이즘과 탐욕, 무지몽매의 여러 부정적 현상들을 포함한다는 점에서 단지 피상적 차원에 머물지 않는다. 관건은 삶의 비공식적 부면, 일상생활의 태도와 습관, 무의식적 시선과 행위라는 체감의 차원에 있다. 제도와 체제보다 더욱 밑바닥에서 민중의 관습과 자의식, 믿음이나 의례를 지배하는 삶의 형식, 즉 문화가 낡은 형태 그대로 남아 있는 탓이다. 문화의 새로운 형식을 고안하고 제시하지 않는 이상, 어떤 수사로 치장한다 해도 혁명은 공허한 한담에 불과할 것이다. 그러므로 프롤레타리아의 "문화적 해방"은 정치·경제적 혁명이 완수된 후에 시작되어도 무방한 장식물이 아니라 혁명 자체의 성공을 담보하기 위해서는 '지금 당장' 시도하지 않을 수 없는 긴급한 당면 과제가 아닐 수 없다. 프롤레타리아 문화론은 정치나 경제에 비해 홀대받는 문화의 중요성을 각성해야한다는 볼멘 호소가 아니다. 보그다노프는 문화의 혁명 없이는 정치적이고 경제적인 혁명, 진정 새로운 사회의 구성이란 불가능하다고 소리친 것이다.

하지만 이러한 외침은 즉각 반격의 포문에 노출되었다. 게다가 논쟁의 흐름은 보그다노프가 의도했던 주제로부터도 방향을 살짝 튼 채 진행되고 말았다. 즉 국가–당으로부터 통제받지 않는 프롤레타리아 문화운동이 정당한가에 대한 실천적 문제와 더불어, 독자적인 프롤레타리아 문화의 가능성에 대한 이론적 논쟁이 불붙어버린 것이다.

4. 프롤레타리아 문화론의 이론적·실천적 쟁점들

혁명을 '신의 심판'과 같은 신화적 서사나 추상적 논리 규정의 묶음으로 파악하지 않는다면, '어느 날 갑자기' 몰아친 혁명의 파도가 기성 세계를 송두리째 쓸어버려 즉각 새 세상이 열릴 것이란 희망은 망상에 지나지 않는다. 국가 전복의 거대 사건을 통해 체제와 규범, 법과 질서는 즉시 다른 것으로 교체될 수 있지만, 그것들이 실제로 작용하는 일상의 현실은 장기 지속적인 과정을 통해서만 변형될 수 있는 불투명성의 지대이다. 전자는 상대적으로 쉽게 바뀌지만, 후자는 대단히 느리고 고통스런 과정을 통과하고서야 미미한 변화를 드러내기 시작한다.

통치권력을 장악한 볼셰비키 상층부의 기획과 의지가 기층 민중에게 전달되고 작동하기 위해서는 그것들을 일상의 하부에서 조율하고 조성하는 하급 당원들 및 실천가들의 노력이 끊임없이 보태어져야 했다.[20] 프롤레트쿨트의 강령과 사업 또한 대개 그러한 일상생활의 다양한 국면들과 만나서 변화를 일구어내는 데 역점을 두었다. 그 과정은 민중의 신체와 감각을 경유하여 점진적으로 효과화되는 사건의 시간에 해당된다.[21] 바흐친이라면 '비공식적 문화'라 불렀을 이 삶의 차원에서 프롤레

---

20) 스탈린주의 관료제가 정착하기 이전, 1920년대 초 소비에트 사회의 일상생활은 하위직 볼셰비키 당원들의 헌신적인 노력에 의해 어렵사리 유지되었다. 가족과 교육, 주거와 식생의 거의 모든 영역에서 하급 당원들은 사적인 것을 지워내고 공적인 주체로서, 즉 공산주의적 인간으로서 자신의 도덕성을 시험하였고, 이러한 헌신이 사회의 '발본적인 개조'를 위한 발판이 되었던 것이다. 올랜도 파이지스, 『속삭이는 사회 1』, 김남섭 옮김, 교양인, 2013, 제1장.

21) 1930년대를 전후하여 전개된 구축주의 건축운동은 대중의 일상생활에 침투하여 사회주의적인 삶의 방식을 훈련하려던 문화운동적 시도였다. 이념적 교시나 훈육보다 몸에 새겨지는 관습과 의례를 바꿈으로써 민중을 공산주의적인 '새로운 인간'으로 개조하려던 시도가 그것이다. 최진석, 「러시아 구축주의와 사회혁명: 새로운 삶과 인간의 형성을 위한 건축적 실험」, 『러시아연구』 26권 2호, 2016, pp. 361~97.

트쿨트가 더 많은 힘을 요구하면 할수록, 점차 제도정치에 안착하고 있던 볼셰비키는 더욱 불편하고도 불안한 기분에 휩싸이지 않을 수 없었다. 혁명 이후로부터 1920년대 초엽까지 소비에트 러시아의 정세는 아직 스탈린주의적인 경직성이 표면화되진 않았으나, 대기근과 내전의 폭풍을 견디는 가운데 신경제정책이 발의되고 노동자 통제가 당-국가의 정책적 의지로서 부상하던 참이었다.[22] 프롤레타리아 문화론에 대한 레닌과 트로츠키의 거부는 일정 정도 이러한 정세와 연관시켜 살펴볼 필요가 있다.

레닌: 순전한 정치의 한계 안에서의 프롤레타리아 문화

1908년의 결렬을 계기로 레닌과 보그다노프가 적대적 관계에 돌입했으며, 내내 원만하지 못한 상태를 유지했음은 잘 알려져 있다.[23] 그러나 프롤레타리아 문화론의 부정이 단지 두 사람 사이의 개인적 원한으로부터 연유했다고 설명하는 것은 정치의 동학을 제대로 이해하지 못

---

22) 레닌이 『국가와 혁명』(1917)에서 예견했던 것과 달리, 혁명 후 볼셰비키 당은 국가를 폐지하기는커녕 거꾸로 흡수하여 권력을 확대해가던 참이었다. 농민전쟁과 크론시타트 봉기를 겪으며 프롤레타리아 독재의 임시적 형태였던 코뮌-국가는 급속히 당-국가의 형태로 변모했고, 민중의 자발적 정치를 봉쇄하고 말았다. 최진석, 「소비에트 민주주의와 프롤레타리아 독재」, pp. 146~55.

23) 1903년 러시아사회민주노동당 제2차 당대회에서 볼셰비키와 멘셰비키가 분열한 이래, 레닌과 보그다노프는 '전략적 제휴 관계'를 유지해오다 1908년 노선 문제로 갈등을 빚는다. 같은 해 중반 레닌은 기관지 『프롤레타리아트』 편집진에서 보그다노프를 제외시켰고, 다음해 초엔 볼셰비키로부터도 축출함으로써 완전히 갈라서게 된다. 레오나르드 샤피로, 『소련공산당사』, 양홍모 옮김, 문학예술사, 1982, p. 120. 더 자세하게는 천호강, 「레닌과 보그다노프」, 『현대사상』 제10호, 현대사상연구소, 2012, pp. 13~33; 이득재, 「레닌과 보그다노프」, 『현대사상』 제4호, 현대사상연구소, 2009, pp. 21~36을 보라. 이들의 연구는 양자 사이의 철학적 입장 차에 대한 설명에 주안점을 두고 있다.

한 무지의 소산일 따름이다. 우리는 인간관계 너머에서 작용하던 정세적 지형도를 통해 그것이 야기한 이론적이고 실천적인 대립에 주목해야 한다.

부르주아지를 몰아낸 새로운 사회에서 문화적 주도권이 프롤레타리아의 손에 넘어갔으며, 여기서 노동자의 자의식, 곧 이데올로기에 충실한 문화 창설이 긴요한 과제로 부각되었다는 점에는 레닌도 큰 이견이 없었다. 그런데 그가 염두에 둔 문화의 개념은 보그다노프나 여타 다른 볼셰비키 이론가들과도 다른 의미와 범위를 가리키는 것이었다. 레닌 사후 그에 관한 신격화가 진행되면서 소비에트 지식 사회에서는 '레닌의 문학예술론'과 같은 정전적 지침서들이 제작되어 유포되긴 했으나, 그 경우에도 레닌의 문화 개념은 사뭇 색다른 뉘앙스로 채색되곤 했다. 그가 '문화'라는 용어를 즐겨 사용하고 그 중요성을 수시로 강조하곤 했지만, '문화혁명'이라는 단어는 상대적으로 적은 빈도로 사용했으며 그 의미역도 정치혁명이나 경제혁명에 비해 중요하게 다루어지지 않았다. 바꿔 말해, 그에게 문화는 일반적으로 '혁명'이 함축하는 거대한 시대사적 의미를 지닌 게 아니었다. 왜 그런가?

레닌은 문화를 세 가지 차원에서 정의한 바 있다. 첫번째는 서구적 문명으로서, 두번째는 이데올로기로서, 그리고 세번째는 지식으로서 문화가 규정되었다.[24] 여기서 문명과 지식은 긴밀히 연관되어 운위되는데, 물질적 발전을 선도하기 위해 습득해야 할 기술적 체계의 총체가 문화라는 점에서 그렇다. 일차적으로 문화는 기계를 조립하고 생산하며 공

---

24) C. Claudin-Urondo, *Lenin and the Cultural Revolution*, The Harvester Press, 1977, pp. 13~14.

장을 운영하는 전문적인 지식을 가리키고, 나아가 근면 성실하게 규율에 복종하며 건전한 생활 태도를 체득하는 노동윤리를 포함한다. 계급의식으로서의 이데올로기는 차라리 부차적인 의미였다. 레닌은 볼셰비키가 권력을 획득하고 국가를 장악하고 나면 이데올로기의 문제는 저절로 해결될 사안이라 믿어 의심치 않았다. 그러므로 체제 전복을 성취한 다음의 과제는 당연히 문명과 지식으로서의 문화를 창설하는 것이고, 이는 발달된 서구의 문화를 수용하는 문제에 직결된다. 요컨대 혁명 이후 문화의 과제는 근대적 지식을 어떻게 배우고 자기화하느냐에 달려 있었다.

분명히, 프롤레타리아트는 자신들의 고유한 문화를 창출할 권리를 갖는다. 표면적으로 이러한 기조는 프롤레트쿨트의 노선과도 잘 어울리는 듯 보였다. 노동자들은 선진 자본주의의 기술을 사회 건설을 위한 자양분으로 받아들여야 했고, 그런 지식을 문명화된 관습으로서 몸에 새겨둘 필요가 있었다. 특히 러시아 노동자들의 '후진적' 노동관을 뜯어고치는 데 안달하던 레닌에게 후자는 더욱 급박한 과제로서 제기되었다. 그에게 프롤레타리아 문화란 새로운 사회에도 잔존하는 낡은 습관, 즉 전제정과 농노제 하에서 타성화된 무기력과 게으른 습벽, 불규칙적인 노동윤리를 대신하여 산업사회에 적합한 노동자 의식의 함양에 다름 아니었다. 하지만 프롤레트쿨트가 새로운 문화를 창조하는 주체를 자임하고, 당의 통제를 벗어나려 하자 볼셰비키의 입장은 급선회하지 않을 수 없었다. 이유는 명료했다. 보그다노프의 권두언에서 확인했듯 프롤레트쿨트의 독립성은 문화라는 특정 영역에서의 독자적 활동에 그치지 않고 문화를 통해 사회주의 체제 전반을 재구성하려는 총체적인 기획을 내포하는데, 레닌의 견지에서 이는 불가능할 뿐만 아니라 오도

될 위험이 있는 태도였기 때문이다. 레닌에게 문화는 기술적 지식의 습득이자, 선진 노동윤리의 주입에 해당되는 사안이었기에 자율적인 정치적 판단의 대상이 아니었다. 문화의 습득과 창조에서 무엇이 필요하고 어떤 방향이 옳은 것인지는 전적으로 당에 위임하고, 프롤레타리아트는 그 결정을 준행하기만 하면 될 일이었다.

이런 입장의 뿌리는 1902년에 집필된 『무엇을 할 것인가?』에서 연원한다. 여기서 레닌은 크고 작은 작업장에서 '자연스럽게' 나타나는 노동자 집단의 자발성을 부정하고, '외부'로부터 유입되는 전위적 지식인-혁명가들의 지도를 통해 노동운동이 조직되어야 한다고 주장했다. 현장에서 (무)의식적으로 형성되는 투쟁의 의지는 강렬한 것이기는 해도 상황적 요인에 휘둘리기 십상이며, 전국을 무대 삼아 펼쳐지는 전략적인 정치 수준을 담보하기 어려운 탓이다. 노동자들에게서 자발적으로 나타나는 "'자연발생적 요소'란 그 본질상 발생기적 형태의 의식에 다름 아니"고, 따라서 이를 극복하기 위해 "사회민주주의적 의식이 외부로부터 노동자들에게 제시되어야" 한다.[25] 이 논리는 보그다노프와 프롤레타리아 문화론에도 그대로 적용된다. 노동자들이 자신들의 역량을 통해 독자적인 문화를 형성한다는 것은 어불성설일 뿐만 아니라, 그로써 새로운 사회의 정치경제적 지반을 배양하겠다는 프롤레트쿨트의 기도는 대단히 위험스런 시도에 다름 아니었다.

레닌이 보기에 러시아 프롤레타리아트는 아직도 더 지도받아야 하며, 정치적 역량을 온전히 전수받은 다음에야 비로소 독자적인 문화 창출에 나설 수 있는 미숙한 상태에 놓여 있었다. 이에 레닌은 '프롤레타

---

25) 블라디미르 레닌, 『무엇을 할 것인가?』, 김민호 옮김, 도서출판 백두, 1988, pp. 38~39.

리아 문화'라는 표현을 '사회주의 문화'라는 용어로 대체해야 한다고 강조했고, 1920년 가을 무렵에는 프롤레트쿨트가 교육인민위원회에 복속되어야 한다는 결의안을 채택하도록 종용한다.[26] 나아가 같은 해 12월에는 당중앙위원회로 하여금 프롤레타리아 문화 창출이라는 프롤레트쿨트의 과제를 마르크스주의적 교의에 이반한다고 결정하게 만듦으로써 프롤레트쿨트의 지도부를 전원 교체하도록 조처했다. 보그다노프가 문화적 조직 사업에서 완전히 배제된 것은 이즈음의 일이다.

하지만 볼셰비키와 보그다노프 및 그의 세력 사이에서 벌어진 팽팽한 긴장 관계는 금세 해소되지 않았다. 역으로 그것은 이론적 논쟁을 통해 더욱 예각화되었는데, 1922년을 정점으로 프롤레트쿨트 조직이 완전히 볼셰비키에 복속된 다음에도 멈추지 않고 계속될 정도였다. 보그다노프의 문화혁명론은 마르크스주의적 교의에 어긋난다는 레닌의 비판이 이론적인 공세로 전환된 시점이 여기다. 사태를 에두를 게 아니라 직접 포화의 심연 속으로 들어가보자.

트로츠키: 역사의 변증법과 프롤레타리아 문화의 불가능성

1923년 트로츠키의 『문학과 혁명』이 출간되었다. 이 책은 처음부터 단행본으로 기획되어 집필된 게 아니라 1907년경부터 그가 작성했던 문학과 예술 및 사회문화적 현상에 대한 여러 단평들을 모으고 정리해 발간한 시사평론집이었다. 혁명을 전후한 시기에 러시아의 문학과 문

---

26) 블라디미르 슐긴 외, 『러시아 문화사』, 김정훈 외 옮김, 후마니타스, 2002, pp. 298 이하; S. Fitzpatrick, *The Cultural Front. Power and Culture in Revolutionary Russia*, Cornell University Press, 1992, pp. 22~23.

화, 사회와 일상에 대해 다양하게 고찰하고 비평하고 있는 이 책은 혁명가이자 정치가였던 트로츠키의 심미안과 문화사회학적 식견을 보여주는 수작이라 부를 만하다. 우리의 주목을 끄는 부분은 제1부 제6장 "프롤레타리아 문화와 프롤레타리아 예술"이다. 책 전반에 걸쳐 프롤레타리아 문학예술의 정체성과 형성 과정에 대한 기획, 의의와 성과 등에 관한 진취적인 포부와 신랄한 품평을 펼쳐내고 있지만, 특히 이 장에서 트로츠키는 보그다노프의 프롤레타리아 문화론을 염두에 둔 듯한 서술을 이어감으로써 그것을 논박하고 있다.

"한 시대의 지배적 사상은 늘 지배 계급의 사상이다"라는 마르크스·엥겔스의 명제를 이어받아,[27] 트로츠키는 "모든 지배 계급은 그들의 문화와 그에 따르는 자신들의 예술을 창조한다"고 천명한다.[28] 역사의 각 단계마다 경제적 토대는 그 단계에 조응하는 상부구조를 창출해내니, 문화는 그것을 배태한 토대에 적합한 내용과 형식으로 구성된 결과물이다. 토대와 상부구조는 긴밀하게 얽혀 상관적으로 발전하며, 후자가 전자에 의해 규정된다는 것은 마르크스주의 역사유물론의 상식이다. 따라서 경제적 토대의 결절이 있는 곳에는 필연적으로 상부구조, 곧 문화의 결절 또한 발생하게 마련이다. 그런 의미에서 부르주아지의 지배가 종식된 공산주의 사회에서 문화는 이전과는 현격히 다른 내용과 형식을 띠지 않을 수 없다. 문화적 양식을 생산하는 경제적 기반이 달라졌고, 그것을 향유하는 주체 역시 바뀌었기 때문이다. 그러나 이러한

---

27) 카를 마르크스·프리드리히 엥겔스, 「공산주의당 선언」, 『칼 맑스 프리드리히 엥겔스 저작 선집 1』, 최인호 외 옮김, 박종철출판사, 1991, p. 419.
28) 레온 트로츠키, 『문학과 혁명』, 공지영·전진희 옮김, 흔겨레, 1989, p. 167. 러시아어판 L. Trotskij, *Literatura i revoljutsija*, M.: Izd. politicheskoj literatury, 1991을 참조해 수정해 인용한다.

도식은 실제 역사적 과정을 따져볼 때 그렇게 간단히 정리되지 않는다. 어떤 계급이든 생산양식의 주도권을 쥐고 지배적 위치에 오르게 되면 시간적 과정을 경유해 새로운 문화를 형성하게 마련이다. 부르주아지의 경우 르네상스 이래 줄곧 지배적 위치를 점유해왔지만, 자신만의 고유한 문화적 양식을 완성하는 데는 거의 5세기의 기간이 필요했다. 그러므로 혁명이 일어났다고 해서 곧장 프롤레타리아의 독자적인 문화양식이 출현할 것이라 기대하는 것은 역사 법칙에 어긋나는 망상에 다름 아니다. 달리 말해, 새로운 시대가 도래했고 프롤레타리아트가 지배 계급으로 부상했으니 마땅히 프롤레타리아만의 고유한 문화를 창설해야 한다는 보그다노프의 주장은 지나치게 섣부른 것이고, 역사의 논리에 대한 무지를 드러낼 따름이다.

혁명이 열어젖힌 사회는 곧바로 사회주의나 공산주의라는 목적지가 아니라 다만 '이행기'라 지칭할 수 있는 과도기적 단계이다.[29] 그렇다면 이행기의 과업은 어떤 것인가? 트로츠키는 그것을 혁명을 완수하는 것, 끝나지 않은 혁명을 마지막까지 수행하는 것이라 단언한다. 이른바 프롤레타리아 독재가 이행의 정치적 형태다.[30] 이행기는 격렬한 계급투쟁이 여전히 벌어지는 '유예된 시간'이기에, 새로운 것들을 만들어내기보다 기존의 것들을 파괴하고 치워내는 데 더 많은 노력을 기울여야 할

---

29) 지금 상술할 수는 없으나, 혁명 이후의 러시아가 사회주의적 단계인지 공산주의적 단계인지에 대해서는 엄밀한 개념적 정의가 내려지지 않았다. 다만 과도기로서 사회주의가 설정되고 미래의 공산주의적 사회를 향해 나아가고 있다는 일반론만이 받아들여질 뿐이었는데, 이조차도 레닌이나 여러 정치가들에 의해 상황적으로 혼용되는 형편이었다. 이 글에서는 이행기로서의 사회주의와 목표지로서의 공산주의가 개념상으로는 구분되지만 실천적으로는 연결되어 있다는 정도로 용어상의 혼란을 접어두도록 하자.
30) 마르크스로부터 레닌에 이르는 프롤레타리아 독재 개념의 정식화에 대해서는 최진석, 「소비에트 민주주의와 프롤레타리아 독재」, pp. 131~41을 보라.

때이다. 계급투쟁의 종국에는 계급의 해방과 아울러 계급의 소멸이 도래한다. 바꿔 말해, 혁명이 종결되는 공산주의 사회는 프롤레타리아트가 지배적 계급으로 '등극'하는 단계가 아니라 모든 계급적 구별이 '소거'되는 역사적 단계를 가리킨다. 그렇다면 프롤레타리아 문화는 어떻게 될까? 트로츠키에 따르면 그것은 불가능한 관념에 다름 아니다. 왜냐면 모든 계급적 구별이 사라진다면 프롤레타리아트만의 '독자적' 문화란 것도 존재하지 않는다고 보는 게 타당하기 때문이다.

프롤레타리아는 점점 더 사회주의 공동체 속으로 용해되어서 마침내 자신들의 계급적 특성으로부터도 해방되어 프롤레타리아가 아니게 될 것이다. 다른 말로 해서, 프롤레타리아 독재의 시기에 새로운 문화의 창조, 즉 대대적인 역사적 규모의 건설이라는 문제는 있을 수 없다는 이야기다. 역사상 필적할 만한 것을 찾아볼 수 없는 철통같은 독재의 필요가 사라질 때 시작될 문화의 재건은 계급적 성격을 갖지 않게 될 것이다. 이는 다음과 같은 결론으로 이끄는 듯이 보인다. 즉, 프롤레타리아 문화는 없으며 그러한 것은 앞으로도 없을 것이고 또한 이러한 사실을 유감으로 생각할 이유도 없다는 것이다. 프롤레타리아는 계급적 문화를 영원히 소멸시키기 위하여 그리고 인간의 문화를 발전시키기 위하여 권력을 잡는다. 우리는 빈번히 이 점을 잊는 것 같다.[31]

당연하게도, 이행기의 성격은 프롤레타리아 문화의 건설 자체를 봉쇄하는 게 아니다. 책의 여러 페이지들에 걸쳐 트로츠키는 전제주의 시

---

31) 레온 트로츠키, 같은 책, p. 168.

대의 낡은 인습과 단절하고 새로운 사회에 걸맞은 문화적 양식들, 특히 예술적 표현 방법들을 찾아낼 것을 요구하고 있다. 그러나 지난 사회의 모든 유산들을 '폐습'으로 규정지어 소각시킴으로써 온전히 프롤레타리아트 고유의 특성만을 추출하여 '독자적'이고 '독립적'인 문화를 세울 수 있다는 보그다노프의 가정에는 명확한 반대를 표명하고 있다. 기술적 발전 수준에 있어 현대는 부르주아 문화와 공산주의 문화 사이의 간극, 즉 이행기를 순식간에 단축시킬 수 없는데, 이는 역사의 발전 법칙 그 자체이기 때문이다. 불균등 발전이론의 지지자로서 트로츠키는 역사적 시간의 압축에 대해 말할 뿐, 그 시간의 소거는 불가능하다고 단정짓는다. 혁명의 완수는 충분한 시간을 요구하며, 역사의 압축은 정치·경제적 혁명의 시간적 한계 안에서만 가능한 일이다.

이행기, 즉 프롤레타리아 독재의 특징은 앞서 말했듯 과거 사회의 청산에 있다. 이는 현재 진행 중인 혁명이 정치와 경제적 혁명의 시간이지 문화 창설의 시간은 아니라는 뜻으로 해석된다.[32] 더욱이 지나간 과거의 청산이란 무조건 쓸어내 없애버린다는 게 아니라 낡은 문화를 비판적으로 해체하여 다시 직조하는 작업을 뜻한다. 부르주아 문화는 타도해서 매장해야 할 시신이 아니라 새로운 문화를 만들기 위해서는 반드시 배우고 참조해야 할 미래 문화의 자산이 된다. 역사 유물론의 원리란 낡은 것과 새로운 것의 변증법적 운동에 있다는 논리가 여기에 있다. 인텔리겐치아는 구습에 물든 적폐로서 배제되어서는 안 된다. 오히려 프롤레타리아트는 부르주아 문화의 계승자인 인텔리겐치아로부터 지나간 문화의 진보적 요소를 찾아내 전수받아야 한다. 이는 당위적 테제나

---

32) 같은 책, pp. 170~72.

관념적인 희망이 아니라 역사 발전의 법칙에 부합하는 절차란 점에서 이론적 타당성을 갖는다.

> 사실 문화의 구조는 특정 계급의 인텔리겐치아와 그 계급 자체의 관계와 상호작용들이 만나는 지점에서 짜여진다. 〔……〕 세대들의 연속성은 퇴폐적이지 않고 발전하고 있는 사회를 가정한다면 각 세대가 과거의 문화적 축적물에 자신들의 재산을 첨가한다는 사실로 나타난다. 그러나 그러한 능력이 있기 전에, 각각의 새로운 세대들은 도제의 단계를 거쳐야만 한다. 현존하는 문화를 익히고 그것을 자신들의 고유한 방식으로 변형하여, 그 문화를 앞의 세대의 문화와는 다소 다른 것으로 만든다. 그러나 문화를 이렇게 전유하는 것이 아직은 새로운 창조, 즉 새로운 문화적 가치의 창조인 것은 아니다. 이것은 단지 새로운 문화적 가치를 창조하기 위한 전제일 뿐이다.[33]

마침내 트로츠키는 프롤레타리아트의 과제를 부르주아 문화의 "도제" 역할로 상정하기에 이른다. 다수의 노동자들이 희망하는 것과 달리, 이행기의 프롤레타리아트는 결코 새로운 문화를 창조하는 데 성공할 수 없다. 물질적이고 정신적인 모든 것이 그러하듯, 문화도 이전의 토양으로부터 자라난 결과물이며 그것을 잘 배우고 익혀 다음 세대로 이전시키는 것만이 '변증법적으로' 가능하기 때문이다. 레닌이 문화를 서구의 발달된 산업자본주의적 지식으로 규정짓고, 그것을 '배우고 또 배우라'고 다그치던 대목을 연상케 하는 장면이다.[34] 그렇게 전수된 기술

---

33) 같은 책, pp. 174~75.

적 지식으로서의 문화는 어느새 소비에트 프롤레타리아트의 노동윤리로 자리 잡을 것이며, 이와 같은 정치적이고 경제적인 단계를 넘어설 때 보그다노프가 말하는 문화적 독립도 가능할지 모른다. 문화혁명은 정치와 경제적 혁명의 일부에 불과하다.[35] 모든 계급이 사멸한 미래 사회에서 프롤레타리아트의 문화는 더 이상 '프롤레타리아 문화'라 부를 만한 실체를 갖지 않을 것이고, 이 점에서 그것은 '사회주의 문화'란 명칭이 더 적합할 것이다.[36] 이로써 비-계급으로서의 유일한 인류 집단인 프롤레타리아트는 단 하나의 보편적인 문화를 전유하게 된다. 이렇게 보그다노프의 프롤레타리아 문화론은 역사유물론의 변증법적인 논리에 의해 이론적으로 부정당한다.

그간의 평가대로 보그다노프의 프롤레타리아 문화론이 극좌적 몽상주의의 산물인지는 분명하지 않다. 『프롤레타리아 문화』 창간호에 실린 권두언에서 그는 "프롤레타리아야말로 과거의 풍요로운 문화가 남긴,

---

34) V. Lenin, "O 'levom' rebjachestve i o melkoburzhuaznosti," *Sochinenija*, tom 27, OGIZ, 1950, pp. 316~17.

35) 1920년 레닌은 프롤레트쿨트의 과제를 프롤레타리아 독재라는 임무의 일부분으로 한정지어 수행하도록 명령한 바 있다. Vladimir Lenin, "O proletarskoj kul'ture," *Sochinenija*, tom 31, OGIZ, 1950, p. 292. 레닌과는 별개로, 트로츠키는 문화를 정치와 경제에 부속적인 차원으로 사유하지는 않았다. 그는 공산주의적 의례를 발명하여 민중 생활에 제공하는 것이 혁명의 완결이라 보았고, 그것이 문화정치학, 즉 문화혁명의 과제였다. 최진석, 「트로츠키와 문화정치학의 문제: 무의식과 '새로운 인간'을 둘러싼 투쟁」, 『마르크스주의 연구』 12(4), 2015, pp. 12~50. 이 글은 본서와 함께 출간된 정재원·최진석 엮음, 『다시 돌아보는 러시아 혁명 100년 1: 정치|사회』, 문학과지성사, 2017에도 "무의식과 '새로운 인간'을 둘러싼 투쟁: 트로츠키와 혁명의 문화정치학"이라는 제목으로 수록되어 있다.

36) 레온 트로츠키, 같은 책, p. 181. 미래 공산주의 사회는 오직 프롤레타리아 계급만이 문화를 전유하게 될 것이므로 '프롤레타리아 문화'라 호명되지 않는 프롤레타리아 문화를 갖는다는 역설을 이해해야 한다. 비-계급이자 모든 계급으로서의 프롤레타리아트의 문화는 그 자체로 보편적이고 인류적이며 사회주의적일 수밖에 없다.

정신적이고 물질적인 모든 가치 있는 전리품의 합법적인 계승자다. 그들
은 이 유산을 거절할 수도 없고, 해서도 안 된다"라고 주장했음에도 불
구하고,[37] 오랫동안 부르주아 문화의 가차 없는 폐기론자로 지목받아왔
다. 아마도 이러한 해석의 배경에는 레베제프-폴랸스키나 플레트뇨프
를 비롯한 동료들의 극단적인 발언 및 볼셰비키와 대립각을 세웠던 정
치적 구도가 맞물려 있었을 것이다.[38] 또한 프롤레타리아 문화론의 직
접적인 적대자는 부르주아적 유산을 담지하고 있던 동반자 작가군이었
다는 점도 고려해야 한다. 문학 창작과 예술미학의 형식적 장치와 내용
적 요소들을 부르주아 문화로부터 승계하던 동반자 작가들은 프롤레타
리아 문화가 자립하기 위해서는 가장 먼저 타격해야 할 상대였으며, 그
런 만큼 프롤레트쿨트의 '독립성'에 대한 발언권은 더욱 강화되지 않을
수 없던 형편이었다.[39] 하지만 이런 전술적 요인들을 제거하고 살펴본다

---

37) A. Bogdanov, "1918," 같은 책, p. 102.

38) 창립기의 프롤레트쿨트를 지지했던 루나차르스키는 1921년 파벨 레베제프-폴랸스키를 이
어받아 프롤레트쿨트의 의장직을 맡은 발레리안 플레트뇨프를 '혁명적 열정이 끓어오르는'
인물로 묘사하며, '문화의 10월 혁명'을 추진하고 있다고 보고한 바 있다. 1920년경부터 보
그다노프는 이미 프롤레트쿨트의 주요한 임무로부터 배제되고 있었지만, 그의 동지들과 후
임자들에 의해 계속되던 문화혁명의 과업은 볼셰비키 지도자들에게 여전히 위험스럽게 인
지되고 있었다. S. Fitzpatrick, *The Commissariat of Enlightenment. Soviet Organization
of Education and the Arts under Lunacharsky*, Cambridge University Press, 1970, pp.
239~40.

39) 동일한 이유에서 『초소에서』 진영이 채택한 문화예술적 강령이 볼셰비키의 강력한 정치적
지원을 요청하고 있었던 점을 설명할 수 있다. 이 잡지는 모스크바 프롤레타리아 작가연합,
즉 마프MAPP의 기관지로서 순수한 노동 계급 출신의 작가들로 결성되었으며, 동반자 작
가들의 문학적 우세를 견제하고 타도하는 데 주요한 목적을 두고 있었다. 볼셰비키에 대해
동반자 작가들을 정치적으로 억압해달라는 이들의 요구는 역효과를 낳아, 트로츠키로 하
여금 『문학과 혁명』의 제7장에서 "당은 프롤레타리아 계급을 지도하지만 역사적 과정들을
지도하지는 않는다. 〔……〕 예술 영역은 당의 지도가 요구되는 영역이 아니다"라는 발언을
하게 만든다(레온 트로츠키, 같은 책, p. 197). 아이러니컬하게도, 프롤레타리아 독자 문화
를 주장하던 프롤레트쿨트가 당의 지도를 거부했던 데 반해 마프는 그것을 요구했고, 그 결

면, 보그다노프가 과거 문화를 절대적으로 말살시켜야 한다고 강변했던 것은 아니었다. 다만 프롤레타리아 문화 창조를 정치나 경제적 혁명의 차후 과제로 연기하기보다, 지금 당장 수행해야 할 시급한 당면 과제로서 강조했던 것이고, 이는 그 자신의 문화이론적 전제로부터 도출한 필연적인 결론이었다. 이제 이 주제에 대해 파고들어보자.

5. 보그다노프의 문화이론: 민중의 마음을 어떻게 조직할 것인가?

앞서 우리는 혁명과 정치의 과제가 마음의 문제에 잇닿아 있으며, 이것이 프롤레타리아 문화론이 제기된 주요한 근거라고 전제했다. 역사의 흐름을 끊고 새로 출범한 사회구성체에서 문화는 정치혁명과 경제혁명을 보좌하는 부차적 차원이 아니라 대중의 신체와 (무)의식, 감각과 습관, 그리고 믿음과 판단을 심리적 저변으로부터 떠받치는 근본 토대가 되기 때문이다.

하지만 레닌과 트로츠키는 두 가지 지점에서 보그다노프의 오류를 지적했고, 이는 동시대에 프롤레타리아 문화론의 불가능성을 확고히 뒷받침해주는 근거로서 제출되었다. 첫번째 오류는 프롤레트쿨트의 독립성을 지나치게 강조한 나머지 레닌주의적인 전위의 지침을 이탈해버렸다는 점이었다. 레닌은 혁명적 전위당에 의해 노동자들이 조직되고 전투적인 계급의식을 훈련받아야 한다고 주장했지만, 보그다노프는 그

과 마프는 적어도 1920년대 중반까지 볼셰비키의 '중립'을 얻어내는 데 성공했다.

러한 전위의 힘을 빌리지 않은 채 노동자 조직 자체의 역량에 의해 문화혁명을 성취해야 한다고 믿었다. 두번째 오류는 이론적 차원에서 나타났는데, 역사의 변증법적 발전을 무시한 채 '무로부터 유를 창출하듯' 부르주아 문화를 제거한 상태에서 프롤레타리아 문화를 구성해야 한다고 역설했던 점이었다. 트로츠키는 문화적 과정이란 시간을 필요로 하며, 정치적이고 경제적인 토대가 완성된 다음에야 실현 가능한 영역으로 한정지으려 했다.

그렇다면 보그다노프는 이들의 비판에 대해 어떤 반론을 펼쳤을까? 불행하게도, 1920년을 끝으로 프롤레트쿨트의 공직에서 물러난 이후 그가 직접 이 논쟁에 개입하여 치열한 논전을 이어갔다는 공식적 기록은 그다지 눈에 띄지 않는다. 더구나 이 시기는 볼셰비키의 정치적 입김이 상당히 작용하고 있던 시점인지라 그가 반론을 펼쳤던들 중차대한 무게감을 갖고 반향되었을지도 의문스럽다. 실증적 전거를 찾는 대신, 우리는 그의 문화이론을 발생적 맥락에서 재구성해봄으로써 프롤레타리아 문화론이 어떻게 정당화될 수 있으며 그 비판자들에 대해 반박 가능한지 검토해보려 한다.

경험일원론과 사회적 조직화의 문제 설정

1904년부터 출간을 시작해 1908년에 완결된 3부작 『경험일원론』은 청년기 보그다노프의 주저이자 대작으로 간주되곤 한다. 제목이 시사하는 바와 같이, 이 책은 당대 유럽에서 널리 명성을 얻었던 에른스트 마흐의 경험비판론을 자기 식으로 재정립한 사상적 결산이었다. 이 책으로 인해 보그다노프는 청년기에 이미 러시아 최고의 이론가로서 자신의 위상을 다져놓았지만, 동시에 레닌과의 충돌을 예정해놓은 것이나 다름없었다. 물론 그가 러시아사회민주노동당에 입당할 무렵부터 결정적인 결렬이 있기 전까지, 당 내에서 양자 간의 철학적이고 이론적인 차이는 모호하게 은폐된 상태였다. 하지만 1909년 2월 보그다노프가 볼셰비키로부터 배제되자마자 레닌은 곧장 그를 향한 비판의 포문을 열어젖혔다.

소비에트 시대에 보그다노프를 '실증주의자'라 호명했을 때, 그 의도는 레닌이 『유물론과 경험비판론』(1909)에서 지적했던 대로 그를 당대의 실증주의 철학의 러시아적 분파로서 비난하기 위해서였다. 그것은 사물과 사태의 변증법적 운동을 이해하지 못한 채 세계의 현상적 사실에 고착된 인식론자라는 뜻이기도 했다.[40] 마흐를 집중적으로 참조했던 청년기의 보그다노프가 마르크스주의 변증법과 어느 정도 거리를 둔 것은 사실이었다. 그러나 이 단어의 사전적 의미가 지시하는 것처럼 '사실' 그 자체를 논리적 판단의 근거로 동원하여 역사와 사회, 인식과 감각을 재단하는 것은 보그다노프의 관심사가 아니었다. 오히려 실증적 인식을 넘어서는 지점에 그의 사유의 특징과 거기에 수원水源을 둔 문화이론적 체계, 그리고 마음의 문제 설정이 세워져 있다.

경험일원론의 목표는 경험비판론과 마르크스주의의 결합에 있다. 그것은 역사과학으로서의 마르크스주의를 실천의 프리즘을 통해 재해석하는 작업을 뜻했다. 알다시피 레닌은 철학사를 유물론과 관념론의 전장으로 해석했는데, 전자와 후자에 각각 객관적 사물의 세계와 주관적

---

40) 보그다노프를 콩트의 러시아적 후계자로 보는 관점이 그런데, 포스트소비에트 시대의 초기에도 이런 시선이 남아 있었다. S. Gusev(ed.), "Padadoks pozitivizma," *Russkij pozitivizm*, Nauka, 1995, pp. 5~14.

인식 및 표상의 세계를 배치했다. 레닌이 강조한 유물론의 정의는 객관적 사물의 세계가 그 어떤 복합적인 인식 세계보다도 우선하며, 후자는 결국 전자의 반영된 표상에 불과하다는 점을 인정하는 데서 성립한다. 이런 입장에서 볼 때, 물질적 세계와 정신적 세계의 대립은 한낱 가상假像에 다름 아니다. 물질의 반영태인 정신은 관념적 허상에 불과하기에 비-존재이고, 따라서 대립의 한 축을 구성할 수 없는 탓이다.

마흐의 영향을 받은 보그다노프는 『경험일원론』에서 '경험'의 범주를 동원해 물질과 정신의 전통적 대립을 해소시키려 들었다. 물질이든 정신이든 인간의 경험에 의해 매개된 형성물에 불과하다는 것이다. 레닌은 보그다노프가 이 지점에서 관념론적 허구에 빠졌다고 비난했다. 존재하는 것은 오직 물질이며 정신은 2차적 모상이라면, 경험이 매개하는 것은 원칙적으로 물질 이외의 것일 수 없다. 비-존재인 정신이 존재하는 물질과 뒤섞여 경험 속에서 조직될 수는 없는 일이다.[41] 그럼에도 불구하고 보그다노프가 물질과 정신을 공통적으로 경험의 산물로 다룬 것은 그가 자신도 모르게 정신을 물질과 동등한 실체로 간주했다는 증거였다.

우리는 여기서 흥미로운 역전 현상을 발견한다. 보그다노프는 경험을 통해 물질과 정신을 '동일시'하려 했던 게 아니라 '매개'하려 했다. 그가 관심을 가진 것은 기원으로서의 물질이나 정신이 아니라 현재적 경험의 대상이자 산물인 물질과 정신의 표상이었다. 레닌은 이를 관념론이 유물론을 교묘하게 "밀수입"한 것에 지나지 않는다고 냉소했지만,

---

41) 블라디미르 레닌, 『유물론과 경험비판론』, pp. 59~61. 당시 철학의 언어로는 물리적 세계와 심리적 세계의 관계가 문제였다.

그런 관점이야말로 물질과 정신 사이의 이분법적 환원의 혐의가 있다. 보그다노프에게 경험의 범주적 기능은 '조직화'에 있다. 즉 물질적 세계를 사회적인 것으로 변형시키는 데 필요한 노동의 범주로서 경험이 제시되어 있고, 정신은 그 변화의 산물로서 필연적으로 생성되는 것이다. 반대로, 물질 역시 경험이 낳는 사회적 변형의 결과로서 정신에 의해서 생산된다. 요컨대 경험의 진정한 의미는 사회적 조직화에 있다. 변치 않는 선험적 범주로서 물질과 정신을 영원한 진리로 전제하는 한, '물질이냐 정신이냐?'와 같은 "비변증법적인 대립"만이 영원히 반복될 따름이다.[42] 이에 보그다노프는 결론 내린다.

철학적 세계상의 생생한 의미는 그것이 최종적이고 최고의 조직적인 인식 형식이라는 점에 있다. 모든 가능한 내용을 파악해볼 때, 철학적 세계상은 전일적이라 할 만한 물질적 자료로부터 구축되어 있음에 틀림없다. 전일성은 사회의 발전 과정에서 '정신'이나 '물질' 같은 용어들로 표지되는 인위적 조합으로 만들어지지 않는다. [……] 시작점에는 가장 원시적이고 구체적인 사유에 고유한 물질이 있게 마련이다. 모든 추상적 사유는 그 이상의 사회적 발전의 산물이 분명하다. 따라서 경험의 직접적인 요소만이 유일하게 접근 가능한 물질적 자료가 되는 셈이다. 이 지점에서 우리는 경험비판론의 반ϟ부르주아 실증철학이 제시하는 것을 평온한 심정으로 받아들이게 된다. 예전에 부르주아 헤겔 철학으로부터 변증법을 수용하고, 부르주아 고전주의자들로부터 노동가치설을 배웠던 것처럼.[43]

---

42) A. Bogdanov, *Empiriomonizm*, Respublika, 2003, p. 224.

레닌의 유물론적 공식은 물질만이 유일한 실체이고 정신은 비-존재로 격하되지만, 이를 부정했다고 해서 보그다노프를 곧장 '관념론자'라 매도할 수는 없다. 그가 거부한 것은 선험적 이분법으로서의 물질과 정신의 대립이다. 물자체Ding an sich에 관한 칸트의 전제를 끌어들일 필요도 없이,[44] 물질과 정신 사이의 변증법적 과정에만 주목해보자. 만일 우리가 물질과 정신 중 어느 쪽이 먼저냐를 묻는다면, 그것은 닭이냐 달걀이냐와 같은 영원한 순환적 기원의 딜레마에 봉착하고 말 것이다. 관건은 세계의 운동적 과정 자체에 있다. 현상 세계에서 물질과 정신은 상호 과정을 통해 변전의 운동을 거듭하며, 서로가 서로를 산출하며 지속하고 있다.[45] 이러한 운동적 과정은 사회적이고, 사회적인 양상이 표현된다면 여기엔 필연적으로 조직화라는 경험의 문제가 개입하지 않을 도리가 없다.

조직화는 물질과 정신을 경험 속에 통합하여 특정한 목표를 달성하는 기술이며, 집합적 주체로서의 인간이 역사 속에서 자신을 표명하는 고유한 방법이다. 정신적 인식과 육체적 노동은 공통적으로 경험을 조직하는 기술적 능력인 것이다.[46] 흥미롭게도, 마르크스주의 교의가 계

---

43) 같은 책, p. 233.
44) 레닌은 보그다노프가 정신을 물질의 지위로 승격시킴으로써 칸트적 물자체로 귀환했다고 비난했지만, 보그다노프의 입장에서는 레닌이 물질을 선험적 실체로 상정함으로써 칸트적 물자체를 인정한 셈이다. 경험의 매개에 유의하지 않은 채 정신의 비-존재성을 논증하는 지난한 과정은 결국 정신을 물질만큼이나 중요한 대상적 범주로 되돌려놓는 역설을 낳는다. A. Bogdanov, 같은 책, pp. 226~27.
45) 보그다노프는 지속적 변형의 관계로서 세계 전체라는 개념이 마르크스의 포이에르바흐에 관한 테제에서 처음 표현되었다고 단언한다. A. Bogdanov, *Filosofija zhivogo opyta*, Pb., 1914, p. 237.
46) A. Bogdanov, 같은 책, p. 160.

급을 생산수단의 보유 유무에 따라 나누는 것과 달리, 보그다노프는 조직화라는 경험의 능력에 따라 계급의 정의를 새롭게 제안한다. 즉 경험을 조직하는 능력을 갖는다면 "조직자"로서 사회의 지배적 위치를 점유하지만, 조직된 것을 다만 수행하기만 한다면 "실행자"의 지위에 머문다는 것이다. 이것을 '능력'이라는 육체적이거나 정신적 자원에 의거한 인류의 분할이라 터부시하기엔 이르다. 보그다노프는 경험의 조직화가 인간을 개별자로 남겨두기보단 집합체sobiranie로 묶어낸다는 점에 방점을 찍는다.[47] 달리 말해, 조직자와 실행자라는 기준에 따른 인류의 계급적 분할은 동시에 인간의 새로운 집합을 창출해내는 것이다. 이는 자연적 집합체로부터 사회적 집합체로의 인류사적 전화의 계기를 형성하고, 그로써 역사라는 집합적 인류의 시간적 과정이 본격적으로 무대화될 수 있게 된다.

'상위' 계급의 조직화 기능은 '하위' 계급의 삶을 조직화할 수 있게 만든다. 설령 하위 계급의 생활 조건에 부합하지 않는 척도를 제시해서라도 말이다. 종속된 계급에게 그와 같은 척도는 사회 외부의 자연력이나 적대적이지만 반드시 획득해야만 하는 우월한 힘을 뜻한다. 모든 계급투쟁이 풀려나가는 실마리는 그와 같은 원초적이고 근본적인 계급적 대립에 있다.[48]

요컨대 특정 시대를 지배하는 계급의 특징은 생산수단의 독점적 소

---

47) A. Bogdanov, *Novyj mir/Voprosy sotsializma*, M., 2014, pp. 4~5.
48) A. Bogdanov, *Empiriomonizm*, p. 328.

유라기보다, 그 계급이 사회적 경험의 조직화 능력을 얼마나 전유하는가에 달려 있다. 계급투쟁은 그와 같은 조직화의 능력을 얼마나 획득하여 더 진전된 사회를 구성할 수 있는가를 둘러싼 싸움이다.

인류의 집합적 삶과 사회의 역사

원시 인류의 군집 생활로부터 점차 계급 분화가 일어나 지배와 피지배 관계가 성립하고, 집단으로부터 독립한 개인들의 역할이 과중해짐에 따라 정신노동과 육체노동의 분할도 생겨났으며, 생산 체계의 복잡화 및 분업의 확장으로 인해 사회가 '진화'해왔다는 주장은 마르크스주의의 이론적 공리이다. 예컨대 원시 공산주의로부터 노예제, 봉건제, 자본주의를 거쳐 사회주의로 이행하는 이른바 '역사의 5단계설'이 그것인데, 이 도식이 불변의 역사적 진리처럼 정식화된 것은 스탈린 시대의 일이지만 마르크스 자신도 유사한 논리를 갖고 있었다.[49] 만일 공산주의가 분리된 개인들을 집합적 삶의 형태로 끌어 모으고 발달된 생산력을 보다 진화된 생산관계 속에 통합하는 운동이라면, 계급 분화와 분업, 개인화로 표징되는 근대 사회를 극복하기 위해 '당위' 이상의 명제를 제시하는 것은 불가피한 노릇이다. 달리 말해, 더 나은 세계에 대한 이상은 지금까지의 역사적 과정 전체를 설명할 수 있을 뿐만 아니라 미래 사회의 이상이 어떤 식으로 성취될 것인지에 관한 비전을 보여주어야 한다.

---

49) J. Stalin, *The Essential Stalin. Major Theoretical Writings 1905~52*, Croom Helm, 1973, p. 323; 카를 마르크스·프리드리히 엥겔스, 「독일 이데올로기」, 『칼 맑스 프리드리히 엥겔스 저작 선집 1』, pp. 230~53.

1905년 처음 발표된 『새로운 세계』는 보그다노프의 사유 체계에서 일종의 역사사회학적이고 문화인류학적인 매듭을 형성하고 있다. 전반적으로 그는 5단계로 구성된 마르크스주의의 역사이론적 도식을 받아들이되, 경험에 대한 사회적 조직화 능력이라는 관점에 따라 인류사를 원시 사회와 권위주의 및 개인주의적 사회, 그리고 집합적 사회의 형태로 분류하고 있다. 이 관점에 따른 사회 형태들의 역사적 변천을 일별해봄으로써 우리는 보그다노프가 인류의 집합적 삶과 문화의 문제를 어떻게 구상했는지 추론할 수 있다.[50]

원시 사회로부터 공산주의까지 인류사의 긴 역정을 개괄하기 전에, 보그다노프는 가장 원초적이고 존재론적인 질문을 던진다. 왜 인간은 타자와 함께 살 수밖에 없는가? 공동의 생활 형태를 창안하고 집합적인 존재로서 역사에 발을 딛는 이유는 어디에 있는가? 간단히 말해, 왜 인간은 단독자가 아니라 집합적 존재자인가? 간단하고도 심원한 이 질문이야말로 인류사라는 거대한 숙제를 풀어나가는 첫번째 실마리가 되어야 한다.

인간은 세계다. 하지만 부분적인 세계이고 대우주가 아니라 소우주일 따름이다. 전체가 아니라 거대한 총체의 일부분이며 반영태일 따름이다. 〔……〕 다른 존재자들과의 소통, 바로 그것이 인간을 소우주로 만든다. 오직 이러한 소통만이 인간으로 하여금 그 자신의 경험에 속하지 않는

<hr />

50) 자기 기준에 따른 인류사의 재구성은 보그다노프가 청년기부터 여러 저작들을 통해 변주하던 역사철학적 구상이었다. 특히 원시 사회와 권위주의적 사회에 대해서는 『경제학 단기 과정 *Kratkij kurs ekonomicheskoj nauki*』(1897)과 『자본주의 이전 시대의 정치경제적 과정 *Kurs politicheskoj ekonomii dokapitalisticheskoj epokhi*』(1910) 등에서 방대한 분량으로 피력한 바 있다.

사물이 있다는 것을 배우게 한다. 자신이 겪어보지 못한 체험은 타자의 경험에 속하여 '존재한다.' 그것들은 타자의 의식 안으로 스며들어가 '실재한다.' 경험의 흐름은 단 하나가 아니며 복수적이다. 그런 경험들은 무한한 대양大洋을 이루며, 자연이라 불린다. 이렇게 경험의 개별적 세계인 '인간'과 보편적 세계인 '자연' 사이의 관계는 소통의 환경적 연관을 통해 만들어지며, 그것은 문자 그대로의 의미에서 사회적 연관이다. 만일 우리가 전일적全一的인 세계적 과정 가운데 인간이란 무엇인지에 관한 질문에 답하고자 한다면, 해답은 다음과 같은 질문의 변형을 통해서만 도출될 것이다. 다른 살아 있는 존재자들의 경험에 대한 개별적 인간의 경험은 어떤 관계에 놓여 있는가?[51]

만일 인간이 이 세계에서 유일하게 실존하는 존재자라면 그의 경험은 무용할 터인데, 왜냐면 경험의 주체와 대상이 일치할 것이기에 인식적이든 물질적이든 어떠한 생산적 추가도 일어나지 않을 것이기 때문이다. 경험이 인간에게 무엇인가를 가져다주기 위해서는 그 경험의 주체인 인간이 세계 전체로서의 대우주와 일치해서는 안 된다. 인간은 곧 세계지만 부분적 세계이며, 우주이되 소우주라는 유한한 조건으로 인해 그는 불가피하게 타자와 함께 존재한다. 더 정확히 말해 타자의 경험과 자신의 경험이 소통하는 환경적 연관 속에 놓이게 된다. 여기서 타자는 물론 다른 사람들을 가리키지만, 넓게 보면 자연 전체에 비견되는 외적 세계의 총체를 뜻한다. 결국 인간의 실존적인 제약, 즉 그의 부분성이야말로 실상 인간이 경험을 통해 자신을 세계로 확장시킬 수 있는 기회가

---

51) A. Bogdanov, *Novyj mir/Voprosy sotsializma*, p. 5.

되는 셈이다. 인간의 집합적 삶과 공동성이란 타고난 유한성으로 인해 존재론적으로 이미 정초되어 있다.

원시적 세계에서 인간은 한정된 세계를 전체처럼 받아들이며 살아간다. 경험은 동질적으로 공유되며, 아직 낯선 세계의 외부로까지 확장되지 않았다. "종족 집단의 어떤 성원이 경험하여 획득한 모든 것은 다른 모든 성원들에게도 획득된다. 한 사람이 할 수 있고 행할 수 있는 것은 모든 다른 사람들도 할 수 있고 행할 수 있는 것이다."[52] 소통을 통해 양적으로 증대되는 경험치는 아직 질적인 분화로 전화하지 않았다. 하지만 어떤 순간에 이르러 더 많은 경험을 보유한 일부와 그렇지 못한 일부 사이의 분리가 나타나면, 이는 권위주의적인 사회 형태로 이행하는 계기가 된다. 이른바 '조직자'와 '실행자'의 구별이 그것이다. 조직자는 보다 큰 개인적 주도권을 쥐고 집단을 관리하지만, 실행자는 개인적 역량을 발휘하지 못하며 조직자에 종속되고 지시를 수행하는 역할만을 떠안는다. 우리가 익히 알고 있는 계급적 차별과 예속의 역사가 이로부터 펼쳐진다.

개인주의 사회는 집단이 전문화의 길을 통해 각자의 삶을 살아가는 형태로 분화하는 과정이다. 이는 집합적 경험의 해체일 뿐만 아니라 관계의 해체이기도 하다. 이로써 인류 집단은 경험의 차이를 힘의 차이로 받아들이고, 권력관계를 수직적 위계로서 수용하게 된다. 가령 가족은 아버지의 가부장적 지배에 순종하고, 기업은 기업가의 경제적 지배를 용인하며, 관료제는 관료의 정치적 조직화라는 역할에 순응하고, 이데올로기의 측면에서는 이념적인 조직화의 역할에 복종한다.[53] 권위주의

---

52) 같은 책, p. 6.

적 단계와 개인주의적 단계는 별개의 것들로서 구분되기보다 인류사의 복잡한 진전을 통해 서로 얽혀들며 진행되는 양상들이다. 보그다노프는 이와 같은 분화의 과정을 특정 시기들로 섬세하게 분류하지 않는다. 마치 한 편의 파노라마를 관람하듯, 인류의 역사는 자연적 발생에서 인위적 질서로 이전되고, 조화롭고 평화롭던 공동생활에서 파편화된 개인들의 지배 구조로 변화되어간다. 이때 '전문가'라 불리는 조직하는 개인의 역할은 결정적으로 보인다. '나'라는 자아의 형성이라는 점에서 그것은 인간의 자의식적 각성을 표지하지만, 동시에 집합적 인류의 총체성은 회복할 수 없이 변질되었기 때문이다.

> 각각의 집단의 중심은 개별적인 '전문가'가 된다. 그는 사회적 삶에 완전히 독사적인 난위체도 참여하며, 어느 누구도 그의 노농 활동의 수단과 방법에 대해 간섭할 수 없다. 총체로서의 사회는 조직화의 와해를 겪으며, 아나키적 체계로 변이하고, 완전히 모순적인 것이 되고 만다. 〔……〕 그러면 집합적 세계는 경쟁과 이해관계의 투쟁, 만인에 대한 만인의 전쟁 상태로 돌변해버린다.[54]

당연하게도, 모든 개인주의가 다 나쁜 것은 아니다. 보그다노프는 소규모 생산자들의 집합체, 곧 마르크스식으로 말해 매뉴팩처적 단계에서의 집합체를 개인주의 사회가 도달할 수 있는 가장 나은 선택지로 간주한다. 그러나 이러한 집합성은 대공업으로 이행하기 이전 단계까지만

---

53) 같은 책, pp. 10~11.
54) 같은 책, pp. 11~12.

이상적일 수 있으며, 그 너머로는 또 다른 질곡을 피할 수 없다. 매뉴팩처는 대공업적 집합성을 감당할 만한 조직화의 능력을 확보하지 못하는 탓이다. 개인주의는 비록 인류사적 확장의 한 계기이지만, 일정 규모를 넘어서면 즉시 생산 질서의 해체에 직면하고 아나키적 혼돈을 벗어나지 못한다. 공장제 대량 생산의 단계, 곧 자본주의의 도래는 인류사적 규모의 조직화가 운위되고 수행되는 역사적 단계이며 개인들 사이의 인적 연결로는 풀 수 없는 문제들을 초래한다. 그 해결책은 법체계와 제도적 규범이라는 외적인 강제력으로서, 마르크스가 말했듯 자본주의는 '철의 규율'을 통해 사회적 생산을 통제하는 체제이다. "협력 체계 내에 아나키적 구조를 담지한 근대 사회는 강제적 규범을 그 온전한 내용으로 갖는다. 소유권과 계약적 예속이라는 규범은 자본주의의 영혼을 구성하는 것이다."[55]

인류사의 최후 단계인 집합적 사회는 자본주의적 대공업이자 공산주의의 문턱이다. 여기서 관건은 생산의 아나키적 비조직성을 탈피하여 전일적인 합리적 조직화를 달성하는 데 있다. 물론 생산의 합리성은 곧 생활 형태의 합리성과 맞닿아 있고, 이는 집합적인 삶의 조직화와도 무관하지 않다. 이제 문제는 어떻게 하면 대중을 조직자와 실행자로 분리시키지 않고, 소규모의 공동체를 대규모의 사회적 형태로 전이시킬 수 있는가에 있다. 여기서 근대 공업에서 기계의 출현은 의미심장하다. 실행자, 즉 노동자는 여전히 조직자, 곧 자본가의 생산수단과 같은 열악한 지위에 놓여 있으나 기계를 작동시키고 통제하는 방법을 획득함에 따라 점차 조직자의 모습을 닮아가기 때문이다. 기계제 대공업이 발달

---

55) 같은 책, p. 29.

하면서 발생한 이러한 변화는 노동의 실행자들이 동시에 기계제 생산의 조직자로서 등장하도록 독려함으로써 분리되지 않은 경험의 소통이라는 과거의 이상을 되찾아간다. 즉, 원시 사회에서 공유되었던 집합적인 경험이 다시금 사회적 생산의 양태로 자리 잡아가는 것이다.

자본은 민중을 공동의 노동을 수행하기 위한 거대한 대중으로 결합시킨다. 그들은 자기의 경험을 상호 간에 확장하고 심화시키기 위해 서로를 이해하기만 하면 될 뿐이다. 이와 같은 상호적인 이해에는 이전과 같은 방해 요소가 존재하지 않는다. 여기 우리 앞에는 매뉴팩처 단계의 전문화된 기계류가 아니라 사람이 있기 때문이다. 기계 노동자들에게 어떤 다양한 기계들이 있다 할지라도, 그들의 노동은 공동적인 특징과 내용이란 섬에서 언제나 서로 유사할 따름이다. 기계가 점점 더 완전해지고 자동화된 메커니즘이라는 이상에 가까워질수록 그와 같은 유사성은 더욱 증대될 것이다. 그렇게 경험의 공동성은 소통의 상호 이해를 위해 충분해질 것이다. 그리하여 소통 역시 발전하게 될 것이다.[56]

전문화로 표징되는 개인주의 및 그것의 부정적 양태로서 자본주의적 대량 생산이 대공업과 기술과학의 발전에 의해 극복될 수 있으리라는 보그다노프의 단언은 아직 미흡해 보인다. 도대체 어떤 점에서 자본주의가 공산주의로 도약할 수 있는지, 그 전환적 계기가 명확히 밝혀지지 않는다면 그의 논리는 치명적인 결점을 피할 수 없을 듯하다. 원시 사회로부터 권위주의와 개인주의를 넘어서 집합적 사회에 도달했을 때, 그

---

56) 같은 책, p. 16.

리고 이 마지막 단계가 자본주의와 공산주의라는 '지옥'과 '천국'을 가르는 결정적인 단초를 품고 있다면, 어떤 식으로 전자가 후자로 전화할 수 있는지 해명하는 것이야말로 프롤레타리아트의 사상가 보그다노프의 통찰을 보여줄 것이다. 민중의 집합적 마음과 문화의 조직화는 그 최후의 관건이 된다.

마음과 문화, 동지적 협력의 공동체

보그다노프는 원시 사회의 구성원들이 공동 노동의 경험을 공유하고 있었고, 이는 집단 내부의 균열과 차이, 위계화를 저지하는 중요한 요소임을 지적했다. 전문 영역들로 나뉘어지지 않은 경험의 구조는 민중으로 하여금 세계와 사물을 하나의 동일한 관점에서 파악하게 만들고, 그들 각자의 경험을 공통적으로 사용되도록 조정한다. 경험의 균등한 일치는 심리적 동형성을 형성하는바, 사회를 구성하기 위한 밑바탕으로서 공동의 노동을 가능하게 만드는 것이다. 문제는 조직자와 실행자의 구별이 나타난 후, 노동을 지휘하는 사람과 그것에 복종하는 사람 간의 경험적 차이가 동일한 사태를 다르게 지각하는 분열을 노정한다는데 있다. 어떠한 경험이든 그것이 위계별로 다른 식으로 수용된다면 그렇게 분열된 집단은 서로를 이해하지 못한 채 불화의 질곡에 빠지고 만다. 계급의 분화와 권위주의적인 차별 및 배제는 심리적 동형성이 무너진 자리에서 생겨나는 법이다. 이로써 공동체를 유지하기 위한 공동의 노동은 더 이상 수행될 수 없고, 생산력의 진작을 위해 강제력을 동원할 수밖에 없는 상태가 된다. 여기가 규범이 발생하는 역사적 장면이다.

물론 원시 사회에서도 규범의 단초는 존재했을 것이다. 그러나 '모두가 한마음'이라는 심리적 동형성은 타자에 대한 폭력과 강압을 필요로 하지 않기에 규범은 노동 행위의 공통적 리듬을 만들고 일상을 순조롭게 지속하는 정도로만 작용할 따름이었다. 공동체의 의례, 혹은 관습이 그것인바, 보그다노프는 민중의 마음속에 깃들인 이 "반半무의식적 창조물"을 자연적 삶과 사회적 삶 사이에 놓인 "타협"으로 자리매김한다. 곧 무의식적 자연 상태와 의식적이고 조직적인 사회 상태 사이에서 최초로 등장한 규범의 형태가 관습이라는 뜻이다.[57] 이러한 관습은 그것이 의식되지 않고 지켜질수록 공동체의 조화를 보장하지만, 어느 순간부터 의식될 것을 강요받고 불이행시 처벌이 내려진다면 사회적 억압으로 군림하게 된다. 사회가 복잡해질수록, 즉 계급이 출현하여 집단으로부터 개인의 분리가 생겨나고, 육체적 노동과 정신적 노동이 분별되며, 집합적 삶이 서로 이해 불가능한 것으로 변모할 때 관습은 폭력적 규범이 된다. 공동체의 관습ethos은 민중의 마음속에 무의식적으로 배어든 윤리적ethical 감각이다. 하지만 강제화된 규범은 끊임없이 의식될 것을 요구하고 불이익을 통해 일상생활을 규제한다.[58] 공동의 경험을 통해 공유되던 일상적 감각, 즉 정동적으로 유동하던 민중의 마음은 규칙과 질서, 규범과 법률에 의해 재단되고 소통 불가능한 것들로 분할된다. 관습법으로부터 도덕률로, 성문화된 법조문으로의 이행은 사회의 진화와 더불어 나타난 집합적 삶의 왜곡과 굴절의 역사를 시사한다.

사회적 노동의 조직화가 그에 대응하는 양면성을 갖는다. 한편으로 조직화가 체계적이면 체계적일수록, 전일적이면 전일적일수록 그것은

---

57) 같은 책, pp. 23~24.
58) 규범의 물신화에 관해서는 A. Bogdanov, *Padenie velikogo fetishizma*, M.: Krasand, 2010, ch. II를 보라. 원서는 1910년에 쓰여졌다.

더 큰 생산력을 보장할 것이다. 자본주의 대공업의 발달과 근대 국가 체계의 발전은 대표적 사례라 할 수 있다. 하지만 그 반대급부로 조직화는 집단을 개인들로 쪼개고 노동을 위계적으로 차등화하며, 사회적 불평등과 질곡의 확산에 기여한다. 마르크스에게 있어서나 보그다노프에게 있어서나 사회적 삶의 조직화는 '불가피한 비극'으로서 인류사적 발전을 위해서는 감당해야 할 짐일 뿐이다. 거대 규모로 확장된 생산력과 그것을 조율하는 생산관계에서 규범 체계는 인류사의 긍정적이고도 부정적인 두 극을 향해 열려 있다. 자본주의와 공산주의의 길들이 그것이다. 이 문제는 더욱 강력한 외적 규범을 만들어 주입하는 것으로 해결되지 않을 것이다. 보그다노프가 보기에 원시 사회로부터 공산주의로 이르는 인류사적 도정은 사회적 질서의 조직화와 더불어 마음의 사회적 조직화라는 숙제를 풀어야 할 시점에 도착해 있었다.

핵심은 경험의 공동성을 다시 회복하는 데 있다. 즉 공동 노동을 통해 획득되는 경험이 조직자와 실행자라는 계급적 구별로 변형되지 않은 채 모두에게 공평하게 분배되는 게 중요하다. 이는 집합적 사회를 조화롭게 유지하기 위해서는 반드시 요청되는 전제로서 민중의 심리적 동형성, 곧 마음의 공동적 토대를 회복하는 데 기여할 것이다. 당연하게도, 이런 처방이 원시 사회에서나 가능하던 무매개적 경험의 일치를 되찾자는 식의 순진한 발상을 뜻하지는 않는다. 질문의 초점은 어떻게 진전된 미래 사회, 공산주의 사회에서 경험의 공동성을 회복할 수 있을 것인가, 복잡다단해진 사회적 형태에 적합한 매개의 형태를 통해 성취할 것인가에 있다. 심리적 동형성은 이데올로기 교육을 통해 인위적으로 만들어지지 않는다. 이데올로기적 동일성이 아니라 정동의 리듬을 형성하여 협력적 관계를 만드는 게 관건이다. 그리하여 민중의 무의식적인 욕망과 공산주의적 미래를 부단히 근접시킬 수 있어야 한다. 공산주의적 생활양식에 적합하도록 민중의 마음을 자극하고 촉발하여 상호 결합의 지반을 넓혀야 하는 것이다.

조직자적 관점과 실행자적 관점을 하나의 무매개적이고 총체적인 활동 속에 통합시키는 심리적 유형이 발생한다. 〔……〕 문제는 경험의 근본적 내용이 갖는 증대하는 공동성에 대한 것이지 무수한 부분적 경험에 대한 것이 아니다. 또한 그것은 민중의 충만한 상호적 이해에 관한 것이지 심리적 동일성에 대한 것도 아니다. 〔……〕 이러한 조건에 상응하는 인간들 사이의 관계는 오직 한 유형인바, 동지적 관계가 그것이다. 〔……〕 민중 사이의 완전한 상호 이해와 연관된 경험의 원칙적인 평등성은 서로 간의 입장이 평등할 때 생겨나는 폭넓은 소통의 결과로서만 가능할 것이다. 이는 단 하나의 관계에만 적합한 조건인데, 그것은 동지적 관계를 말한다. 본질적으로 이 관계는 격자가 쳐진 모든 관계에 적대적이며, 온갖 종류의 예속이나 심판, 인간의 분열에 대립한다. 현실 속에서 인간의 집합성은 권위주의적이고 전문가화된 관계가 동지적인 것으로 바뀌는 때와 장소에서만 완수될 것이다.[59]

동지적 관계는 민중적 삶의 형태의 가장 근원적이자 발전적인 형태로 규정된다. 근원적인 이유는 원시 공산주의적 삶으로부터 연원했기 때문이며, 발전적인 이유는 그것이 미래의 공산주의 사회에서 회복되어야 할 삶의 형태이기 때문이다. 시간적으로 멀리 떨어져 있는, 역사

---

59) A. Bogdanov, 같은 책, pp. 15, 18~20.

의 시초와 종말에 놓인 삶의 두 형태가 하나로 통합되는 연결 고리는 공동의 경험을 얼마나 확보할 수 있는가에 있다. 단순한 생활로부터 복잡한 사회로 역사가 이행할 때, 퇴보나 정체가 아니라 진보와 발전을 담보하면서 공동체가 앞으로 나아갈 때 민중을 하나로 묶는 것은 경험의 공동성을 잃어버리지 않는 것이다. 이는 충만한 상호 이해로서의 심리적 동형성을 재건하는 일이 아닐 수 없다. 권위주의적이고 개인주의적인 사회적 단계에서 배태된 계급화와 위계화에 맞서, 분열된 민중의 마음을 어떻게 평등한 하나의 평면 위에 통합할 것인가? 보그다노프는 정치·경제적 혁명에 평행하게 문화혁명의 기획을 완수함으로써 이를 달성해야 한다고 역설한다. 프롤레타리아 문화론이 바로 그것이다.

문화는 경제나 정치의 하위 영역이 아니라, 역으로 그것들을 밑바닥으로부터 정초하는 근본적 토대이다. 레닌이나 트로츠키가 보그다노프의 사상을 위험하게 여겼던 것도 정치경제학의 우선성을 그가 부정한 듯 여겨졌기 때문이다. 하지만 거꾸로 말해 경제적 토대나 정치적 구조만을 사회적 삶의 근원 요소로 여기는 것은, 이데올로기가 일상을 모조리 장악할 수 있다고 믿는 것만큼이나 순진하고 어리석다. 오히려 습관의 변화를 새로운 사회 구성의 절대적 과제로 설정한 레닌이나, 공산주의적 의례를 통해 일상생활을 바꾸려 했던 트로츠키처럼, 보그다노프 역시 정치경제학적 교리 '너머'의 삶의 형태야말로 미래 사회의 성패가 달려 있는 지점이라 보았고, 그것을 실천하기 위한 프로젝트로서 프롤레타리아 문화론을 제시했다고 볼 수 있다.[60] 문화는 일상을 아름답

---

60) 이 점에서 레닌과 트로츠키는 일상생활의 (무)의식적 전화야말로 혁명의 진정한 고리라는 사실을 무의식적으로 통찰했다고 할 만하다. 정치가로서 그들은 제도나 규범, 체제의 문제에 매달려 있었으나 혁명가로서는 무엇이 진정 문제적인지 감각적으로 깨닫고 있었던 것

게 꾸미기 위한 장식물이 아니라 무의식적 감수성과 정동적 차원에서 민중의 마음을 움직여 새로운 사회에 적합하게 행동하도록 견인하는 혁명의 원동기인 셈이다.

그렇다면 문화란 무엇인가? 볼셰비키로부터 이탈한 후 보그다노프는 『우리 시대의 문화적 과제들』이란 책자에서 다음과 같은 정의를 내리고 있다.

이 단어의 정확하고도 온전한 의미에서 '문화'란 노동 과정을 통해 인류에 의해 만들어졌으며 인류의 삶을 고양시키고 존귀하게 만드는 동시에 인류가 자가 생장적인 자연과 자기 자신을 지배하는 힘을 갖게 만드는 물질적이고 비물질적인 획득물의 총합을 말한다. 예컨대 생존을 위해 인산이 협력하여 투쟁하면서 만들어낸 무기의 발달이나 그러한 투쟁에서 힘을 모으기 위해 협력하는 방법들, 완력이나 기민함 및 아름다움과 같이 의식적인 훈련을 통해 달성되는 신체의 물리적 완성도, 상호 이해를 통해 민중의 활동을 통합시키는 언어, 과거의 축적된 경험을 구체화하는 인식 능력, 정서nastroenie를 결합시켜 민중의 다양한 체험을 연결시키는 예술, 민중의 살아 있는 소통을 엄밀히 가공된 특정 형식들로 조형시키는 관습이나 윤리, 법제도와 정치 체제가 여기에 포함된다. 이 모든 것은 인간 문화의 구성 요소로서 적법하고도 정확하게 고찰되어야 한다.[61]

이다.

61) A. Bogdanov, *Kul'turnye zadachi nashego vremeni*, p. 3.

우리가 일반적으로 짐작하는 온갖 요소들이 문화의 범주 내에 포착되고 있다. 무기나 협력 방법, 신체의 조련, 언어, 인식 능력, 예술, 관습, 윤리, 법과 정치 등은 전혀 새로운 정의가 아니다. 다만 그것들이 수행하는 기능이 어떻게 규정되어 있는지 눈여겨볼 만하다. 예술은 정서의 결합 활동을 통해 체험을 연결 짓고, 관습과 윤리, 법, 정치 등은 소통을 특정한 형식들로 조형한다. 문화의 요소들은 가시적이고 물질적인 상부구조의 특징을 포함하지만, 동시에 비가시적이고 비물질적인 민중의 정동을 제어하고 조직함으로써 문화의 총합을 이룬다. 문화는 법과 제도, 윤리, 정치 등의 상징체계로 표명되지만, 또한 인식과 정서, 소통을 다루어 상징체계를 넘어서는 영역들에도 관련되어 있다. 보그다노프는 말한다. 이와 같은 불투명성을 포함하는 문화는 오직 그것이 '문화의 과제'로서 명시적인 대상성을 보여줄 때 구체적인 것이 된다. 가령 '정신문화'가 바로 그러한데, "세계관, 예술적 창조물, 윤리적이고 정치적인 관계 등등, 더 정확히 말해 '이데올로기'로 의미되는 모든 것들, 곧 민중의 사회적 의식"이 여기에 속한다.[62] 어떻게 된 것일까? 문화는 이데올로기이고, 상부구조라는 뜻일까? 그렇다면 애초에 레닌과 트로츠키가 문화를 정치나 경제와 분리시켜 논의하던 것과 달라지는 게 없지 않은가?

이 지점에서 우리는 알튀세르를 참조해야 한다. 보그다노프의 논의로부터 반세기 가까이 뒤에 나온 논의지만, 그가 이데올로기적 국가장치로서 거론했던 것들, 즉 가족과 학교, 종교 등의 사례는 정확히 문화와 마음, 정치가 문제시되는 지점을 다루기 때문이다. 일종의 자연화된

---

62) 같은 책, pp. 3~4.

공동체로서 가족은 유사 이래 변함없이 유지되어온 단위체로 간주된다. 학교는 그 연장선에서 자연스럽게 형성된 교육 기제이며, 종교는 공동체의 내·외적 특징을 만드는 심상 구조라 할 수 있다. 그러나 이러한 자연적 외양은 실상 특정하게 조율되고 조직된 기능적 산물에 다름 아니다. 무엇보다도 민중의 무의식적 토양, 즉 마음의 구조에 영향을 끼침으로써 개인을 집단 속에서 특정한 방식으로 훈육하는 기계적 장치들이 가족과 학교, 종교 등의 이데올로기적 장치들인 것이다. 근대 국가는 이러한 장치를 국민 형성을 위하여 적극적으로 활용함으로써 집단적 정체성을 제공해왔다.[63] 국민성이라 불리는 대중의 집합적 심성은 공동체의 자연스런 성향이 아니라 인공적으로 조형된 문화적 심성 구조인 셈이다. 그것은 상징체계로서의 문화와는 다르게, 민중의 무의식에 가해신 특성한 압박과 기호화의 결과로서 이데올로기라는 이름으로 불린다.[64] 우리가 논의해온 민중의 무의식적 욕망과 정서, 마음이란 본질적으로 가시적 조형성을 넘어서는 것이지만, 또한 가시적 조형성을 통해서만 구체적으로 포착되고 작동하는 정동의 흐름으로서 이데올로기와 겹쳐진다. 상징체계로서의 문화는 그러한 정동의 흐름을 특정한 방식으로 조직하여 구축된 마음의 형식인 것이다.

결국 보그다노프는 문화를 통해 민중의 이데올로기를 특정한 방식으로, 곧 공산주의적 양태로 변형시키는 작업을 시도했다고 말할 수 있다. 트로츠키처럼 정신분석에 대한 조예나 관심을 통해 이 문제에 접근한 것은 아니지만, 보그다노프 또한 민중의 무의식, 믿음과 신념, 욕망

---

63) 마르크 퓌마롤리, 『문화국가: 문화라는 현대의 종교에 관하여』, 박형섭 옮김, 경성대출판부, 2004, pp. 186~87.
64) 루이 알튀세르, 『재생산에 대하여』, 김웅권 옮김, 동문선, 2007, pp. 379~84.

의 구조로서 마음을 움직이지 않는다면 혁명은 진정한 전환점에 도달할 수 없으리라 여겼던 것이다. 하지만 그가 생각했던 문화는 내전과 기아, 볼셰비키의 억압에 지친 민중의 마음을 위무하고 위로해주는 감상적인 역할에 맡겨진 것은 아니었다. 오히려 그는 문화의 과제가 보다 적극적인 차원에, 민중의 마음을 공산주의적으로 조직화하는 데 있다고 믿었다.

만일 그렇다면, 사회주의를 위한 투쟁은 자본주의에 적대하는 단 한 번의 전쟁으로, 전쟁을 위한 힘의 단순한 결집으로 결코 환원되지 않는다. 이 투쟁은 동시에 긍정적이고 창조적인 작업인바, 프롤레타리아트 자신 안에서의, 자신의 내적 관계들 속에서의, 자신의 일상적인 삶의 조건들 내에서의 새롭고도 또 새로운 요소들을 창안해내는 데 있다. 그것은 사회주의적 프롤레타리아 문화를 고안하는 것이다.[65]

결정적 일격으로 혁명을 마무리 짓고 공산주의로 도약할 수 있다면 그보다도 좋을 수는 없다. 하지만 이행기로서 규정된 혁명의 시대는 과거의 잔해와 현재의 불투명성으로 가득 차 있기에 장기적인 정지 작업을 예비하지 않을 수 없다. 보그다노프에게 어쩌면 그것은 공산주의적 미래를 지향하면서도 실제로는 사회주의적 지반을 닦는 이중적 과제를 실천하는 길이었을지 모른다. '사회주의적 프롤레타리아 문화'라는 문제 설정이 그것이다.

---

65) A. Bogdanov, "Sotsializm v nastojashchem," *O proletarskoj kul'ture*, p. 96. 보그다노프는 사회주의와 공산주의 사이의 엄밀한 개념적 차이에 천착하지 않았다.

6. 마음의 정치학, 프롤레타리아 문화혁명과 미래의 사회

넓은 의미에서 볼 때, 프롤레타리아 문화론은 실상 그 비판자들과 유사한 문제의식에서 출현한 것이다. 그것은 이행기를 어떻게 마무리 짓고 새로운 사회로 진입해갈 수 있을 것인지, 새로운 사회가 정녕 새롭기 위해서는 무엇이 준비되어야 하는지에 관한 정치적인 물음이었기 때문이다. 레닌과 트로츠키는 이를 정치적 과제로 받아들였던 반면, 보그다노프는 문화의 측면에서 접근하고자 했고, 그들의 차이는 생각보다 과대하지 않다. 결국 그들은 민중의 마음에 작용하는 감각과 무의식, 욕망의 차원에 관심을 기울였으며, 마음의 혁명이 없이는 진정한 미래는 오지 않으리라 생각했던 까닭이다. 그러나 혁명기의 급박한 정세 속에서 징지직 의사결정과 방법론의 선택에서 나타난 차이는 이늘의 입장을 정반대의 진영에 배치했고, 이념적 적대자들로 고정시킴으로써 오랫동안 진정 무엇이 문제적인지 파악하기 어렵게 내버려두었다.

보그다노프는 문화의 중요성을 가시적인 상징화에서가 아니라 비가시적이고 비물질적인 정동의 차원에서 포착한 인물이다. 트로츠키가 유사한 감각을 갖고 있었지만 그는 문화를 정치로 환원하려 했던 반면, 보그다노프는 정치를 문화를 향해 견인하고자 했다. 우리는 후자의 작업을 랑시에르적 의미에서 정치적인 것의 장을 열기 위한 기획이라 부를 만하다. 노동자들의 일상생활, 노동자들의 생활 감정과 언어화되지 않은 신념, 이성의 논리로 대체할 수 없는 일상 관습과 개별적 습관 등은 혁명의 장애물이자 무한한 잠재력을 이룬다. 마음의 토대는 쉽게 변화시킬 수 없기에 지극히 보수적인 토질을 갖고 있으나, 일단 바뀌게 된다면 그 역시 장기 지속적인 보존력을 발휘하여 혁명의 미래를 지켜낼 것이기 때문이다. 그런 의미에서 아직 구태의연한 제국 시절의 관행에서 벗어나지 못한 프롤레타리아트의 마음에 새로운 사회를 건설하고 지지하도록 만들기 위한 형식을 제공하는 일보다 긴요한 작업은 없다. 프롤레타리아 문화론의 핵심은 마음의 조직화, 즉 민중의 마음을 사회주의적 토양으로 변형시켜 그들을 공산주의적 인간으로 조형해내는 데 있다.

지금까지 보그다노프의 문화이론은 좁은 의미에서의 이데올로기론과 동치되어 다루어졌고, 이로써 프롤레트쿨트는 극좌적인 이데올로기 교육집단처럼 평가절하되어왔다. 물론, 근대인으로서 보그다노프는 의식을 중심에 두고 사유했으며, 노동자들의 의식화야말로 문화혁명의 중요한 과제라 간주하기도 했다. 하지만 그의 논의를 섬세히 고찰해보면, 문화의 과제는 동지적 협력의 구축을 통해 경험의 공동성을 새로 마련하는 것이며, 이는 상호 이해와 정서의 결합, 살아 있는 소통과 같은 정동적 과정을 경유해 마음의 공동성을 형성하는 것이다. 알튀세르의 이데올로기론을 빌려, 우리가 정동이라는 측면을 놓치지 않아야 한다고 거듭 강조한 이유가 여기 있다. 민중의 마음은 의식화된 상징체계에 의해서는 쉽게 바뀌지 않고, 무의식적 감수성을 오랜 시간 동안 자극하고 촉발하여 다른 방식으로 작동하게 조직해야 하는 것이다.

확실히 보그다노프는 1917년의 사건이 곧장 공산주의를 탄생하게 했다고 믿지는 않았다. 오히려 그는 혁명기를 이행의 시대로 보았으며, 프롤레트쿨트의 강령을 곧이곧대로 받아들여 당장 프롤레타리아트가 자립적인 문화의 토양을 확보하리라 확신했을 것 같진 않다. 그러나 이행기의 과제는 바로 이행하는 힘 자체에 있다. 마르크스가 말했던 것처럼 "현재의 운동이 운동의 미래를 대변하"며, "현재의 상태를 지양해나가는 현실적 운동이 공산주의"이기 때문이다.[66] 바로 이 점이 이행기라는 진퇴양난의 상황에도 불구하고 바로 이행기이기 때문에 문화혁명의 불가피성을 보그다노프가 역설했던 이유였으리라.

---

66) 카를 마르크스·프리드리히 엥겔스, 「공산주의당 선언」, 『칼 맑스 프리드리히 엥겔스 저작선집 1』, p. 431; 「독일 이데올로기」, 같은 책, p. 215.

러시아 혁명과 시:

혁명의 시와 시의 혁명 사이에서

이장욱

1. 혁명과 소비에트 러시아, 그리고 '현재'

오늘의 관점에서 소비에트 연방이란 무엇일까? 20세기 초에 극적으로 출현하여 1991년 급작스럽게 종말을 고한 이 유래 없는 사회 시스템을 어떻게 보아야 할까? 흔한 평판대로 1917년의 혁명가 레닌은 옳고 1930년대 이후 독재자 스탈린의 편집증적 통치술이 문제였던 것일까? 또는, 혁명 초기 스탈린-부하린의 일국사회주의 대 트로츠키의 국제사회주의가 만든 대결 구도 속에서 후자의 패배가 야기한 결과인 것일까? 후일 1991년의 사태라는 것은 또 무엇일까? 소위 '자코뱅적 상상계'[1]의 실패에 연루된 역사적 과정인 것일까? 자본주의의 '유동하는 공포liquid fear'[2]에 맞선 국가사회주의 특유의 경직된 계획경제 체제의 실패인 것

---

1) 샹탈 무페, 『정치적인 것의 귀환』, 이보경 옮김, 후마니타스, 2007의 1장 참조.

일까? 그러므로 러시아 혁명의 진정한 성과는 소비에트 시스템이라는 하부구조의 성립이 아니라 서유럽 복지제도의 수립 및 자본주의의 자기성찰적 계기의 제공인 것일까? 이런 냉소적 판단을 넘어서기 위하여, 100년 전 성립된 '소비에트 러시아'는 어떻게 향후 '사회주의 재발명'[3]의 유효한 계기 또는 적어도 반면교사가 될 수 있을까?

지난 세기 초의 예술사적 맥락을 돌이키면서 이러한 사회학적 질문들을 회피하는 것은 불가능하다. '혁명'을 미학적, 예술적 형용어구로 소비함으로써 낭만적 자세를 견지했던 20세기의 전위적 제스처들은 역사의 저편으로 사라졌다. 오늘날 '정치의 예술화'(파시즘)와 '예술의 정치화'(사회주의 리얼리즘)를 넘어 정치와 예술의 화학적 접목을 고찰하는 일은 여전히 중요해 보인다. 이와 관련하여 혁명기 러시아의 시인들을 반추하고자 하는 이 글이 내장한 질문들은 다음과 같다. 20세기 초 러시아의 시인들은 무엇을 예감했던가? 목적의식적 혁명에 의한 구체제 붕괴라는 역사적 사건에 대해 러시아의 시인들은 어떤 자세를 취했던가? 시인들의 직관적 반응과 정동의 향방은 오늘날 우리에게 어떤 종류의 문학적 참조물로 받아들여져야 하는가? 이러한 질문의 안팎을 살피기 위해 이 글은 20세기 초의 정치적, 문화적 상황을 배경으로 소위 '은세기'를 대표하는 네 명의 시인들(알렉산드르 블로크, 블라디미르 마야콥스키, 안나 아흐마토바, 세르게이 예세닌)을 택해 개략적, 병렬적으로 서술하고자 한다.

---

2) 지그문트 바우만, 『유동하는 공포』, 함규진 옮김, 산책자, 2009. 자본주의 특유의 유동성은 "액체"(지그문트 바우만)와 "기체"(마샬 버먼)의 비유 속에서 부정적으로 강조된 바 있다.
3) 악셀 호네트, 『사회주의 재발명』, 문성훈 옮김, 사월의책, 2016.

2. 혁명과 예수 그리스도: 알렉산드르 블로크

알렉산드르 블로크(1880~1921)는 20세기 초 러시아 상징주의의 대표적 시인으로, 그가 시를 발표하기 시작한 1903년은 혁명의 기운이 서서히 번져가던 때였다. 푸시킨, 고골, 도스토옙스키에서 체호프에 이르는 영화로운 19세기는 사라졌으며, 톨스토이는 아직 살아 있었지만 이미 지난 시대의 거장이었다. 러시아의 리얼리즘은 좌파 유물론의 수혈을 받아 다가올 혁명의 시대를 예비하는 중이었고, 다른 한편에서는 세기말의 데카당스를 거쳐 온 일군의 모더니스트들이 등장하고 있었다.

특히 블로크가 가장 뛰어난 시적 성취를 보이던 1910년대는 오늘날 러시아 모더니즘의 개화기로 기록되어 있다. 데카당스풍의 회화로 유명한 브루벨은 그 생애의 말년을 보내고 있었으나, 이른바 절대주의 회화의 선구인 말레비치와 '청기사파'의 비구상회화를 이끌게 되는 칸딘스키, 러시아적 판타지의 샤갈이 이 무렵에 활동을 시작한다. 벨르이와 자먀친, 그리고 후에 노벨문학상을 받게 되는 이반 부닌 등의 소설가들이 등장하는 것과 더불어, 스트라빈스키의 「불새」가 초연된 것도 이때였다. 러시아 문학사가 이른바 '은세기'로 비유하고 있는 세기 초의 르네상스가 시작되고 있었으며, 한편으로는 1905년의 실패를 통과한 정치적 혁명이 이제 다가올 격동의 시대를 준비하고 있었다.

알렉산드르 블로크의 텍스트는 정치적 혼돈과 정신적 풍요로움이 교차하던 시대의 섬세한 미학적 기록이라고 할 만하다. 형이상학과 혁명이 혼재하며 신학과 프로파간다가 경쟁적으로 러시아의 미래를 규정하던 시대의 우울을 탁월한 리듬 속에 반영했다는 점이야말로 그의 문학적 성취라고 할 수 있을 것이다. 상징주의의 형이상학은 특히 초기 블로크의 문학적 자장을 형성하는 데 커다란 영향을 미치게 된다. 당시 사상가 블라디미르 솔로비요프의 플라톤주의적 사유는 상징주의의 근간을 이루면서 새로운 언어 미학을 준비하고 있었다. 리얼리즘 시대에 지배적이었던 지시적 언어들은 언어 자체의 물질성을 강조하는 모더니스트들에 의해 도전받고 있었다. 상징주의자들은 자연스럽게 이 도전의 첫 라운드를 담당하게 된다. 상징주의자들의 언어는 실재적 사물성의 세계보다는 사물성의 이면, 혹은 너머에 불변항으로 존재하는 형이상학적 세계에 매혹된다. 그들의 언어는 언어이므로 무언가를 지시하지만, 동시에 그 언어들은 시 내부의 질서로 강력하게 편입되면서 지시성 자체를 삭제당한다. 유리 로트만의 표현을 빌리면 그것은 '내적 재코드화internal recoding'가 극대화된 세계이다. 실제 세계의 기호들은 시의 내부로 들어와 본래의 지시성을 탈각하고 새로운 의미 질서 속에서 다시 태어난다. 상징주의 시학은 이러한 시어의 특성을 극단적으로 확장시켜 형이상학적인 패러다임으로 환원시킨다. 상징주의의 언어들은 그래서 구체적 세계의 구체적 실재가 아니라 그 실재를 넘어선 곳으로 흘러간다. 뱌체슬라프 이바노프는 상징주의를 "실재에서 실재 너머로a realibus ad realiora"라는 문장으로 요약했는데,[4] 이 구호는 상징주의의 세계관뿐 아니라 상징주의의 언어론에도 적용될 수 있다.

초기의 블로크는, 마치 플라톤이 이데아의 '실재'를 믿었듯, 저 절대성의 세계가 스스로 제 모습(형상, 이미지, 구체성)을 드러내리라고 믿었던 것 같다. 그것은 거칠고 광대한 혼돈의 세계에 임재하게 될 여성성

---

4) В. Иванов, "Две стихии в современном символизме," *Литературные манифесты*, М.: АГРАФ, 2001, с. 98.

의 세계, 가장 부드럽고 조화로운 여성적 구원의 드라마를 이루게 된다. 상징주의적 언어의 특성들은 그의 초기 시편에 고스란히 보존된다. 부정대명사의 빈번한 사용, 음악적 리듬을 통한 정서적 환기, 모호하면서 관념적인 분위기의 시어들. 블로크의 시편들에서 이러한 언어적 자산은 이상적 여성성의 이미지에 바쳐진다. 그 여성성의 시편들은 신비로운 동시에 구시대적인 연시의 언어들로 직조된다. 가장 보편적이면서 이미 '시적인 것'으로 승인된 어휘들이 이 여성적 세계의 재료이다. 구체적 세계에서 좌충우돌하며 결국 지시적일 수밖에 없는 어휘들은 배제된다. 노을, 별, 태양, 저녁, 흰 빛. 초기 블로크의 시에 자주 나타나는 이 이미지들은 그의 두번째 시집 제목이기도 했던 '아름다운 여인'을 둘러싼 여성적 우주의 부분을 이룬다.

중기의 블로크는 초기 상징주의적 리듬 속에서 모습을 드러내던 '그녀'와는 다르게 온전히 실재하는 세계에 속해 있다. 현세의 인간과 사물들은 소멸의 운명 앞에 결국 무력하다. 블로크의 시편들은 더 이상 솔로비요프적 관념주의의 에너지를 수혈받지 못한 채 부유한다. 이제 블로크가 걷는 페테르부르크의 거리는 저 소멸의 운명을 반복하는 물질성의 세계에서 벗어나지 못한다. 블로크가 "밤, 거리, 가로등, 약국"이라고 쓸 때, 이 어휘들은 정말 페테르부르크 거리에 실재하는 밤, 거리, 가로등, 약국이다. 그 물질성의 세계는 더 이상 또 다른 세계에 '상응'하는 수직적 은유의 일부가 아니다. 그것은 현세적 공간에 결박당한 저 환유적 인접성만으로 앙상하다.

그러나 실재 너머에서 실재로의 탈상징적 귀의는, 실재의 유일성 혹은 실존적 개별성의 온전한 승리로 나타나지 않는다. 알렉산드르 블로크는 이 실재의 운행을 주재하는 어떤 힘, 인간의 이성과 지식과 의지를 넘어서 존재하는 힘을 느끼고 있었던 것 같다. 그것은 '자연력stikhiia' 이라고 이름 붙일 수 있는 무엇이다. 물리적 세계의 이면에서 혼돈과 개별성과 무의미를 관할하며 세계의 변화를 창출하는 힘. 그것은 아폴로적 질서와 이성이 아니라 디오니소스적 에너지 속에 임재하는 것이며, 그래서 그것은 '문명'의 속성이 아니라 문명까지를 제 안에 수렴시키는 '자연'의 속성이다.[5] 그리고 그것은 당연히 '인텔리겐치아'와 지성이 아니라 보편적 '민중'과 혁명의 속성이 된다.

하지만 확실히 '자연력'에 대한 블로크의 태도는 단선적이지 않아서, 자연의 카오스적 힘은 그에게 근원적 희망이면서 동시에 회의와 공포의 대상이었던 것 같다. 블로크의 시편들은 니체적 차라투스트라와 같은 대안적 인간의 가능성 같은 것은 염두에 두지 않는다. 그에게 세계는 무인칭의 힘으로 가득하다. 세계와 자연은 개별성과 인간의 이성을 넘어서 존재하는 통합적인 힘, 긍정과 부정의 가치 판단을 초월하여 존재하는 모종의 '흐름'에 의해 규율된다. 그리고 블로크에게는 바로 그것이 저 러시아의 혁명을 불러온 것이다. 세기말과 세기 초의 러시아에 미만했던 예언들, 그러니까 '새로운 세계'의 도래에 대한 상징주의적 '예감'은 정말로 지상에 구현된다. 그러나 우리가 알다시피 그 '새로운 세계'는 종교적 정신성이 아니라 유물론적 사회주의에 기초해 있었다.

알렉산드르 블로크는 1917년 혁명 이후 3년을 더 살았다. 그에게 혁명은 마르크스적 '토대' 혹은 경제적 하부구조의 운동이 아니었다. 그

---

5) 아마도 우리는 이 '자연력'을 스피노자의 '자연'에서 마르크스를 거쳐 벤야민의 '자연사 natural history'에 이르는 정신사적 맥락을 참조하여 읽어도 좋을 것이다. 스피노자의 '자연'이 내재적 일원론에 기초해 신을 자연의 내부로 소환했다면, 마르크스의 '자연'은 주체 외부의 역사적 과정을 지시하기 위해 호명되며, 벤야민의 '자연사'는 특유의 비관주의적 사유를 통해 바로크적 몰락과 소멸을 대리함으로써 진보와 영원의 신화를 부정하기 위해 활용된다.

것은 자연의 힘이었으며 거스를 수 없는 운명 같은 것이었다. 이 운명은 한 개인이나 사상의 차원을 넘어서 있었다. 블로크는 마야콥스키와 달리 마르크스에 대해 무관심했다. 그에게 혁명은 마르크스의 이데올로기가 아니라 거대한 러시아적 '자연력'의 흐름에 가까운 것이었다.

> 검은 저녁.
> 흰 눈.
> 바람, 바람!
> 인간은 제대로 서지 못한다.
> 바람, 바람—
> 모든 신성한 세상에!
>
> 「열둘」의 첫 연[6]

검은빛과 흰빛의 장엄한 콘트라스트로 시작된 서사시 「열둘」(1918)은 혁명 러시아에 바치는 블로크의 헌시라 할 만하다. 시 전반에 걸쳐 반복되는 검은빛과 흰빛의 지속적인 대비는 그 자체로 힘과 힘의 만남, 그리고 역동적인 세계의 운행을 재현한다. 바람은 혁명의 거리에 나부끼는 인간과 인간의 말을 휩쓸어간다. 블로크의 시에서 혁명은 인간의 운동이 아니라 인간을 지배하는 우주적 힘의 산물인 것이다. 인간은 끝내 '제대로' 서지 못한다.

헌시는 헌시이되, 이 시는 위에 적은 구절이 보여주는 송가풍의 고급

---

6) 이하 블로크의 작품 인용은 А. Блок, *Собрание сочинений*, в 6 томах, М. : Правда, 1971 에 따랐다.

문체만으로 이루어지지 않는다. 송가풍의 어조에 러시아 민요의 구어가 섞여들고, 여기에 또 혁명의 거리에 난무하던 플래카드의 구호와 뒷골목의 속어들이 개입한다. 그 사이사이에서 총소리가 들린다. 일차적으로, 「열둘」은 혁명기 러시아의 언어적 박물지이다.

그런데 카치카는 어디에? —죽었네, 죽어버렸네!
머리를 맞았네!

어때, 카치카, 이제 기쁜가? —아무 말도 없구나.
너는 누우라, 짐승의 시체처럼, 눈 위에 누우라!

혁명의 보조를 유지하라!
지칠 줄 모르는 적은 잠들지 않는다!

'열둘'은 시의 드라마 안에 등장하는 12인의 적위군을 지칭한다. 그들이 하필 열둘인 것은 예수 그리스도의 열두 사도와 병치시키기 위한 것이다. 피와 죽음과 거친 눈보라를 넘어 열두 명의 적위군들이 도시를 전진하는 풍경. 그들은 입에는 궐련을 물고 손에는 총을 들었으며 등에는 다이아몬드 표식을 붙이고 있다. 이 다이아몬드 문양은 죄수의 표식인 것이어서, 12인의 적위군들은 제정 러시아 시대의 농민이자 노동자이면서 동시에 뒷골목의 범법자들이다. 그네들의 '자유'는 '십자가'가 없는 자유이며, 그 자유 안에서, 열두 명의 적위군들은 "굶주린 개"와 같은 부르주아와 사제의 죽음을 넘어 전진한다. 그들의 총탄은 그러나 부르주아와 사제뿐만 아니라 그들의 연인이었던 창녀 카치카의 생명까지도

빼앗는다. 카치카는 저 소용돌이의 와중에서 적위군의 총탄에 맞아 죽는다. 카치카의 죽음은 적위군들이 의도한 것이 아니었다. 그러나 혁명은 검은빛과 흰빛의 거대한 대비 안에서 격렬한 눈보라처럼 수많은 죽음을 분별하지 않고 휩쓸어간다. 그리고 그 눈보라의 '전진'은 멈추어지지 않는다.

그 눈보라와 더불어 「열둘」은, 문체, 장르, 의미의 차원에서 이른바 '다음향적인 혼돈'을 재현한다. 여기에는 송가와 속요와 구호와 드라마가 혼재되어 있다. 여기에는 강고한 혁명가의 목소리와 제 질투에 의해 애인을 살해한 시정잡배의 목소리와 무구한 창녀의 목소리와 바람의 목소리가 섞여 있다. 어디까지가 시인의 목소리이며 어디까지가 타자의 목소리인지를 확정하는 것은 불가능하다. 문체적 이질성은 블로크에게 세계의 유일한 '본질'이라고 해야 할 궁극의 이질성까지 가닿는다. 그런데 이 다음향성의 혼돈이 재현하는 혁명기 드라마의 마지막 부분에 위태롭게 매달려 있는 상징이 있다.

……그렇게 강력한 걸음으로 그들은 간다—
뒤쪽엔—굶주린 개,
앞쪽엔—피에 젖은 깃발,
눈보라에 가려 보이지 않으며,
총알에도 다치지 않으며,
눈보라 속 부드러운 걸음으로,
진주같이 흩날리는 눈발처럼,
흰 장미 회관을 쓴—
앞쪽엔—예수 그리스도.

2행에 나오는 "굶주린 개"는 부르주아, 사제, 정치가 등 제정 러시아의 지배 계급을 지칭한다. 그들은 공간적으로 적위군들의 "뒤쪽"에 있는데, 이 공간성은 물론 역사적, 시대적 함의를 담고 있다. "앞쪽"에서 열두 명의 적위군들을 이끄는 것은 "피에 젖은 깃발," 그러니까 제정 로마노프 왕조의 종말을 알리는 혁명의 깃발이다.

그런데, 서사시 「열둘」 전체를 통틀어 가장 기이한, 아직도 일종의 의미론적 미스터리로 남아 있는 이미지가 그 깃발과 더불어 있다. 그것은 예수 그리스도이다. 적위군들이 예수의 열두 사도로 제시되었으므로, 이 예수 그리스도의 이미지는 러시아의 '구원'을 알리는 메시아의 이미지이며, 따라서 볼셰비키 혁명은 신성한 종교적 구원의 차원으로 승화된다고 말할 수 있다.

하지만 저 마지막 행의 예수 그리스도는 그렇게 단순하게 설명되지 않는다. 먼저 예수 그리스도는 "눈보라에 가려 보이지 않"는다. 그것은 예수 그리스도의 이미지가 시적 판타지이기 때문만은 아니다. 적위군들은 그가 예수임을 알아내지 못할 뿐만 아니라, 그에게 경고한 후 끝내 총을 발사하기까지 한다. 적위군들의 "총알에도 다치지 않"는 예수 그리스도는, "강력한 걸음"으로 보조를 맞추어 진군하는 적위군들의 남성적 세계와 반대로, 지극히 여성적인 이미지로 그려진다. 그의 걸음은 부드럽고, 미친 듯이 흩날리던 역사의 눈보라는 이제 부드러운 "진주"로 비유된다. 이 여성적 이미지는 "흰 장미 화관"에서 절정에 달하는데, 이 장미 화관은 전통적인 기독교의 상징이 아니다. 그것은 예수 그리스도를 기독교적 맥락에서 일탈시켜 고유하고 개인적인 상징으로 만들면서, 종교적 구원과 메시아적 이미지를 스스로 희석시킨다.

우리는 이 기나긴 헌시를 레닌과 적위군에 대한 찬사로 읽어야 하는 지, 혹은 저주로 읽어야 하는지 쉽게 확정할 수 없다. 그것은 아마 블로크 스스로도 마찬가지였을 것이다. 소비에트 시대에는 위대한 혁명 찬가로 설명되었던 이 시는, 소비에트의 몰락 이후 혁명에 대한 불안과 저주의 서사시로 돌변한다. 첨예하게 대립하는 이 두 해석의 공통점은, 미학적이라기보다는 정치적인 독해라는 점이다. 정치와 미학은 불가분의 관계이며 모든 미학은 끝내 정치적일 것이지만, 정치적 판단이 미학적 독해를 지배하고 대체할 수는 없다. 정치를 미학에 '직수입'하는 순간, 미학은 그 정치학을 추문화하는 데 바쳐진다. 블로크가 혁명에 대한 찬가이거나 저주라는 정치적 '선언'을 위해서 「열둘」을 쓴 것이라고 할 수는 없다. 그래서 마야콥스키는 블로크에 대해 다음과 같은 음울한 제사를 남겼다.

어떤 이들은 이 시에서 혁명에 대한 풍자를 보았고 다른 이들은 찬미를 보았다. [……] 블로크는 선택할 수 없었다. 나는 금년 5월에 모스크바에서 그가 낭송하는 시를 들었다. 그는 공동묘지처럼 조용하고 썰렁한 홀에서 작은 목소리로 구슬프게 집시의 노래와 사랑과 아름다운 여인에 관한 자신의 옛 시들을 낭송했다. 나아갈 길은 더 없었다. 길 저쪽에는 죽음만이 있었다. 그리고 죽음이 왔다.[7]

그에게는 더 나아갈 길이 없었다. 아마도 블로크는, "선택할 수 없었"던 것이 아니라, 다만 선택의 문제 너머, 혹은 바깥에 있었을 것이다. 블

---

7) 블라지미르 마야콥스키, 『좋소!』, 석영중 옮김, 열린책들, 1993, p. 320.

로크의 혁명기 시편들은 혁명에 대한 의식적인 찬가나 의식적인 거부가 아닐 뿐만 아니라, 그에 대한 판단 정지나 가치의 유보도 아니다. 그것은 물론 현실 도피나 외면일 수도 없다. 궁극적으로 그것은 '모순된 현상의 동시적 지각'이다. 모순의 공존, 모순의 충일. 그것이 시적 모순어법을 통해서만 지각할 수 있는 세계의 본성이다. 블로크의 시적인 '몸'은 이 모순어법의 혼돈을 하나의 언어적 세계로 구현해냈던 것이다. 그러니까 블로크의 시편들은 대상을 가장 민감하게 지각할 뿐, 그 몸의 반응을 확정적 가치나 미리 정해진 가치에 가두지 않는다. 블로크의 시가 재현하는 몸의 감각이야말로, 가치와 입장의 선택을 전제로 하는 이성적 시학들과 변별되는 지점이다. 그리고 그 몸의 감각을 떠받치고 있는 힘은 바로 '음악'이다. 그의 음악은 단선율이 아니라 불협화음을 포함한 복선율의 무한한 교차이며, 바로 이 '음악'만이 실재성의 세계에 대한 블로크의 유일한 '입장'이었던 것이다.

그의 시적 편력은 그 자체로서 '집시의 로망스'이자, 역사의 운행을 주재하는 내적 힘의 현현을 다루는 기나긴 드라마라고 말할 수 있다. 물론 이 드라마의 주인공은 블로크 자신이다. 그는 자신의 몸을 통과하는 세계의 리듬을 언어로 구현하고자 했다. 그 언어는 끝내 일인칭이었으며, 그런 의미에서 그는 서정시인의 원형을 간직하고 있다. 그가 「발라간칙Balaganchik」과 같은 드라마를 썼을 때조차, 그것은 서정적인 집시적 영혼의 부산물이었던 것이다. 그는 1921년 8월 7일, 마흔둘의 나이로 죽었다.

3. 혁명과 폭탄으로서의 시: 블라디미르 마야콥스키

블라디미르 마야콥스키(1893~1930)는 회의주의와 유약한 상징주의적 사유에 대한 적의를 발판으로 자신의 문학적 이력을 시작한다. 불안과 우수와 나른한 동경에 찌든 '부르주아 몽상가들의 시'야말로 그에게는 조소와 냉소의 제물이다. 근원과 경계의 파괴. 제정 러시아의 역사와 서유럽의 정신사가 이루어온 당대적 삶의 돌파. 혹은 견고하고 완강한 역사적 삶의 형식에 대한 해체. 그것이 전위 마야콥스키의 시이며 미학이다. 그리고 그 시와 미학의 진원지에는 사회주의 혁명의 정치학이 있다.

> 만일 내가
> "아$_A$!"라고
> 말한다면—
> 그 "아"는
> 진군$_{Ataka}$하는 인류를 향한 나팔.
> 만일 내가
> "베$_B$!"라고 말한다면—
> 그것은 인류의 투쟁에 던지는 새로운 폭탄$_{Bomba}$.
>
> 「제5차 인터내셔널」(1922) 부분[8]

8) 이하 마야콥스키의 작품 인용은 В. В. Маяковский, *Собрание сочинений*, в 2 томах, М.: Правда, 1987에 따랐다.

'A'를 'Ataka'(Attack)로, 'B'를 'Bomba'(Bomb)로 변주하면서, 미래파적 언어유희는 정치적 프로파간다와 자연스럽게 결합한다. 마야콥스키 특유의 강력한 자아가 이 행복한 동거를 가능하게 만든다. "들으라! / 질주하고 노호하며 / 비명悲鳴의 입술을 지닌 오늘의 차라투스트라가 / 설교하노라!"(「바지 입은 구름」)라고 포효하던 이 니체적 인간의 목소리는, 이제 혁명의 나팔과 폭탄이라는 정치적 선동의 목소리와 결합한다.

혁명의 "나팔"과 "폭탄"을 자처하는 이 의지는 시적 포즈가 아니다. 그는 혁명을 위한 "나팔"과 "폭탄"을, 그러니까 격문과 포스터 등 혁명적 아지프로의 모든 소도구들을 스스로 '생산'했다. 혁명의 열기가 남아 있던 1920년, 러시아통신국ROSTA에서 일하면서 그가 만들어낸 것은 3천여 편의 포스터와 6천여 개의 구호였다. 하루 평균 5개의 포스터와 10여 개의 구호를 작성하면서 그는 '노동자-시인'으로서 뜨거웠다. 그 가운데는 부르주아를 풍자하는 만화나 적위군의 진군을 위한 슬로건뿐만 아니라, 발진티푸스 박멸을 위한 포스터가 있었고 심지어는 찻잔 디자인까지 있었다. 당연하게도 그는 이 '생산품'들을 '예술품'보다 열등한 것으로 생각하지 않았다. 삶과 예술의 경계 파괴, 혹은 삶의 미학화와 미학의 현실화라는 아방가르드의 구호는 이렇게 실현된다. 물론 이 작업들의 '미학적 성패' 따위와는 무관하게.

상징주의 시대의 시적 엘리티시즘, '영매'와 '견자'로서의 시인론은 폐기처분되고, 그는 스스로 한 장시의 제목으로 삼았듯 정말 '1억 5천만' 노동자들 가운데 하나가 되고자 한다. 아방가르드는 결코 미학이라는 이름을 빌린 밀폐된 언어 실험실을 지칭하지 않는다. 마야콥스키에게 아방가르드는 삶의 전위이며 미학의 전위이며 끝내 정치적 전위이다.

삶의 혁신과 전위 미학과 정치적 혁명은 마야콥스키라는 한 몸의 다른 부면을 이루는 것이다.

마야콥스키는 제정 러시아 말기의 뛰어난 모더니스트이지만, 혁명 이후에는 소비에트 최고의 시인으로 추앙받는다. 그는 사회주의 리얼리즘 미학과 모더니즘 미학 양측으로부터 유일하게 일관된 지지와 찬사를 받았던 시인이며, 권총 자살 이후 소비에트 시스템의 성립과 몰락을 통과하면서도 유일하게 그 의의가 훼손되지 않았던 시인이기도 했다.

미래주의자들과 아크메이스트들은 공히 상징주의를 부정하면서 모더니즘 미학의 새로운 부면을 이루게 된다. 특히 미래주의의 열혈 반항아들은 상징주의 미학의 고고한 세계를 혐오하고 조롱하면서 러시아 아방가르드의 탄생을 알린다. 그것은 20세기 초의 전위들이 그러했듯 야심만만하고 도전적인 것이었다. 그늘이 기치로 내걸었던 것은 '미래주의, 무신론, 국제주의'였다. 그것은 각각 반反상징주의, 반反교회, 반反슬라브주의에 상응하는 정치적 슬로건이었다. 그들은 적어도 표면적으로는 코스모폴리탄들이었으며, 어쩔 수 없이 과거 지향적이었던 슬라브주의적 정신 안에 감금되기를 원치 않았다. 이제 이 '미래인'들은 슬라브적 영혼의 핵심을 이루는 신성에 기대 구원을 희구하지 않는다. 절대적 과거 대신 열린 미래를, 신성 대신 인간을, 러시아 대신 세계를. 이것이 그들의 구호였다. 그러므로 그네들이 모든 '전통'을 부정하고 파괴하는 '전위'를 자처한 것은 지극히 자연스러운 일이다. 다음은 부를류크가 작성하고 마야콥스키, 흘레브니코프 등이 서명한 미래주의 선언문의 일부이다.

오로지 우리만이 우리 시대의 얼굴이다. 시대의 뿔피리가 우리의 언어

예술에서 울려 퍼진다.

과거는 답답한 것. 아카데미와 푸시킨은 상형문자보다 이해하기 어렵다. 푸시킨, 도스토옙스키, 톨스토이 따위는 현대라는 이름의 증기선에서 던져버려라.

첫사랑을 잊지 못하는 자는 최후의 사랑을 알지 못하리라.

어느 순진한 바보가 발몬트 [등의 상징주의자]의 향기로운 방탕을 제 최후의 사랑으로 삼겠는가? 거기에 우리 시대의 남성적 영혼이 그림자라도 드리우고 있던가? [……] 우리는 도시의 마천루 위에서 그들의 보잘것없음을 관조한다.

우리는 다음과 같은 시인의 권리를 외경할 것을 명령한다.

1. 자의적이며 생산적인 어휘에 의한 사전 용량의 확대(새로운 말).

2. 지금까지 존재했던 언어에 대한 참을 수 없는 적의.

3. 당신들이 증기탕 회초리로 만든 싸구려 영광의 월계관을 그 오만한 이마에서 혐오와 함께 벗겨낼 권리.

4. 휘파람과 증오의 바다 가운데 있는 '우리'라는 단어의 돌덩이 위에 서 있을 권리.

그리고 만일 우리의 시 속에 당신들의 '상식'이나 '좋은 취향'의 더러운 흔적이 남아 있다면, 저 **자기충족적인 언어의 새로운 미래의 아름다움**이라는 번갯불이 번쩍일 것이다.[9]

1912년에 작성된 이 마니페스토의 제목은 「사회적 취향에 따귀를 때

---

9) Д. Бурлюк и др., "Пощечина общественному вкусу," *Литературные манифесты*, М.: АГРАФ, 2001, cc. 129~30.

려라」이다. 이 호전적인 제목 안에 이미 '미래주의적' 야심이 포함되어 있다. 그것은 대중의 취향, '고상한' 교양, 그리고 나아가 전 시대 문학사의 모든 관례들을 신랄하게 조롱하고 혐오하고자 한다. 푸시킨에서 톨스토이에 이르는 러시아의 거장들은 '일반적 취향'과 관례화된 '고전'의 일부가 되어 "현대라는 이름의 증기선"에서 추방된다. 마야콥스키가 '책'과 '고전,' 그리고 시의 장르 관습을 부정하고 경멸했던 것 역시 같은 맥락이다.

1917년 러시아 혁명 이후 '공산주의 미래파komfuty'로 이름을 바꾸기 이전, 초기 미래주의 그룹의 명칭은 '입체파 미래주의kubo-futurizm'였다. 이 이름은 미래주의 시학뿐만 아니라 마야콥스키의 시에 지속적으로 나타나는 전위적 특성들을 간결하게 함축한다. 이른바 "자움zaum"이라고 불리는 미래주의의 언어 선략은 그러한 전위적 의지의 극단에서 태어난다. 러시아어 '자움'은 '이성 너머의 언어,' 즉 초이성어trans-sense language를 뜻한다. 초이성어의 전략은 언어의 지시적 정합성을 해체하고, 기표의 자율성을 극대화시킨다는 점에서 확실히 모더니즘적이다. 그들은 모더니스트로서의 상징주의자들이 언어의 음악성을 추구했던 것처럼 언어의 음성적 효과, 혹은 자율적 효과에 매진한다. 그러나 미래주의의 '자기충족적 언어samobytoe slovo'는 상징주의의 시니피앙이 체현하던 나른한 리듬과는 전혀 다른 것이었다. 미래주의자들의 언어는 음성적 효과를 노리되, 상징주의와 반대로 불협화음에 가까운 '반反리듬'을 목적으로 한다. 그들의 '음악'은 편안한 실내악이나 단선율의 성가 같은 '백그라운드 뮤직'이 아니라, 존 케이지와 백남준의 콘서트처럼 불편하고 파격적이며 때로 유희적인 '전위 음악'에 가까운 것이었다.

하지만 다른 미래파 멤버들에 비해 마야콥스키는 확실히 언어적 '실험' 자체에 '탐닉'하지는 않았던 것 같다. 그의 관심은 '언어 그 자체'가 아니었다. 알렉산드르 블로크의 시편들이 궁극적으로 상징주의라는 '이데올로기'에 감금되지 않았듯이, 전위 마야콥스키는 언어 실험의 극단성과 모더니티에 대한 '찬양'이라는 미래주의의 강령에 갇히지 않았다.

모더니즘과 리얼리즘, 미래파적 언어 실험과 정치적 혁명은 그에게 모순을 이루지 않았다. 블로크는 세기 초의 압도적 현실 앞에서 상징주의적 자세를 버려야 했지만, 마야콥스키는 미래주의적 의지를 버릴 이유가 없었다. 그는 애초부터 현재성과 당대성과 구체성의 기록자였다. 그의 몸을 통과하는 동시대의 풍경들이 그의 시적 질료가 된다. 그 질료들을 모아 마야콥스키라는 거대한 개성 속에서 불태운 것. 그것이 그의 시이다.

하지만 그의 시편들이 혁명의 정치학에 정교하게 맞물린 것은 아니었던 듯하다. 그와 그의 작품들은 끊임없이 신화적 요소와 영원성을 역사 속에 도입하고자 했다. 「150000000」 등의 작품에서 보듯이, 시간과 공간의 한계를 넘어 개별성을 무화시키는 이미지는 과장이라는 마야콥스키 특유의 무기를 통해 혁명의 '신화'로 연결된다. 지극히 역설적인 것이지만, 마야콥스키에게 사회주의 혁명은 이 신화적 세계의 구현을 위한 가장 유효한 루트였는지도 모른다. 그는 '나'를 지우고 '1억 5천만' 속에 편입되는 것이 아니라, '나'를 '1억 5천만'으로 확장시키고자 했던 것이다.

우리가 쓴 그대로—
세계는 그렇게 되리.

수요일도,

　　　　과거도,

　　　　　　현재도,

　　　　　　　　영원히,

내일도,

　　　　그 이후도,

　　　　　　　수많은 세기가 흘러도!

[……]

러시아는

　　　　전체가

　　　　　　하나의 '이반'이 된다,

그의

　　팔은

　　네바강,

발꿈치는── 카스피해의 스텝.

가자!

가자가자!

걷지 말고 날자!

날지 말고 번개가 되자!

바람에 영혼을 씻고.

「150000000」 부분

'이반Ivan'은 러시아에서 가장 흔한 이름이다. '이반'이라는 이름은 러시아의 은유이자 환유이자 상징이 된다. 그것은 네바강과 카스피해로 확장된다. 이 그로테스크한 육체적 확장의 이미지는 시간적 무한의 이미지와 함께 마야콥스키의 시에 빈번히 출몰한다. 적어도 마야콥스키의 시 속에서 이 '신화성'(영원)을 '현대성'(지금 이곳의 시공간)과 대립시켜 이해하는 것은 곤란하다. 그가 "나의 혁명"이라고 표현했던 것은, 확실히 현실의 볼셰비키 혁명이면서 동시에 '신화적 혁명'이었던 것 같다. 그는 마르크스와 레닌을 읽었으나, 그럼에도 불구하고 그의 혁명은 '영구 혁명'이라기보다는 '영원을 향한 혁명'에 가까웠다.

그것은 볼셰비키 정치학의 시각으로 보면 명백한 '결함'이었다. 마야콥스키는 레닌에게 서사시 「블라디미르 일리치 레닌」을 헌정했으나, 레닌은 마야콥스키와 미래파 멤버들에 대해 의구심을 지니고 있었다고 한다. 마야콥스키가 너무 과격하고 전위적인 실험가라는 것이 겉으로 드러나는 이유였으나, 그 이면에는 마야콥스키의 '혁명'이 지닌 낭만성에 대한 불신이 깔려 있었다.

마야콥스키의 시와 혁명은 시간적 변전으로부터 해방될 '신화적 시간'에 대한 희구와 맞닿아 있다. 마야콥스키의 시적 이미지들은 거의 언제나 시공간의 한계를 파괴하고 육체와 정신을 확장하는 데 몰두한다. 그가 꿈꾸는 세계는 마르크스가 『독일 이데올로기』에서 보여준 것과 같은 과학적 코뮤니즘의 유토피아와는 다른 것이었다. 모든 혁명은 근본적으로 낭만적 열정을 바탕에 깔고 있으나, 마야콥스키의 혁명은 낭만성을 넘어 신화적 확장의 욕망에 닿아 있었다고 해야 한다. 이러한 욕망이 끝내 좌절되는 것은 당연한 일이었는지도 모른다.

마야콥스키는 1923년 레프(LEF, 예술 좌익 전선)를 조직·주도하고,

라프(RAPP, 러시아 프롤레타리아 작가연합)에서 활동하는 등 여전히 열혈이었다. 그러나 많은 사람들이 생각하는 것처럼 그가 단순 명쾌하고 강력한 세계관만으로 혁명기를 보낸 것 같지는 않다. 20년대를 지배하던 극좌파 문학 그룹 라프에서, 그는 그 정치적 강렬함에도 불구하고 일종의 '동반자 작가'로 인식되고 있었다. 당시는 아직 '사회주의 리얼리즘'이라는 용어조차 없었을 때였지만, 이미 유물론 미학은 정치적 혁명에 상응하는 '미학적 반反혁명'에 잠식되고 있었다. 마야콥스키가 취했던 전위적 제스처는 이미 보수적 미학에 경도되고 있던 기계적 유물론자들에 의해 공격당한다. 마야콥스키가 그들과 조화롭게 화합할 수 없었던 것은 당연한 일인지도 모른다.

마야콥스키가 자살한 4월 14일은 러시아 구력으로 4월 1일이었다. 마야콥스키의 친구들은 마야콥스키가 만우절 농담을 하고 있다고 생각했다. 마야콥스키의 죽음은 믿을 수 없는 일이었다. 예세닌이 자살했을 때, 마야콥스키는 예세닌을 추모하는 시의 마지막 구절을 이렇게 끝낸 적이 있다: "이 삶을 / 끝내는 것은 / 어렵지 않다. / 살아내는 것이 / 더 어려운 법."

그러나 그렇게 적은 마야콥스키 역시 "살아내는 것"보다 좀더 '쉬운 방법'을 택했다. 그는 스스로 목숨을 끊었다. 13일, 그러니까 자살하기 전날에도, 그는 작가동맹 사무실에 전화를 걸어 레닌그라드 방문 계획을 협의했다고 한다. 하지만 자살이 순간적 충동이었던 것 같지는 않다. 14일에 발견된 유서는 12일자로 되어 있었다. 그리고 아주 오래전의 한 시에서 그는 이렇게 쓴 적이 있다: "무엇보다도 자주 생각하는 것── / 내 최후에는 / 총알의 마침표를 찍는 것이 낫지 않을까."(「등골의 플루트」)

이렇게 해서 혁명 러시아를 살아낸 전위 시인은 "총알의 마침표"를 찍고 사라졌다. 이 죽음은 러시아 아방가르드의 종언이기도 했다. 아주 오래전부터 마야콥스키는 스스로를 끊임없이 예수 그리스도와 차라투스트라에 비유했다. 그의 죽음이 인류사를 위한 자기수난이라고 말할 수는 없겠지만, 적어도 한 시대의 가장 뜨거운 비망록이었음은 틀림없었던 것 같다.

4. 혁명과 슬픔과 개인과: 안나 아흐마토바

안나 아흐마토바(1889~1966)의 언어들은 시라는 미학적 의장을 취하지만, 궁극적으로는 언어의 구심력에 의해 견고하게 절제된 '절규'이기도 하다. 그 언어들은 어떤 정신적 게토도 형이상학도 전제하지 않으면서 다만 온전한 '지금/이곳'의 현재성에 의해 아프다. 무엇보다도 그녀의 시들은 '개인적'이다. 그녀의 짧은 서정시를 이루는 언어들은 일기와 시 사이에서 머뭇거리는 것처럼 보인다. 그녀의 생애가 감당해온 불우의 풍경들이 불현듯 시 속으로 이입되고, 그 개인화된 풍경들이 시적 파토스의 근간을 이룬다.

태양의 기억이 가슴속에 흐려져간다.
풀은 바래지고.
간신히
이른 눈발이 바람에 날린다.

좁은 운하는 벌써 흐르지 않고—

얼어붙은 물.

이곳에서는 아무 일도 일어나지 않으리, —

아, 아무 일도!

버드나무는 텅 빈 하늘에 가지를 펼쳐

투명한 부채를 이루고.

아마도 내가

당신의 아내가 되지 않은 것은 잘된 일.

태양의 기억이 가슴속에 흐려져간다.

이선 무엇? 어둠?

아마도!…… 하룻밤 사이에도

겨울은 올 수 있다.

「태양의 기억이」*(1911) 전문[10]

태양은 흐려지고, 풀은 바래지고, 눈발은 날리며, 운하의 물은 얼어
붙는다. 겨울은 이미 그녀 앞에 있다. 2연의 3, 4행에 나오는 감탄문을
제외한다면, 3연 둘째 행까지 이어지는 것은 다가오는 겨울 풍경의 묘
사이다. 운하와 버드나무가 있는 이 풍경들은 그녀의 고향 차르스코에
셀로와 생애의 대부분을 보낸 도시 페테르부르크를 직접적으로 환기한

<hr />

10) 이하 아흐마토바의 작품 인용은 А. Ахматова, *Собрание сочинений* в 2 томах, М.:
Худ. лит., 1990에 따랐다. 별표(*)가 붙은 시들은 원래 제목이 없지만, 필자가 편의상 시의
앞 구절을 따서 붙인 것이다.

다. 여기까지는 정교한 시적 리듬에 얹힌 '풍경의 시'처럼 읽힌다.

그러나 역시 문제는 3연의 세번째와 네번째 행이다. 아마도 내가 당신의 아내가 되지 않은 것은 잘된 일,이라니. 이 '사적인' 진술은 갑작스럽다. 4연이 1연의 반복으로 이루어지는 종결부라면, 이 모든 풍경들은 3연에서 갑자기 나타난 저 사적인 회고조의 진술을 중심으로 모여들 수밖에 없다. 그리고 이 사적인 회고조의 문장은 시적이라기보다는 일상적이며, 무엇보다도 산문적인 느낌을 준다. 왜냐하면 우리는 이 문장 앞뒤의 플롯, 즉 '이야기/서사'의 전후 맥락을 스스로 재구성하게 되기 때문이다. 게다가 그 '이야기'란 것은 그 시절 아흐마토바의 실제 생애와 겹쳐지면서 사적인 뉘앙스를 강화한다.

이 구절에 의해서, 시의 '수신자'('당신')는 지극히 개인사적인 '그녀'의 남자가 되고, 우리는 이제 서정적 시인의 서정적 풍경 묘사가 아니라 어쩌면 남편일 수도 있었을 남자에게 건네는 '사적인 대화' 속으로 편입되는 것이다. 이것은 이상하다. 이것은 마치 보편적인 불특정 다수의 독자를 의식하지 않고 쓰인 시 같다. 이것은 군이 보편성의 영역을 염두에 두려 하지 않는 듯한, 지극히 '개인적인' 언어들인 것처럼 읽힌다. 개인적인 것 자체가 문제는 아니라고 해도, 확실히 이 사적인 언어들의 '미학적 용량'은 지나치게 작은 것으로 보인다. 그런데 왜 문학사는 그녀를 20세기 모더니스트의 중요한 일원으로 등재하고 있는 것인가? 이 질문들에 대답하기 위해 잠시 당대의 맥락을 복원해보도록 하자.

1910년대 초, 페테르부르크에 '시인 조합The Guild of Poets'이라는 그룹이 출현한다. 니콜라이 구밀료프와 그의 아내 안나 아흐마토바, 그리고 오시프 만델시탐과 세르게이 고로데츠키 등이 그 구성원이었다.

1910년대는 상징주의적 '이데아'의 태양이 기울어갈 때였다. 추상적이며 신비주의적인 상징파 에콜은 이미 내부와 외부를 가리지 않고 그 문화사적 의미를 상실해가고 있었다. 밖으로는 마야콥스키와 같은 미래주의자들의 공격이, 안으로는 블로크를 포함한 상징주의자들 스스로의 미학적 변신이 진행되고 있었다. 미래주의와 더불어 상징주의의 관념적 세계를 비판한 그룹 중에 '시인 조합', 이른바 아크메이즘의 멤버들이 있었다. '시인 조합'이라는 건조한 이름 안에 그들의 주장이 담겨 있다.

상징주의자들이 생각한 시인은 '제사장'이거나 '예언자'였으며, 우리 식으로는 '무당'이었다. 그것은 중세적 메시아니즘과 19세기 로맨티시즘의 철학적 '재발견'에서 출발했던 상징주의의 당연한 모토였다. 상징주의적 시인은 일종의 '견자'로서, 실재하는 세계의 변전과 파편성을 넘어 어떤 '영원'의 영역을 투시하는 자이다. 그는 분화되고 개별화된 세계의 이면이거나 저편에 임재하는 '본질'과 '보편성'의 영토를 '감지'할 수 있다.

실상 우리가 오늘날에도 별다른 저항 없이 승인하고 있는 시인의 이미지 역시 낭만주의와 상징주의의 유산이라고 할 수 있다. 20세기 초 마야콥스키와 같은 야심만만한 '혁명가'들이 이 상징주의적 엘리티시즘에 대한 조소에서 출발했던 것은 당연한 일이었는지도 모른다. 미래주의자들처럼 극단적인 것은 아니었지만, '시인 조합'의 멤버들 역시 상징주의라는 '아버지'의 부정을 동력으로 삼아 제자리를 마련한다. 그들이 자신들의 모임을 '시인 조합'으로 명명한 것은, 시적 '영감'과 '예언'의 언어가 아니라 수공업적 정교함의 언어에서 출발하겠다는 의지의 표명이었다. '시인 조합'이라는 이름에 명시되어 있듯이, 이제 시인은 '길드의 장인'이 되는 것이다. 장인의 세공에 의한 미학적 완성. 이것은 저 프랑스적 고답파高踏派, Parnassien의 명제와 닮아 있다. 실제로 니콜라이 구밀료프는 「상징주의의 유산과 아크메이즘」이라는 에세이에서 테오필 고티에를 그네들의 '전범' 중 하나로 거명한 적이 있다.[11] '극치acme'라는 의미의 라틴어에서 발원한 아크메이즘akmeizm이라는 이름 역시 이와 관련이 없지 않다. '아크메'란 저 고고한 '파르나스산'(그리스 신화 속 신들의 영지)의 새로운 버전이며, 그래서 상징주의자들은 '시인 조합'의 멤버들을 희화화시키기 위해 이 이름을 붙인 것으로 알려져 있다. 고로데츠키 같은 이들은 아크메이즘을 '파르나스'의 후예로 보기를 거부했지만,[12] 이후 아크메이즘은 바로크나 인상파, 혹은 자연파처럼 적대자들에 의해 붙여진 명칭 그대로 예술사에 남게 된다.

상징주의자들의 언어는 지시적 의미를 지향하는 언어, 그러니까 현실의 대상을 표시하는 언어가 아니었다. 그 언어들은 구체적 대상을 떠나 대상의 '보편적 본질,' 즉 관념의 세계를 떠돈다. 이제 구체성에 의지하지 않는 유일한 장르인 음악이 이 언어들의 목표가 되고, 언어의 지시성은 시의 바깥이 아니라 내부에서만 그 어렴풋한 의미의 관계를 환기한다. '시인 조합'의 멤버들은 이런 류의 언어를 의식적으로 거절하고, 그 거절의 표시로 투명하고 명료한 언어 미학을 제시했다. 구밀료프가 한 에세이에서 표명한 언어의 '균형,' 혹은 쿠즈민이 "아름다운 명료성"이라고 불렀던 것은,[13] 지시하는 것과 지시되는 것, 혹은 표현과 의미, 혹은 말과 대상의 조화를 복원시키려는 의도에서 쓰인 것이다. "장미는

11) Н. Гумилев, "Наследие символизма и акмеизм," *Русская литература XX века: Хрестоматия*, М.: Просвещение, 1971, с. 469.

12) С. Городецкий, "Некоторые течения в современной русской поэзии," 같은 책, с. 472.

13) М. Кузмин, "О прекрасной ясности," 같은 책, с. 473.

그것이 무엇을 상징하기 때문에 아름다운 것이 아니라, 다만 장미이기 때문에 아름다운 것이다"라는 저 유명한 아크메이즘의 명제는 이렇게 해서 탄생한다.

미래주의자들이 상징주의의 부드러운 음악적 언어뿐 아니라 언어적 로고스의 '균형'을 극단적으로 파괴할 때, '시인 조합'의 멤버들은 우회적이며 더 섬세한 방식으로 탈상징주의의 영토, 시적 모더니즘의 새로운 지평을 찾아가고 있었다. 이제 상징주의의 몽환적이고 모호한 '음악의 언어'가 아니라, 고전적 균형의 미학을 추구하는 '건축의 언어'가 정립된다. 그것은, 빙켈만식으로 말하면 "고귀한 단순성"의 언어들이며, 뵐플린식으로 말하면 "르네상스적" 언어들이라고 할 수 있다. 요컨대 모더니즘은 이제 '시적 고전주의'와 만나게 되는 것이다.

아흐마토바가 시에서 '태양'이라는 단어를 쓸 때, 그것은 상징주의자들의 시에서처럼 관념 필터를 통과한 '태양'이 아니다. 은유가 겹치고 고정되어 상징이 되고, 상징들이 서로 연결되어 사유의 체계를 이룰 때, 그 언어의 내부에 굳건하게 남는 것은 사물이 아니라 관념이다. 그것은 실재하는 대상과 세계가 아니라, 사물을 술어로 빌린 관념의 세계를 구성한다. 이때 술어가 되는 사물은 일종의 '헛것'으로 관념적 주어에 의해 사용되고 폐기된다. 아흐마토바의 '태양'은 이런 방식과는 거리가 멀다. 아흐마토바의 '태양'은 수많은 상징성으로 포화된 태양이 아니라, 눈에 보이는 저 하늘에 구체적으로 빛나는 태양이다. 그것은 철학적 신비주의나 종교적 형이상학의 고도高度에서 내려와, 지극한 실재성을 내장한 채 시의 육체 속으로 진입한다. 이 시의 '태양'은 아흐마토바의 시적 화자가 지난 계절에 실제로 보았던 바로 그 태양인 것이다.

물론 관념으로부터 실재하는 하늘로 복귀했다고는 해도, 이 태양을 즉물적이며 온전히 산문화된 태양으로 생각할 수는 없다. '태양'이 흐려져가는 것이 아니라, '태양의 기억'이 흐려져간다. 그 태양은 기억 속의 태양이어서, 흐려져가는 것은 실재의 태양이면서 동시에 화자의 내면에 떠 빛나는 태양이다. 그것은 사물성으로만 충만한 즉물적 태양이 아니며, 기억과 내면의 리듬에 의해 한없이 변주되는 태양이 된다. '보조 관념'으로 도입된 은유적인 대상도 아니고, 혹은 관념으로 미만한 상징의 도구가 아니면서도, 결코 즉물적이며 중성적인 '그것it'이 아닌 지점. 여기가 아흐마토바의 '태양'이 빛나는 곳이다.

"태양의 기억이 흐려져간다"는 진술 다음에 이어지는 것은 내면에 관한 것이 아니라 다시 사실적 풍경에 대한 것이다. 풀이 바래져가고, 운하의 물은 얼어붙는다. 태양에서 풀, 그리고 운하로 이어지는 이 풍경은 마음의 풍경이면서, 동시에 차르스코예셀로와 페테르부르크에 실제로 존재하는 경험적 풍경이다. 요컨대 그것들은 다만 마음을 투사하기 위해 빌려온 '객관적 상관물'이 아니다. 아흐마토바의 은유들은 메타포, 그러니까 'meta-phora'라는 라틴어 자체에 내포된 것처럼, 의미를 다른 사물에 '넘겨버리는' 수사적 비약에 의지하지 않는 것이다. 이제 아흐마토바의 태양은 태양을 보는 자의 내면과 실재하는 태양 '사이'에 있다. 그것은 '심상心象'이면서 '심상'이 아니다. 객관적 대상과 주관적 내면의 모호한, 그러나 가장 절묘한 지점.

그녀의 시는 마음의 투사에 의해 대상을 마음대로 변조하고 관념화시키지 않지만, 한편으로 마음의 투사와 온전히 무관하게 존재하는 '무심한' 사물에 집착하는 것도 아니다. 이 미묘한 곳에서 아흐마토바의 '서정시'가 시작된다. 사실 그것은 압축과 절제라는 고전주의 미학의 미덕과 상통한다. 이 온건하고 고전적인 언어야말로, 문학사가 그녀를 만

델시탐과 더불어 아크메이즘을 대표하는 시인으로 등재한 핵심 사안이
기도 했다.

> 나는 너와 취한 채 즐거웠지 ─
> 네 얘기엔 의미가 없네.
> 이른 가을은 느릅나무에
> 노란 깃발을 마구 매달았네.
>
> 우리 둘은 문득 거짓의 나라에 흘러들어
> 고통스럽게 고백하지,
> 하지만 무엇 때문에
> 이상하게 굳은 미소로 우리는 웃는지?
>
> 우리는 평온한 행복 대신
> 고통을 원했네……
> 나는 방탕하고 부드러운
> 내 친구를 버리지 않으리.
>
> 「나는 너와」*(1911) 전문

이제 독자는 그 파편화되어 미끄러지는 사랑의 '서사'를 듣는다. 우
리는 생략된 부분, 지극히 개인적인 듯한 '이야기'를 스스로의 내력으
로 채우고, 그런 후에야 아흐마토바의 불우를 함께 느낀다. 어쩐지 설명
을 요구하고 싶지 않은 지점, 다만 그녀의 느낌에 젖어들고 싶은 지점이,
그녀의 시에는 있다. 바로 이 때문에 아흐마토바의 시는 '뜻밖에' 대중

적이다. 뜻밖이라는 것은, 아흐마토바나 아크메이스트들이 결코 '대중'에게 읽히는 시를 지향하지 않았다는 사실 때문이다.

미래파들은 시인이 노동자와 다른 '특이한 존재'라는 견해를 부정했지만, 아크메이스트들은 그렇지 않았다. 그들은 대중적이고 민중적이기보다는 시의 고전적 품격과 '문학적 기억'에 충실했다. 그것은 아흐마토바도 마찬가지였다. 하지만, 사후 오랜 시간이 지나 문학 '전문가'들에 의해 재발견된 만델시탐과 달리, 아흐마토바는 지금도 대중적인 성취를 누리고 있다. 스탈린 시대는 오랫동안 그녀의 시들이 읽히는 것을 금지했지만, 적어도 스탈린 사후 그녀의 시편들은 '대중적'이랄 수 있을 만큼 많은 독자들을 거느려왔다.

첫 시집 『저녁』과 두번째 시집 『묵주』, 그리고 일곱번째 시집에 이르기까지, 사랑은 그녀의 시적 항수恒數이다. 그 사랑은 상징적 추상이나 종교적 간구의 사랑이 아니다. 그 사랑에는 알렉산드르 블로크의 신비주의도, 마야콥스키의 전투적 전위주의도 없다. 그녀의 사랑은 간결하지만 때로 무력하고 무능력하다. 그녀의 시편들은 지나치게 수동적이며 폐쇄적으로 읽히기도 하지만 그 수동성이야말로 저 바깥 세계의 공격성을 겨우 견디는 자의 것이다. 그것은 지극한 수동성과 폐쇄성으로써 바깥 세계의 야만을 거꾸로 비추어준다.

그녀의 사랑은 가장 구체적으로 실재하는 당신, 유일하게 실재하는 당신에 대한 사랑이다. 그 사랑은 저 플라톤적 사랑의 '영원성'을 박탈당한, 어쩔 수 없이 사멸의 운명을 지닌 사랑이다. 하지만 동시에 그것은 그 어떤 가공의 낙원으로도 도피하지 않는 사랑이다. 그래서 그 사랑은 초월이 아니라 세속에 머물며, 지고의 것이 아니라 변전의 '이야기'에 몸담는다. 그러므로 그녀의 사랑은 강력하다.

이 글은 그녀의 후기 시편들을 살피지 않았다. 거기에는 문학과 문학 사이의 대화, 기억과 기억 사이의 대화라는 모더니즘의 미덕이 간직되어 있다. 그리고 그 텍스트들은, 이러한 자세가 어떻게 스탈린 시대의 전체주의를 견뎌냈는지를 보여준다. 그렇게 견딘다는 것에는 물론 특별한 '의미' 따위는 없는지도 모른다. 어쩌면, 그것이 어쩔 수 없는 선택이었다는 사실이 더 중요한지도 모른다. 혁명을 지지하지 못한 그녀는 20년대에서 30년대까지 한 권의 시집도 출간할 수 없었으며, 40년에 한 권의 시선집을 출간한 후 그 때문에 소비에트 작가동맹에서 제명된다. 또 오래전의 남편이자 동료 아크메이스트였던 구밀료프는 '반혁명분자'로 지목되어 사형당했으며, 아들 레프는 시베리아의 수용소에 수감되었다. 안나 아흐마토바의 본명은 안나 안드레예브나 고렌코였는데, 고렌코Gorenko는 러시아어 '고통gore'에서 유래한 단어이다. 고리키는 이 단어로 만든 필명이지만, 아흐마토바는 본명이 고렌코였다.

5. 농촌 시인과 혁명기의 탕아 사이: 세르게이 예세닌

세르게이 예세닌(1895~1925)을 둘러싼 소문들은 너무 다양해서 때로는 종잡을 수가 없을 정도다. 농촌 시인이라는 일반적인 수식어구가 있는가 하면 이미지즘 같은 모더니스트 그룹의 일원으로 소개되기도 하고, 로맨틱한 보헤미안이면서 동시에 스스로를 '볼셰비키'라고 부른 적도 있다. 러시아 땅에 대한 순정한 신앙이 서구의 댄서 이사도라 던컨과의 지독한 사랑과 함께 있으며, 공동체의 언어로 시를 썼으나 가장 데카당한 풍경을 연출하며 자살로 생을 마감한다. 모순되는 것처럼 보이는 이 설명들은, 겨우 삼십 년을 살다 간 미소년 예세닌에 대해서라면 조금씩은 다 사실이다. 이 글이 그를 둘러싼 저 모순된 소문들을 봉합할 수 있을는지는 모르지만, 혁명기를 파란만장하게 통과한 한 시인의 이질적인 내면과 언어적 풍경을 엿보는 것은 그 자체로 흥미로운 일이다.

그는 스스로를 '마지막 농촌 시인'이라고 불렀다. 실제로 그는 스스로 작성한 몇 편의 연보들을, "나는 랴잔에서 농민의 아들로 태어났다. 들판과 초원이 나를 키웠다"[14]는 내용으로 시작하고 있다. 도시의 사물들이 그를 압도하기 이전, 그의 시편들은 '농촌 시인'이라는 이름에 걸맞은 풍경을 보여준다. 전형적인 정교적 신앙과 러시아 농촌에 대한 지순한 믿음은, 어휘 차원에서 교회슬라브어풍의 고급 언어와 농촌의 현장 언어를 결합시킨다. 이것은 정교와 자연으로 요약되는 러시아적 정서의 핵심에 근접하는 것이기도 하다. 그의 농촌 시편들은 고독한 개별자의 시가 아니라 다분히 공동체적 정서의 산물이기 때문이다. 그 시편들은 예세닌 개인의 감성이 아니라 그가 자연스럽게 체득한 농민들의 민요적 감성에 닿아 있는 것이다. 실제로 예세닌의 시만큼 '리듬'에 민감한 시도 드물지만, 그 리듬은 가령 알렉산드르 블로크의 상징주의적 음악성과는 맥락이 다른 것이었다. 예세닌의 리듬은 무엇보다도 '차스투시카 chastushka'라고 불리는 러시아 속요의 리듬에 기대고 있기 때문이다. 4행 연구聯句로 이어지는 차스투시카는 정형률에 어휘 및 리듬의 반복과 수미상관 등 민요 일반에 전형적인 특성을 지니고 있는데, 그의 시들은 이 민요적 속성을 가장 풍요롭게 내장하고 있는 '현대시'였다. 그의 시편

---

14) С. Есенин, "Автобиография", *Собрание сочинений*, в 3 томах, т. 3, М.: Правда, 1988, с. 186. 이하 예세닌 작품의 인용은 이 책에 따랐다.

들은 대개 4행으로 한 연을 이루어 4~6연의 구성법을 보여주며, 단순하고 반복적인 리듬은 차스투시카의 토속적 애잔함에 근접해간다. 자전에 따르면, 십대 후반 시절 본격적으로 습작을 시작했을 때 그가 연습한 것은 실제로 '차스투시카 흉내 내기'였다.

> 노래하라, 노래해. 빌어먹을 기타를 잡고
> [……]
> 나는 사랑이 전염병이라는 걸 몰랐지,
> 나는 사랑이 역병이라는 걸 몰랐지.
>
> 　　　　　　　　　「노래하라, 노래해」*(1922) 부분[15]

> 바람, 바람, 오 눈 바람,
> 내 지난 인생을 보아주세요
>
> 　　　　　　　　　「바람, 바람, 오 눈 바람」*(1919) 부분

　아무 데나 펼쳐보아도, 많은 경우 그의 시들이 기대고 있는 리듬은 자의식 과잉의 개인적인 시들에서 볼 수 있는 리듬과는 다르다. 후기의 몇몇 시를 제외한다면, 사랑을 저주할 때조차 그의 리듬은 민요적 공동체에 어울린다는 느낌을 준다. 실제로 그의 시 중 노래로 만들어져 널리 애창된 것만 해도 1백여 편이 넘는다고 한다. 확실히 예세닌은 '대중적인' 시인이었다.

---

15) 이하 예세닌의 작품 인용은 С. Есенин, *Собрание сочинений*, в 3 томах, М.: Правда, 1983에 따랐다.

1914년, 예세닌이 페테르부르크로 옮겨 와서 처음 만난 것은 알렉산드르 블로크, 고로데츠키, 클류예프, 벨르이 등 상징주의자들이었다. "살아 있는 진짜 시인"을 본 것은 블로크가 처음이었노라고 술회하면서, 그는 이 상징주의의 대시인 앞에서 진땀을 흘리며 감동한다. 벨르이에게서는 형식의 의미를, 블로크에게서는 서정성을 배웠노라고 그는 적었지만, 그가 상징주의에서 받은 영향이 그렇게 강력했던 것 같지는 않다. 1915년에 첫 시집 『초혼제』를 엮고 '일급 시인'이 된 예세닌은 이제 어쩔 수 없이, 풍부한 어휘와 단순한 리듬, 그리고 투명한 농촌 정서에서 조금씩 멀어지기 시작한다. 여전히 이상향으로서의 농촌에 대한 노스탤지어와 반反도시적 정서에 뿌리를 두고는 있었지만, 정치적 혁명과 모더니즘의 열기는 알게 모르게 그의 삶을 잠식하고 있었다.

예세닌에게 혁명은 노동자와 자본가의 투쟁이 아니었다. 당대 러시아 사회가 노자勞資 간의 투쟁을 골격으로 삼는 단계가 아니었다는 점은 자명하다. 러시아는 로마노프 왕가가 건재한 전제군주국이었고, 무엇보다도 노동자가 아니라 농민들이 '민중'의 대부분을 이루는 나라였다. 그것은 러시아가 마르크스의 모델에 부합하는 사회 단계에 이르지 못했다는 것을 의미하며, 이것이야말로 자연발생적 혁명이 아니라 능동적 의식화를 중시했던 레닌주의의 역사적 의미이기도 하다. 저 유명한 '약한 고리론'은, '봉건적인 사회에서의 탈자본주의 혁명'을 정당화하고자 하는 레닌주의적 노력에 다름 아니었다.

하지만 당대의 좌파 이론이나 역사의식 같은 것과는 무관하게, 예세닌은 1917년을 일종의 농민혁명으로 받아들였다. 그는 볼셰비키들이 '제3계급'이라고 부르던 농민의 자식이었다. 이제 목가적 자연과 농촌은 때때로, 저 유명한 '혁명적 낭만주의'와 결합한다.

별의 이파리들이

우리네 들판의 강으로 쏟아진다

지상과 하늘에서

혁명이여 만세!

「천국의 북 치는 소년」(1918) 부분

그가 이후의 숱한 기행에도 불구하고 혁명 정부의 '동반자'로 인정받았던 것은 저 공동체의 언어와 리듬 때문이었는지도 모른다. 하지만 마야콥스키는 예세닌을 그리 신뢰하지 않았던 것 같다. 마야콥스키에게 초기의 예세닌은 그저 목가적 자연을 꿈꾸는 로맨티스트 미소년이자 보헤미안 흉내를 내는 민요 시인에 불과했다. 혁명에 대한 예세닌의 생각 역시 그리 견고한 것은 아니었다. 자전에서 그는, 자신이 혁명에 대해서 '우호적'이긴 했지만, 그건 지적 차원이 아니라 시적 차원이었다고 적는다. 그는 천성적으로 '혁명가'가 될 기질이 아니었다. 좌파든 우파든 '정치'라는 것 자체와 그는 별반 관련이 없다고 말하는 편이 나을지도 모른다. 1919년에서 21년까지, 예세닌이 이미지스트 그룹에 가담했다는 것은 그 단적인 증거가 될 수 있다. 마야콥스키의 좌파 미래주의 그룹과는 달리, 이미지즘 그룹은 탈정치적 순수주의를 주장하는 모더니스트들로 이루어져 있었다.

지극히 도시적인 성향의 이미지즘과 예세닌의 농촌 정서는 전혀 어울릴 것 같지 않지만, 바로 그렇기 때문에 우리는 예세닌의 이중성과 자기모순을 이해할 수 있는지도 모른다. 예세닌은 이미지스트 그룹의 리더처럼 행동했으며, 모스크바의 카페에서 당대 아방가르드들에게 일종의

'유행'이던 시적 난장을 일삼았다. 이미지스트들에게 문학 카페에서의 술과 주정과 난장은 '시인의 특권' 같은 것이었다. 그들은 입으로는 탈정치적 순수와 아나키즘을 주장했지만, 하는 짓은 부르주아적 로맨티시즘을 복제하고 있었다. 18세기 프랑스의 살롱 문화는 귀족 문화의 잔재였으되 자유주의적 혁명의 정신적 산실이기도 했지만, 러시아 이미지스트들의 문학 카페는 혁명적 사유와는 별다른 관련이 없었다.

예세닌이 '얼굴 마담'이긴 했지만, 모스크바 이미지즘 그룹의 이론적 리더는 셰르셰네비치였다. 지금의 문학사는 셰르셰네비치와 이 그룹의 또 다른 리더인 마리엔고프를 예세닌의 주변에 배치하여 설명하고 있지만, 당시에 예세닌은 오히려 다른 이미지스트들에게는 다소 이질적 존재였다. 예세닌은 이미지즘 그룹 안에서도 일종의 '비주류'에 속해 있었던 것이다. 다음은 이미지즘의 리더 셰르셰네비치의 글 중 일부이다.

상징주의자에게 이미지(혹은 상징)는 사유의 방식이다. 미래주의자에게 이미지는 인상의 시각성을 강화시키는 수단이다. 이미지스트에게 이미지는 자기목적적이다. 여기에 예세닌과 마리엔고프의 근본적인 차이가 있다. 예세닌은 이미지의 자기목적성을 인정하면서도 동시에 이미지의 실용적인 측면, 즉 표현성도 인정한다. 마리엔고프와 에르드만과 셰르셰네비치에게 표현성은 우연한 것에 불과하다.[16]

위의 글은 이미지즘 그룹이 상징주의와 미래주의를 부정하는 자리에서 시작된다는 것을 보여준다. 이미지스트 그룹은 사회에 대한 냉소적

---

16) В. Шершеневич, "2x2=5," *Литературные манифесты*, М.: АГРАФ, 2001, с. 226.

인 태도와 자신들의 '훌리거니즘'에 어이가 없을 만큼의 자부심을 가지고 있었다. 당시 이들은 스스로를 '문학사의 중심'이라고 선언하곤 했다. 특히 셰르셰네비치의 이미지즘 이론은 그가 과거에 미래파에 몸담았었다는 이력에서 출발하는데, 미래파의 후예답게 그는 '문학사의 앙팡 테리블'이 되려는 욕망으로 들끓고 있었다. 1920년의 글에서 셰르셰네비치는, 이미지스트들의 등장과 더불어 푸시킨, 블로크, 미래주의 등 옛 문학의 위대함은 모두 허위가 되었다고 주장했다.[17] 이 주장이 1912년에 작성된 미래주의자들의 강령을 변조, 복제한 것이라는 점은 자명하다. 하지만 셰르셰네비치는 미래파들의 좌파 정치학과는 반대로, "불난 집에서 예술가는 불을 끄기보다는 펜을 들어 불타는 집을 묘사해내야 한다"는 치기만만한 미학주의적 강령을 제시하기도 했다.

물론 셰르셰네비치의 이미지즘 이론에는 미래주의자들의 미학을 더 과격하게 밀고 나가려는 아방가르드적 의지가 전제되어 있었다. 1919년, 예세닌을 비롯해 셰르셰네비치와 마리엔고프 등이 서명한 이미지스트들의 「선언」에는 이런 주장이 담겨 있다.

우리는 예술의 '내용'을 이야기하는 것이 우습다고 생각한다. 예를 들어 '도시에 대해서 쓰라'고 요구하는 것은 무식한 자나 하는 소리다. 예술에서 주제와 내용 같은 것은 맹장처럼 쓸모없는 것이다. 주제나 내용 같은 것들이, 마치 탈장脫腸되듯이, 작품에서 도드라져서는 안 된다. 〔……〕 예술 작품에서 내용이라는 것은 모두 답답하고 의미가 없는 것이어서, 마치 그림 위에 붙어 있는 신문 쪼가리 같은 것이다. 〔……〕 이미

---

17) 같은 글과 В. Шершеневич, "Ломать грамматику," 같은 책, сс. 232~44 참조.

지, 이미지만이 예술이다.[18]

　의미에 대한 이미지의 승리, 내용으로부터 이미지의 해방. 혈기왕성한 전위적 포즈와 과장된 표현들을 걷어내고 본다면, 이 주장은 미학적으로 상당한 의미를 지닐 수도 있었다. '이미지'와 '의미'를 대립쌍으로 설정하는 것은 여러모로 타당할 뿐만 아니라, 특히 성상파괴주의 등 이미지에 대한 서구 정신사의 저 오래된 '박해'를 염두에 둔다면, 이 미학적 강령은 나름대로 '표적'이 분명한 시도였을 수 있다는 얘기다. 하지만 지금 러시아 이미지즘의 이론적 의의에 대해 진지하게 접근하는 연구자는 그리 많지 않다.

　이미지즘 그룹에 몸담고 있던 짧은 시절에 예세닌이 얻은 것은 알콜 중독 이외에는 별다른 것이 없었던 것 같다. "도시와 도시 예술가에 의해서 태어난 현대 예술은, 저 오래되고 안이한 농촌과 자연의 예술에 대립된다"고 주장했던 셰르셰네비치와 그가 잘 어울리지 못했을 것이라는 점은 자명하다. 후에 예세닌은 자전에서, 이미지즘 그룹이 별다른 '토대'를 갖추지 못하고 있었으며, '이미지의 유기적 특성' 이외에는 특별히 얻을 만한 것이 없었다고 고백하고 있다. 무엇보다도 그는 자신의 성정이 일정한 에콜에 얽매일 수 없는 것이었노라고 적는다.

　이미지즘 시대 이후의 예세닌에 대해 말할 때마다 반드시 따라붙는 것은, 서구의 댄서 이사도라 던컨과의 '세기의 사랑'이다. 그들의 사랑은 '가십' 이상은 아니지만, 이상하게도 그네들의 사랑이 지닌 '자기모순'은 그네들의 예술에 내재한 모순과 겹쳐지면서 '미학적'인 흥미를 유발

---

18) С. Есенин и дру., "Декларация," *Литературные манифесты*, сс. 213~14.

한다.

 이사도라 던컨의 생이 그 화려한 사생활 때문에 관심을 끈다면, 그것은 물론 부당한 일이다.[19] 발레를 예술로 인정하지 않았던 이 열혈 예술가의 춤은 당대의 미학적 지형도를 바꿀 만큼 강력한 것이었다고 한다. 니진스키의 현대 발레가 했던 역할을, 던컨은 아예 발레 바깥으로 나가 수행했다. 그녀는 발레가 지닌 저 극단적 양식화와 거의 체조에 가까운 기술을 혐오했으며, 스스로의 몸을 예술적 '표현'의 수단으로 삼을 수 있기를 바랐다. 그녀에게 발레는 표현할 내면이 결여된 '기술'에 불과했다. 무엇보다도 던컨은 발레의 귀족성을 혐오했는데, 당대의 전위예술가들이 대개 그러했듯, 그녀의 이런 성향은 지극히 자연스럽게 코뮤니즘에 대한 경도로 나타난다. 그녀가 처음 러시아를 방문했던 1905년은 우연히도 저 '피의 일요일' 사건이 터진 때였다. 그녀는 차르 정부의 학살이 불러온 새벽의 기나긴 장례 행렬을 목격하고는, 하염없이 눈물을 흘린다. 인민 대중을 위한 전위의 예술. 그것은 던컨의 꿈이었고, 이 꿈이야말로 1921년 소비에트의 초청을 흔쾌히 수락하여 러시아에서의 삶을 시작하게 된 동기였다.

 하지만 예세닌처럼, 이사도라 던컨 역시 제 안에 모순을 품고 있었다. 그녀는 '민중'을 사랑하고 무신론과 사회주의 이데올로기에 공감했으며 볼셰비즘의 관료주의를 충동적으로 비판했지만, 정작 그녀 자신은 호사스러운 일상과 물질적 낭비, 그리고 무엇보다도 아름다운 '천재형의 남자'를 선호했다. 1921년, 던컨은 한 파티에서 스물여섯의 미소년 예세

---

19) 이사도라 던컨의 삶에 대해서는 이사도라 던컨, 『이사도라 던컨』, 구히서 옮김, 경당, 2003 참조.

닌을 보고는 바로 동거에 들어간다. 던컨은 러시아어를 거의 하지 못했고 예세닌은 러시아어 이외에는 할 수 있는 말이 없었지만, 21년에서 23년까지의 동거는 별다른 장애 없이 시작된다. 던컨이 열일곱 살 연하의 어린 연인 예세닌을 택한 이유는 여럿이었겠지만, 가장 중요한 것은 그가 패트릭을 닮았다는 것이었다. 패트릭은 그 몇 해 전, 사고로 죽은 그녀의 아들 이름이었다. 아마도 이것은, 예세닌에 대한 던컨의 집착을 설명할 수 있는 유일한 단서인지도 모른다.

예세닌은 던컨을 만났을 때 이미 알콜중독자였으며, 던컨은 절정기가 지난 댄서였지만, 그녀의 '명성'이 예세닌에게 영향을 미친 것은 확실해 보인다. 던컨과 예세닌은 서로에게 집착에 가까운 열정을 보여주지만, 대개 자애가 강한 자들의 사랑이 그렇듯 그 사랑은 서로에 대해 파괴적이었다. 던컨은 예세닌의 시를 러시아어로 읽을 수 없었으되 예세닌이 '천재'라는 걸 끝까지 의심하지 않았다. 이미지즘 시절 몸에 익은 예세닌의 '난장'은 천재의 기행으로 비쳐졌으며, 그래서 던컨은 미국과 유럽 공연에 예세닌을 동반하기 위해 공식 결혼까지 하게 된다. 실은 예세닌 스스로도 자신을 '천재'라고 생각하고 있었지만, 사실 그의 좋은 시편들은 당대성 안에서 그 당대성을 본능적으로 뛰어넘는 '천재'의 것이라기보다는, 다분히 오래 그의 몸에 익은 공동체적 리듬의 산물이라고 말하는 것이 타당해 보인다.

그들은 러시아, 미국, 유럽을 거치는 동안 수없는 이별과 재회를 거쳐 더 이상 서로를 견딜 수 없는 지경이 되어서야 겨우 헤어진다. 소비에트의 이 비정상적인 '코뮤니스트 커플'에 대해서, 미국을 비롯한 서구 사회가 순수한 환대를 해주지는 않았다. 특히 광적인 반사회주의 정서를 지닌 미국에서, 던컨의 공연은 수많은 정치적 스캔들로 뒤범벅이 된다. 이것은 예세닌이 저 아메리카 땅에 대해 혐오를 가질 수밖에 없었던 이유이기도 하다.

정치적 난관들 외에도, 던컨의 낭비벽이 예세닌의 알콜중독이나 자학, 그리고 방탕과 공존하기는 애초부터 어려웠다. 러시아어에는 이른바 '예세닌 기질Eseninshchina'이라는 부정적 맥락의 관용어구가 있다. 이것은 도덕적 방탕, 여성적 연약함, 절망적 수동성, 병적인 보헤미아니즘 등을 싸잡아 일컫는 말이다. 결국 던컨은 유럽에 남고 예세닌은 혼자 러시아로 돌아온다. 그 후 2년이 지나 자살한 예세닌의 시에는 확실히 그녀와 보낸 저 지독한 시절의 그림자가 드리워져 있지만, 그것을 사랑이라고 부를 수 있을는지는 알 수 없는 일이다.

밤이다! 어쩔 수 없다.
잠이 오지 않는다. 저런 달빛이란.
마치 내 영혼의 물가에
잃어버린 젊음을 가져다 주는 듯.

차가워진 시절의 연인이여,
유희를 사랑이라 부르지 말라,
차라리 이 달빛이
내 머리맡에 흐르게 하라.

달빛이 겁 없이
비뚤어진 그림을 그리게 하라.
그대는 사랑을 버릴 수 없으리,

사랑을 할 수도 없었던 것처럼.

「밤이다」*(1925) 부분

1925년, 예세닌은 페테르부르크의 한 여관에서 스스로 손목을 베어 그 피로 최후의 글을 쓴 후, 목을 매 자살했다. 그 여관은 지금 페테르부르크 한복판의 가장 번화한 곳에서 성업 중인 최고급 호텔이 되었는데, 호텔 외벽에는 "예세닌이 자살한 곳"이라는 현판이 걸려 있다. 투명하고 순정해 보이는 이 농촌 시인의 내면에는, 애초부터 어떤 모더니스트들보다도 강한 자애와 자해와 자살 충동이 내재해 있었다. 그는 제 몸 안에서 '물리적으로' 점증하고 있던 우울증의 징후를 제어하려 하지 않았다. 그가 자살한 해에 쓰인 시들은 대개 비극적이고 비관적이며 개인적인 시편들이다.

이 시와 그의 최후에 대해서는 별달리 부기할 것이 없다. 오히려 마야콥스키의 시 한 편을 읽는 것이 훨씬 나을 것 같다. 마야콥스키는 그의 기나긴 장시 「예세닌에게」에서, 예세닌의 죽음과 당대 문단의 풍경에 대해 이렇게 기록했다. 행 구분을 무시하고 옮겨 적는다.

비평가들은 지껄이리. 이런저런 이유로 그가 자살했노라고. 하지만 가장 근본적인 이유는 민중과의 유대가 없었던 것이었노라고. 그래서 과음을 일삼다가 죽어버렸노라고. 그들에 의하면, 보헤미안 기질 대신 계급 의식을 당신에게 심어주었더라면, 계급의 힘으로 그런 과격한 짓은 피할 수 있었으리라는 것. 하지만 인민은 상한 우유만 마셔도 취하는가? 그들은 술을 마시지 않는가? 또 떠들어대기를, '초소파'의 좌익 비평가가 당신을 감독했더라면, 당신은 훨씬 더 뛰어난 내용의 시를 썼을 거라고.

당신이 하루에도 백 편씩은 써댔을 거라고. 도로닌처럼, 지겹고, 길게. 하지만 내 생각에, 그런 헛소리가 정말 이루어졌다면 그대는, 더 일찍 목숨을 끊었으리. 지겨워서 죽느니 과음으로 죽는 게 낫지 않은가.[20]

마야콥스키는 속류 유물론자들을 조롱하며 예세닌에게 기나긴 애도의 시를 헌정한다. 그리고 예세닌이 적어놓은 마지막 시의 결구를 이어받아 이렇게 시를 마무리한다.

이 세상에서
　　죽는다는 것은
　　　　어렵지 않지.
살아내는 것이
　　훨씬 어렵네.

하지만 정작 그렇게 말한 마야콥스키 자신 역시, 예세닌이 자살한 후 5년이 지난 어느 날, 자신의 작업실에서 권총 자살을 결행한다. 이것은 비극적인 아이러니이지만, 확실히, 마야콥스키 스스로도 예세닌의 죽음을 통해 이미 자신의 운명을 예감하고 있었는지도 모른다.

---

20) В. В. Маяковский, *Собрание сочинений в двух томах*, т. 1, с. 346.

6. 혁명의 시와 시의 혁명, 그리고 '우수'

시와 예술이라는 문화적 단위를 기준으로 볼 때 20세기 초는 확실히 흥미로운 시대였다. 아방가르드와 모더니즘이 전쟁 및 좌파 혁명의 물결과 이합집산하던 그 시대는 근대 예술이 가닿을 수 있는 절정의 풍경을 보여주었다. 소비에트 혁명이 그 자체로 정치적 임계점을 현시했을 때, 러시아를 포함해 유럽 전역을 휩쓸던 미학적 전위들은 예술이 예술의 이름으로 갈 수 있는 한계치를 보여주었다. 정치적 혁명과 미학적 혁명이라는 두 현상은 우연히 나타난 것이 아니었으며, 서로 분리되어 있는 것도 아니었다. 정치와 문화, 역사와 예술, 혁명과 미학은 강렬하게 스파크를 일으켰다. 예술은 정치와 역사와 이데올로기에 대해 '자율성' 따위를 주장할 여유가 없었으되, 그 격렬함 안에서 스스로 자율성의 극한을 실험하지 않으면 안 되었다. 그리고 러시아는, 이 절정의 시대 한복판에 있었다. 러시아의 시인들은 정치의 첨단에 서거나 정치의 희생양이 되었지만, 어느 쪽이건 그들의 운명을 지배한 것은 저 유명한 러시아적 '우수憂愁, toska'였다. 그것은 결핍과 그리움이 뒤섞인 채로 모호하고 양가적인 세계상을 현시했다. 1930년, 열혈 시인 마야콥스키가 루뱐카의 작업실에서 권총의 총구를 제 심장에 겨누었을 때, 러시아 아방가르드의 종언을 알리는 이 상징적 장면을 표현할 수 있는 어휘 역시 저 러시아적 '우수'라고 할 수 있을 것이다.

2015년에 노벨문학상을 받은 스베틀라나 알렉시예비치의 에세이에는 다음과 같은 구절이 나온다. 이 문장을 20세기 초 혁명의 시대를 살았던 시인들을 기리는 것으로 읽어도 좋을 것 같다: "역사는 거리에 있다. 군중 속에. 나는 우리 한 사람 한 사람이 역사의 조각들을 가지고

있다고 믿는다. 어떤 사람은 반 페이지만큼의 역사를, 또 어떤 사람은
두세 페이지만큼의 역사를."[21]

21) 스베틀라나 알렉시예비치, 『전쟁은 여자의 얼굴을 하지 않았다』, 박은정 옮김, 문학동네,
    2015, p. 26.

인텔리겐치아와 혁명:

혁명에 반대한 인텔리겐치아

김민아

모든 변화는 개인lichnost'으로부터 시작된다. 〔……〕 공산주의는 아름다우면서도 위험한 이념이다. 완벽한 나라, 유토피아를 건설하려는 사회주의 및 공산주의의 실험, 3억의 사람들을 대상으로 거대한 실험을 한 나라에서 흘린 피에 대해 나는 말하고 싶다.[1]

— 스베틀라나 알렉시예비치

1. 들어가며

1917년의 러시아 혁명으로 차르 전제 체제가 무너지고(2월) 볼셰비키당이 권력을 잡았다(10월). 볼셰비키는 세계 최초의 공산주의 국가를 세웠으나 소비에트 사회주의 공화국 연방은 1991년에 결국 붕괴되었다. 20세기의 가장 중대한 사건으로 간주되는 러시아 혁명은 소련의 붕괴라는 또 다른 중요한 사건을 역사 속에 남기면서 과거 속으로 사라져버렸다. 비록 러시아 혁명이 "20세기 최악의 독재 체제들 가운데 하나로 끝났음"에도 불구하고,[2] 10월 혁명은 한 사회 체제를 완전히 다 부수고 그때까지 인류사에 존재한 그 어느 것보다 뛰어난 사회, 일종의 유토피

---

1) 2017년 5월 22일 서울대학교 아시아연구소에서 개최된 대담회 "2015년 노벨문학상 수상자와의 대화: 스베틀라나 알렉시예비치 — 전쟁, 평화 그리고 인간"에서 발췌했다.
2) 스티브 스미스, 『러시아 혁명』, 류한수 옮김, 박종철출판사, 2007, p. 5.

아를 만들고자 하였다. 한편 혁명은 농민, 노동자, 병사, 비러시아 민족, 인텔리겐치아, 남성과 여성 등 서로 다른 집단의 수많은 이들에게 희망을 주고 동조를 불러일으켰다. 그러나 다른 한편으로 혁명에 반대하고, 그 이후의 상황에 실망한 이들도 적지 않았다. 이 글에서는 혁명에 반대한 일련의 지식인들에 초점을 맞추어 이들이 혁명에 반대하고 이를 비판한 이유를 살펴보고자 한다. 혁명에 반대한 지식인들은 수없이 많을 것이지만 여기서는 1905년 혁명과 1917년 혁명에 일관적이고 집단적인 비판으로 대응한 일련의 지식인들을 다룰 것이다.

본격적인 논의에 앞서 이렇게 지식인들이 문제의식을 갖고 집단적으로 대응한 것이 1905년 이전에도 있었음을 지적해야 한다. 1902년, 열두 명의 저자들이 쓴 『관념론의 문제들Problemy idealizma』이 그것이다.[3] 이 논문모음집에서 필자들은 공통으로 19세기 중후반 이후부터 당대까지 러시아의 사상계를 제패한 실증주의에 대한 반대항으로서 관념론을 주장하였다. 이미 이들 전에 솔로비요프나 치체린이 실증주의에 적극적으로 반대한 바 있었지만, 선행 시도들과 구별되는 이 공저의 새로운 점은 인간 정신의 영원한 필요로서의 관념론이 사회정치적 삶의 전개 과정들과의 밀접한 관련 속에서 등장한다는 점, 그 결과 삶의 새로운 형식들은 "합목적성의 단순한 요구가 아니라 개인lichnost'의 절대적인 가치를 그 중심에 놓는 윤리의 절대적인 명령"이 된다는 점이다.[4] 이

---

3) 실증론에 맞선 "열두 명의 사도"라고도 불리는 필자들은 다음과 같다. 불가코프S. Bulgakov, 트루베츠코이E. Trubetskoi, 스트루베P. Struve, 베르댜예프N. Berdiaev, 프랑크S. Frank, 아스콜도프S. Askol'dov, 트루베츠코이S. Trubetskoi, 노브고롯체프N. Novgorodtsev, 키스탸콥스키B. A. Kistiakovskii, 랍포-다닐렙스키A. Lappo-Danilevskii, 올덴부르그S. Ol'denburg, 주콥스키D. E. Zhukovskii.

4) P. Struve 외, *Manifesty russkogo idealizma*, M.: Astrel', 2009, p. 10.

책의 목적은 새로운 철학운동 앞에 펼쳐진 문제들 중 몇몇을 설정하는 것, "그리고 복잡하고도 강도 높은 작업을 필요로 하는 이 문제들을 해명하는 것"으로 이 작업은 모음집 출간 이후에도 지속되었는데, 이 글에서 다룰 두 저서들 역시 이 작업에 포함된다고 할 수 있다.

1905년의 혁명에 대한 응답으로 나온 『방향표지Vekhi』의 집필에 참여한 일곱 명의 필자들 중 다섯 명은 『관념론의 문제들』의 필자들이기도 했다. 따라서 『방향표지』에서는 전작에서와 마찬가지로 인격lichnost'이 강조되고, 실증주의를 비판한다. 그러나 무엇보다도 이 책이 목표로 하는 것은 러시아 인텔리겐치아의 심리와 세계관의 기저에 있는 토대들, 1905년 혁명이 보여준 '파산'의 토대들을 재고하는 것이었다. 사회의 부조리나 악을 개선하는 것보다 필자들이 우선시한 것은 윤리적, 관념적 건강이었고, 실증주의뿐 아니라 급진주의와 혁명주의 또한 비판하였다. 한편 이 두 공저에 참여했던 필자들, 그리고 1917년의 혁명을 러시아의 파멸로 인식한 이들에 의해 집필된 『심연으로부터Iz glubiny』는 한층 더 짙은 종교적 색채를 띠게 된다. 저자들은 서문에서 『방향표지』와의 연관성을 분명히 밝히면서, 러시아가 부활하려면 삶의 종교적 시초로 회귀해야 한다고 주장하는데, 결국 『관념론의 문제들』『방향표지』『심연으로부터』는 인텔리겐치아, 혁명, 러시아라는 공통의 주제를 다루고 있다고 하겠다.

폴토라츠키는 위의 세 논문모음집이 실증주의에 대한 비판과 관념론 옹호(『관념론의 문제들』), 실증주의, 급진주의에 대한 비판과 형이상학 및 사회의 정신적 토대에 대한 옹호(『방향표지』), 혁명, 볼셰비즘 비판과 사회와 문화의 종교적 시초에 대한 옹호(『심연으로부터』)의 세 발전단계를 거친다고 지적하는데, 이는 이 책들이 지닌 일관성과 연속성을 의미한다. 아울러 폴토라츠키는 이 책들의 이념에 대하여 사회정치적 측면에서 봤을 때 합법적 마르크스주의의 자취들로부터 벗어나 자유주의를 거쳐 민족적이고 국가적인 세계관(보수적 자유주의 또는 자유주의적 보수주의)으로 이동하는 운동이라고 해석한다.[5] 이처럼 세 책은 일종의 '삼부작'으로서 밀접한 관련을 갖지만, 이 글의 목적은 1905년과 1917년의 혁명을 비판적으로 받아들인 지식인들의 집단적 반응을 살펴보는 것이므로, 다음 장에서는 1905년 혁명에 대한 일부 지식인들의 반응을 『방향표지』를 통해 살펴볼 것이다.

2. 1905년 혁명에 대한 반향: 『방향표지』

1905년, '피의 일요일 사건'을 계기로 반정부 운동과 폭동, 전국 총파업, 전함 포템킨 수병들의 반란 등 전 국민적 투쟁의 국면으로 접어들자 니콜라이 2세는 10월 선언을 통해 실질적인 공민권과 더불어 선거로 뽑는 입법부, 즉 두마를 허용했다. 그러나 두마는 중산층과 일부 혁명 세력만을 만족시켰을 뿐 혁명 세력은 분열되어 그 기운이 잦아들었고, 1907년 제2차 두마가 해산되고 스톨리핀의 반동 정치가 시작되면서 혁명은 실질적인 실패로 끝이 났다.

혁명 세력에 대한 스톨리핀의 탄압이 극심해지고, 혁명이 실패로 돌아갔다는 쓰라린 패배감이 인텔리겐치아 사이에서 만연해가던 1909년 3월, 한때 마르크스주의자이자 자유주의자로 1905년 혁명의 성취에 앞

---

5) 같은 책, p. 13.

장섰던 대표적인 7인의 지식인들(베르댜예프, 불가코프, 게르셴존, 이즈고예프, 키스탸콥스키, 스트루베, 프랑크)이『방향표지』라는 제목의 논문집을 공동 집필하여 발간한다. "러시아 인텔리겐치아에 대한 논문모음집"이라는 부제를 달고 있는 이 책은 인텔리겐치아의 세계관과 그 정신적 기반을 비판적으로 재검토하기 위한 목적——"1905~6년의 혁명과 그에 뒤따른 사건들은 우리의 사회사상이 반세기 이상 가장 성스러운 것으로 지켜왔던 가치관을 전면적으로 의문에 부쳐볼 계기를 마련해주었다"——으로 집필되었다.[6] 신앙에 대한 기본 자세나 취향이 각기 다름에도 불구하고 집필진이 공통으로 주장하는 것은 다음과 같았다.

우리의 공통된 주장은 공동체의 외적 형식보다는 정신생활이 이론적으로나 실질적으로 더 중요함을 인정하는 데 있다. 우리의 주장이 뜻하는 것은 인격의 내적 삶만이 인간의 존재에서 유일한 창조적 힘이며, 정치적 영역의 자족적 원칙이 아니라 이 내적 삶만이 사회 건설을 위한 공고한 기반이 될 수 있다는 것이다. 이러한 견지에서 이 책의 기고자들은 이와 정반대되는 원칙, 곧 사회적 형식의 절대적 우월성의 인정에 전적으로 기반을 두고 있는 러시아 인텔리겐치아의 이념 체계는 본래부터 잘못된 것이고 실질적으로도 효과가 없는 것이라고 판단한다. 다시 말하면 그러한 이념 체계는 인간 정신의 본질 자체에 위배되고 인텔리겐치아가 추구하는 목표, 즉 민중의 해방을 달성하는 데도 효력이 없다는 것이다.[7]

---

6) 미하일 게르셴존 외,『인텔리겐찌야와 혁명』, 이인호·최선 옮김, 홍익사, 1981, p. 47.
7) 같은 책, p. 48.

책의 부제가 말해주듯이 모든 필자들이 파헤치고 있는 것은 '인텔리겐치아'의 문제이다. 인용된 서문을 쓴 게르셴존뿐 아니라 『방향표지』의 저자들은 인텔리겐치아로부터 자신들을 분리시킨다. 이들이 인텔리겐치아라는 용어를 사용할 때 그 단어가 가리키는 것은 공동체의 외적, 사회적 형식의 절대적 우월성을 주장하는 지식인들, 유물론과 실증주의, 마르크스주의에 경도된 혁명적 지식인들이다. 그렇다면 각 분야 최고의 엘리트들이 파악하는 인텔리겐치아라는 존재의 본질은 무엇이고, 필자들이 제시하는 인텔리겐치아의 나아갈 '방향'은 어디인가? 먼저 러시아 종교 철학의 대표자이자 이후 망명 철학의 중심인물이 된 베르댜예프의 견해부터 살펴보도록 하자.

베르댜예프는 "여기서 말하는 인텔리겐치아란 전통적으로 러시아에서 사용되어오던 바로 그 의미에서의 인텔리겐치아다. 곧 국민 전체의 생활로부터 유리된 서클들을 형성하고 있는 인텔리겐치아를 염두에 둔 것이다"라고 말하면서, 심지어 "인텔리겐트시나intelligentshchina"라는 비하적인 용어를 사용한다.[8] 철학자에 의하면 인텔리겐치아는 철학에 대해 인민주의적, 공리주의적, 금욕적인 태도를 보인다. 실제로 1860~70년대 인텔리겐치아는 철학이나 순수 예술·문학을 폄하했고, 문학작품 속에서 그 형상을 찾자면 투르게네프의 『아버지와 아들』의 주인공, 자연과학자이자 의사인 바자로프를 들 수 있다.[9]

---

8) 러시아어에서 접사 'shchina'는 폄하적, 비하적 의미를 갖는다.

9) 아버지 세대(1840년대 자유주의, 헤겔주의, 관념론의 영향을 받은 세대)와 아들 세대(1860년대 유물론과 실증주의의 영향을 받은 세대)를 각각 대표하는 귀족주의자 파벨과 평민 바자로프의 다음 언급을 참고하라. "자기 자신에 대한 존경심이 없다면 (……) bien public(공익), 즉 사회라는 건축물의 확고한 기초는 있을 수 없다는 거요. 귀군, 개성은 중요한 거요. 인간의

베르댜예프는 시대별로 인텔리겐치아를 사로잡은 이념을 유물론(1860년대), 실증주의(1870년대), 마르크스주의(1890년대)로 정리하면서, 공통적으로 "러시아 인텔리겐치아의 의식과 감정 속에서는 분배와 평준화에 대한 관심이 항상 생산과 창조에 대한 관심을 압도해왔다"고 말한다.[10] 이와 함께 러시아 상황의 특수성(차르의 전제정치와 농노제)으로 인하여 인텔리겐치아는 평등주의적 정의와 사회의 이익, 민중의 복지에 대한 사랑으로 진리에 대한 사랑을 대체했고, 다시 말해 "인간의 행복이란 이름 아래 진리를 부정하기를 요구했던 대심문관의 유혹"에 빠졌다고 강조한다.[11]

베르댜예프는 러시아의 인텔리겐치아가 러시아 역사의 산물임을 인정한다. 그러나 상황의 특수성이 인텔리겐치아의 죄를 경감시켜주는 것은 아니다. 베르댜예프가 지적하는 인텔리겐치아의 죄, 그 자신이 책임을 져야 하는 잘못은 바로 '무신론'이다. 인텔리겐치아에겐 신 아래 평등한 존재로서의 인간에 대한 진정한 존중이 없었기 때문에 민중에 대한 연민과 고통을 함께하려는 그들의 마음은 인간과 민중에 대한 우상

개성은 반석처럼 단단해야만 하오. 왜냐하면 그 위에 모든 것이 세워지기 때문이오." [⋯⋯] "모든 사람은 육체적으로나 정신적으로 서로 비슷합니다. [⋯⋯] 소위 정신적 자질이란 것도 모두가 똑같죠. 약간의 변형은 있지만 그건 중요한 게 아닙니다. 인간의 표본이 하나 있으면 다른 모든 사람들을 판단하기에 충분합니다. 인간이란 숲속의 나무와 같은 거죠. 어떤 식물학자도 자작나무를 하나하나 다 연구하지는 않습니다." [⋯⋯] "정신의 질병은 [⋯⋯] 한마디로 말해 사회만 뜯어고치면 그런 병은 없어지지요." 이반 투르게네프, 『아버지와 아들』, 이항재 옮김, 문학동네, 2011, pp. 78, 131~32.

10) 미하일 게르셴존 외, 같은 책, p. 53.

11) 도스토옙스키의 『카라마조프의 형제들』에서 둘째아들 이반이 쓴 서사시 「대심문관의 전설」에서 이반의 '사상'의 대변자인 대심문관은 인간은 진리(신의 말씀), 자유보다도 빵과 보편적 평등, 행복을 원하고, 자신은 소수의 '선택된 자들'이 아닌 다수의 '나약한 자들'의 행복을 위해 신을 버렸다고 말한다.

숭배로 전략했다는 것이다. 이런 비판과 함께 베르댜예프가 결론적으로 내놓는 처방안, 즉 새로운 의식으로의 전환을 위해 그 토대로 제시하는 것은 "지식과 신앙의 융합"이다.[12]

철학자 베르댜예프가 철학과 신앙이라는 절대적이고 보편적인 진리와 인텔리겐치아의 상황적, 사회적, 인간 중심적 진리를 대립시켜 인텔리겐치아를 비판했다면 정교 신부이자 정치, 경제학 박사였던 세르게이 불가코프는 인텔리겐치아의 '종교적 성격'에 대해 고찰한다. 불가코프는 러시아 혁명이 곧 인텔리겐치아에 의한 혁명임을 지적하면서 1905년 혁명의 신경조직과 두뇌 역할을 한 인텔리겐치아를 먼저 재생시켜야만 러시아를 재생시킬 수 있다고 강조한다. 불가코프 역시 베르댜예프와 마찬가지로 인텔리겐치아의 성격이 외적 상황(끊임없이 가혹한 정치적 압력)에 의해 형성되어왔음을 지적하면서 인텔리겐치아의 세계관의 특징에 대해 다음과 같이 설명한다.

한편으로 러시아 인텔리겐치아는 기독교 순교자나 고해자와 같은 종교적 성격을 띠는데 그 이유는 정부의 지속적인 박해 때문이다. 다른 한편으로 인텔리겐치아는 현실로부터 유리되어 몽상의 능력만 기르는 바람에 제대로 된 현실 감각을 지니지 못하고, 이들의 반부르주아적 태도는 서유럽의 소시민 정신(안일한 자기만족과 지상에서의 행복만을 추구하는 경향)과 정면으로 충돌한다. 이러한 종교적 성격 — 희생정신과 초월 지향성 — 에도 불구하고 인텔리겐치아가 무신론적이 된 이유는 이들이 서구주의를 지향하면서 서구 사상들 중 극단적 형태의 계몽주의 철학 — 유물론, 무신론, 사회주의 — 만을 '선택'하여 '표피적으로' 받

---

12) 미하일 게르셴존 외, 같은 책, p. 75.

아들였기 때문이고, 인텔리겐치아의 이런 편향된 '선택'으로 러시아 문명에는 균열이 생겼고 러시아는 정신적으로 병들어 있다고 불가코프는 진단한다. 불가코프에 의하면 인텔리겐치아의 무신론–인간 숭배 교리는 "인간의 자연적 완전성"과 이성적인 "인간의 힘에 의해 끝없는 진보가 실현될 것이라 믿고, 이 진보를 "기계적으로 이해"하며, 모든 악은 개인의 잘못이나 책임이 아닌 인간 "공동생활 체제의 외적 부조리"에 있다고 생각한다. 이상적 사회의 건설은 외적 부조리의 극복을 통해 가능하다는 인텔리겐치아의 중심 사상은 바로 이것으로부터 나온 것이다.[13] 계속하여 불가코프는 인텔리겐치아가 "'개인적' 도덕성, '개인적' 자기완성, '인격'의 연마"를 경시하고 대신 "사회적"이라는 단어를 신성시했지만 그들이 지지하는 이론들이 바로 "타인의 인격을 가차 없이 박해"하며 "환성의 영향과 우발적인 역사의 힘 이외"에는 그 무엇도 중요시하지 않았다고 강하게 비판한다. 자신의 인격에 대한 연마 대신 외적 개선에만 힘을 쏟기 때문에 타자마저 환경의 산물로 보고 그의 인격을 탄압한다는 불가코프의 비판은 인텔리겐치아의 오만한 영웅주의, 원칙의 무시와도 연관되는 것이다. 러시아의 굴곡진 역사는 인텔리겐치아를 겸허한 노동자가 아닌, 인류–러시아의 구원자라는 "극대"적 사고에 사로잡힌 자, "영웅주의"에 도취된 자로 만들었고, 인류와 러시아를 위해, 대의를 위해서라면 "모든 것이 허용된다"는 식의 생각은 모순적이게도 모든 원칙에 대한 무시(무원칙성), 곧 니힐리즘으로 귀결되었다는 것이다. 이러한 비판은 인텔리겐치아의 인격의 수준에 대한 비판과 직결된다.[14]

---

13) 같은 책, p. 91.

베르댜예프가 인텔리겐치아에게 '신앙과 지식의 결합'을 요구했다면 불가코프는 인간 개인, '인격'에 대한 인텔리겐치아의 무지를 전제로 인텔리겐치아가 "밖으로부터"가 아니라 "안으로부터 스스로를 바로잡아야" 함을,[15] 다시 말해 "인격의 재교육"을 요구한다.[16]

새로운 영혼이 태어나야 하고 생활 속에 업적을 이루며 자라나고 발전하여 힘을 기를 새로운 내적 인간이 태어나야 한다. 우리는 여기서 정치나 정당의 정강을 변경시키자는 이야기를 하는 것이 아니며 [……] 우리가 이야기하고 있는 것은 그보다 훨씬 더 큰 것, 바로 인간의 인격에 관한 것이지 행위에 관한 것이 아니다.[17]

'치국평천하' 이전에 '수신'을 하라는 불가코프의 충고는 게르셴존의 글에서 더욱 노골적으로 나타난다. 게르셴존 역시 러시아 인텔리겐치아의 특수성이 외적 상황에 의해 영향 받았음을 인정한다. 그러나 사상가가 지적하는 외적 상황은 러시아의 정치적 상황이 아니다. 러시아 인텔리겐치아는 젊었을 때부터 자기 자신, 자신의 인격이 아니라 인민, 사

---

14) "모든 것은 허용된다"는 말은 도스토옙스키의 『죄와 벌』의 라스콜리니코프의 나폴레옹 사상과 초인 사상을 보여주는 말이다. 라스콜리니코프에 의하면 무용하고, 심지어 타자를 착취하는 이 같은 전당포 노파를 살해하는 것은 '비범인'의 대의를 실현하기 위해 '허용'되는 것으로 이러한 생각의 배경에는 공리주의, 실증주의, 사회주의 사상이 깔려 있다. 주지하다시피 『죄와 벌』의 주인공 라스콜리니코프의 실제 모델은 당대(1860년대 중반) 프랑스의 지식인 청년 살인범으로, 이 청년은 재판 과정에서 자신의 죄의 원인이 개인적 차원에 있는 것이라 사회 구조의 문제라고 주장하였고 그의 주장은 유럽뿐 아니라 러시아에서도 갑론을박의 대상이 되었다.
15) 미하일 게르셴존 외, 같은 책, p. 104.
16) 같은 책, p. 116.
17) 같은 책, p. 115.

회, 정치 등 인격 밖의 것에 집중하도록, 자신의 인격에 대해 생각하는 것은 이기적이고 사회적인 것에 대해 생각하는 것은 공공을 위한 것이라는 '사회 여론'에 의해 영향을 받는다. 따라서 러시아 인텔리겐치아는 인격이 조화롭게 통일되지 않은 채 양분된 "기형아"나 마찬가지다. 이 기형아 같은 러시아 지식인에게 게르셴존이 요구하는 것은 혁명의 실패로 인한 집단적 위기를 개인 내면의 위기의 문제로 돌려 "인간이 되도록 노력하라"는 것이다.[18]

법학자이자 사회학자인 키스탸콥스키는 "새로운 법"을 위해 투쟁하느라 "형식법이나 법 일반을 옹호"하는 것을 망각한 인텔리겐치아의 법의식을 비판하며 러시아 재판 제도의 문제는 정치적 상황에만 있는 것이 아니라 러시아 인텔리겐치아의 낮은 법의식 수준에 있음을 지적한다. 그리고 그의 결론 역시 개인적 차원으로 환원되는바, 인텔리겐치아는 "개인의 자기완성과 윤리적 세계질서라는 절대적 가치"를 복구해야만 "법질서라는 상대적 가치"를 준수할 수 있다.[19]

경제학자이자 언론인인 스트루베는 인텔리겐치아의 역사적 계보를 추적한다. 스트루베에 의하면 러시아 역사에서 정치 세력으로서 인텔리겐치아가 처음 등장한 것은 표트르의 개혁 시기이고, 1840년대에 서구주의자들의 등장과 함께 준비를 갖추어 1905년 혁명 때 종국적으로 모습을 드러냈다. 스트루베는 사상적, 정치적 세력으로서 인텔리겐치아가 러시아의 역사 발전에 기여한 것을 인정하지만 동시에 그 사상적 기반이 "국가로부터의 소외와 국가에 대한 적대감"이고,[20] 이러한 '반국가

---

18) 같은 책, p. 127.
19) 같은 책, pp. 223~25.
20) 같은 책, p. 232.

주의'와 함께 '반종교적 태도'가 공존한다고 강조한다. 인텔리겐치아의 반종교성은 서유럽의 무신론적 사회주의의 영향과 연관된다. 흥미로운 점은 스트루베가 인텔리겐치아에 대한 비교, 반대 개념으로 '러시아의 교육받은 계급'을 제시한다는 사실이다.[21] 스트루베가 보기에 1860년대 이전까지 인텔리겐치아와 '교육받은 계급' 사이에는 차이는 있을지언정 눈에 띄는 분리는 없었는데, 1860년대 언론과 출판이 융성하면서 인텔리겐치아는 교육받은 계층으로부터 '정신적으로' 분리되었다. 농노해방이 일어난 1860년대는 그 전까지 러시아의 모든 정치운동이 교육받은 특권층의 운동이었던 것에 반해(예를 들면 데카브리스트 봉기) 이때에 와서야 사회와 정치운동이 인민 대중 안에서 시작되었다는 점에서 중요한 시기다. 스트루베는 1905년 혁명을 인텔리겐치아의 생각과 민중의 생각이 만나 이룬 쾌거로 간주하면서, 논문집의 다른 필자들과는 달리 혁명에 대한 긍정적 견해를 피력한다. 스트루베가 보기에 1905년 10월 선언까지의 혁명은 옳았고, 혁명은 바로 여기서 끝나야 했다.[22] 그러나 국민의 대의기관을 소집하기도 전, 국민이 정치적으로 누구를 지지하는지 아무도 모르는 상황에서 혁명 정당(급진주의 인텔리겐치아, 사회주의 정당)은 거대한 사회적 변혁과 완전한 파괴, 전적인 소탕을 주창하며 민중을 선동했는데, 이후의 극심한 반동은 이에 대한 부작용이라 하겠다.[23]

---

21) 저자는 바쿠닌, 벨린스키, 체르니셉스키로 이어지는 인텔리겐치아의 계보를 노비코프, 라디셰프, 차다예프와 같은 '러시아의 교육받은 계급'과 비교하며 이 둘 사이의 극명한 차이를 지적한다.

22) 예컨대 불가코프는 "혁명의 개념은 부정적인 것이고 그것은 독자적 내용을 가질 수 없고 자기가 파괴하는 것을 부정한다는 성격만 가지고 있으므로 혁명의 비애는 증오와 파괴에 있다"고 말하고 있다. 미하일 게르셴존 외, 같은 책, p. 98.

이와 함께 스트루베는 민중에 대한 부정적 견해를 드러낸다. "민중이란 이해관계와 본능에 의해 움직이는 사람들로 이루어져 있기 때문에 인텔리겐치아의 이데올로기는 민중 속으로 침투했을 때 전혀 이상적이지 못한 결실을 가져올 수밖에 없었"고[24] 민중을 교육하는 것이 우선임에도 불구하고 과격파 인텔리겐치아는 과격한 선동만을 중시했다. 인텔리겐치아의 도덕적 오류는 사회의 진보를 인간 완성의 결실로 본 것이 아니라 선동 속에서 본 것이다. 스트루베는 인텔리겐치아 스스로 자신들의 세계관을 검토해야 함을, 특히 그 세계관의 주축이 되는 "개인적 책임감에 대한 사회주의적 부정"에 대한 근원적인 재검토를 촉구한다.[25] 그는 정치가 인간의 정신생활과 독립되어 존재하는 것이 아님을 강조하며, 여기에는 사회생활의 외적 구조만 있는 것이 아니라 인간의 내면적 완성에 관한 개념도 있기 때문에 정치를 인간 교육이라는 이념에 종속시켜야 한다고 결론짓는다.

사실 '인텔리겐치아'라는 용어는 지금도 정의 내리기 쉽지 않다. 러시아의 인텔리겐치아는 단순히 교육받은 계층(사회학적 접근에서의 정의)만을 의미하지 않는다. 교육이나 계몽은 인텔리겐치아의 속성에 불과하다. 다시 말해 인텔리겐치아는 교육받은 계층이라는 보다 큰 집합의 부분집합이라고 할 수 있다. 러시아 인텔리겐치아의 필요충분조건은 "체제와 정부의 정체된 상황을 변화시키거나 극복하려는 열망"이고,[26] 인

---

23) 같은 책, p. 239. 스트루베, 이즈고예프, 프랑크, 불가코프는 입헌민주주의 진영에 속했고 1905년의 10월 선언은 이들의 승리나 다름없었다.

24) 같은 책, p. 241.

25) 같은 책, p. 244.

26) B. Elkin, "The Russian Intelligentsia on the Eve of the Revolution," *Daedalus*, vol. 89, no. 3(Summer, 1960), p. 472.

텔리겐치아는 "스스로를 나머지 사회로부터 분리시켜 그 사회가 주는 '훈장'으로부터 자유로운 존재라고 느끼는" 이들,[27] 사회의 윤리적 잣대로서 기능하는 이들이다. 따라서 역사적으로 볼 때 러시아의 인텔리겐치아는 권력과 불화 관계에 있었다.

그러나 인텔리겐치아의 저항 정신은 정치적 상황에만 국한되는 것이 아니다. 인텔리겐치아는 '일상의 삶byt'에 대해서도 독특한 견해를 취했다. 러시아어 byt는 원래 삶의 방식이나 일상적 존재를 의미했으나 19세기에 들어와 초기 혁명주의자들과 상징주의자들은 "정체와 판에 박힌 통상적인 것, 정신적, 예술적 혹은 혁명적인 초월이 부재하는 일상적 덧없음의 치세"로 이해하였다.[28] 일상은 대의나 초월적 가치를 위해 개선, 개조, 변형, 희생되거나 나아가 부정되고 파괴되어야 할 대상이 되었는데 이러한 극대주의적이고 종말론적인 사고방식, 제3의 중립 지역(연옥)을 거치지 않고 지옥에서 천국을 향해 곧바로 도약하려는 인텔리겐치아의 '러시아적' 경향은 이미 많은 연구자들과 사상가들에 의해 지적된 바 있다.

그렇다면 위의 맥락에서 볼 때 『방향표지』의 저자들이야말로 인텔리겐치아라고 말할 수 있다. 『방향표지』는 극우부터 극좌까지 이르는 전 진영의 격렬한 반향을 이끌어냈는데, 특히 극우, 반동 세력의 찬양은 이들을 난처한 입장에 빠뜨렸다. 우파로부터의 환영은 저자들을 혁명 전통을 배반하고 반동 세력과 결탁한 부르주아 배신자 집단이라는 레닌 등의 극좌파의 비판을 정당한 것으로 보이게 만들었고,[29] 몇몇 저자

---

27) R. Gal'tseva, "Neproidennye 'Vekhi'," *Novyi mir*, 2009(9). http://magazines.russ.ru/novyi_mi/2009/9/ga12.html(검색일: 2017. 05. 22).

28) S. Boym, *Common Places*, Cambridge: Harvard University Press, 1994, p. 30.

들이 속한 입헌민주주의 진영에서조차 이들에 대한 반박 글을 쓰면서 혁명과 적극적 행동이 필요한 시기에 철학과 종교로의 도피를 호소한다고 비판하기에 이른다. 그러나 『방향표지』의 저자들은 자신들의 입장을 굽히지 않았고 1917년 혁명이 일어났을 때 『방향표지』와 연장선상에 있는 공동 저서, "러시아 혁명에 대한 논문모음집"이라는 부제를 단 『심연으로부터』를 묶어 낸다. 이 책은 반혁명적, 반소비에트적 인물들에 대한 볼셰비키의 대대적인 탄압이 행해지던 시기에 인쇄되어 결국 시중에 유통되지 못했고, 대부분의 필자들은 혁명에 반대하여 망명하거나, 강제 국외 추방을 당하거나, 반소비에트주의자 혹은 스파이 혐의를 받고 총살형을 당하거나 노동 교화형을 선고받았다. 이들은 당대의 '혁명적' 인텔리겐치아를 비판했지만, 이후 그들 자신 역시 '반혁명적' 인텔리겐치아로서 권력과 체제를 비판하다가 그 희생양이 됨으로써 러시아의 '진정한' 인텔리겐치아가 된 것이다.

3. 1917년 혁명에 대한 반향: 『심연으로부터』

『심연으로부터』의 운명은 『방향표지』와 달랐다. 1918년 3월 스트

---

29) 『방향표지』는 출간된 해인 1909년에만 5번 재쇄를 찍었고, 이 책에 대한 반향이나 응답으로 10권 이상의 단행본과 100편 이상의 논문들이 쏟아져 나왔으며, 공개 토론으로까지 이어졌다. 특히 『방향표지』가 비판한 사회주의 진영으로부터 격렬한 공격들이 쏟아져 나왔는데, "반동의 무기"(밀류코프), 시대착오적인 옛 인텔리겐치아의 합리주의에 기반한 "방법론적 실수" 등이 그것들이다. 레닌 역시 "민주주의로 쏟아부어진 반동적 구정물의 흐름"이라는 원색적인 비난을 하였다. V. I. Lenin, *Polnoe sobranie sochinenii*, t. 19, M.: Izd. Politicheskoi literatury, 1967, p. 173.

루베가 기획한 이 책은 『방향표지』의 전통을 이을 의도를 갖고 있었다. 논문모음집의 처음 이름은 저자들이 한때 참여했고 1918년에 폐간된 잡지 『러시아 사상』의 이름을 딴 "러시아 사상모음집"이었고 이후 "새로운 방향표지"란 이름을 택했다가, 모음집에 포함된 논문 「심연으로부터」의 저자 프랑크의 제안으로 공동 저서의 제목이 최종 결정되었다. 『심연으로부터』는 인쇄까지 마친 상태로 1918년 8월 발행이 예정되었으나, 같은 달 30일 전 러시아 비상위원회(약칭 체카)의 페트로그라드 지부 위원장 우리츠키M. Uritskii가 반볼셰비즘 노선의 노동민주사회당 당원에 의해 살해되고 레닌 암살 시도까지 발생한 직후 시행된 적색 테러로 인해 출판될 수 없었다. 1921년까지 『심연으로부터』는 창고 한 쪽에 쌓여 있었고, 누군가 유통을 원했을 때 이미 책은 회수된 상태였으며 대부분은 '철학기선'을 타고 러시아에서 이미 추방되거나 망명을 간 상황이었다.[30] 국외 추방당한 베르댜예프만이 다행히도 책 한 권을 가지고 있었고, 이것이 파리의 YMCA 출판사에서 1967년에 출판되어 서구에 먼저 소개되고 러시아에서는 혁명 이후 금서 목록에 올랐다가 1986년에야 비로소 출판되었다.

『심연으로부터』에는 총 열한 명의 필자(아스콜도프S. Askol'dov, 베르댜예프, 불가코프, 이바노프V. Ivanov, 이즈고예프, 코틀랴렙스키S. Kotliarevskii, 무라비요프V. Murav'ev, 노브고롯체프, 포크롭스키I. Pokrovskii, 스트루베, 프

---

30) 1922년 5월 레닌은 반소비에트적 행위를 한 사람들을 사형시키는 대신 외국으로 추방할 것을 제안했고, 이에 따라 러시아 최고의 철학자들과 인텔리겐치아의 대표자들은 두 척의 기선을 타고 페트로그라드에서 독일의 슈체친으로 추방당했다. '철학기선'이란 말은 이 배에 특히 철학자들이 많이 타서 붙여진 이름이다. 레닌과 반혁명 지식인들의 갈등에 대한 논의는 다음의 책을 참고하라. L. Chamberlain, *Lenin's Private War: The Voyage of the Philosophy Steamer and the Exile of the Intelligentsia*, NY.: St. Martin's Press, 2007.

랑크)가 참여했는데, 그중 다섯 명(베르댜예프, 불가코프, 이즈고예프, 스트루베, 프랑크)은 『방향표지』의 필자들이었다. 필자들은 각각 철학, 정치경제, 역사학, 법학(국가법, 시민법, 로마법) 등을 전공한 후 철학자, 사제, 시인, 언론인, 법학자, 사회활동가, 평론가로 활동하던 각 분야의 최고 지식인들로 정치적으로는 극우도, 과격한 좌파도 아닌 중도파였다.

『방향표지』가 제기한 인텔리겐치아의 문제와 러시아 사회에서의 위치, 혁명에서의 역할은 『심연으로부터』의 저자들에게도 중요한 의의를 지녔다. 베르댜예프는 혁명 속에서 이데올로기가 구현되는 과정에 대하여 "러시아 혁명은 러시아 인텔리겐치아의 종국이었다"라고 결론지으면서,[31] 혁명적 사건들이 급진적 인텔리겐치아의 이데올로기의 붕괴를 드러냈다고 해석했다. 베르댜예프가 인텔리겐치아의 '이데올로기'를 지적했듯이, 『심연으로부터』는 혁명과 관련된 사건들이나 정치적 전술들에 대한 분석이 아니라 『방향표지』와 유사하게 정치에서 인텔리겐치아가 지침으로 삼은 세계관의 원칙들 및 이념적 전제들, 정신적 지향들에 대해 분석했다. 그러나 단지 분석에만 그친 것은 아니다. 『방향표지』 저자들의 시선이 혁명적 인텔리겐치아의 '죄'와 그들의 '그릇된 세계관'을 향했다면, 『심연으로부터』의 저자들은 혁명의 원인이 인텔리겐치아뿐 아니라 종교적 뿌리로부터 분리된 러시아 전체에도 있다고 파악하고, 러시아를 향해 종교로의 회귀를 강력하게 호소한다.

1909년에 나온 『방향표지』는 호소와 '경계'였다. 이 경계는 그것이 불

---

31) N. Berdiaev, *Samopoznanie*, Parizh, 1949, p. 251.

러일으킨 모든 격렬한 반응과 논쟁에도 불구하고 실상 1905~7년에 이미 나타났던 것이고, 1917년에 폭발한 도덕적이고 정치적인 재앙에 대한 '약한' 예감이자 러시아의 결함들에 대한 '소심한' 진단에 불과했다. 〔……〕 모든 필자들이 공통으로 갖는 확신은 사회적 삶의 '긍정적인' 근원들이 종교적 인식의 심연에 뿌리박고 있고, 이 뿌리 깊은 관계가 결렬되는 것은 불행이자 죄라는 사실이다. 우리는 이런 결렬을 우리 민족과 국가를 덮친 그 어떤 도덕적, 정치적 파멸과도 비교할 수 없는 것으로 지각한다.[32]

짙은 종교적인 색채는 이미 책 제목 "심연으로부터"와 제사 ―"여호와여 내가 심연으로부터 주께 부르짖었나이다(「시편」 130:1)" ― 에서 나타난다. 저자들은 1917년 혁명 이후 러시아가 처한 상황을 죄의 수렁에 빠진 이스라엘의 상황에 비교하면서 「시편」의 기록자가 그러하듯 종교적 참회와 신앙의 복구만이 러시아가 갱생할 수 있는 길이라 주장한다.

1917년 혁명은 급진적 인텔리겐치아 이데올로기의 승리를 의미했다. 『방향표지』의 저자들이 신랄하게 비판했던 이들의 '극대주의적인 이상'은 혁명으로써 현실이 되었다. 그러나 『심연으로부터』의 필자들이 볼 때 현실은 이상과 완전히 반대였다. 사회주의 이념이 전체주의 국가의 구현으로, 정의의 이념이 독재로 나타났기 때문이다. 특히 러시아에서 사회주의는 전체주의로 변질되었다. 그렇다면 왜 러시아에서 이런 현상

---

32) S. Askol'dov 외, *Iz glubiny: Sbornik statei o russkoi revoliutsii*, M.: Izd-vo Mosk. universiteta, 1990, p. 19.

이 나타났을까. 최초의 사회주의가 나타난 서구의 부르주아 사회에서는 평등주의와 유토피아주의의 해독제로서 자유주의적인 세계관이 수정, 완성되었다.[33] 예컨대 이즈고예프는 자본주의에 대한 낭만적 비판(생시몽주의와 마르크스주의)에서 나온 사회주의 사상이 부르주아 사회의 완성에 자극이 되었다고 말한다.[34] 그러나 러시아에서는 그렇지 못했다. 오히려 러시아에서의 사회주의는 유럽에서의 사회주의의 원형에서 벗어났다. 사회주의 이념은 러시아 땅으로 이식되면서 그 방대한 스펙트럼과 구체성을 상실한 채 평등(균등)적 정의라는 진부한 개념으로 바뀌었고,[35] 구식의 낡은 사회 구조들과 결합되어 인민주의 유토피아가 탄생하였다. 구체제를 파괴함으로써 지상의 악을 전멸한다는 유토피아 개념은 인텔리겐치아의 극대주의와 접합하는데, 이에 대해 프랑크는 "유토피아 더하기 극대주의는 가장 커다란 오만이자 가장 커다란 거짓"이라고 비판한다.[36] 인민 대중은 사회주의의 긍정적 이상을 받아들인 것이 아니라 단지 그것의 파괴의 파토스만을 받아들였음을 지적하며,[37] 사회주의에 "인격에 대한 존중"과 "정의와 인간성의 원칙의 도입"이 필요하다는 것이다.[38]

앞에서 언급한바, 『심연으로부터』의 저자들은 러시아를 파멸로 이끈 혁명의 원인이 혁명적 인텔리겐치아뿐 아니라 러시아 전체에도 있음을 지적하는데, 특히 베르댜예프의 논문 「러시아 혁명의 정신」이 그러

---

33) 같은 책, pp. 155, 211, 256~57.
34) 같은 책, p. 173.
35) 같은 책, p. 176.
36) S. Frank, *Biografiia P. B. Struve*, New york, 1956, p. 173.
37) S. Askol'dov 외, 같은 책, pp. 258, 266~67.
38) S. Frank, "Demokratiia na rasput'e," *Russkaia svoboda*, no. 1, 1917, p. 15.

하다. 흥미로운 점은 베르댜예프가 러시아의 위대한 세 작가들 —고골, 도스토옙스키, 톨스토이 — 의 작품의 예술적 형상 속에서 1917년 혁명에서 승리한 사악한 정신이 이미 천재적으로 육화되었음을 지적하고 있다는 사실이다. 저자에 의하면 러시아 혁명은 갑자기 일어난 것이 아니라 과거 러시아 민중 속에 존재했던 것이 발현된 것이다.

기나긴 역사의 길이 혁명에 이르고, 혁명 속에서 민족의 특징들이 펼쳐진다. 〔……〕 개별 민족은 자신만의 보수적 방식을 지니듯, 자신의 혁명적 방식 또한 지닌다. 〔……〕 자신의 과거 속에 축적되었던 정신적 짐을 진 채 각각의 민족은 혁명을 만들어내고, 민족은 혁명 속으로 자신의 죄와 결함들을 갖고 들어오며 마찬가지로 희생과 열광도 가져온다. 〔……〕 우리의 옛 민족의 병과 죄가 혁명으로 귀결되었고, 그 혁명의 특징을 결정했다. 비록 적들에 의해 우리의 파멸에 이용되었을지라도 러시아 혁명의 정신은 곧 러시아의 정신이다. 〔……〕 혁명은 거의 항상 가면에 불과하고, 이 가면을 벗겨내면 익숙한 옛 얼굴을 만나게 된다.[39]

베르댜예프는 혁명이 뭔가 새로운 것을 제시하는 것이 아니라 민족에 배태되었던 기형과 질병이 혁명이라는 그럴듯한 가면을 쓰고 나타난다고 지적하면서 혁명의 새 가면 속에 숨겨진 옛 러시아의 익숙한 얼굴들, 러시아 작가들에 의해 묘사된, 러시아를 오래전부터 갉아먹어온 많은 허무주의적 악들 —거짓과 배신의 악령, 평등의 악령, 파렴치의 악령, 부정의 악령, 비저항의 악령 — 에 대해 이야기한다. 그중에서도 특히

---

39) S. Askol'dov 외, 같은 책, pp. 55~56.

흘레스타코프, 표트르 베르호벤스키, 스메르쟈코프로 형상화된 악을 예로 든다.[40] 베르댜예프가 가장 주목하는 작가는 도스토옙스키이다. 위대한 심리학자이자 형이상학자로서 도스토옙스키는 러시아 혁명 사상의 변증법을 그 심연까지 파헤치고 그로부터 최후의 결론, 즉 러시아 혁명이라는 것은 정치적, 사회적 현상이 아니라 형이상학적이고 종교적 현상이라는 것, 러시아 혁명과 러시아 니힐리즘, 사회주의의 문제는 본질상 신과 불멸에 대한 질문이라는 결론을 내렸고, 이 결론에 철학자는 전적으로 동의한다.[41]

베르댜예프가 도스토옙스키를 통해 말하고자 하는 바는 러시아의 젊은이들이 정치나 사회적 삶의 창조나 조직에 무능하다는 것인데, 그 이유는 "혁명적 사회주의가 경제적, 정치적 가르침이나 사회적 개혁의 체계"가 아니라 종교가 되길 요구하는, 기독교 신앙에 적대적인 신앙이기 때문이다.[42] 도스토옙스키의 대심문관의 말로 표현하자면, 사회주의라는 종교는 "모두가, 수백만의 사람들이 행복해질 것이다. [……] 우리는 그들을 일하게 만들지만 노동으로부터 자유로운 시간에 그들의 삶

---

40) 각각 고골의 『검찰관』, 도스토옙스키의 『악령』 『카라마조프의 형제들』에 등장하는 부정적 인물들이다.

41) S. Askol'dov 외, 같은 책, pp. 63~65. 예컨대 『카라마조프의 형제들』의 이반의 말에서 사회주의와 종교의 관계가 잘 드러난다. "러시아 소년들은 지금까지 어떤 짓을 해왔을까? [……] 예를 들어 이곳 악취가 풍기는 선술집을 보자고. 그들은 이전처럼 죽이 잘 맞아서 구석에 자리를 잡지. [……] 그들은 선술집에서 잠시 서로 사귀는 동안 어떤 토론을 벌일까? 신은 존재하는가, 불멸은 가능한가라는 세계인 문제겠지. 신을 믿지 않는 사회주의니 무신론이니 혹은 새로운 인물들에 의한 인류의 변혁 따위의 이야기를 꺼내지만 모두 한결같아. 단지 반대쪽 끝에서 시작했을 뿐 모두 똑같은 문제에 불과해. [……] 그렇지 않니?" 이에 대해서는 표도르 도스토옙프스키, 『카라마조프 씨네 형제들』 상(제2부 제5권 3), 이대우 옮김, 열린책들, p. 416을 참조하라.

42) S. A. Askol'dov 외, 같은 책, p. 69.

을 아이들의 노래, 합창, 소박한 춤을 곁들여 장난감처럼 조직한다."[43] 대심문관의 견해와 유사한 종교로서의 사회주의는 사람들을 향한 사 랑과 연민, 사람들의 지상에서의 행복과 만족을 위해 인간의 자유로운 본성, 신과 유사한 본성을 거부하길 요구한다. 베르댜예프에 의하면 도 스토옙스키는 사회주의의 집단주의가 인간 개인 및 인간 속 신의 형상 에 죽음을 가져오고 인간 정신의 자유에 종말을 가져오는 사이비 공동 체주의, 사이비 교회임을 날카롭게 파악한 예언자였다.[44] 논고의 마지 막에서 저자는 비록 러시아 민중이 심연으로 추락했지만 참회와 회개 를 통해 부활의 가능성이 있음을, 다시 태어난 새로운 러시아가 혁명의 운동가들과 사상가들이 생각하는 그런 러시아는 결코 아닐 것이라고 확언한다.

베르댜예프와 마찬가지로 『심연으로부터』의 다른 저자들 역시 러시 아를 파멸로 이끈 인텔리겐치아의 세계관의 중요한 원칙으로 무신론· 무신앙과 절대적인 가치들의 부정을 꼽는다.[45] 따라서 이들이 전체주 의 이데올로기를 대신할 중요한 정신적 대안으로 기독교 신앙을 제시하 는 것은 당연한 결과이다. 저자들에게 종교는 단순한 신앙의 차원을 넘 어서 인간 사회와 문화의 토대로 나타난다. 이러한 인식은 "종교는 문화 와 인간 사회의 주춧돌"이기 때문에 종교 없는 사회를 건설하는 것은 불 가능하고, 설령 건설했더라도 이것은 사회가 아니라 "동물의 퇴적물"일 뿐이라는 이즈고예프의 언급에서도 잘 드러난다.[46] 그러나 회개하고 참

---

43) 같은 책.
44) 같은 책, p. 70.
45) 예컨대 다음과 같은 언급들을 보라. "사회주의, 이것은 신이 없는 기독교다"(같은 책, p. 157). "삶의 종교적 원칙들에 의해 부여되는 유기적인 통일성을 전체적인 계획의 차갑고 이 성적인 건설이 대체하여, 독재로 끝나버렸다"(같은 책, pp. 27~28).

회하며 종교로 회귀하라는 이들의 선지자적 호소는 앞에서 언급한바, 적색 테러에 의해 책의 출판이 무산되면서 러시아에 울려 퍼질 기회조차 갖지 못했고, 저자들을 기다린 것은 새로운 러시아가 아닌 '철학기선'으로 대표되는 볼셰비키 정부의 대대적인 탄압이었다.

4. 나가며: '철학기선' 사건

'철학기선' 사건으로 종결되는, 1917년부터 1922년까지 5년 동안 레닌과 지식인들 사이의 갈등과 불화를 챔버레인은 1917년부터 1920년 사이에 발생한 내란에 비교하여 "종이 전쟁The Paper Civil War"이라고 지칭한다.[47] 또한 그는 레닌이 추방한 거의 대부분의 사람들이 기실 차르 시절 러시아 내에서 사회악에 대항하는 운동을 공공연하게 벌인 이들로, 외국에서 혹은 지하에서 운동을 벌인 레닌과는 구별됨을 지적한다. 예컨대 오소르긴, 쿠즈민-카라바예프, 소로킨, 페세호노프 등은 레닌과 비교할 때 차르의 감옥에서 혹독한 고초를 겪었다. 이런 의미에서 페세호노프가 1922년에 체포되었을 때 자신의 상황이 부당하다고 호소한 것은 당연한 일이었다.[48] 『심연으로부터』는 비록 출간되지는 않았지만 "종이 전쟁"에 속하고, 『방향표지』는 이 전쟁의 시발점으로 이해할 수 있다. 특히 두 저서에 공통으로 참여한 네 명의 저자들(베르댜예프, 불가코프, 이즈고예프, 프랑크)이 '철학기선'을 타고 국외로 추방당했

46) 같은 책, p. 158.
47) L. Chamberlain, 같은 책, p. 60.
48) 같은 책, p. 40.

다는 점에서 우리의 논의는 '철학기선'에 대한 언급으로 끝맺는 것이 마땅할 것이다(나머지 대부분의 저자들 역시 망명을 택하거나 소련 치하에서 반혁명, 스파이, 반소비에트 혐의로 총살형이나 노동교화형에 처해졌다). 그렇다면 1922년에 일어난 '철학기선' 사건이란 무엇인가. 먼저 사건이 일어나기 직전의 상황을 살펴볼 필요가 있다.

소비에트의 계몽인민위원회는 대학에서 청년들에게 위험한 사상을 주입시키는 비마르크스주의 철학을 축출하기에 이르렀다. 1920~21년 말, 모스크바 국립대학 철학과는 해체되었고 교수들은 다른 과로 배치되거나 해직되었는데, 이들 중에는 후에 '철학기선'에서 다시 만날 운명을 지닌 베르댜예프와 일리인I. A. Il'in도 포함되어 있었다. 페트로그라드 대학 철학과 역시 해체되었고 이 과에 소속된 로스키N. O. Losskii, 라프신I. I. Lapshin 등도 해임되어 이후 '철학기선'에 승선하였다. 그러나 볼셰비키 정권의 이런 탄압에도 불구하고, 철학과가 해산된 후 모스크바 대학 소속의 과학철학연구소는 전공 교육을 지속하기 위해 한시적인 강좌들을 조직하였다. 동시에 독립적인 철학협회가 조직되기도 하였는데, 베르댜예프와 프랑크는 정신문화자유아카데미의 후원으로 '철학·인문학 학부'를 조직하였다. 그러나 1922년, 볼셰비키 지도부는 이 협회들을 해산시키고 그 조직자들을 강제 추방함으로써 이런 종류의 '불법' 교육을 없애버렸다.[49]

내란 종결 이후에도 이어지는 반혁명적, 반소비에트적 인텔리겐치아의 문자·종이 항쟁은 권력자들의 권력 유지에 위협 요소가 되었을 것

---

49) S. Finkel, "Nikolai Berdiaev and the Philosophical Tasks of the Emigration," *History of Russian Philosophy*, G. M. Hamburg & R. A. Poole(eds.), Cambridge: Cambridge University Press, 2010, pp. 352~53.

이고, 지도부는 이와 같은 일종의 '문화 전쟁' 혹은 '문화적 내란'을 조속히 종결시킬 필요가 있었다.[50] 다른 한편으로 신경제정책의 도입, 사유재산 일부 허용, 시장 관계 적용과 같은 경제적 '후퇴'는 정치적 요구 또한 촉발시킬 수 있었다. 이에 당 지도부는 당에 반대하는 그 어떤 사회적 행동이나 사상도 가차 없이 처벌함으로 인텔리겐치아에게 경각심을 불러일으켜 이들을 침묵시키기로 결정했다. 1921년에 이단 사상을 적발하기 위해 정부 중요 기관들에 체카의 일에 협력하는 사무국들이 창설되었는데, 이 사무국들의 주된 업무는 반소비에트 인텔리겐치아를 행정적으로 추방하는 것이었다. 1922년 5월 19일 레닌은 제르진스키F. Dzerzhinskii에게 반혁명 작가들과 교수들을 추방시키기 위해 주도면밀하게 준비하라는 지시가 포함된 비밀 편지를 보낸다. 이 일을 즉각 실행에 옮긴 곳은 국가정치부GPU였다. 레닌은 추방이 지연되는 것에 대해 매우 흥분했다. 1922년 7월 17일 스탈린에게 보낸 편지에서 그는 다음과 같이 격앙되어 말한다.

스탈린 동지!
러시아에서 멘셰비키, 인민 사회주의자들, 입헌민주당원들과 이런 류의 사람들을 추방하는 문제에 대해, 내가 떠나기 전에 시작되어 아직도 끝나지 않은 이 문제에 대해 몇 가지 질문을 더 하고 싶소. 모든 노동인민사회당원들을 완전히 박멸할 필요가 있냐고요? 페셰호노프, 먀코틴,

---

50) 반혁명적 인텔리겐치아가 아닌 혁명적 인텔리겐치아의 성립 과정과 혁명 전후 이들의 전개 및 변화 양상에 대해서는 다음의 책을 참고하라. C. Read. *Culture and Power on Revolutionary Russia: The Intelligentsia and the Transition from Tsarism to Communism*, NY.: St. Martin's Press, 1990.

고른펠트를요? 페트리시체프 등도요? 제 생각에는 모두 추방해야 합니다. 왜냐하면 이들이 사회혁명당원들보다 더 위험하고 교활하기 때문입니다.

마찬가지로 포트레소프, 이즈고예프, 『이코노미스트』의 모든 협력자들(오제로프를 비롯한 많은 이들), 로자노프(교활한 의사), 비그도르치크(미굴로인가 하는 사람), 류보프 니콜라예브나 라드첸코와 그녀의 젊은 딸(들은 바로는 볼셰비즘의 최악의 적이라는군요)과 같은 멘셰비키, 그리고 로쥬코프(교화 불가능한 이 사람을 추방해야 합니다), 프랑크(『방법론』의 저자)를 추방해야 합니다. 만체프와 메싱 등이 관리하고 있는 위원회는 목록을 제시해서 위와 같은 수백 명의 사람들을 사정없이 국외로 추방해야 할 것입니다. 오랜 기간 동안 러시아를 정화할 겁니다. [……] 오제로프와 『이코노미스트』의 다른 모든 협력자들은 가장 용서할 수 없는 적들입니다. 이들 모두를 러시아에서 썩 내쫓아야 합니다.

이 모든 것들을 즉시 해야 합니다. 사회혁명당원들의 재판이 끝나는 시기보다 늦어서는 안 됩니다. 수백 명을 체포하여 이유 불문하고 추방하십시오!

'문학인들의 집'의 모든 작가들, 페트로그라드의 『사상』지의 작가들도 마찬가지입니다. 하리코프를 샅샅이 뒤져야 합니다. 하리코프는 '외국'이나 마찬가지여서 우리는 그 도시에 대해 잘 모릅니다. 사회혁명당원들의 재판이 끝나기 전에 빨리 숙청해야 합니다.

페트로그라드에 있는 문학가들(『새 러시아의 책』의 주소, 4권, 1922, p. 38)을, 개별 출판사 목록을 주의 깊게 살펴보십시오(p. 29).

공산주의 인사를 보내면서, 레닌.[51]

1922년 8월 10일, 추방이 예정된 모스크바, 페트로그라드, 우크라이나의 학자들과 사회활동가들의 명단이 위원회에서 비준되었다. 사회적 여론을 준비하는 것만이 남았는데, 이는 제12차 전 러시아 공산당 회의(1922년 8월 초)를 통해 시작되었다. 여기서는 "반소비에트 당들과 경향들"에 대한 문제를 논의하였고, 이때 이념 작업 강화를 위한 조치들의 윤곽이 그려졌다. 당시 지노비예프의 보고서에는 다음과 같은 결정을 내린 문구가 보인다. "사회혁명당원들과 멘셰비키들에 대한 탄압뿐 아니라 파렴치한 음모를 꾸미는 무당파적이고 부르주아적, 민주주의적 인텔리겐치아의 지도부, 자신들의 반혁명적인 목적들을 위해 전체 조합의 본질적 관심사를 악용하고, 과학, 기술, 교육, 협동조합의 진짜 이익들을 공허한 말, 정치적 엄폐로 사용하는 이들 인텔리겐치아를 탄압하는 것을 거부해서는 안 된다."[52] 뒤이어 1922년 8월 31일, 트로츠키의 「첫번째 경고」라는 제목의 논고가 『프라우다』에 실렸다. 트로츠키는 반소비에트 인텔리겐치아의 핵심 항목들과 구체적인 인텔리겐치아 그룹——학자들, 의사들, 작가들, 그 외 협력자들——을 기소했다. 이처럼 1922~23년의 가을, 겨울의 기간 동안 "생각이 다른 사람들 inakomysliashchie"을 국외 처방하기 위한 모든 조치들이 마련되었다.[53]

1922년 9월 28일 정오, 허용된 최소한의 짐을 든 소규모의 남자들과

---

51) S. A. Derzhlov, *Sotsial'no-psikhologicheskie provlemy universitetskoi intelligentsii vo vremena reform*, Montreal: Accent Graphics Communications, 2015, p. 34; M. P. Iroshnikov & A. M. Kulegin, *V. I. Lenin, Neizvestnye dokumenty 1891~1922*, M.: ROSSPEN, 1999, pp. 544~45.

52) P. V. Alekseev(ed.), *Na perelome. Filosofskie diskusii 20-kh godov*, M.: Politizdat, 1990. https://www.litmir.me/br/?b=556050&p=6(검색일: 2017. 05. 03).

53) A. V. Kuvakin, "Vysylka intelligentsii v 1922~1923 gody: mify i real'nost'," *Gumanitarnye nauki*, no. 1(9), 2013, p. 105.

여자들, 그리고 아이들이 페트로그라드의 북서쪽에 위치한 바실리 섬 해안 부두에 모이기 시작했다.[54] 이들은 바로 러시아에서 적극적으로 반혁명적인 행위를 했다는 혐의로 기소된 문화계 인사들, 엔지니어, 농학자, 의사 들로 이들 인텔리겐치아는 독일 기선을 타고 영원히 국외 추방당한다. 이들 중 한 명의 회고에 따르면 추방자들은 1922년 8월 16일부터 17일 밤사이 체포되어 감옥에서 길게는 68일까지 구금되어 있었고, 추방자들은 죽음으로 협박하더라도 조국으로 돌아오지 않겠다는 문건에 서명하였다고 한다.[55]

혁명에 반대한 러시아 최고의 지식인들, 인텔리겐치아는 추방지에서 자신들의 반혁명적 사상을 전개해 나갔고 러시아 문화, 예술, 철학의 전통은 이들에 의해 낯선 이국의 땅에서 다시 눈부시게 개화했다. 비록 추방자들이 가난과 병마와 싸우다가 타지에서 쓸쓸히 눈을 감았다 하더라도, 그들의 사상과 예술은 망명 철학과 망명 예술이 되어 러시아 철학과 예술의 전통을 잇는 중요한 일부로 재평가되었고 개인, 인격, 자유, 창조에 대한 그들의 주장은 이후 '광신'이나 '반동'이라는 오명으로부터 벗어났다. 그리고 2003년 상트페테르부르크의 레이테난트 슈미트 강변에는 다음과 같은 글이 새겨진 기념비가 세워진다. "이 강변에서 1922년 가을에 조국의 철학, 문화, 과학 분야의 뛰어난 지식인들이

---

54) 페트로그라드에서는 1922년 9월 29일과 11월 16일, 각각 '오버부거마이스터 하켄'과 '프로이센'이라는 독일 기선을 통해 독일로 두 번의 국외 추방이 있었다. 9월 19일에는 오데사에서 콘스탄티노플로, 12월 18일에는 '지안나'라는 이탈리아 기선이 세바스톨에서 국외로 출발하였다. 추방은 배뿐만 아니라 기차를 통해서도 이루어졌는데 모스크바에서 라트비아와 독일 등의 다른 나라로의 국외 추방이 그러했다. 1922~23년 사이에 추방당한 인원은 대략 230명으로 추산되고 페트로그라드에서 '철학기선'을 타고 추방당한 이들의 숫자는 대략 170명에 이른다.

55) O. B. Bozhkov, *Sotsiologiia*, Spb.: EIDOS, 2015, p. 80.

강제로 망명을 떠났다. 이 기념비는 페테르부르크 철학협회의 후원으로 세워졌다. 2003년 11월 15일."

러시아 혁명 이후 100년이 흐른 2017년 현재, 러시아 혁명에 대한 평가와 논의에는 반혁명적 인텔리겐치아에 대한 언급이 반드시 포함되어야 한다는 생각 가운데 이 글을 집필했다. 보다 더 구체적이고 비판적이며 생산적인 논의는 후일을 기약하며, 혁명의 시기와 소련 시기를 살아낸 시인 아흐마토바가 '철학기선' 사건 직후 국외 추방자들에 대해 쓴 시를 일부 인용하며 본고를 끝맺는다.[56]

땅을 갈기갈기 찢어
적들에게 버린 이들과 나는 함께하지 않는다.
그들의 조잡한 아첨에 나는 귀 기울이지 않는다.
나의 노래를 그들에게 주지 않겠다.
그러나 수인囚人과 같은, 병자 같은
국외 추방자들은 끊임없이 가엾다.
방랑자여, 너의 길은 어둡고
낯선 빵에서는 다북쑥 냄새가 난다.
남은 젊은 시절을 파멸시키면서
우리는 그 어떤 타격도 피할 수 없었다.
우리는 안다. 이후의 평가에서

---

56) 혁명 이후 아흐마토바 앞에는 약탈당하고 파괴된 러시아에 남아 있을 것인가 혹은 유럽으로 망명할 것인가의 두 가지 선택지가 놓여 있었다. 당시 그녀의 남편 니콜라이 구밀료프는 프랑스에 체류 중이었고, 아흐마토바 역시 남편이 있는 프랑스로 떠날 수 있었다. 그러나 시인은 이 제안을 거절하고 격동의 러시아에 남아 고단한 삶을 살아내기로 결심했다.

매 시간이 정당화될 것이라는 것을……

혁명의 서사시:

『고요한 돈강』과 『의사 지바고』의 장르 비교

박혜경

1. 혁명 작가 숄로호프와 파스테르나크

20세기 러시아 역사에서 1917년 볼셰비키 혁명만큼 러시아인들의 삶을 뿌리째 뒤흔들어놓은 사건은 없을 것이다. 혁명을 통해 제정러시아가 붕괴되고 전 세계에서 최초의 사회주의 국가가 건설되었으며, 황제와 신의 국가는 노동자와 농민의 국가가 되었다. 러시아의 모든 사람들은 혁명과 내전을 겪으며 어느 하나의 이념을 선택하도록 강요받았고, 작가들도 역시 예외는 아니었다. 이 시기를 살았던 거의 모든 작가들에게서 혁명과 내전은 주요한 테마 중의 하나가 되는데, 그들은 시로써 혹은 산문으로써 역사를 평가하고 의미화했다. 특히 거대한 역사적 변혁의 시기인 만큼 작가들은 넓은 시간적, 공간적 스펙트럼 안에서 벌어지는 다양한 사건과 사람들의 삶을 문학적으로 구현해내려 했으며, 이러한 의도를 가장 잘 반영하는 것이 서사시적 산문[1]이다.

러시아 문학에서 서사소설의 원형은 톨스토이의 『전쟁과 평화』일 것이다. 서사소설은 "민족적으로 의미가 있는 영웅적 사건을 거대한 스케일로 묘사하는 역사소설의 한 축"이라는 점을 고려할 때 이 장르의 가장 뛰어난 작품이 『전쟁과 평화』임에는 이론의 여지가 없다.[2] 그리고 나폴레옹 전쟁 못지않게 러시아인들의 삶 전체를 비극으로 이끌었던 혁명은 작가들에게 다시 한 번 역사의 힘과 진실의 문제에 대해 의문을 던지게 했고, 그들은 그러한 역사를 기록으로 남기는 것이 작가로서의 사명이자 의무라고 여겼다. 20세기 초 혁명의 시대에 러시아의 몇몇 작가들은 서사시적 산문의 전통을 따라 역사적 사건을 문학화하고 있는데, 그 대표적인 작품이 숄로호프M. Sholokhov의 『고요한 돈강』과 파스테르나크B. Pasternak의 『의사 지바고』이다. 그러나 미리 지적하자면 두 소설에서의 서사시성을 같은 무게로 고려할 수는 없다. 민족적으로 의미가 있는 사건을 거대한 스케일로 묘사한다는 점에서는 비교가 가능하지만, 그것은 외형적인 유사함에 머물고 있으며, 숄로호프와 지바고가 서사시라는 장르를 이용해 시대를 읽어나가는 방식은 서로 다른 곳을 지향하고 있기 때문이다. 숄로호프는 『고요한 돈강』에서 혁명의 전조로서의 제1차 세계대전, 그 후의 볼셰비키 혁명과 내전이 끝날 때까지 카

---

1) 서사시의 1차적 의미는 영웅적 주인공을 중심으로 민족이나 국가의 거대한 역사적 사건을 노래하는 시 장르이다. 그러나 근대 산문의 등장과 더불어 서사시 개념은 소설의 영역으로 외연이 확장되었고, 현대 문학에서 서사시성은 특히 역사소설의 일부가 되었다. 이 글은 소설의 서사시성에 주목하고 있으며, 혁명의 서사시 혹은 서사소설 등의 개념을 같은 의미에서 사용하고 있음을 미리 밝혀둔다.

2) 1802년부터 1812년까지 나폴레옹의 러시아 침략 당시 모스크바, 상트페테르부르크, 보로디노, 스몰렌스크 등 지리적으로 광대한 영역에서 진행되는 사건과 이 시기를 살아간 러시아의 모든 계층의 사람들의 이야기를 다루고 있는 『전쟁과 평화』는 러시아가 만들어낸 가장 위대한 서사소설로 인정받는다. R. Freeborn, *The Russian Revolutionary Novel: Turgenev to Pasternak*, London: Cambridge University Press, 1985, p. 172.

자크 농민 사회를 중심으로 주인공의 기나긴 삶의 여정을 묵묵히 따라
가며 그려내고 있다.[3] 파스테르나크의 『의사 지바고』 역시 제1차 세계
대전, 혁명과 내전, 집단화 시기까지의 러시아 역사를 배경으로 하고
있지만 여기서는 반혁명적 지식인 한 개인의 비극적 삶에 더 많은 무게
중심이 놓여 있다. 구체적으로 두 소설은 여러 가지 점에서 흥미로운 비
교 분석의 가능성을 제공하는데, 두 작품 모두 비슷한 시대를 배경으로
하고 있으며, 주인공이 백군과 적군의 대립 속에 자신의 정치적 혹은
이념적 정체성의 문제로 혼란을 겪는다는 점에서 유사성을 보여준다.[4]
그러나 소비에트 내에서의 두 작품에 대한 반응은 서로 달랐다. 소비에
트의 문학권력은 숄로호프를 자신들의 대표적인 작가로 인정하면서도
『고요한 돈강』에 대해서만은 주인공의 불안한 혁명관과 반혁명적 태도
때문에 소설에 대한 정치적 평가와 문학적 평가를 분리시켰다.[5] 반면
『의사 지바고』에 대해서는 작가와 작품 모두에 대해 노골적인 비판적
평가 일색이었다. 1958년 파스테르나크의 노벨문학상 수상이 결정된
후 모스크바 작가회의에서는 다음과 같은 공식적인 논평을 내놓았다.

   '러시아 작가들의 목소리. 1958년 10월 31일 모스크바 작가회의 결의'
   모스크바 작가회의는 보리스 파스테르나크의 문학 활동이 소비에트

---

3) 『고요한 돈강』의 서사시적 구조에 대해서는 이미 충분한 연구가 이루어져왔으며, 이에 대해
   서는 박혜경, 「그리고리 멜레호프의 비극: 두 가지 원칙의 경계에서」, 『슬라브학보』 제18권 2
   호, 2003, p. 145 참조.
4) 두 소설은 각각 러시아 역사의 대 혼란의 시기를 살아간 러시아 지식인과 카자크 농민을 문학
   적으로 훌륭하게 그려내고 있다는 점을 인정받아 노벨문학상을 수상했다는 점에서도 공통된
   다. 『의사 지바고』는 1958년에, 『고요한 돈강』은 1965년에 각각 노벨문학상을 수상하였다.
5) 박혜경, 같은 글, p. 146 참조.

작가와 소비에트 시민과 함께할 수 없다고 판단하며, 보리스 파스테르나크를 소비에트 작가 명단에서 삭제하고 전 소비에트 작가동맹 회원에서 탈퇴시킨다는 결정을 전적으로 지지한다. 오래전부터 삶과 민중으로부터 단절되어 잘난 척하던 유미주의자이자 퇴폐주의자인 보리스 파스테르나크는 마침내 자기 스스로 우리 소비에트 인민들에게 가장 신성한 '위대한 10월 혁명과 불멸의 혁명 이념'의 적이라는 사실을 드러냈다. 작가회의는 배신자 보리스 파스테르나크의 소비에트 시민권을 박탈할 것을 정부에 요청한다.[6]

이러한 논쟁에는 숄로호프도 직접 가담하고 있으며, 그는 1959년 프랑스 신문과의 대담에서 '파스테르나크 사건'과 관련해 의미심장한 언급을 하고 있다.

소비에트 작가동맹의 지도부는 냉정을 잃었습니다. 소비에트에서 『의사 지바고』의 출판을 금지하지 말아야 합니다. 파스테르나크를 논의의 장으로 데려오는 대신 그에게 독자들의 충격을 전해주어야 했습니다. 그렇게 했다면 매우 까다로운 우리의 독자들은 이미 그에 관해 잊어버렸을 것입니다. 내가 보기에 파스테르나크의 창작에는, 아주 뛰어난 그의 번역을 제외한다면(파스테르나크는 괴테, 셰익스피어, 그 밖에 위대한 영국 시인들의 작품을 번역했습니다), 전체적으로 뭔가 의미가 결여되어 있는 것

6) Ел. В. Пастернак, М. А. Рашковская & А. Ю. Сергеева-Клятис(eds), "Гнев и возмущение. Советские люди осуждают действия Б. Пастернака," *Б. Л. Пастеранк: pro et contra*, том 2, Санкт-Петербург: Институт богословия и философии, 2013, с. 144.

같습니다. 『의사 지바고』를 모스크바에서 필사본으로 읽어보았는데, 소설이라는 이름에 걸맞지 않게 형식이 없는 작품이며 무정형의 덩어리일 뿐입니다.[7]

숄로호프는 재능이 없는 파스테르나크의 작품이 소련에서 출판될 수 있도록 허용해야 한다고 주장하는데, 단 한 가지 목적은 그렇게 해야만 독자들이 그의 재능 없음을 확실히 알고 그를 영원히 잊게 될 것이기 때문이다. 이처럼 숄로호프와 파스테르나크는 정치적 입장에 있어서 서로 상반된 경향을 띠고 있으며 그러한 차이는 문학 속에서 역사적 사건을 다루는 방식을 통해서도 확인된다. 그러나 이 글에서는 작가의 정치 성향이나 작품의 예술적 우월성 문제는 차치하고 혁명의 서사시로서 두 작품이 어떠한 문학적 성과를 이루어냈는지를 살펴볼 것이다. 작가의 이념과 그것의 문학적 구현으로서 두 작품은 분명한 차이를 보이지만, 시대적 배경과 장르적 유사성이 충분히 비교분석적인 접근을 가능하게 하기 때문이다. 무엇보다 이 글에서는 『의사 지바고』가 서사시라는 장르로 논의될 수 있는가의 문제를 『고요한 돈강』과의 비교를 통해 밝혀보고자 한다.

7) "Записка отдела культура ЦК КПСС о публикации во французской газете 'Франс суар' интервью с М. А. Шолохов с высказываниями о 'деле Пастернака'," *Б. Л. Пастернак: pro et contra*, том 2, с. 189.

2. 서사시적 시공간

러시아 문학사에서 서사소설의 전통은 톨스토이의 『전쟁과 평화』에서 시작되고 있으며, 『고요한 돈강』과 『의사 지바고』가 발표되었을 당시 많은 비평가들은 이 두 작품을 톨스토이의 소설과 비교하며 혁명이라는 거대한 역사적 상황을 그려내고 있다는 점에서 혁명의 서사시, 혹은 역사소설로 장르를 규정하였다.[8] 특히 『고요한 돈강』과 『전쟁과 평화』의 장르적 연관성에 대해서는 이미 많은 연구가 이루어져왔다. 마르크 슬로님M. Slonim은 "『고요한 돈강』이 『전쟁과 평화』를 연상시키는 것은 방대한 작품 규모 때문만은 아니다. 그것은 구조, 예술적 기법, 등장인물의 심리묘사에서 비롯된다. 물론 『고요한 돈강』이 『전쟁과 평화』만큼 웅장하지는 않다. 그러나 숄로호프는 대가의 궤적을 따라 전기와 역사, 전쟁과 가정사, 대중의 움직임과 개인 감정의 변화를 엮어 짰다. 그는 사회적인 격변이 어떻게 여러 개인의 행복 혹은 파멸을 결정하는지 보여주었다"[9]고 말하고 있다. 『고요한 돈강』을 "반혁명의 서사시"로 정의내린 프리본R. Freeborn은 숄로호프의 서사시가 "『전쟁과 평화』의 서사시 모델 규범에 따라 창조된 작품"이라고 설명한다.[10] 물론 역사적 사건에 대한 구체적인 접근 방법에 있어서 두 작품은 분명 차이를 보

---

8) "『고요한 돈강』은 서사시이며 주인공은 서사시적 영웅"이라는 평가는 이 소설의 장르를 가장 간명하게 보여준다. E. J. Simmons, *Russian Fiction and Soviet Ideology: Introduction to Fedin, Leonov and Sholokhov*, New York: Columbia University Press, 1958, p. 186.

9) 마르크 슬로님, 『소련의 작가와 사회 1917~1977』, 임정석·백용식 옮김, 서울: 열린책들, 1986, p. 193.

10) 이러한 이유로 프리본은 "소비에트 문학에서 숄로호프의 걸작보다 더 위대한 작품은 없다"고 주장한다. R. Freeborn, 같은 책, pp. 179, 182.

인다. 톨스토이의 작품과는 달리 숄로호프에게서는 "개인의 운명과 공동체의 역사적 운명의 결합이 비극적이고 부정적으로 설명"되고 있다는 점이 한계로 지적된다.[11] 즉 서사시 주인공이 국가의 운명을 좌우하는 거대한 사건 속에서 영웅적인 인물로 그려지는 것에 반해 숄로호프의 주인공 그리고리 멜레호프는 혁명과 전쟁 앞에서 끊임없이 회의하고 후퇴하는 반혁명적 인물로 그려지고 있기 때문이다. 숄로호프의 문학적 역량이 결코 톨스토이를 따라갈 수는 없다는 지적도 결코 무시할 수 없다. "숄로호프의 소설은 톨스토이적이라는 칭호에 어울리지 않는다. 톨스토이 작품에서 보이는 인간적 밀도human density가 부족하기 때문이다."[12]

톨스토이와 숄로호프만큼은 아니지만, 『전쟁과 평화』와 『의사 지바고』 역시 비교 가능한데, 이때 강조되는 것은 두 소설이 사회소설이라는 사실이다. "『전쟁과 평화』는 톨스토이가 그 안에서 전 러시아의 영혼을 표현해냈다는 점에서 사회소설이다. 러시아의 종교적, 정신적, 사회적, 가족적 삶이 톨스토이에 의해 완벽하게 묘사되고 있다. 〔……〕 파스테르나크의 『의사 지바고』 역시 사회소설이다. 이 작품에서도 러시아의 영혼은 묘사되고 있지만 『전쟁과 평화』에서와는 다른 의미에서다. 톨스토이의 소설에서는 많은 사람들의 삶이 유기적인 전체를 이루며 전개되지만, 파스테르나크에게서 삶은 의사 지바고와 라라를 제외하면 단절된 에피소드로 이루어져 있다."[13] 이러한 점에서 『의사 지바

---

11) М. М. Голубков, *Русская литература XX в.*, М.: Алгоритм, 2003, с. 188.

12) R. W. Mathewson Jr., *The Positive Hero in Russian Literature*, Stanford: Stanford University Press, 1975, p. 234.

13) Н. Лосский, "'Война и мир' Л. Толстого и 'Доктор Живаго' Б. Пастернака," *Б. Л. Пастернак: pro et contra*, с. 580.

고』는 "느슨한 의미에서의 서사시"로 간주된다. 즉 이 소설은 "혁명적 변화의 경험을 묘사하는 것과 공식적으로 관련이 있다는 점에서만 서사시"[14]로 평가받는다. 또한 『전쟁과 평화』는 "개인화된 인간이 유기적으로 통합"되어 있지만, 『의사 지바고』에서 "사회 환경의 조각들은 부분적으로만 살아 있다"[15]는 것도 차이점으로 지적된다.

이처럼 『고요한 돈강』과 『의사 지바고』는 10여 년 이상에 이르는 긴 시간적 배경과 수도에서 시베리아까지 아우르는 광활한 공간적 배경 위에 혁명과 내전이라는 거대한 역사적 사건을 겪는 러시아의 다양한 계층의 사람들의 이야기를 그려내고 있다는 점에서 역사소설 혹은 사회소설로 규정되며, 러시아 서사소설의 원형이라 할 수 있는 『전쟁과 평화』와도 자주 비교된다. 루카치는 『고요한 돈강』이 소비에트 러시아에서 탄생한 가장 위대한 서사시라는 점을 부각시키며 숄로호프의 작가적 위대함을 입증하고자 했다. 그는 "이 서사시는 한때 잘못된 길에 빠져들었다가 마침내 다시 제 갈 길을 찾아가는 한 부락의 서사시" "한 계급 전체의 오디세이"라고 규정한다.[16] 그는 숄로호프의 소설이 카자크라는 특수 집단의 이야기를 보여주기 때문에 농민소설이기는 하지만, 농민 생활을 '조화로운 자연성'으로 양식화하지 않고, 카자크 부락의 특수한 삶을 전체 러시아에서 벌어지는 보편적 변혁 과정의 양상으

---

14) 프리본은 『의사 지바고』가 『전쟁과 평화』가 국민 서사시로 이해되는 것만큼은 아니지만 느슨한 의미의 서사시로 볼 수 있다고 평가한다. 특히 인간의 행동이나 역사적 과정을 결정하는 원인들과 관련해서는 서사시로 볼 수 없다는 것이다. R. Freeborn, 같은 책, p. 215.

15) I. Deutscher, "Pasternak and the Calender of the Revolution," D. Davie & A. Livingstone(eds.), *Pasternak: Modern Judgements*, Nashville: Aurora Publishers Incorporated, 1959, p. 244.

16) 게오르크 루카치, 『변혁기 러시아의 리얼리즘 문학』, 조정환 옮김, 서울: 동녘, 1986, p. 244; 루카치의 숄로호프 분석은 같은 책, pp. 293~322 참조.

로 형상화하고 있기 때문에 혁명의 서사시라고 불러야 한다고 주장한다. 현대적 서사시로서 『고요한 돈강』이 갖는 우수성은 주인공 그리고리의 인물 형상을 만들어내는 작가의 독창성에 있다. 그리고리는 "카자크 중농의 품성, 자유에 대한 열망, 무정부주의적 개인주의"[17] 등의 비전 형성에 의해 오히려 소설 전체에 걸쳐 살아 있는 인물로 성장하며, 자신의 신념과 정치적 상황의 변화 속에 수많은 시행착오를 거치며 결국에는 다시 고향의 땅으로 돌아오는 현대화된 오디세이적 주인공이라 할 수 있다. 물론 전형적인 서사시의 주인공은 처음부터 완결된 인물로 등장하는 것이 일반적이며, 그리고리가 그러한 인물이 되기 위해서는 의식화된 공산주의자로서 자기 확신과 단호함으로 무장한 채 행동해야 했을 것이다. 그러나 루카치는 숄로호프가 그를 현실에서 마주칠 수 있는 방황하는 카자크 중농으로 그림으로써 "자신의 문학적 역량과 성실성을 보여준 것"[18]이며 이를 통해 서사시의 문학적 지평을 확장한 것으로 평가한다.

『의사 지바고』의 유리 지바고 역시 모스크바의 지식인 가정에서 태어나 군의관으로서 제1차 세계대전에 참전하고 혁명의 시기에는 자의건 타의건 백군과 적군에서 활동하며, 시베리아에서의 삶을 거쳐 결국 고향 모스크바로 돌아오는 서사시적 주인공의 궤적을 따르고 있다.[19] 그러나 앞에서도 언급하였듯이 『의사 지바고』가 『고요한 돈강』과 마찬가지로 서사시 장르로 규정될 수 있는지에 대해서는 의문이 제기되는

---

17) 같은 책, p. 299.
18) 같은 책, p. 305.
19) 소설은 1903년에서 1953년, 즉 러일전쟁 이전부터 「에필로그」의 스탈린 집단화 시기까지 50여 년에 걸친 시간적 배경을 가지고 있으며, 장소도 모스크바와 우랄, 시베리아를 거쳐 다시 모스크바로 돌아오는 기나긴 여정을 그리고 있다.

것도 사실이다. 무엇보다 주인공 지바고의 행적과 관련하여 그가 과연 계급의 주인공이 될 수 있는지, 혁명이라는 거대한 역사적 사건이 그의 삶과 인격 성장에 직접적인 영향을 주었는지, 그리고 이 시대를 살아가는 다양한 사람들의 삶의 양상이 그 자체로 의미를 가지는지 등이 여전히 의문으로 남기 때문이다. 루카치의 용어를 빌리자면 지바고는 서사시적 소설의 인물이라기보다는 부르주아 소설의 주인공이라고 보는 것이 더 타당할 것이다. 부르주아 소설에서는 "사건의 파도가 주인공들이 감당할 수 없을 정도로 멀리 뻗어 나가고, 사건의 발생은 그들을 이 사회적 과정의 수동적 희생자로 만든다"[20]고 할 때, 이는 지바고에 대한 설명으로 이해될 수 있기 때문이다. 지바고는 결코 혁명이나 반혁명의 영웅도 아닐뿐더러, 주변에서 벌어지는 혁명과 내전은 그가 감당할 수 없을 정도로 그를 극단으로 몰아붙이며, 그의 성격은 자신뿐만 아니라 주변 사람들조차도 항상 역사의 수동적 희생자로 만들고 있기 때문에 서사시적 주인공으로 보기는 어렵다. 결국 『의사 지바고』는 혁명의 서사시 혹은 반혁명의 서사시라는 틀을 벗어나, 한때 러시아인 전체의 삶을 뒤흔들었던 혁명에 대한 소설이라는 점에서만 제한적으로 서사시적이라고 부를 수 있을 것이다. 『고요한 돈강』과 『의사 지바고』의 이러한 차이는 두 주인공 멜레호프와 지바고의 삶의 궤적, 그들이 추구하는 진리의 길을 비교할 경우 특히 분명하게 확인할 수 있다.

---

20) 같은 책, p. 303.

3. 반혁명적 주인공: 그리고리 멜레호프와 유리 지바고

혁명과 역사, 그리고 인간의 운명

카자크 중농 출신의 그리고리 멜레호프는 『고요한 돈강』의 주인공으로서 이 서사시를 이끌어가는 진정한 힘이다.[21] 그를 중심으로 소설은 러시아 혁명 당시 돈 카자크인의 역동적인 삶을 생동감 있고 풍부하게 그려내고 있으며, 러시아의 독자들은 지금까지 한번도 제대로 접한 적이 없던 카자크 농민들의 일상과 자연을 체험할 수 있게 되었다. 혁명과 내전이라는 역사적 사건은 러시아인이라면 누구나 피해갈 수 없는 비극이었지만, 카자크인들에게는 더욱 고통스러운 절망과 패배감을 안겨주었다. 그들은 러시아 역사상 항상 변방의 특수 집단으로 무시당하거나 오해받으면서도 전쟁에서는 최전방에서 러시아를 지키기 위해 싸워왔고, 러시아인이자 정교도라는 의식을 공유하며 기꺼이 황제를 위해 무한 충성을 바쳐왔다. 그러한 그들의 의식에 처음으로 변화의 가능성이 일어난 것이 혁명이었다. 혁명은 모든 소수 민족을 비롯하여 하층 계급 사람들에게 인간적 존엄성의 획득이라는 화두를 던져주었고, 카자크인들 역시 계급이나 신분의 차이에 따라 혁명에서 자신들의 목소리를 내기 시작했다. 이전의 가치관을 고수하는 카자크 지배 계급은 여전히 황제를 위하여 봉사함으로써 계급적 우월성을 유지하려 하였지만, 많은 가난한 카자크 농민들은 모든 사람들에게 평등과 행복을 보장하는 혁

---

21) 그리고리의 인물 분석, 카자크 담론과 관련해서는 박혜경, 「그리고리 멜레호프의 비극: 두 가지 원칙의 경계에서」, pp. 145~68과 「숄로호프와 혁명, 그리고 문학: 카자크 작가인가 소비에트 작가인가」, 『러시아어문학연구논집』 제54집, 2016, pp. 7~35 참조.

명 이념에 동조하며 새로운 사회 건설에 참여하였다. 그리고리는 러시아 군인으로서 제1차 세계대전에 참전하였고, 내전 시기에는 카자크 민족주의 운동과 적군 활동 사이에서 이념적 방황을 하다가 결국 비적으로 전락하여 비극적인 운명을 맞이한다. 1912년에서 1922년까지 "비극적이면서도 영웅적인 민족의 위업을 달성하고 카자크 민족주의자들의 독립에 대한 열의에도 동참하다가 결국은 중앙정부의 권력에 대한 거부"[22]로 자신의 삶의 여정을 마무리하는 동안, 가족들과 사랑하는 사람들은 모두 죽고 그에게는 유일한 희망으로서의 어린 아들만 남게 된다. 이 과정에서 그는 다른 카자크들과는 다른 삶의 길을 선택하는데, 무엇보다 그를 특징짓는 가장 중요한 장점은 살아 있는 생명에 대한 무한한 연민이다. 물론 제대로 된 교육을 받아본 적이 없는 카자크인으로서 그의 역사와 인간에 대한 이해에는 한계가 있을 수밖에 없다. 그는 평균 수준 이상의 카자크인이기는 하지만 역사의 힘과 방향은 그가 "이해할 수도 없고 통제할 수도 없는 초인적인 힘"으로 다가와 그를 파괴한다. 그가 추구하는 것은 하나의 진실인데, 세상은 그에게 두 가지 진실을 제시하고 그중 하나를 선택하도록 강요한다. "인간적 진실과 정치적 진실, 자연의 인간과 역사의 인간 사이의 분열"[23]이 그것이다. 그리고리는 인간적 품위를 지키고 도덕적으로 옳은 인간이 되고 싶어 하나, 역사는 그에게 적과 백 둘 중 하나의 진실을 고르도록 강요한다. 그러나 어느 쪽이건 자신의 진실이 정당함을 입증하기 위해 그들은 잔인한 폭력과 무자비한 살육을 자행하는데, 생명에 대한 연민을 가지고 있는 그

---

22) R. Freeborn, 같은 책, p. 182.
23) R. W. Mathewson Jr., 같은 책, p. 234.

리고리는 그러한 상황을 목격하면서 어느 하나의 진실에도 공감을 할수 없었다. 현실과 충돌하더라도 그는 자신의 도덕적 가치를 지키려 하며, 그를 움직이는 동력은 "인간에 대한 존중, 불필요하게 잔인한 행동에 대한 혐오, 자기 보존, 땅에 대한 사랑"[24]이었다. 그의 도덕성이나 휴머니즘은 우연한 폭력의 결과들을 마주하면서 자연스럽게 표면으로 드러났다. 어린 시절 자신의 낫에 베여 죽은 들판의 어린 새끼 오리를 보며 막연하게 느꼈던 살아 있는 생명에 대한 "날카로운 연민의 감정"(『돈강』 I, 19)[25]은 제1차 세계대전의 전장에서 적으로 만나 죽일 수밖에 없었던 오스트리아의 병사와 카자크 군대에 의해 능욕당하는 폴란드 소녀 등을 보며 더 분명하게 그 모습을 드러낸 것이다.[26] 이러한 장면들을 목격한 후 그리고리의 고뇌는 더욱 깊어지고, 그는 백군과 적군, 그리고 비적단으로 전락하면서까지 정치적 이념과는 상관없이 삶의 진실이 무엇인지 찾아내려 애쓴다. 이처럼 『고요한 돈강』에서 주인공은 역사적 사건의 진행에 따라 고뇌하고 성장하면서 자신만의 고유한 인간적 가치를 찾아나간다. 역사는 그리고리가 행동하는 영웅이 아니라 고뇌하는 영웅이 되는 과정을 함께하고 있으며, 이를 통해 작가 숄로호프는 소비에트의 관점에서는 비극일지 몰라도 인간의 역사에서는 결코 비극이라고 할 수 없는 현대적 의미의 서사시적 영웅을 만들어내고 있다.

『의사 지바고』의 유리 지바고 역시 같은 시기를 살아가는 한 인간으로 그리고리 못지않게 역사의 힘 앞에 인간적 허약함을 느끼고 좌절을

---

24) 같은 곳.

25) М. Шолохов, *Тихий Дон*, в двух томах, том 1, М.: Художественная литература, 1949, c. 19. 이하 이 작품의 인용은 인용문 뒤에 축약 제목(『돈강』)과 권수, 쪽수 표기.

26) 이러한 상황에서 그리고리가 경험한 동정과 연민, 감정의 깊이는 박혜경, 「그리고리 멜레호프의 비극: 두 가지 원칙의 경계에서」, p. 150 참조.

경험한다. 그는 혁명에서 패배가 예정되어 있던 귀족 지식인으로, 처음부터 행동보다는 관찰하는 주인공으로 등장한다. 따라서 그의 진리 탐색은 그리고리와는 다른 맥락으로 전개된다. 지바고는 전쟁과 혁명, 내전의 시기를 살아가지만 피와 폭력, 무질서가 난무하던 역사적 사건은 소설에서 큰 의미를 갖지 못한다. 독자들은 단편적으로 혹은 사건의 파편으로만 상황을 알 수 있으며, 소설의 더 큰 부분은 지바고의 내면적 갈등, 지바고와 주변 인물들과의 관계, 삶의 진실성을 밝히는 데 주어지고 있다. 또한 대부분의 주요 인물들은 지바고와의 관계 속에서만 의미를 가지며, 그들은 지바고가 추구하는 가치의 제 측면들을 드러내는 기제로서의 역할을 하고 있다.[27] 전쟁과 혁명이라는 거대한 역사의 소용돌이 속에서 인간은 사회적 관습을 벗어나게 되고, 역사는 인간의 운명을 전혀 예측할 수 없는 방향으로 이끈다. 따라서 파스테르나크의 『의사 지바고』는 혁명소설이 아니라 인간의 역량을 넘어서는 역사적 사건 앞에서 마지막까지 인간이기를 멈추지 않으려는 사람들의 이야기라고 할 수 있다.[28] 전쟁과 시위대의 모습이 단편적으로만 제시되는 것도 그러한 이유에서이다. 이 소설에서 전쟁과 혁명의 구체적 상황은 거의 묘사되고 있지 않으며, 날씨나 참여하는 사람들의 면면을 소개하는 수준에서 간접적으로만 제시될 뿐이다. 예를 들어 내전 초기 러시아 전체를

---

27) 『의사 지바고』에서 혁명은 주제, 이념, 인물들의 복합적인 소개를 하는 데 중심적이지는 않다는 것이 일반적인 평가이다. 주요 인물들 중 단 한 사람도 정치에 직접 연루되지 않으며, 혁명은 밖으로부터 그들의 삶에 들어가고, 전쟁이 진행됨에 따라 사건은 관찰되고 견뎌내야 하는 것이 된다는 것이다. R. W. Mathewson, 같은 책, p. 263.
28) 이러한 점에서 『의사 지바고』의 혁명 테마는 파스테르나크의 "폭넓은 종교-윤리적 역사철학 테마의 일부"로 평가받기도 한다. 임혜영, 「파스테르나크와 1917년 혁명: 진정한 혁명과 변질된 혁명」, 『러시아어문학연구논집』 제56집, 2017, p. 8.

공포와 절망으로 몰아붙였던 소요 사태와 관련하여 소설에서는 직접적인 학살과 소요 대신 모스크바 시민들의 굶주림, 긴장감, 잿빛 날씨 등으로 간접적으로만 그리고 있다. "건조하고 얼어붙을 것같이 추운 11월 초, 회색의 하늘과 드문드문 내리는 눈" 사이를 뚫고 거리로 몰려나오는 "얼굴들, 얼굴들, 얼굴들, 솜을 넣어 누빈 겨울 외투와 양가죽 모자들, 노인들, 학생들, 아이들, 제복을 입은 철도원들, 전차 차고지와 전화국의 노동자들"(『지바고』, 38)[29]의 모습 속에 혁명에 대한 직접적 열의나 사회 변혁에 대한 강력한 요구는 크게 부각되지 않는다. 숄로호프의 소설에서 혁명과 전쟁은 항상 잔인하고 무자비한 학살과 죽음의 광경으로 독자들을 마치 그 상황에 직접 맞닥뜨린 것처럼 공포스럽게 만들지만, 파스테르나크는 방관자적 시선에서, 마치 무성 영화의 한 장면에 등장하는 인물들처럼 그들의 모습을 그려내고 있다. 사람들은 그늘이 입고 있는 복장을 통해 신분만을 알 수 있으며, 그들이 무슨 생각을 하고 있고 무엇을 기대하며 시위에 참가하고 있는지는 묘사되고 있지 않다. 그들은 개성과 목소리는 없이 계급으로서, 집단으로서만 그려진다.

이처럼 지바고는 전쟁과 혁명의 다양한 장면을 '낯설게 하기'의 시선으로 바라봄으로써, 혁명의 부조리함을 보여줄 수 있었다. 지식인 지바고는 혁명과 시위대에 결코 동화되지 못하며, 시간이 지날수록 진행되는 사건과 참여하는 사람들을 관찰자적 입장에서 바라보고, 그들의 절박함보다는 장면의 낯섦에 더 주목한다. 이것은 그가 적군의 이념에 적대적이라는 뜻은 아니다. 그는 군의관으로 제1차 세계대전에도 참전하

---

29) Б. Пастернак. *Доктор Живаго*, *Собрание сочинений в пяти томах*, том 3, М.; Художественная литература, 1990. с. 50. 이하 이 작품의 인용은 인용문 뒤에 축약 제목(『지바고』)과 쪽수 표기.

고 빨치산에 이끌려 적군의 의사로도 활동하면서 다양한 사람들을 만나게 되는데, 혁명과 전쟁은 그것이 어느 쪽의 이념을 지지하건 마지막까지 그의 공감을 얻지 못한다. 지바고의 눈에 비친 혁명은 무자비한 살육과 처참함으로 가득 찬 고통스러운 상황일 뿐이다. 그는 "상호 간의 살육이라는 피로 가득한 논리, 부상자들의 모습, 특히 현대적인 상처에 대한 공포, 즉 현대의 전투 기술로 인해 흉측한 살덩어리로 변해 불구로 남겨지게 된 상처에 절대 익숙해질 수 없음"(『지바고』, 118)을 친구 고르돈에게 고백한다. 의사이자 시인인 지바고는 혁명을 역사를 변화시키는 힘으로 받아들였지만, 현실 속에서 혁명의 거대한 사명은 사라지고 그 안에는 개인의 복수심과 무의미한 살육만이 남아 있었다. 사람들은 혁명을 국가 질서를 바꾸는 거대한 흐름으로써가 아니라 자신들의 삶의 고통에 대한 복수의 기회로 이용했던 것이다. 이것을 이해하게 된 지바고는 혁명의 목격자가 될 뿐 그 어느 사건도 직접적인 참여자로서 함께하지 않는다.

그러나 소설 속에서 지바고를 더욱 환멸에 빠뜨리는 것은 잔인한 살육의 현장이 아니라 혁명, 혹은 반혁명의 이름으로 진행되는 무의미한 말들의 뒤얽힘이었다. 집회 장면에서 지바고가 관찰하던 시위대는 무질서와 혼돈만이 난무하는 집단으로 밝혀진다. 그들은 다른 사람들의 말에 귀 기울이지 않고, 누구의 말이건 고함만 지를 뿐이며, 결국에는 가장 형편없는 웅변가가 가장 많은 갈채를 받는 지경에까지 이른다. 지바고는 관찰자로서 그들의 회합을 지켜보거나 그들의 연설을 들을 뿐이며, 혁명의 담화에 결코 끼어들지 않는다. 항상 한 걸음 떨어져서 듣고 관찰하던 지바고가 거기에서 발견하는 것은 말의 무의미함, 말을 위한 말뿐이다. 이것이 파스테르나크가 바라보는 혁명의 진짜 모습이었을 것이다. 혁명에 참여하는 사람들은 대부분 그것이 어떠한 변화를 약속하는지, 변화의 방향이 옳은지에 대한 진지한 고민은 없으며, 변화를 위한 변화에 열광할 뿐이다. 예를 들어 카자크인들에게 혁명 진압에 참여하도록 독려하는 위원장의 연설은 지바고에게는 피곤함만을 불러일으킨다. 당신들의 자유를 찾아주기 위해 전쟁에 나섰다는 위원장의 연설을 듣던 지바고는 그와 부관들의 위선과 약삭빠름, 궤변에 당황하고 그들이 내뱉는 말의 홍수 속에는 어리석음과 간사함, 거짓되고 음울한 삶만이 들어 있음을 알게 된다. 사람들은 모두 자신의 이야기를 하려 할 뿐 어느 누구도 상대의 말을 경청하지 않으며, 서로 조용하라는 외침도 고함 소리 속에 묻혀 결국에는 아무도 이해하지 못하는 공허한 소리로만 남게 된다. 이것이 지바고가 겪은 혁명의 담화였다.[30] 『고요한 돈강』의 그리고리가 혁명에 직접 참여하여 내적 갈등 속에서도 진지하게 삶의 진리를 찾아가는 것과는 달리, 지바고는 비자발적으로 혁명에 노출되어 있으면서 그들의 무의미한 말들에 지쳐간다. 두 인물 모두 혁명과 내전의 무자비한 폭력과 살육에 적응하지 못한다는 점에서는 유사하지만,[31] 그리고리는 역사의 진정한 의도를 이해하지 못한 채 다른 사람들의 가르침 속에서 계속해서 혼란을 느끼는 반면, 지바고는 자신만의 뚜렷한 역사관을 가지고 점점 더 내면의 세계로 숨어들어간다. 그리고리

---

30) 매튜슨은 『의사 지바고』에서 혁명과 말의 관계에 주목했다. 그에 따르면 지바고는 전쟁 기간 동안 폭력에 수반되는 두 가지 중요한 타락의 징후를 보았다. 하나는 공적으로 사용되는 언어의 부패이고 또 하나는 개인적 삶을 가능하게 하는 가치와 제도의 보호소로서의 문화의 붕괴이다. 문화의 붕괴는 전쟁으로 시작되고 혁명과 내전으로 가속화된다. R. W. Mathewson, 같은 책, p. 263.

31) 여기에서도 두 인물은 차이를 보인다. 그리고리는 살육이 얼마나 참혹한지 느끼면서도 카자크인의 본성상 전쟁터에서 오스트리아 병사를 단호하게 베어 죽이지만, 지바고는 빨치산에 잡혀 백군과 맞닥뜨렸을 때 허공을 향해 총을 쏘며 살육을 피하려 한다.

가 생각하는 진정한 가치는 자연과 인간의 하나됨이며 지바고가 생각
하는 진리는 신의 말씀 속에 들어 있었다.

진리 탐구의 과정

그리고리는 의도적으로 진리를 추구하지는 않지만, 그가 가지고 있
는 높은 도덕성과 생명에 대한 연민이 전쟁과 혁명의 공간에서 서서히
깨어나기 시작한다. 그에게 처음으로 전쟁에서의 자신의 행동에 대한
혐오와 의혹이 나타난 것은 오스트리아 병사를 베어 죽인 후부터이다.
죽음의 공포를 담은 눈으로 그리고리를 응시하는 병사의 두개골을 칼
로 내리친 후 그리고리는 그의 시선을 잊을 수 없어 고통스러워한다. 무
공이라고 불리는 것은 사실 "자신과 같은 사람을 죽이기 위해 팔을 내
리치지도 못하던 사람들이 죽음의 들판에서 충돌하고, 동물과 같은 공
포에 휩싸여 마구 칼을 휘두르다가 자신에게도 말에게도 부상을 입히
고, 사람들을 죽이고, 도덕적으로 일그러진 채 이리저리 도망가고 마
는 상황"(『돈강』 I, 263)이었다. 이전에는 너무나 분명했던 선악의 대립
이 이제는 무엇이 선이고 무엇이 악인지 구별하는 것이 불가능해졌다.
대자연의 품에서 나고 자란 그리고리에게 인간은 자연의 일부로서 모
두가 동등하게 살아가야 할 이유가 있었으며, 어느 누구도 타인의 삶
을 빼앗을 권리 같은 것은 없었다. 그의 정신적 혼란은 이후 정치적 선
택의 혼란으로 이어진다. 기관총병 가란자를 만나 사회주의 사상에 눈
을 뜨고,[32] 카자크 동료 추바트이에게서는 카자크 독립의 정당성을 들

---

32) 가란자는 그리고리에게 전쟁 발발의 참된 원인을 설명해주고, 러시아 정부의 태도에 비난과

게 된다. "혁명이란 별 의미 없어, 유치한 장난이지. 자네는 우리 카자크에게는 다른 무엇도 아닌 우리들만의 권력이 필요하다는 것을 이해하게나."(『돈강』 I, 393) 또 다른 카자크인 이즈바린 중위 역시 볼셰비키는 노동자 계급에게만 해방을 가져다 줄 뿐, 자신들과 같은 농민들에게는 오히려 노예 상태만을 가져다 줄 것이기 때문에 그들에게는 어느 쪽도 필요 없고 그들 자신만 있으면 된다는 신념을 전해준다. 그러나 그리고리는 백군에서도 적군에서도 진리를 찾지 못해 괴로워한다.

> 젊은 리스트니츠키(카자크 백군 장교 — 필자)이건 우리의 코셰보이(그리고리의 어린 시절 친구이자 적군 병사 — 필자)이건 나는 항상 부러워했네…… 그들에게는 처음부터 모든 것이 분명했지만, 나는 지금까지도 아무것도 분명하시 않거든. 그들 두 사람에게는 자신들만의 곧은길과 그 끝이 있는데, 나는 1917년부터 술 취한 사람처럼 이리저리 헤매고 있다네…… 백군에서는 떨어져 나왔고 적군에도 붙어 있지 못하고, 마치 얼음 구멍 속 거름처럼 그렇게 떠다니고 있네. (『돈강』 II, 700)

그의 진리 탐색의 과정이 모두 실패로 끝나고 절망적으로 사랑하던 아크시니야마저 비적의 총에 맞아 죽게 되자, 그리고리는 마지막 남은 삶의 존재 근거인 아들을 찾아 고향으로 돌아간다. 3월 이른 봄 돈강에 도착한 그리고리는 총과 무기를 강물에 던져버리고 아직 얼어 있는 강을 건너 자신이 태어난 집, 아들이 살고 있는 집을 향한다. 그는 적군에서 탈출하여 비적 활동을 했기 때문에 고향으로 돌아오더라도 그의 삶

조소를 퍼붓는다.

은 결코 안전하지 않을 것이다. 체포되거나 사형에 처해질 수도 있지만 숄로호프가 그리고리의 귀환을 봄으로 설정한 것에는 의미가 있다. 오디세우스가 거칠고 힘든 오랜 모험을 끝내고 고향의 가족들에게로 돌아오듯이, 그리고리는 정신적, 육체적으로 수많은 역경을 겪고서 마침내 고향의 따뜻한 품으로 돌아왔다. 물론 그의 귀환은 서사시적 주인공처럼 영웅적인 대접을 받지는 못할 것이며, 귀향 후 그의 삶은 더욱 고통스러울 것이다. 그러나 혁명의 이념을 구현하는 영웅이 아니라 돈강의 후손으로서 진정한 인간이 되어 돌아왔다는 점에서 그는 현대적으로 재해석된 서사시적 주인공이라 할 수 있다. 돈강의 자연에서 그 일부로 살아가는 삶, 그것이 카자크인 그리고리가 마지막으로 선택한 삶의 길이었다.

그렇다면 지바고에게 있어서 혁명은 어떠한 의미인가? 파스테르나크는 거대한 역사의 흐름 속에서 지바고가 어떠한 진실에 도달하기를 바라는가? 슬로님은 이 소설이 "개인의 운명을 통해 본 사회, 역사의 이야기"로서, "산만한 곁줄기와 종종 우화처럼 들리는 에피소드를 갖고 있는 이 시적 산문에 서사시적이라는 용어를 붙이는 것은 그다지 적합하지 않다"고 주장한다.[33] 그리고리가 역사적 변화에 따라 삶과 가치관의 혼란을 겪으며 자신만의 진리를 찾아 나가고 있다면, 지바고는 이미 정해져 있는 개인의 운명을 통해 역사를 설명하려 한다는 점에서 분명 전형적인 서사시와는 다르다고 할 수 있다. 지바고에게 보다 중요한 것은 삶과 죽음의 문제, 역사와 불멸성의 관계를 어떻게 입증해야 할 것

---

33) 마르크 슬로님, 같은 책, p. 235.

인가의 문제였다.[34] 지바고가 관심을 가졌던 것은 러시아 전체 민중을 이념으로 대립시키고 정치적 혼란으로 고통스럽게 만들었던 혁명의 역사가 아니라 대혼란 속에서도 인간임을 잊지 않으려는 지식인, 예술가의 자의식이었다. 이처럼 『의사 지바고』는 시간과 공간적 배경, 주인공의 방랑이라는 외적인 틀에서만 서사시의 형식을 취하고 있을 뿐, 주제론적인 측면에서는 지바고의 내적 고뇌, 신을 통한 삶의 의미 추구, 역사와 종교의 유기적 연관성에 대한 탐색에 훨씬 더 주목하고 있다. 물론 여기서 말하는 종교는 실질적 제도로서의 기독교라기보다는 기독교적 정신의 추상적 구현이라고 보아야 할 것이다. 지바고가 생각하는 역사의 의미, 신에 대한 믿음, 자유로운 인격과 희생이라는 화두는 그의 외삼촌 베데냐핀을 통해 소설 시작부터 이미 반복적으로 언급되고 있다. "내 생각에 삶의 나른 이름이자, 솜더 상렬한 말인 불멸성에 충실해야 합니다. 불멸성에 충실해야 하며, 그리스도에 충실해야 합니다!"(『지바고』, 13) 지바고라는 이름이 상징하는 "삶"이란 불멸성을 뜻하며('지바고 Живаго'라는 이름은 '살아 있는'이라는 뜻의 '지보이Живой'에서 왔다), 불멸성에 대한 진실은 곧 그리스도에 대한 진실과 마찬가지이다. 소설에서 지바고는 죽음을 맞이하지만, 그의 이름의 의미대로 불멸의 존재로 남을 것이며, 그리스도와 마찬가지로 상징적 부활을 경험하게 될 것이다.

베데냐핀과 지바고가 이해하는 바에 따르면 피와 야수성과 잔인함만이 난무했던 고대인들에게는 역사가 없었으며, 그리스도가 도래한 이

---

34) 이 소설은 '살아 있는 자живой'의 죽음으로 시작하여(지바고의 어머니의 죽음) 죽음으로 끝난다(지바고Живаго의 죽음). 그만큼 삶과 죽음의 문제는 이 소설을 이해하는 주요 화두가 되고 있으며, 지바고는 등장인물들과의 대화를 통해, 혹은 외삼촌 베데냐핀의 사상을 통해 지속적으로 이 문제를 다루고 있다.

후 인간의 역사는 시작되었다. "당신이 이해하지 못하는 것은 사람들이 무신론자가 되거나, 신의 존재 여부와 존재의 의미를 모르면서, 동시에 자연이 아니라 역사 속에서 살고 있으며, 지금 우리가 이해하는 역사는 그리스도에 의해 시작되었고 복음서가 그 바탕을 이루고 있다는 사실을 믿을 수 있다는 것입니다."(『지바고』, 14) 고대의 인간은 죽음으로 모든 것이 사라졌지만, 그리스도의 불멸성과 더불어 시작된 역사 속에서 인간은 끊임없이 누군가의 기억 속에서 되살아나게 되며, 이 점에서 생명이 없는 고대의 영원성과 달리 자유롭게 숨 쉬는 인간으로 영원성을 획득할 수 있게 되었다. 과거로 끝나지 않고 살아 숨 쉬는 영원성을 획득한 순간 인간은 미래의 시간을 살아갈 수 있게 되며, 따라서 불멸의 존재가 되는 것이다. 이러한 인식에 근거해서 지바고는 불멸의 존재가 될 수 있다. 그러나 지바고의 불멸성은 문자 그대로 인간으로서의 삶을 영원히 산다는 의미보다는 추상적인 의미로 이해해야 한다. 직업으로 택한 의학보다 예술가적인 관찰력과 감수성 덕분에 글쓰기와 역사에 훨씬 더 많이 매혹되었던 지바고는 그가 남긴 글 덕분에 불멸성을 얻을 수 있었다. 예술과 글쓰기는 그의 삶의 유한성을 넘어서 그의 존재를 영원한 것으로 만들어줄 것이며, 그가 쓴 글은 영원히 다른 사람들의 읽기를 통해 불멸성을 획득할 것이다. 이것은 마치 인간이 죽음으로 생을 마감하더라도 타인들의 기억 속에 계속 살아 있음으로써 얻게 되는 불멸성과 마찬가지이다. 지바고는 죽음의 병으로 고통받는 토냐의 어머니, 안나 이바노브나를 다음과 같은 말로 위로한다.

다른 사람들 속의 인간, 이것이 바로 그 사람의 영혼입니다. 바로 이것이 어머니이며, 그것으로 어머니의 의식은 숨을 쉬고 양식을 얻고 삶에 취하게 되는 것입니다. 다른 사람들 속에 있는 어머니의 영혼과 어머니의 불멸성과 어머니의 삶으로요. 그러면 어떻게 될까요? 어머니가 다른 사람들 속에 있었다면, 앞으로도 그들 속에 남아 있을 것입니다. 이것이 나중에 기억으로 불린다고 해서 무슨 차이가 있을까요? 이것은 미래의 한 부분이 될 어머니입니다. (『지바고』, 69~70)

한 인간의 죽음은 그 존재의 소멸로 끝나지 않고 타인의 영혼 속에 각인이 되고 그 안에서 기억으로 숨을 쉬고 살아가기 때문에 불멸의 존재가 된다는 지바고의 위로 덕분에 토냐의 어머니는 죽음의 두려움을 극복할 수 있게 된다. 지바고는 "죽음은 없을 것이다"(『지바고』, 70)라고 한 세례 요한의 말을 이렇게 해석함으로써 그리스도의 불멸성과 인간의 불멸성을 양립시키고 있으며, 지바고 자신에게 있어서 불멸성은 사람들의 기억 속에 영원히 남을 그의 글로써 입증이 된다. 안나 이바노브나의 장례식장에서 그는 아름다움을 창조하고자 하는 욕망을 강하게 느끼는데, 이처럼 예술 창조에 대한 집념을 느끼는 것은 "예술은 끈질기게 죽음에 관해 사색하고, 그럼으로써 삶을 창조"(『지바고』, 91~92)하기 때문이다.

러시아의 역사에 거대한 전환점이 된 혁명은 분명 러시아인의 삶에 엄청난 혼란과 변화를 가져왔지만, 지바고가 추구하는 진리 탐색에는 큰 영향을 미치지 못한다. 오히려 그가 본래부터 가지고 있던 관념을 더 확고하게 하는 데 영향을 주었을 뿐이다. 그에게 "시대와의 불화는 정치적인 문제가 아니라 철학적, 도덕적 문제"였으며, 그는 "법의 집행이 인간을 변화시킬 수 있다는 혁명주의자들의 환상"도 가지지 않았다.[35] 반면 『의사 지바고』에서 역사적 변화에 가장 민감하게 반응하고 혁명을 통해 자신과 세계의 변화 가능성을 적극적으로 기대했던 인물은 라라의 남편인 파샤 안티포프이다. 그는 이 소설에서 가장 이상적인 혁명가의 모습을 하고 있다는 점에서 『의사 지바고』를 혁명에 관한 소설로 읽는 것을 가능하게 한다. 당시 많은 혁명가들이 극단적인 정치사상이나 모순에 가득 찬 웅변으로 사람들을 혼란에 빠뜨렸던 것과는 달리 안티포프는 순수한 혁명적 열정으로 무장하고 있었기 때문에 진정한 혁명가로 성장할 수 있는 가능성을 보여주었다. 논리적 추리력, 위대한 도덕적 순수성, 정의감, 정열, 명예감을 안고 혁명에 참여한 그는 혁명의 진정성을 가장 잘 구현할 수 있는 인물이었다. 어린 시절부터 숭고한 포부를 가슴에 품고 완벽하고 정의로운 사회를 꿈꾸던 소년에게 세상은 완전성을 위해 경쟁을 벌이는 경기장으로 인식되었다. 그렇기 때문에 자신의 삶을 완벽하게 만들어주리라 기대했던 라라가 어두운 과거로 고통받고 있는 것을 알았을 때 그는 그녀의 삶을 구원하기 위해 세상이라는 경기장으로 나갈 결심을 한다. 그는 집을 떠나 아내를 구원할 수 있는 세상을 완성시키고 다시 가족에게로 돌아오는 영웅으로서의 꿈을 가지고 있었다. 그러나 그가 자살 직전 지바고를 찾아와 자신이 왜 가족을 버리고 혁명에 나설 수밖에 없었는지 설명하는 것에서 그 역시 진정한 혁명적 서사시의 주인공이 될 수 없었음이 밝혀진다. 그는 혁명에 참여하며 안티포프라는 본래 이름을 스트렐니코프로 바꿀 정도로 철저하게 과거와 단절한다. 누군가의 기억 속에 살아남아 있음으로써 불멸성을 얻는다고 할 때 그의 신분 세탁은 과거와의 단절이며, 역사성의 상실을 의미한다. 따라서 그가 오랜 방랑 끝에 가족에게 돌아오더라도

---

35) 마르크 슬로님, 같은 책, p. 236.

그는 더 이상 귀향한 영웅 안티포프가 될 수 없을 것이다.

순수한 도덕적 이상주의자 안티포프는 자신의 목표를 전혀 이루지 못했다. 사회를 혁명적으로 변화시키겠다는 커다란 꿈을 안고 집을 떠났지만, 그가 기대하던 완벽한 사회주의 국가 건설은 허위로 드러났고, 혁명을 말하는 사람들의 언어는 무의미한 소리에 불과했으며, 자신의 절대적인 우상인 라라는 집을 떠난 이후 단 한 번도 만날 수가 없었다. 그는 수많은 시련과 모험을 거치고 고향으로 돌아오는 오디세이의 주인공이 아니라 모든 기대와 꿈이 완벽한 무로 끝나버리는 비극의 주인공이었다. 그는 역사와 싸웠지만, 파스테르나크의 입장에서 "역사는 만들어질 수 없으며, 혁명을 통해 역사를 만들려는 사람들은 광신도이자 편협한 천재"[36]에 불과했다. 서사시의 주인공이 될 수도 있었지만 결국 비극의 주인공이 된 스트렐니코프는 파스테르나크가 원하던 진리 탐색자는 아니었다.

『의사 지바고』에서 혁명을 통한 역사의 이해는 역시 지바고의 몫이었다. 단편적인 에피소드나 사람들의 대화를 통해 혁명의 구체적인 상황이 간접적으로 언급되고 있긴 하지만, 혁명의 역사적 의미와 그에 대한 파스테르나크의 평가는 지바고를 통해 분명하게 드러나고 있기 때문이다. 지바고는 혁명 자체를 거부하지는 않았다. 1905년 혁명은 러시아인들이 자발적으로 참여한 혁명으로서 미래의 삶, 새로운 질서에 대한 약속과 기대가 포함되어 있었기에 그는 혁명을 찬양하고 충성을 맹세할 수 있었다. 그러나 1917년 볼셰비키 혁명은 혁명 전문가들에 의해 정치화되고 조종되면서 무자비함과 피를 부르는 움직임으로 바뀌었

---

36) J. W. Dick, *Boris Pasternak*, Boston: Twayne Publishers, 1972, p. 138.

다. 지바고는 이러한 살육과 고통을 참을 수 없었다. 혁명에 대한 민중의 자발적인 참여와 기대 대신 정치화되고 무자비한 살육이 난무히는 혁명, 그것은 지바고의 입장에서는 결코 새로운 삶의 실현도 아니고 미래에 대한 약속도 아니었다. 혁명이라는 이름으로 진행된 사건은 "불확실성, 격변, 파괴, 죽음, 폭파된 다리, 화재, 폐허"만을 남겼으며, 결국은 "내용이 사라져버린, 거대하고 공허한 공간"(『지바고』, 164)으로 변해버렸다. 혁명 기간 동안 전선에서 지바고가 느낀 것은 "삶은 끝났고, 인간적인 요소는 하나도 남지 않았으며 세상에는 죽고 죽이는 것 말고는 아무 일도 일어나지 않는다는 것"(『지바고』, 180)이었다. 그는 혁명의 정신을 옹호했지만, 혁명가들이 폭력을 통해 자신들의 이상을 실현시키려는 것을 보면서 그로부터 멀어져갔다. 그는 "선으로 선을 이끌어내야 한다"(『지바고』, 260)고 주장한다. "인간은 삶을 준비하기 위해서가 아니라 살기 위해서 태어났고," "삶 자체, 삶이라는 현상, 삶의 은총이야말로 우리를 매혹시키는 진지한 문제"(『지바고』, 295)임에도 불구하고 혁명가들은 변화와 격동 이외에는 아무것도 아는 것이 없는 사람들이라고 비난한다. 적군 빨치산인 리베리 아베르키예비치에게 포로로 잡혀 군의관으로 활동하는 동안 혁명에 대한 지바고의 환멸은 더 구체화되고 명확해진다. 무엇보다 삶을 개조하겠다는 목표 아래 잔인한 폭력과 살육이 행해지는 것을 보면서 과연 목적이 수단을 정당화할 수 있는지에 대해 의문을 품게 되고, 또한 삶을 재료나 물질처럼 주물러대고 틀에 맞추려는 혁명가들에 대한 우려를 표한다. "삶은 끊임없이 스스로를 쇄신하고, 영원히 자신을 개조하는 원칙이며, 다시 만들고 변형시키는 것"(『지바고』, 334)이기 때문에 인간의 능력으로 그것을 바꾸려는 시도 자체가 불가능하다는 것이다. 이것을 인지하지 못한 채 삶을 개조하려는 사람들은 어리석고 무모한 사람들일 뿐이다. 이것이 지바고가 바라본 혁명의 진짜 모습이었으며, 따라서 그는 점차 혁명으로부터 멀어져 자신만의 세계로 들어간다. 그것은 가족과의 삶이고 라라와의 사랑이며, 마지막에는 글쓰기로 마무리된다. "가족들에게로 돌아감, 자신에게로의 귀환, 존재의 부활"(『지바고』, 164)이 그가 생각하는 참된 삶이고 예술이었다.[37]

지바고가 수많은 인생의 고비를 겪고 결국 자신을 찾아 귀환한 곳은 글쓰기이다. 그리고리가 어린 시절 그의 윤리적 가치관을 일깨워주었던 고향의 자연으로 돌아올 수밖에 없었듯이 지바고는 인간적 존재로서의 부활을 어린 시절부터의 꿈이었던 예술에서 찾고 있는 것이다. 귀족 출신으로 혁명에 동의하는 것도 쉽지 않았고, 수동적인 지식인으로서 혁명과 내전에 적극적으로 참여할 수도 없었지만, 그의 인생은 패배는 아니었다. 거대한 역사 앞에서 그는 모든 것을 잃었고 현재의 삶 역시 점차 파멸의 길로 향하고 있지만, 그것은 안티포프와 같은 의미의 파멸은 아니다. 그의 글과 시가 출판되고 후대 사람들에 의해 읽혀지는 순간 그는 불멸의 존재로 살아남게 될 것이며, 파스테르나크가 『의사 지바고』에서 말하고 싶었던 것도 바로 이것일 것이다. 그리스도가 부활하여 불멸을 얻고, 사람이 죽더라도 타인의 기억 속에 남아 있음으로 해서 그의 죽음이 소멸이 아니듯이, 지바고는 그를 아는 사람들이나 모르는 사람들에게서도 자신의 글을 통해 영원히 기억될 것이다. 이것이 예술가의 길이며, 혁명 러시아도 결국 이 진리를 깨지는 못했다. 볼셰비키 혁명

---

37) 라라는 지바고에게 절박한 사랑의 대상, 그 이상의 의미를 가지고 있음은 이미 충분히 지적되어왔다. 그녀는 수난당하는 러시아의 대지이자 지바고의 삶을 가능하게 하는 어머니-러시아를 상징하는 인물이며, 그를 불멸의 존재로 만들어줄 수 있는 글쓰기의 뮤즈이다.

이 성공한 지 100년이 된 지금, 혁명가들에 의해 세워진 국가는 더 이상 존재하지 않지만, 파스테르나크는 그의 소설 『의사 지바고』를 통해 여전히 현대의 독자들과 함께하고 있다. 이것이 예술의 힘이고, 역사의 진리이다. 이를 통해 지바고는 또 다른 의미의 서사시적 주인공으로 불릴 수 있을 것이다. 사실 그는 그리고리보다 더 비극적인 결말을 맞았고, 살아서 고향에 돌아가지는 못했지만, 모스크바를 떠나 시베리아를 거쳐 다시 모스크바로 돌아오는 동안 종교적 시련을 거치며 예술가 지바고가 완성되었다는 점에서, 그가 예술적 영웅으로 재탄생했다고 볼 수 있기 때문이다.

4. 혁명의 서사시: 서사시의 재의미화

러시아 혁명이 만들어낸 위대한 서사시 『고요한 돈강』과 『의사 지바고』는 러시아 역사에서 가장 큰 격동의 시기를 살았던 러시아인들의 삶의 이야기이다. 제1차 세계대전과 혁명, 내전을 거치는 동안 그들이 겪었을 새로운 시대의 도래에 대한 희망과 기대, 그리고 다른 한편으로 좌절과 절망은 지식인이건 농민이건 러시아인이라면 누구나 피해갈 수 없는 역사적 경험이었으며, 특히 두 소설은 서사시적 형식에 따라 이 시대의 역사와 인간의 삶을 방대하게 그려내고 있다. 물론 이 두 작품을 같은 의미의 서사시적 산문이라고 보기는 어렵지만, 서사시적 틀을 사용하여 역사와 인간의 이야기를 하고 있다는 점에서 비교가 가능하며, 작가나 주요 인물들의 정치적 성향과는 관계없이 혁명 러시아가 탄생시킨 위대한 소설임은 의심의 여지가 없다.

『고요한 돈강』에서 그리고리는 역사적 변혁의 과정에 참여함으로써 카자크 농민이라는 집단적 인간에서 자신만의 가치관을 가진 개성 있는 인간으로 성장해간다. 농민과 군인이라는 이중 신분 사이의 모순 같은 것은 느끼지 못하던 카자크 집단 안에서 그리고리는 생명에 대한 존중과 이념을 위한 투쟁이라는 서로 상충되는 가치관 앞에 갈등을 겪게 되는데, 이러한 그리고리의 내적 고뇌를 통해 작가 숄로호프는 살아 있고 성장하는 한 인간을 그려내고 있다. 그의 성장 스토리는『오디세이』의 주인공처럼 고향을 떠나 수많은 시련을 거쳐 다시 고향으로 돌아옴으로써 하나의 원으로 완결되지만, 귀향한 그는 결코 전통적인 서사시의 영웅은 될 수 없다. 떠남과 돌아옴이라는 완결된 구조 속의 처음부터 완성된 주인공의 모습이 아니라 사건들 속에서 좌절하고 변화하고 새로운 인간으로 재탄생하고 있기 때문이다. 또한 혁명을 위해 고향을 떠났던 그가 반혁명적 가치관을 가지고 돌아왔다는 사실 때문에『고요한 돈강』은 반혁명의 서사시로 불린다. 그러나 비록 그가 소비에트적 의미에서 반영웅으로 귀향하였지만, 인간 그리고리로서의 성장을 완성하고 돌아왔다는 점에서 이 소설은 분명 새롭게 해석된 서사시라고 불릴 수 있을 것이다.

반면,『의사 지바고』는『고요한 돈강』보다 더 느슨한 의미의 서사시라 할 수 있는데, 왜냐하면 그리고리는 모험의 과정 속에서 다양한 계급이나 사상을 가진 사람들을 만나 그들과의 유기적 관계 속에서 성장하고 있는 데 비해, 지바고는 이미 완성된 자기만의 역사관과 종교관을 가지고 세상을 바라보고 해답을 구하고 있기 때문이다. 서사시적 공간과 시간의 틀 속에서 그는 주변 상황의 변화에 따라 성장한다기보다는 외부 세계로부터 스스로를 떼어내 자신만의 진리 탐구에 몰두하며, 마침내 지극히 개인적인 영역의 예술을 통해 불멸성을 획득한다. 그가 추구하는 삶과 그의 개성은 결코 지바고를 본래적인 의미에서의 서사시적 주인공으로 만들지는 못하지만, 『의사 지바고』를 혁명의 시대에 무너졌던 예술성이 회복되는 이야기로 이해할 경우, 우리는 지바고를 이러한 시련을 이겨낸 '문학적 영웅'으로 간주할 수 있다. 거대한 역사적 사건 앞에서 민족이나 국가를 구원하는 영웅 주인공의 시대는 지나갔다. 대신 지바고는 시대가 거부하고 부인했던 예술과 종교의 합을 이루어내고, 고통스러운 삶과 죽음 자체의 비극성을 넘어서서 문학을 통한 불멸성을 획득했다. 바로 이 지점에서 이 작품을 작가를 위한 서사시로 읽을 수 있는 가능성이 열린다.

혁명과 상징주의:

혁명의 풍경, 블로크의 「열둘」

차지원

1. 늘어가며: 눈과 바람. 혁명의 풍경

1937년 작곡한 드미트리 쇼스타코비치의 교향곡 제5번 「혁명」은 동요하고 진동하는 혁명의 소리를 들려준다. 혁명의 소리는 극도로 복잡하다, 아니 차라리 모순적이다. 그것은 불안하고 비극적이지만 다른 한편 서정적이고 유려하고, 당당하고 확신에 차 있다가 망설이고 조심스러워지며, 거칠고 대담하지만 다시 부드럽고 숨죽인다. 혁명의 소리는 때로는 어두운 골목 안에서 숨죽인 평범한 사람들의 속삭임처럼 단순하고 서정적이고, 때로는 광장의 소요처럼 혼란스럽고 불협화음으로 울리며, 다시 때로는 볼셰비키들의 거리 행진처럼 확고하고 힘차다. 이렇게 쇼스타코비치의 교향곡은 혁명의 세계 전체를 그린다. 그 안에서 혁명의 소리는 수많은 소리들로 부서지고 합쳐진다.

이러한 혁명의 모순적인 소리, 불가해한 소리를 쇼스타코비치 이전

혁명의 동시대에 이미 들은 이가 있다. 그는 러시아 최고의 상징주의 시인 알렉산드르 블로크였다. 시대의 음악을 듣는 것을 예술가의 유일하고 최종적인 의무라 규정한 바 있는 그는, 혁명 직후인 1918년 겨울 서사시 「열둘」을 통해 이와 같은 모순의 소리를 혁명의 풍경으로 그려낸다.[1]

검은 저녁.
흰 눈.
바람, 바람!
사람은 서 있지 못한다.
바람, 바람——
신의 세상 전체에!

〔……〕

적의敵意, 구슬픈 적의가
가슴속에서 끓어오른다……
검은 적의, 신성한 적의가……

〔……〕

---

1) 알렉산드르 블로크의 시 「열둘」에 대한 인용은 А. А. Блок, *Собрание сочинений*, в 8 томах, т. III, Москва/Ленинград: Государственное издательство художественной литературы, 1961을 따랐다. 이후 이 시를 인용하는 경우 쪽수만을 본문 괄호 속에 표기한다.

바람은 거칠어지고 눈발이 회오리친다.
열두 사람이 걸어간다.
라이플총을 매단 검은 띠.
주위엔 ── 불, 불, 불……

〔……〕

붉은 깃발이
두 눈 속에 펄럭인다.

정연한 걸음 소리가
울려 퍼진다.

〔……〕

눈보라가 먼지처럼 그들의 눈 속에 날려 들어온다.
낮에도 밤에도,
끊임없이……

앞으로, 앞으로,
노동자 민중이여!

〔……〕

타타-타-타! 단지 메아리만이

건물들 사이에서 응답한다.

눈보라만이 긴 웃음을

눈 속에서 흘리고 있다. (347, 349~50, 356, 358~59)

세계를 뒤흔든 러시아 10월 혁명, 그 격변의 날들이 흘러가던 1918년 1월, 당대 러시아 최고의 시인 알렉산드르 블로크는 그의 서사시「열둘」에서 혁명기 페트로그라드(상트페테르부르크의 옛 이름)의 풍경을 이처럼 묘사하였다. 눈과 거센 바람, 그리고 얼어붙은 거리에서 열두 명의 볼셰비키 병사들이 행진한다. 거리는 스산하고 어둡다. 눈보라를 뚫고 행진하는 병사들에게 화답하는 것은 그들 자신의 총소리의 메아리, 그리고 눈보라뿐이다……

이것이 그 위대한 러시아 10월 혁명의 풍경인가. 인류사에 새로운 실험의 장을 연 10월 혁명. 그 혁명이 내세운 민중의 해방과 자유라는 기치의 거대함에 비해 혁명의 모습은 힘겨우며 신산하다. 당대 최고의 시인은 10월 혁명의 역사적 필연성을 믿었고 볼셰비키 권력의 도덕적 정당성을 받아들였다. 그러나 10월 혁명에 바쳐진 그의 서사시의 풍경은 서사적이고 웅장하기보다는 서정적이며 내밀하다. 여기서는 혁명의 업적이 아니라 혁명에 휘말린 사람들이 그려지고 혁명의 칭송이 아니라 혁명의 운명에 관해 이야기하기 때문이다.

아직까지도 10월 혁명에 바쳐진 최고의 예술작품「열둘」에 대한 해석은 양가적이다.「열둘」은 혁명에 대한 송가인가, 혹은 비가인가. 이러한 논란은 그 자체로 이 시에 관해 상당한 해석의 진동을 수용할 수 있기 때문에 생산적이다.「열둘」에서 들리는, 확신과 의혹 사이를 오가는 시인의 목소리의 진동처럼 혁명은 위대함이자 상실이, 확신이자 고통이 아니었을까. 약속과 배반을 동시에 가져온 혁명은 그 자체로 부조리했다.

러시아 인텔리겐치아와 지식인들은 그들이 가졌던 이념적 이상이 실현되는 것을 보았지만, 동시에 삶의 곳곳에서 이러한 이상이 과연 진정으로 실현되었는가를 의심하지 않을 수 없었다. 모든 특수 계급과 특권은 사라졌지만 거리에는 여전이 갈등과 증오가 남아 있었다. 이들은 사람들 사이에서 배반과 복수, 폭력과 살인이 난무하는 것을 목도했다. 인간의 선의에 대한 확신은 짓밟히고 관계는 깨어졌다. 또한 이들은 과거의 삶의 방식이 파괴되면서 소중하게 여겼던 가치들 역시 사라지는 것을 보아야 했다. 특히 이념과 현실, 개인과 공동체 사이에서 양분된 자아를 가진 지식인들에게 혁명은 아이러니이자 역설이었다.

혁명 이전 제정 러시아의 고도로 세련된 문화적 토양에서 성장한 상징주의 예술가들에게 혁명의 이상과 현실에 대한 괴리는 가장 극명하게 나타났다. 19세기 말 나타난 이들은 신예술(모더니즘)을 주창하며 문학과 예술에서 혁명적 변화를 이끌고 있었다. 새로운 세기, 새로운 시대를 표상하려는 상징주의자들의 신예술은 예술과 문화라는 미학적 영역에만 머물러 있지 않았다. 과거의 문화유산을 전면적으로 부정하고 새로운 문화를 다시 재건한다는 창조와 구성의 원리는 예술의 경계를 넘어 세계와 현실의 삶에도 적용되었다. 이들이 최고의 예술적 이상으로 삼았던 '생예술жизнетворчество' 패러다임은 창조의 원리를 예술에서 현실로 가져와 삶과 세계를 재창조하는 것을 의미했다. 그러므로 이들이 외쳤던 신예술은 구태의연한 옛 세계, 낡은 삶의 방식을 일소하고 새로운 시대와 새로운 삶의 방식을 일구어내는 것을 최종적인 목적으로 두고 있었다. 20세기를 눈앞에 둔 신예술의 과제는 변혁적 예술을 통해 삶과 현실에서 혁명적 변화를 이끌어내는 것이었다.

그야말로 이들은 태생적으로 혁명의 소용돌이 한가운데에 있었다. 상징주의 예술운동은 세기말인 1890년대에 시작되어 1905년의 제1차 러시아 혁명이 있었던 1900년대에 가장 절정에 있었으며 10월 혁명 직전인 1913년경 소멸하였다. 세기말과 세기 초가 교차하던 시간, 옛것과 새것의 경계에서 태어난 상징주의는 혁명의 기운을 예감하고 예고하였으며 혁명의 중심에서 삶의 모든 영역에서 봉기와 변혁에 대한 의식을 고양했다. 상징주의 예술가들은 제정 러시아의 착취와 부패의 짙어진 어둠 속에서 다가오는 새벽빛을 예감했다. 끝과 시작, 몰락과 재생에 대한 감각은 상징주의 예술의 가장 근원적인 세계관이었고, 삶과 현실의 변용은 상징주의 예술가들이 기대하였던 예술의 이상이었다.

그러나 예술의 혁명을 통해 삶의 혁명을 꿈꾸던 상징주의 예술가들은 혁명의 가장 큰 적이 되었다. 레닌이 인텔리겐치아를 경멸했다는 사실은 잘 알려져 있지만, 다른 한편 인텔리겐치아는 그들이 품은 이상주의로 인하여 혁명의 가장 본질적인 이념에 공감하였다. 그러나 이들이 가진 비판의식과 양심, 그리고 부르주아적인 세련된 문화 취향과 교육적 배경은 혁명의 '폭력'과 '타락'을 용인할 수 없었다. 특히 극도로 기술적인 형식미감과 현학적인 철학관을 가진 상징주의자들은 거리에서 실제로 흘려지는 피를 용서할 수 없었다. 그러므로 상징주의자 대부분은 혁명의 반대자가 되었다. 이들에게 구세주의 도래에 관한 현대의 신화는 가짜 그리스도, 참칭자의 아포칼립스로 뒤집힌다. 현실의 혁명을 통해 생예술은 한갓 관념적 몽상에 불과함이 드러났다. 상징주의 예술은 다가오는 혁명을 가장 일찍이 감각했지만 바로 그 혁명에 의해 파멸하였다. 상징주의 예술가들은 이러한 혁명의 두 얼굴 사이에서 분열하였다.

1917년 10월 혁명의 역사적 정당성을 외치고 있지만, 다른 한편 혁명의 눈보라 속에 깨어져버린 사람들의 삶을 그리고 있는 블로크의「열둘」의 의미적 진동은 아마도 이러한 상징주의 예술의 역설에 기인한 것일지 모른다.

2. 예술에서 혁명으로: 뱌체슬라프 이바노프의 '신비극' 이론의 혁명적 전망과 그 비판

상징주의자들이 10월 혁명을 강하게 거부했던 것은 일견 그리 의아해 보이지 않았다. 상징주의는 문화와 세계의 전면적인 재창조라는 완전히 혁명적인 세계관 위에서 태어났지만 고도의 실험성과 지적 난해함으로 인해 귀족과 인텔리겐치아라는 제한된 계층만이 이해할 수 있는 엘리트주의적이고 밀교적인 예술로 받아들여졌다. 상징주의 예술은 오랜 세월 서구를 뒤쫓으며 서구를 배워왔던 러시아가 동서양을 아우르는 자신만의 독창적 문화를 꽃피우며 오히려 서구 문화에 영감을 주기 시작하던 19세기 말 등장했다. 그동안 러시아가 이룩한 지적 기반 위에서 발전한 상징주의는 고도의 기술적 형식미와 언어의 현학성을 특징으로 했다. 이와 같은 지적 예술인 상징주의의 전복과 개혁의 이념은 쉽게 이해받기 어려웠다. 더구나 초기 데카당스의 '예술을 위한 예술' 지향성, 그리고 예술의 형식적 변혁을 위한 실험성과 지적 난해성으로 인하여 상징주의는 현실과 혁명으로부터 유리된 것으로 오해받았다.

그러나 언급했듯이, 상징주의는 그 자체로 혁명의 전조前兆였다. 신예술을 주창하며 문화와 예술의 혁명적 변화를 주위 세계로 확산하려 했던 상징주의는 태생적으로 혁명의 기운 속에서 배태되었다. 혁명에 대한 의식은 상징주의를 확장하고 전화轉化시켰으며, 상징주의의 발전과 쇠락은 혁명적 움직임과 같이 진행된 것이었다. 그러므로, 비록 1917년의 10월 혁명기에 와서 상징주의가 예술운동으로서의 효력은 상실했다 하더라도,[2] 상징주의는 결국 '예술과 혁명'이라는 패러다임을 통해 발전해나갔다고 할 수 있다. 새로운 세계와 현실을 창조하는 생예술의 이념을 최종 목표로 두었던 상징주의는 결국 예술이 혁명(적 변혁)을 대해, 혁명에 관해, 혁명을 위하여 무엇을 할 수 있는가에 관한 예술적 사유를 전개하며 발전하였다.

상징주의 미학의 정초자였던 발레리 브류소프 등의 행보에서 보이듯이 상징주의는 초기 데카당스 시기 예술의 미학적 개혁에 집중하였지만 이후 여기서 벗어나 민중과 사회 현실에 다가가며 시대 의식을 주제화한다. 이는 일견 상징주의의 외부에 있는 문학, 특히 사실주의 문학에 접근한 것으로 이해될 수 있지만 근본적으로 이러한 발전은 새로운 시대와 새로운 현실을 표상하려는 상징주의의 근본적 지향, 즉 '혁명성'

---

2) 예술 사조로서 상징주의는 1913년경 소멸된 것으로 평가된다. 1911년에 이미 러시아 시의 상징주의 시기가 종결되었다는 브류소프의 진술이 있지만, 보다 결정적인 것은 1913년 「동시대 러시아 시의 몇 가지 흐름들」에서 러시아 상징주의 운동이 현재는 종결된 것으로 간주된다는 고로데츠키의 선언이라고 생각된다. В. А. Богданов, "Самокритика символизма (из истории проблемы соотношения идеи и образа)," *Контекст-1984*, Москва: Наука, 1986, с. 193.

으로부터 비롯한 것이다. "1890년대 『북방통보』의 데카당스가 가졌던, 추한 속물적 세계에 대한 미학적 거절이라는 생각과 합에 대한 희망에서"[3] 이미 이러한 미래지향적 변혁성을 읽을 수 있다. 데카당스가 가졌던 사회 현실에 대한 부정적이고 비판적인 태도는 혁명에 대한 요구를 이끌어내고 민중 봉기를 촉발하는 첫걸음이 되었다. 또한 데카당스적 주인공은 개인주의를 주요한 특징으로 함에도 불구하고 그 내면의 독립적이고 고유한 자아의식을 사회적 억압에 대립하고 항거하는 민중적 봉기의 주인공으로부터 이끌어낼 수 있었다.

초기 상징주의, 즉 전前세대 상징주의가 이처럼 데카당스적 세계관, 즉 주로 타락한 억압적 외부 세계에 대한 '미학적 거절'이라는 세계관에 의거하여 삶의 변용이라는 혁명적 이념에 다가갔다면, 후세대 상징주의는 '생예술'의 이념을 통해 혁명의 전망을 현실과 사회의 지평으로 옮겨놓았다. 뱌체슬라프 이바노프, 안드레이 벨르이, 알렉산드르 블로크 등을 대표자로 하는 후세대 상징주의에서 혁명은 본격적으로 예술과 직접적으로 연관된다.

세기말부터 1905년 혁명 이전에 러시아 문화 전반에 걸쳐 혁명과 관련한 의식과 주제가 등장하기 시작한 것을 두고, 민츠는 "전前혁명성"의 현상이라 정의한 바 있다. 미래에 대한 예측과 (새로운) 역사를 만들려는 시도, 이 두 가지의 지적 운동은 혁명을 앞둔, 보다 정확히 말하자면 혁명을 예감하는 이 시기 러시아 문화를 특징짓는 현상이었다. 세기말

---

3) З. Г. Минц, "Русский символизм и революция 1905~1907 годов," *Поэтика русского символизма*, Санкт-Петербург: Искусство-СПБ, 2004, с. 192.

의 종말론적 의식과 더불어 철학적, 사상적으로 가능한 모든 유토피아적 전망이 모색되었다. 니콜라이 표도로프, 블라디미르 솔로비요프 등의 종교적 유토피아, 도스토옙스키의 시론時論을 통해 구상한 민족적·정교적 유토피아, 톨스토이의 윤리적 유토피아, 그리고 20세기 초 유럽 전반에서 나타나는 실존주의적 유토피아 등 소위 "세계를 구원하려는 시도"들이 이러한 사상적 맥락에 있다.[4]

상징주의에서 이러한 전혁명성의 현상은 주로 블라디미르 솔로비요프의 신비주의적 종교철학과 유토피아주의의 영향에 기반을 두었다. 솔로비요프주의가 말하는 종말론과 독특한 재림론, "지상에서 신의 왕국의 부활"의 이념은 혁명에 의한 대변혁을 충분히 포섭한다. 미美에 의한 세계 구원이라는 솔로비요프의 신비주의적 유토피아 이념은 상징주의에 그대로 수용되었고 이는 적극적인 현실 변용과 변혁에 대한 구상을 함축하는 생예술의 원리로 구현된다. 상징주의는 가장 이상적인 예술인 생예술에 대한 사유 속에서 세계를 변용하는 조물주와 같은 예술가(테우륵) 개념, 그리고 미와 조화, 총체성, 삶의 통합적 조직(변증법적 종합) 등이 실현되는 왕국으로서의 미래상 등의 상징주의적 테제들을 발전시켰다. 삶과 현실은 바로 예술적 창조의 직접적 대상이었다. 이러한 생예술 패러다임은 세계의 변혁을 꿈꾸는 혁명과 직결되었다.

이처럼 생예술 이념을 통해 혁명은 상징주의자들에게 어렵지 않게 수용될 수 있었다. 세계의 변혁과 변용을 목표로 하는 상징주의에게 혁명의 도래는 이제 시작되고 있는 세계 변용의 징후로 생각되었기 때문이었다. 그러므로 상징주의는 그 자체로 혁명의 예술(의 현상)이었다.[5]

---

4) З. Г. Минц, 같은 책, c. 191~92.

후세대 상징주의에 들어와서 두드러지게 나타나는 미래에 대한 유토피아주의, 그리고 '건생建生의 이념жизнестроительные идеи'이 직접적으로 보여주는바, 세계의 변혁과 신세계의 창조라는 생각은 상징주의 예술에서 일반적으로 널리 공유되는 예술적 주제가 되었다. 브류소프의 유토피아주의가 증명하듯이, "초기 상징주의 미학의 데카당스 경향을 대표하며 "예술에서 철학을 발견하는 것을 반대한 자족적 미학의 옹호자들조차도 삶의 변용에 대한 지향에 공물을 바쳤다." 또한 『예술세계』의 미학주의 역시 이러한 미학적 유토피아주의와 어렵지 않게 접합되었다.[6] 혁명은 이제 상징주의 예술의 발전에서 방향타나 다름없었다.

두 세기의 경계에 자리 잡은 상징주의는 거대한 전환과 변혁에 관한 시대적 의식을 내면화하고 예술을 통해 새로운 역사의 행보를 주도해나가려 했다. 현실과 세계를 변혁하려는 생예술 패러다임을 가진 상징주의에게 혁명은 낯설지 않았다. 상징주의는 예술이 세계에 다가오는 변화에 적극적으로 대응하고, 나아가 이러한 변화에서 역할을 수행해야 한다는 생각을 발전시킨다. 그것은 동시대가 마주한 시대적이고 역사적인 전망, 즉 혁명에 관련한 예술적 체계를 수립하는 작업으로 이어진다.

상징주의는 혁명(적 현실)과의 상호작용 하에서 혁명의 주제를 내면화하면서 혁명의 예술이 되어갔다. 이러한 과정에서 강한 실험성과 관

---

5) 이에 관해, 민츠는 전세대 상징주의는 상징주의의 틀로부터 벗어나려는 움직임을 보이고, 후세대 상징주의의 경우에는 상징주의를 혁명의 예술로 사유하려고 시도했다고 평가했다. З. Г. Минц, 같은 책, с. 192~94 참조. 그런데, 사실 이러한 두 움직임은 상징주의 예술이 혁명 혹은 현실에 의한 '두번째 세례второе крещение'를 받고 관념의 세계를 넘어서 발전하는 양상으로 볼 수 있다. 양자는 서로 명확히 구분되는 움직임이 아니라 일종의 단계적 혹은 복합적 변화라고 보는 것이 보다 타당해 보인다.
6) 같은 책, с. 192.

넘성을 가진 예술적 프로그램들이 등장하게 되었는데, 극단적인 혁명주의와 극단적인 유토피아주의, 미학적 자폐, 밀교적 언어 등이 그것이다. 이러한 실험들은 본질적으로 변혁과 창조, 즉 혁명을 위한 예술 체계를 수립하기 위한 작업의 일환이었음에도 불구하고 그 현학성과 관념성으로 인하여 정작 현실의 혁명과 엄청난 괴리를 가지게 되었다. 상징주의 외부에서는 이러한 미학적 실험들이 혁명과 관련된 것이라고 인식하지 못했다. 가장 심각한 문제점은 상징주의 예술과 민중의 괴리였다. 혁명의 주역인 민중은 상징주의에서 혁명적 이념을 읽어내지 못했던 것이다.

혁명의 예술을 정초하고자 했던 상징주의의 실험적 프로그램의 중심에는 후세대 상징주의에서 뚜렷한 흔적을 남긴 뱌체슬라프 이바노프의 생예술 이념과 창작 실험을 들 수 있다. 이바노프 역시 블라디미르 솔로비요프의 철학과 세계관에 깊이 공감하였고, 이에 기초하여 생예술의 이념을 주장하였다. 솔로비요프의 강한 유토피아적 경향성과 예언적 파토스에 영감을 받은 이바노프는 '행위действо'로서의 예술, 관념의 (실제적) 실현으로서의 예술이라는 개념을 형식화하였다.

동시대 상징주의 예술은 "자신이 문화의 고립된 영역이 아니라, 계속되는 형식, 과정과 형성의 형식 속에서 자라나는 보편적인 문화적 에너지의 일부임을 주장"함으로써 새로운 예술 패러다임으로서 정당화된다. 이바노프에게 이제 예술은 "사물에 대한 다른 시각을 반영하는 거울로서뿐 아니라 새로운 통찰의 변용적 힘으로서 자신을 인식"하게 됨으로써 "일정한 경계 안에서 안전하게 갇혀 있기를 그치고 무한히 아름다운 것의 경계 너머로 이월할 것을 추구"하면서 적극적인 행위적 범주

로 재정의된다.[7]

뱌체슬라프 이바노프는 동시대에 일어나고 있었던 거대한 변화의 움직임, 즉 혁명의 움직임의 본질을 문화적 맥락에서 해석했다. 그는 세기 말의 종말론적 위기감에 공감하며 사회적 분열과 인간 소외에 대한 불만이 돌이킬 수 없는 파국을 불러올 것이라 예언하였다. 또한 동시대 인류가 극심한 "분화와 개인주의"에 침윤되어 있다고 진단하였고, 당시 러시아에서 일어나고 있는 혁명적 움직임의 목적이 조화와 총체적 실존의 성취에 있다고 생각했다. 그는 이를 「개인주의의 위기」라는 에세이에서 "우리는 집단성의 기치 아래에 서 있다"라는 선언을 통해 표현한다.[8] 사회적 변혁에 대한 이바노프의 생각은 분명했다. 예술과 문화는 이를 위한 적극적인 행위적 기제로 작동해야 했다.

고전 인문학에 정통했던 이바노프는 고대 그리스 비극과 그것의 디오니소스적 근원에 대한 니체의 생각에 영감을 받아 이로부터 인류 삶의 변용을 위한 문화철학을 이끌어냈다. 이바노프는 여기서 고대 비극의 종교적 기원, 즉 신비극과 디오니소스적 의식에 주목하고 그것의 집단적이고 종합적인 본질을 발견한다. 「새로운 가면」이라는 에세이에는 이바노프가 고안한 신비극의 기초적 이념이 서술되어 있다.

비극의 뮤즈는 [……] 항상 전체적이고 공통적인 것에 관하여 이야기하고 자신의 주인공들을 예의 희생의 양상 속에서 보여주며 우주적 고통의 개별적 형상을 성스러운 의식의 관으로 비춘다. 다른 한편 개별적

7) В. Иванов, *Родное и вселенское*, Москва: Издательство Республика, 1994, с. 37.
8) З. Г. Минц, 같은 책, с. 25.

인 비극적 운명의 우주적 의미의 투명성은 시인이 불러낸 인격들을 하나의 전 인류적인 나의 가면들로 만들며 그들의 운명 속에서 자신의 숙명을 보며 겁에 질린 관객 앞에 고대의 신이 알리는 *Tat twam asi* ("그것이 너다" "이것이 너 자신이다")를 보여준다.[9]

뱌체슬라프 이바노프가 발견한 디오니소스적 황홀경은 관객과 배우, 현실과 예술 간의 경계를 무너뜨리는 통합의 의식이었다. 황홀경의 체험을 통해 고대 관객과 배우가 모두 극의 능동적 참여자가 되고 또한 그럼으로써 예술적 사건인 극과 관객이 존재하는 현실 간의 경계가 사라지는 전 민중적 극장에서 개인주의를 극복할 수 있는 통합적이고 공동체적인 의식을 얻어낼 수 있다.

고통받는 영혼의 일체성 속으로의 생생한 침투라는 파토스는 우리 시대에 다시 타올라, 따라서 다시 가면을 투명하게 하고 드라마를 다른 극으로, 즉 비극을 지배하여 축일의 무리를 하나의 합창의 몸으로 빚어내는 그 디티람보스적 흥분의 극으로 가져가야 하며, 오케스트라의 개별적 얼굴들 속에서 하나의, 자신 속에서 분산하는 신의 빛의 고통스러운 굴절을 황홀경의 통찰에 비추어 보여야만 한다.[10]

이바노프는 이러한 신비극을 복원한 예술 모델을 '공동체 극장'이라 정의한다. 그는 '공동체 극장'의 예술적 체험이 궁극적으로 동시대가 직

---

9) В. Иванов, *Собрание сочинений*, в 4 томах, т. II, Брюссель : Foyer oriental chrétien, 1974, c. 76~77.
10) 같은 책, c. 77~78.

면한 사회적 분열과 소외를 극복하고 전 인류적인 보편적 '단일사고 единомыслие'와 '단일감정единочувствие'이라는 공동체적 의식을 회복할 수 있는 길을 열어줄 것이라 기대했다.

바체슬라프 이바노프의 미학 체계에서 말하는 '공동체성'은 바로 혁명이 목적한 사회의 본질에 맞닿아 있다. 나я와 타아не-я, 개인과 세계/공동체의 관계에서 나와 개인의 파열을 통해 이들이 타아와 공동체/세계 속으로 수렴되어 들어감을 이야기하는 이바노프의 '공동체성'은 계급과 지위의 차이에 상관없이 평등하고 동일한 가치를 가진 존재들의 공동체를 보장하는 원리였다. 이바노프는 나와 타아, 개인과 집단 간의 의식적 경계를 허물고 보다 높은 차원의 실존에서 나와 타아가 공감하고 공유하는 가치를 발견하는 의식적 변용의 체험을 '공동체성'의 체험이라 주장했다. 이바노프는 고대 그리스 비극에서 그 예를 찾아볼 수 있는 이러한 '공동체성'의 체험을 고대 극장의 디오니소스극을 복원함으로써 현대에 되살려낼 것을 제안했다. 그는 '공동체성'을 통해 이루어지는 미학적 체험이란 곧 민족, 나아가 인류가 너나 구별 없이 공유하는 인류의 근원적이고 보편적인 가치의 체험일 것이라 주장하면서, 이러한 '공동체성'에 의한 공동 창작을 '신화창작мифотворчество'이라 불렀다.

이바노프는 이러한 생각을 1904년 상징주의 기관지 『천칭』에 발표한 일련의 논설들에서 전개했고, 이후 그를 중심으로 하는 상징주의자들의 모임인 '탑'에서 신비극 극장의 실제적인 실현 방안을 모색해나갔다. '공동체성'과 '공동체 의식'에 관한 이바노프의 생각은 러시아 사회의 지적, 정신적 갱생을 모색했던 예술가 그룹에서 특히 큰 호응을 받았다.[11]

---

11) 게오르기 출코프는 이바노프의 '공동체성' 개념에 영감을 받아 '신비주의적 무정부주의' 사

상징주의자들, 『예술세계』의 참여자들, 그리고 사회 변혁을 꿈꾸는 당대 인텔리겐치아 대부분이 '탑'에 참여했다. 비록 미완으로 끝났지만 신비극과 '공동체 극장'을 창설하기 위한 극장 '횃불факелы'에 대한 계획도 여기서 이루어진 것이다.

1905년 혁명을 즈음한 수년간 뱌체슬라프 이바노프의 이론은 상징주의가 들고 나온 신예술의 논쟁적 핵심이 되었다. "정신적 삶의 능동적인 요소, 그 속에 어떤 내적인 사건을 일으키고자 하는 행동적인 에너지"로서[12] 예술을 개념화한 이바노프의 '신화창작'적 생예술 개념은 상징주의가 주창한 '생예술'의 이념을 대변하게 되었던 것이다.

이바노프의 예술 프로그램은 근본적으로 당대의 혁명적 움직임에 의해 태어났다. 그것은 혁명의 과제, 즉 삶과 사회의 변혁이라는 과제에 관한 직접적 프로그램이었던 것이다. '공동체 극장'이라는 예술적 모델은 새로운 삶의 형식, 새로운 사회 형식을 창조해내기 위한 모종의 실험실이다. 이바노프는 인류 모두가 공유하고 공감하는 가치의 체험, '공동체성'의 체험은 결국 다가올 미래의 새로운 사회에서 신분과 계급의 차이, 그리고 개인주의를 제거하는 결과를 가져올 것이라 꿈꾸었다.[13] '공동체성'에 의한 사회적 변혁은 진정한 정치적 자유와 평등을 실현할 수 있을 것이며 "공동체의 합창의 목소리가 진정한 민중적 의지에 대한 진짜 국민투표가 될 것"이라는[14] 그의 생각은 아마도 다가오는 1917년 혁

상을 전개하였지만, 그것이 가진 무정치성과 비도덕성은 당시 인텔리겐치아에게 비판의 대상이 되었다.

12) В. Иванов, *Родное и вселенское*, с. 43.

13) L. Kleberg, "Vjacheslav Ivanov and the Idea of Theater," *Theater and Literature in Russia 1900~1930*, L. Kleberg & N. A. Nilson(eds), Stockholm: Alquivist & Wilsell International, 1984, p. 67.

명의 정치적 비전에 직접 호응하는 것이었다.

그러나 의식적 변혁에 의해 이루어지는 인간과 세계의 재건이라는 이
바노프의 역동적이고 진보적인 이상은 극단적으로 지적이고 관념적인
것이었다. 이바노프의 미학적 구상은 또한 많은 이들의 의혹을 불러일
으키기도 했다. 그것은 '공동체성'의 체험이라는 구상이 가진 종교성과
주관성 때문이었다. 부활한 고대 비극 극장에서의 미학적 체험을 통해,
즉 무대 위의 예술적 사건을 현실의 사건으로 체험함으로써 '공동체성'
의 의식을 획득한다는 그의 구상은 근본적으로 종교적 숭배의식(컬트)
으로 귀결되는 것이었다. 신비극은 이 의식에 전제된 원리들을 이념적
으로 공유하는 이들에게만 체험이 가능한 일종의 '밀교'와 같은 것이기
도 했으므로 일반 대중이 폭넓게 수용하기에 한계가 있었다. 또한 발레
리 브류소프 등은 이바노프의 예술 기획이 실상 예술의 영역과 한계를
넘어선 것, 예술의 본질을 왜곡한 것이라는 점 등을 들어 신비극과 '공
동체 극장'을 강하게 비판하였다.

테우륵이 되는 것은 물론 아주 나쁜 일은 아닐 것이다. 그러나 그렇다
고 해서 왜 시인이 되는 것이 부끄러운 일인가? '상징주의'는 오직 예술
이기를 원했고 항상 오직 예술이었다…… 예술은 자족적이다. 예술에는
자신의 방식이 있고 자신의 과제가 있다.[15]

---

14) 같은 책, p. 61.

15) В. Брюсов, *Собрание сочинений*, в 7 томах, т. VI, "Художественная литература,"
Москва: Художественная литература, 1973, с. 177~78.

브류소프는 「'노예의 말'에 관하여/시를 옹호하며」에서 이처럼 이바노프가 '시인'을 종교적 매개, 즉 '사제'로 변질시키려 함을 비판하며 무엇보다 상징주의가 예술로서 성립해야 함을 주장했다.

뱌체슬라프 이바노프의 '공동체 극장'은 또한 그 관념성과 형이상학성으로 인하여 엘리트 예술가들의 지적 유희이며 자폐적이고 주관적인 미학적 몽상이라는 강한 비판을 받았다. 그가 이 미학적 기획에 대한 실험을 주도한 '탑'이라는 모임의 명칭은 이바노프의 거처가 실제로 건물의 옥탑에 위치했기 때문에 붙여진 것이기도 하지만, 아이러니하게도 이 기획의 몽상성과 지적 유희성을 암시하는 것으로 받아들여지기도 했다.

여러 논란에도 불구하고, 이바노프의 극장 구상은 그 몽상성과 유토피아주의에 의해 10월 혁명 이후 초기 소비에트 문화로 채택되었고 세계와 인간의 재건이라는 혁명 신화에 일정한 역할을 수행하게 되었다. 현실과 예술의 경계를 넘나드는 이 미학적 기획은 대중을 대상으로 하는 집단적 혁명극에 중요한 영감을 주었다. 또한 특히 마야콥스키가 말한 예술가와 민중의 집단 창작이라는 유토피아적 혁명예술의 이상에 그대로 이전되었던 것이다.

유토피아주의와 '건생建生의 이념'에 기초하여 뱌체슬라프 이바노프가 구상한 생예술의 이념이 가진 혁명과 세계 변혁에 대한 밝고 낙관주의적인 비전은 그 실현 가능성에 대한 회의와 의혹의 어두운 시선에 의해 복잡화된다. 신비극과 '공동체 극장'은 이바노프와 더불어 후세대 상징주의자였던 알렉산드르 블로크와 안드레이 벨르이를 통해 희화화되고 부정된다.

1906년 블로크는 첫번째 극 「발라간칙」을 통해 이바노프의 신비극의 실현 가능성을 완전히 부정한다. 역설적인 것은 「발라간칙」이 이바노프가 게오르기 출코프, 프세볼로트 메이에르홀트 등과 의기투합하여 '공동체성의 극장'을 실현하기 위해 창설하고자 한 극장 '횃불'의 오프닝작이었다는 사실이다. 블로크는 여타 많은 예술가들과 마찬가지로 이바노프의 '탑'에 꾸준히 참석했고 여기 모였던 상징주의자들의 기대를 한 몸에 받았다고 알려져 있다. 실제로 블로크 역시 디오니소스적 황홀경과 비극에 관한 이바노프의 아이디어에 공감한 바 있다.[16] 그러나 블로크는 이바노프의 기획의 미학적 극단성에 부정적인 태도를 취해왔고 '횃불'에 전혀 동의하지 않았다. 그는 신비극의 패러디 「발라간칙」을 통해 '횃불' 극장에 숨겨진 예술적 파탄성을 폭로하였다. 드라마 창작 당시인 1906년 1월 18일의 기록에서 블로크는 테우르적 예술에 대한 상징주의자들의 요구로부터 자신을 분리시키며, 다음과 같이 쓰고 있다.

진정한 예술은 그 지향에 있어 종교와 부합하지 않는다.[17]

1907년 블로크는 이바노프의 극장 실험을 순수한 시적 메타포로 간주한 바 있다. 예술가의 이념이 정치사회적 이념으로 직접 이전될 때 삶과 예술은 동시에 파탄을 겪을 수밖에 없다. 「발라간칙」의 무너진 무대는 신비극이 파탄의 예술임을 직접 극화한 것이다. 「발라간칙」을 포함하여 세 편의 드라마로 이루어진 『서정극』이 쓰여진 1906년 이후 블로

---

16) Ю. К. Герасимов, *Вопросы театра и драматургии в критике А. Блока*, 1963, с. 57~58.

17) А. А. Блок, 같은 책, с. 55.

크는 현실과 유리된 몽상의 예술이 삶을 재창조하는 생예술로서, 더욱이 삶을 변혁하는 혁명의 예술로서 유효할 수 없다는 인식을 강화하게 된다. 1907년 이후 관념적이고 신비주의적 몽상과 결별하고 현실에 의한 "두번째 세례"를 향해 나아가던 블로크는 무엇보다 현실에 의해 검증되고 정당화되는 예술에 대한 지향을 피력하게 된다. "녹색의 땅"과 "푸른 천공"을 향하여 "심장이 고동치"던 블로크에게 혁명이란 거리의 현실에 있는 것이었다. 혁명의 예술은 현실과 단절한 디오니소스적 황홀경의 자기망각 속에서가 아니라 차가운 눈보라가 몰아치는 거리로 나아감을 통해 얻어질 수 있었다.

안드레이 벨르이 역시 뱌체슬라프 이바노프의 신비극에 대해 비판적인 태도를 보였다. 벨르이는 상징주의 발전사에서 비교적 이른 시기인 1902년에 이미 「재림한 자」를 써서 "지상에서 신의 왕국의 부활" 혹은 재림론이라는 솔로비요프의 세계관에 대한 회의를 형상화한 바 있다. 이후 1910년까지 벨르이는 여러 에세이들에서 솔로비요프의 철학관에 깊이 침윤된 이바노프의 신비극 이론에 대한 비판적 견해를 비교적 자세하게 밝혔다.[18]

벨르이는 블로크와 마찬가지로 신비극이 본질적으로 종교적 기획이며 예술을 파괴시킬 위험을 내재하고 있음을 포착한다. 무엇보다 벨르이는 '공동체 극장'이 주창하는 개인과 공동체의 의식적 합일이라는 전제가 미학적 형식 안에서 실현 가능하지 않다고 생각했다. 그는 "신비극의 부활에 대한 몽상"은 결국 "미학적 창작을 예술의 경계 밖으로 옮기

---

18) 이에 관해서는 차지원, 「러시아 상징주의와 실재의 탐색 (II): 실재의 전위轉位, 혹은 '전복된' 레알리오라」, 『외국학연구』 제19집, 중앙대학교 외국학연구소, 2012, pp. 228~30 참조.

려는 희망"이라 비판한다.[19] 벨르이의 「재림한 자」가 극화했듯이 지상에서의 신비란 애초에 실현 불가능한 것이며, 이때 무대의 신비극은 우스꽝스러운 광대극으로 전락할 뿐이다. 「상징주의 극장」 등의 여러 에세이에서 벨르이는 신비극에 대한 날선 비판을 본격적으로 전개한다. 벨르이는 무엇보다 신비극의 핵심적 기제인 디오니소스 원무로부터 높은 종교적 의미를 탈각시킨다.

성스러운 염소 제물을 둘러싸고 성스러운 광기의 유희 대신에 다분히 역겨운 춤-염소놀이가 벌어졌다.[20]

벨르이는 신비극, 즉 현실과 가상을 하나로 만드는 상징주의 드라마가 무대에서 실현 불가능하며 그 시도는 실상 "불경" "조작" 혹은 "신성모독"의 장이 될 뿐이라 경고했다.[21] 신비극은 실상 "삶을 미학 형식으로 변질시키려는 것"이며, 이는 결국 극장의 파괴, 나아가 삶의 파괴로 귀결될 것이다.[22] 결국 여기서 벨르이가 최종적으로 경계한 것은 이바노프의 구상의 극단적인 관념성과 추상성이었다. 디오니소스 의식, 황홀경이 다만 기만적인 '조작'이라면, 그 속에서 이루어져야 할 공동체성의 체험은 현실이 아니라 무대 위의 유희, '거짓'이다. 바로 이때, 다시 말해 예술이 삶이 되지 못할 때, 신비극이 준 세계와 인간의 변용, 즉 혁명에 대한 약속은 깨어지고 마는 것이다.

---

19) А. Белый, *Критика. Эстетика. Теория символизма*, т. 2, Москва: Искусство, 1994, с. 292.
20) 같은 책, с. 293.
21) 같은 책, с. 278.
22) 같은 책, с. 276~78.

혁명을 관념적 몽상과 유토피아주의 속에서 해석하며 생예술을 통한 세계의 변혁을 낙관했던 뱌체슬라프 이바노프와 달리 블로크와 벨르이는 혁명을 양가적으로 읽었다. 물론 블로크와 벨르이 역시 궁극적으로 혁명을 인간과 세계의 변용에 대한 암시이자 약속으로 받아들였지만, 이들은 다른 한편 현실의 혁명적 사건들 속에서 솔로비요프적 세계관이 예언한 바와 같은 다가오는 거대한 미래를 완전히 확신하지 못했다. 상징주의 예술은 그들 스스로의 예술적 체험을 통해 혁명적 현실과 접촉하며 성숙해갔으며, 이상과 현실 사이에서 진동하는 혁명의 비전을 획득하게 된다.

3. 혁명의 예술: 혁명 안에서, 혁명과 함께. 안드레이 벨르이와 알렉산드르 블로크의 비극적 전망

거리의 혁명에 대한 현실적 체험으로 인해 안드레이 벨르이에게서는 솔로비요프의 유토피아주의를 통하여 본 혁명에 대한 낙관적 비전, "기대되는 미래"에 대한 예언이 일찌감치 뒤집힌다. 1900년대 초부터 이미 벨르이에게서는 종말론과 반그리스도(가짜 그리스도)의 주제가 확연하게 나타나기 시작했다. 벨르이에게서 세계 변혁에 대한 의혹은 보다 더 어둡고 파국적이다. 혁명적 사건들은 전대미문의 구원의 빛이 아니라 단지 "세상에 내려온 광기의 얼굴"이라는 사실이 폭로된다.[23] 벨르이는

---

23) З. Г. Минц, "Русский символизм и революция 1905~1907 годов," *Поэтика русского*

혁명에 대한 이러한 회의와 환멸을 종말과 반그리스도의 재림에 대한 공포의 주제를 통해 형상화하게 된다.

1902년의 드라마적 시작試作「재림한 자」는 이러한 주제를 다룬 작품이다. 여기서는 '재림'에 대한 암시와 그 좌절이 끊임없이 교차한다. 등장인물들은 다가올 전대미문의 세계의 파국과 절대자의 '재림'을 예감하지만 동시에 끊임없이 '재림'을 회의하고 의심한다. 이들은 그 모든 예감이 "기만"이며 스스로가 "광대"이자 "희극배우"인가를 회의한다.[24] 또한 '재림' 사건의 진정성 또한 재림한 자의 수상한 정체에 의해 변색된다.

기다리는 자들의 예감 속에 "재림한 자"의 출현은 드디어 일어나지만 "장밋빛 구름" 등 신비로운 분위기 속에서 출현한 그의 형상은 진정한 신성神性이 아니라 우상을 의미하는 "(황금)송아지"라는 성서적 정의에 의해 변질된다. 그를 "어떤 이"라 칭하는 표도르의 첫 반응 역시 그리스도의 재림에는 어울리지 않는 것이다.

표도르:　어떤 이가 나타났다. 그가 곧 이리 올 것이다.

　　　　　이 소식은 마치 벼락처럼 모두에게 충격을 준다. 침묵, 이때 해안가 절벽 사이로 바람의 울음소리가 울린다.

드미트리: 주여, 우리는 오래전부터 기다리고 있었습니다……

　　　　　절벽 뒤로부터 일리야가 머리를 숙이고 나온다.

모두:　　스승님, 스승님! 표도르를 가리킨다. 그에게 물어보십시오. 그가 이야기할 것입니다.

символизма, c. 202.

24) А. Белый, *Прешедший*, *Северные цветы*, 1903. c. 3, 8.

표도르:　저는 아침에 바닷가를 걸어가고 있었습니다. 그리고 보았습니다. 경이롭고 이상한 얼굴을 한 그가 해안의 바위에 앉아 있는 것을요. 제가 그를 바라보고 있을 때 지나가던 장밋빛 구름이 그의 위에 멈췄습니다. 해안가 맑은 공기 속에서 분명한 목소리가 울렸습니다. "여기 (황금)송아지가 있다." …… 그래서 저는 땅에 엎드렸습니다…… 그러나 그는 저에게 인사를 했고 저는 귀를 의심했습니다. "일어나 기쁜 소식을 가지고 달려가라…… 그들에게 알리고 기다리게 해라." …… 그렇게 그는 말했습니다. 그대는 누구인가, 나는 물었습니다. 그는 말했습니다. "나는 (황금)송아지다." …… 그리고 내가 고개를 들었을 때 그는 이미 없었습니다. 그가 있던 자리에 장밋빛 구름이 머물고 있었습니다. 구름은 이후 높은 곳에서 사라졌습니다…… 〔……〕 저는 이 복된 소식을 처음으로 전하기 위해 하루 종일 그리고 밤새 먹지도 않고 달려왔습니다.

일리야:　얼굴이 밝아지며…… 돌아왔구나. 돌아왔어. 이제 다시 지난날이 돌아왔다는 것을 알겠다. 우리의 행복은 먼 고향으로 떠나버렸다…… 그런데 이제 다시 우리의 행복이 돌아왔다.[25]

　"재림한 자"의 출현은 자신을 "(황금)송아지"라 칭하는 스스로의 말에 의해 신성성이 탈각된다. 마침내 "재림한 자"가 기다리던 이들 앞에 나타나지만, 다시금 신비스러운 분위기에 둘러싸인 그의 실제 모습과 말은 그리스도의 것으로 보기에는 어딘지 수상쩍다. 그의 얼굴이 보이

---

25) 같은 책, c. 20.

지 않는다는 점은 그가 과연 그리스도인지를 가장 의심하게 하는 대목
이다. 또한 그가 입고 있는 옷은 재림한 그리스도에 어울리지 않는 어두
운 회색의 평범한 것이다.

표도르:　그분이다…… 그분이다.
일리야:　신비의 인장이 그의 머리 위에서 타오른다.
　　　　　〔……〕

　동트기 전의 안개. 창백한 장밋빛의 맑은 하늘. 명멸하는 유성은 은빛
이다. 사원의 둥근 지붕의 금빛에 비쳐 아침노을이 불탄다. 종소리가 울
린다. 일리야는 재림한 자 앞에 엎드려 있다. 재림한 자는 무대로부터 등
을 돌리고 있어서 그의 얼굴을 볼 수가 없다. 그는 회색의 평범한 망토를
두르고 밤색 머리에 금관을 쓰고 있다. 〔……〕 그는 손에 이상한 형태의
등불을 들고 있다. 그는 그것을 들어 마치 일리야를 축복하려는 것처럼
부드럽고 진심 어린 목소리로 말한다.
재림한 자:　일어나 그들에게 알려라……

　　　　　일리야는 기쁜 듯 일어나 서둘러 오솔길로 올라간다. 그리고
　　　　　경사면 너머로 사라진다. 그는 사람들에게 소리친다…… 환
　　　　　호 대신 불신의 웅성거림…… 재림한 자는 돌아선다. 그의
　　　　　아름다운 진주빛의 얼굴과 맑고 푸른 눈은 슬프게 먼 곳을
　　　　　향한다. 그의 이마는 너무 높다. 그는 조용하고 슬픈 목소리
　　　　　로 말한다. "혹시 이렇게 하지 않으면 안 됩니까?" 그의 목소
　　　　　리가 아닌, 허공에서 들려오는 먹먹한 목소리가 아닌 목소리
　　　　　가 말한다. "늦었다." 괴로움과 절제된 분노의 그림자가 그의
　　　　　신비로운 얼굴을 빠르게 지나갔다. 그는 타고 있는 등불을

떨어뜨린다.

재림한 자: 머리 위로 양손을 붙잡는다. 자비를……

목소리:　　늦었다……

재림한 자는 무릎을 꿇는다. 그의 아름다운 얼굴은 경련으
로 일그러지고 이상한 가면처럼 보인다.

재림한 자: 자비를……

눈물이 가득한 눈으로 그는 무엇인가를 기대하며 위를 바라
본다……

목소리:　　자비는 없다……

재림한 자는 돌과 같은, 가면처럼 굳어진 얼굴을 하고 조용
히 일어선다.[26]

위 작품에서는 재림의 분위기와 재림의 가짜성에 대한 암시가 끊임
없이 교차하고 있다. 벨르이는 이론적 에세이들에서 바로 이러한 재림
의 사건이 가상이 될 때, 무대 위의 신비극이 우스꽝스러운 광대극으로
전락할 것이라 진단하였다. 위 작품에서는 그와 같은 연극/가상으로서
의 신비극에서 가짜 그리스도의 역할을 연기해야 하는 참칭자의 고뇌
가 그려지고 있는 것이다.

벨르이 또한 블로크와 더불어 후세대 상징주의의 대표적 작가로 애
초에 솔로비요프적 세계관과 이바노프가 주창한 생예술의 이상을 적극
적으로 받아들였지만, 그에게는 신비극을 통해 관념적 차원에서 전망
한 현실 변혁의 가능성은 이처럼 다만 가상에 불과한 것이었다. 오히려

---

26) 같은 책, c. 24~25.

혁명의 현실적 체험은 그에게 돌이킬 수 없는 파국과 죽음을 예감하게
했다.

벨르이의 시집 『재』는 거리의 혁명에서 목도한 죽음과 파괴, 소멸을
그린다. 『재』는 1905년 혁명의 소요가 어느 정도 가라앉고 수년이 지난
1909년에 나왔다. 시집의 제사로 가져온 네크라소프의 시 구절은 얼핏
이 작품을 러시아 인텔리겐치아의 민중적 정서와 연관시키는 듯 보이지
만, 그보다는 조국의 현실을 지배하고 있는 죽음과 파괴에 대한 작가
의 분노가 네크라소프의 분노에 공명했던 것으로 보인다. 『재』에 수록
된 시들에서 혁명은 민중적 봉기의 파토스를 통해 묘사되지 않는다. 혁
명은 죽음과 파괴, 소멸, 절망, 그리고 고통을 가져온다. 혁명적 사건들
속에서 벨르이는 타고 남은 '재'를 보았던 것이다.

1929년의 개정판 서문에서 벨르이는 『재』에 관해 다음과 같이 설명
하고 있다.

'재'라는 주제는 1904~1906년의 시대에 작가의 의식 속에서 태어났
다. 이때 작가의 눈에는 당시 러시아의 그림이 떠올라 있었다. 이 주제는
1907~1908년에 종결되었다. 20여 년 후 시들을 다시 보게 되면서 작가
는 그의 서정적 '나'가 1904년~1906년의 정치적 계기들을 어디까지 반
영하고 있는지를 처음으로 알게 되었다. 그것은 혁명의 격발, 그것의 외
면적 붕괴, 혁명적 에너지의 발화, 그리고 이러한 계기들의 절망과 주관
주의로의 변화와 변질 등이라고 할 수 있다. 1907년부터 이미 황폐해진
삶의 표면 위로 타고 남은 찌꺼기, 극단적 주관주의, 개인적 공포 등의
주제가 떠오른다. 이때는 절망의 체험, 그리고 이와 더불어 겉보기에 다
시 살아난 듯 보이는 차르 체제와 부르주아에 대한 단호한 '부정'으로 정

의되는 시대이다.[27]

『재』는 혁명에 관한, 더 정확히 말해 혁명적 사건들을 묘사한 작품이다. 혁명적 사건들에 관한 벨르이의 평가가 어떠한 것이었는지는 이미 '재'라는 시집의 제목이, 그리고 첫 시가 「절망」이라는 점이 암시해준다.

시집 『재』는 시인의 눈을 통해 우선 시골의 모습을 그린다. 시골에는 말을 잊은 사람들이 산다. 이들은 거듭되는 흉년을 겪었으며 질병에 시달린다. 시인은 러시아의 가없는 평원에서 바라 마지않던 자유로운 의지가 아니라 차갑고 창백한 아득한 공허만을 볼 뿐이다. 그는 그를 사로잡은 아픔과 막막함으로 인하여 눈물을 흘린다. 시집에 등장하는 주인공들 역시 불행하고 고통에 시달리며 출구가 없다. 미래 없는 무의미한 삶을 이어가는 부랑자, 죄수, 탈옥범……『재』에서 그려지는 러시아의 풍경에서는 도처에 죽음의 형상이 나타난다. 이 세계는 혁명의 불길에 의해 파괴되어 "재가 되어버린 세계"인 것이다. 흥미로운 점은 여러 시들에서 등장하는 '원무'의 형상이다. 원무는 일찍이 뱌체슬라프 이바노프가 부활과 갱생을 가져오는 디오니소스 제식의 계기로서 칭송했던 것이지만, 벨르이의 원무는 여기서 "죽음의 원무"로 추락한다. 취기 속의 원무는 사악하고 불길하다. 파멸해가는 세계 위로 테우륵이 되지 못한 시인, 비극적인 "가짜 그리스도"가 되어버린 시인의 유해를 태운 재가 날린다. 그는 이 "재가 되어버린 세계"의 한가운데 있다.

죽음이 만연한 삶은 도시에서도 마찬가지다. 도시의 축제나 축일은

---

27) А. Белый, "С предисловием автора," *Пепел. Сборник стихотворений*, Москва: Никитинские субботники, 1929. http://rusilverage.blogspot.kr/2014/01/blog-post_806.html 참조.

필경 죽음이라는 손님이 반드시 등장하는 무서운 가장무도회처럼 묘사된다. 도시는 비어 있고 춥지만, 언제나 화재가 일어날 가능성이 암시된다. 이러한 화재, 불의 모티프는 당시 혁명과 관련하여 드물지 않게 등장하던 것이다.[28] 벨르이에게 화재는 시집의 제목 '재'와 연관되어 죽음과 파괴, 소멸 등을 암시한다. 이러한 도시에 장례 행렬이 지나간다. 노동자들의 혁명적 시위를 묘사하는 시에서 벨르이는 그것을 "장례"라고 부른다. 여기서 현실의 혁명에 대한 벨르이의 극도의 부정적인 인식을 읽을 수 있다. 벨르이에게 거리의 혁명은 결국 죽음을 가져오는 것이었다.

『재』에 등장하는 또 하나의 흥미로운 모티프는 "붉은 도미노"의 형상이다. 가장무도회에 등장하는 "붉은 도미노"는 무도회에 모인 이들의 죽음을 암시하는 불길한 인물로, 붉은색이 암시하듯이 수도의 혁명적 움직임을 대변한다. 혁명으로 인한 죽음과 파멸을 암시하는 "붉은 도미노"의 형상은 벨르이의 장편소설 『페테르부르크』에서 또한 등장한다. 이 작품에서 "붉은 도미노"가 상징하는 혁명적 움직임이 불길하며 죽음을 암시한다는 점은 그와 같이 등장하는 정체를 알 수 없는 검은 수도승들에 의해 한층 강하게 뒷받침된다. "붉은 도미노"는 다만 다가오는 파국의 상징일 뿐 아니라 파괴와 죽음의 상징이 된다.

혁명은 상징주의 세계관 속에서 세계 변용에 대한 암시로 해석되었지만, 현실의 혁명을 목격한 벨르이에게 혁명은 최종적인 조화와 합슴으

---

28) Вл. Орлов, "художественная литература," *Поэмоа А лександра Блока 'Двенадцать'*, Москва: Издательство, 1967, с. 59~60. 블로크 역시 혁명과 관련하여 화재와 불의 모티프를 도입하였지만 벨르이의 『재』와는 상당히 다른 암시를 부여했다. 이에 관해서는 이후 블로크의 「열둘」에 관한 논의에서 다시 이야기하겠다.

로 가기 위한 파국이 아니라 파괴와 죽음이었다. 소설 『페테르부르크』는 벨르이가 최종적으로 혁명을 거절했음을 보여준다. 혁명에 대한 예감은 좌절되고 나아가 희화된다. 기대하던 '사건'과 '기적'이 무로 돌아가면서 세계의 변혁에 대한 예언은 공언空言이 된다. 혁명가는 이제 무의미한 광대극을 벌이는 어릿광대로, 혁명의 붉은 깃발은 죽음을 암시하는 불길하고 수상쩍은 도미노의 가장무도회 의상으로까지 추락하게 되었던 것이다.

뱌체슬라프 이바노프와 마찬가지로 솔로비요프의 종말론과 미와 조화에 의한 세계 구원이라는 예술적 이상을 받아들였고 예술을 통해 현실을 변용하려는 이바노프의 생예술적 전제를 수용하였지만, 벨르이와 블로크의 길은 여기서 이바노프의 길과 분기하였다.

이바노프가 이념적 혁명에 몰두하며 철학적, 미학적 패러다임을 짜는 일에 골몰했다면, 벨르이와 블로크는 현실의 혁명을 바라보았다. 블로크가 자신의 극 「낯선 여자」에서 희화했듯이 "너무 먼 곳"만을, "별만을 쳐다보느라" "지상의 이 세상을 볼 시력을 잃어버린"[29] 이바노프와 달리 벨르이와 블로크는 지상의 현실과 인간을 바라보았고 현실의 혁명이 인간에게 빚어놓은 비극과 고통을 보았다. 1905년 혁명을 둘러싼 러

---

29) А. А. Блок, 같은 책, т. IV, с. 90~91. 1906년에 「발라간칙」 「광장의 왕」에 이어 쓰여진 블로크의 세번째 드라마 「낯선 여자」에 등장하는 '점성술사'의 형상은 뱌체슬라프 이바노프에 대한 패러디적 함의를 담고 있다. '점성술사'는 자신의 '탑'에서 하늘과 먼 곳만을 바라보며 별을 읽느라 지상의 것을 볼 시력을 잃어버린다. 여기에는 이바노프의 대표적 시집 『별을 따라서』와 건물의 꼭대기층에 있었던 그의 거주 공간 '탑'에 대한 직접적 암시가 엿보인다. 차지원, 「'떨어진 별'의 비극: 알렉산드르 블로크의 드라마 「낯선 여인」」, 『러시아어문학연구논집』 제54집, 한국러시아문학회, 2016, pp. 224, 226.

시아의 현실은 솔로비요프적 '합슴,' 절대적 조화라는 궁극적 목적으로 가는 도상에 있는 세계적 파국이 아니라, 차라리 재림한 신의 얼굴과 함께 "세상에 내려온 광기의 얼굴"이었던 것이다.

민츠는 이와 같은 현실의 체험을 통해 벨르이와 블로크에게서 "악마적 현실"에 관한 인상이 나타남을 지적한 바 있다. 벨르이와 블로크는 삶과 충돌하면서 도처에서 죽음과 폭력을 목도하였기 때문이다. 이와 같은 부정적인 현실 인식은 솔로비요프의 "세계 혼"에 의한 구원 신화 자체를 의심하게 만들었다.[30] 『재』와 『페테르부르크』에서 혁명과 관련되어 죽음, 파괴, 소멸이 형상화되는 것은 이 때문이다. 블로크 또한 이러한 체험을 "무서운 세계"라는 주제로 형상화하였다.

그러나 다른 한편, 현실의 "공포와 악인"의 체험을 통해 미에 의한 세계 구원이라는 솔로비요프의 세계관과 이바노프의 유토피아에 대한 환멸을 공유했음에도 불구하고 벨르이와 블로크의 길 역시 서로 달랐다. 벨르이에게 『재』에서 형상화된 혁명적 현실은 1900년대 말까지도 완전히 부정적인 모습 그대로 남아 있었다. 1905년 혁명부터 이후 수년간의 급격한 사회적 동요는 벨르이에게 세계 변혁의 어떤 잠재적 가능성도 보여주지 못했다. 그것은 다만 끔찍한 현실일 뿐이었다. 거대한 변화를 예고하는 "새벽빛의 스러짐" 이후 모든 것은 죽고 시인은 부름받지 않은 메시아, 즉 "가짜 그리스도"로 파멸하였던 것이다. 10월 혁명 이후 블로크의 「열둘」에 영감을 받아 쓴 작품 「그리스도가 부활하였다」 이전까지 벨르이는 자신의 생예술적 전망과 현실의 혁명을 결코 화해시키지

---

30) З. Г. Минц, "Русский символизм и революция 1905~1907 годов," *Поэтика русского символизма*, с. 201~202.

못했다.

블로크는 이러한 "무서운 세계"의 체험을 보다 높은 조화의 전망으로 승화시키며 혁명의 의미를 정당화했다는 점에서 벨르이와는 다른 길을 걷는다. 블로크 역시 벨르이와 마찬가지로 이바노프의 신비극 이론의 추상성과 관념성에 부정적인 입장을 가지고 있었고, 결국 1906년 드라마 「발라간칙」으로 이바노프의 이론에 결정타를 가한다. 블로크의 첫 드라마 「발라간칙」은 벨르이의 오해를 받았을 만큼 과격하게 현실과 동떨어진 예술의 추상성과 관념성을 날카롭게 비판한 극이었다. 당시는 이바노프의 신비극 논의가 정점에 이르러 있었고, 다른 한편 1905년 혁명으로 인해 현실의 변혁에의 요구가 거세게 일어나던 시기로 블로크는 이와 같은 상황에서 예술과 현실의 괴리를 심각하게 인식하고 있었던 것이다.

이미 오래전부터 블로크는 혁명적 움직임의 체험을 통해 상징주의의 신비주의적 예감의 몽상적 세계로부터 살아 있는 현실의 세계로 진입하고 있었다. 그는 10월 혁명 직전인 1917년 8월의 일기에서 1905년 혁명을 앞둔 1903년에 관하여 다음과 같은 이야기를 남기고 있다.

약혼녀가 아내가 되자마자, 우리는 첫 혁명의 보랏빛 세계에 사로잡혀 소용돌이 속에 휘말렸다. 나는 마치 오래전부터 이미 파멸을 조용히 원했던 것처럼 먼저 흐린 보랏빛 속으로, 은빛의 별들 속으로, 눈보라의 오색 빛깔과 보랏빛 속으로 이끌려 들어갔다. 아내는 내 뒤를 따랐고, 그녀에게 이와 같은(무거운 것에서 가벼운 것으로, 허용되지 않은 것으로부터 허용된 것으로의) 이동은 내게서보다 더 고통스럽고 어려웠다. 눈보라가 지나고 나니 일상의 단단한 공허가 펼쳐졌지만, 그 일상은 계속 다시 눈보라가 엄습할 것 같았고 눈보라를 예정하고 있는 것이었다. 혁명과 혁명 사이의 나날들은 이러한 것이었고, 이 나날들은 영혼과 몸을 지치게 하고 상하게 만들었다. 이제 다시 불어 닥친 돌풍(그 색과 냄새는 아직 정의할 수 없다).[31]

블로크는 두 혁명 사이에서 살며 글을 썼다. 혁명은 사실상 블로크의 창작 행보 전체를 관통하는 가장 핵심적인 현실 체험이었던 것이다. 1905년 혁명을 즈음한 현실은 후세대 상징주의자들 대부분에게 이들의 솔로비요프적 세계관에 결정적인 위기를 가져왔다고 평가된다. 그러나 이 위기를 통해 상징주의에 세계와 현실, 역사로 향한 길이 열리게 되었고 이는 상징주의 최고의 시인 블로크에게서 가장 두드러지게 나타난다. 블로크에게 혁명의 체험은 상징주의 예술의 추상적이고 관념적인 세계로부터 살아 있는 현실의 세계로 발길을 돌리게 된 결정적인 계기가 되었다. 블로크는 이러한 자신의 행보를 "삶에 의한 두번째 세례"로 정의한 바 있다.

낮은 현실의 세계에 내려온 블로크에게 1905년 혁명 이후 스톨리핀 치하의 러시아 현실의 풍경은 벨르이가 보았던 것과 마찬가지로 혼돈과 죽음의 그림이었다. 그러나 블로크에게서 혁명적 현실의 체험은 양가적으로 평가된다. 벨르이가 "불타버린 세계"에 대한 절망 속에 머물러 있었다면, 블로크는 "무서운 세계"의 체험을 통해, 특히 혁명의 체험을 통해 예술의 본질과 시인의 정체성에 대한 다른 인식으로 나아가고자 한다. 아마도 그것은 블로크가 신비극의 패러디 「발라간칙」을 통해 보여

---

31) А. А. Блок, 같은 책, т. VII, с. 300~301.

주었듯이 예술의 추상적 관념보다는 삶을 택했고 세계를 창조하는 예술가 데우륵이기보다는 삶과 현실의 증인이 되고자 했기 때문에 가능했던 일일 것이다.

"무서운 세계"를 "높고 아름다운 삶"으로 가기 위한 필연적인 추락과 몰락으로 이해하면서 블로크는 벨르이와 마찬가지로 파괴와 죽음을 체험했음에도 불구하고 혁명의 "광기의 얼굴"을 솔로비요프와 뱌체슬라프 이바노프의 진테제, 즉 조화와 합슴의 비전을 통해 수용하고자 했다. 그는 "무서운 세계"와 "광기의 얼굴" 뒤에서 끊임없이 긍정적인 전망과 삶의 의미를 찾으려 했고 현실의 공포와 악을 높은 조화로 가는 '길'로 정당화했다.

블로크의 이러한 고통스러운 수용의 과정은 실상 지극히 상징주의적인 비전, 즉 '공동체성'을 통해 이루어진다. 1905년 블로크는 뱌체슬라프 이바노프를 만나게 되었고 「뱌체슬라프 이바노프의 창작」(1905)이라는 에세이가 보여주듯이 그의 디오니소스 사상에 영감을 받아 혁명적 현실의 혼돈과 악마성을 수용하고 합리화하게 되었다. 그러나 블로크는 이바노프가 제시했던 상징주의적 테제, '공동체성'의 테제를 디오니소스적 황홀경이라는 추상적인 미학적 의식의 기제가 아니라 개인과 사회, 민족의 관계에 대한 지극히 현실적인 사유를 통해 해석한다.

1905년 혁명을 즈음하여 블로크에게서는 개인과 주관성이 점차 배면으로 물러나고 공동체와 객관적인 것에 대한 관심이 자라난다. 그는 스러진 빛의 공포와 낮은 세계의 저열함 너머로 인간과 역사를 보려 했다. 서정시에서 자주 나타나는 민족과 사회, 국가에 관한 주제가 바로 이러한 변화를 직접적으로 뒷받침한다.

개인적 파멸과 죽음을 버리고 공동체의 삶으로 향할 때 혁명의 "광기

272

의 얼굴"은 기대하던 조화와 미의 세계로 가는 길에 있는 불가피한 혼돈과 파괴의 과정으로 이해된다. 이러한 의미에서 민츠는 블로크에게서는 벨르이의 경우와 달리 "전혁명 시기를 기다리던 조화와 미의 세계의 도래로 해석하면서 그 시기를 받아들이고 축복하려는 시도가 특징적으로 나타난다"고 지적한다.[32] 블로크는 바로 이렇게 개인적 불행과 상실을 넘어서면서 공동체 전체의 재생과 새로운 미래를 가져올 혁명의 의미에 다가가게 되었다. 개인적이고 사적인 것을 넘어서는 공동체적인 의미를 가진 세계 감각만이 혁명의 부조리를 이해하는 길이었다.

여기서 간과하지 말아야 할 것은 블로크가 주관주의와 개인적 파멸을 버리고 향하는 공동체적인 삶과 객관적인 것에서 민중의 형상이 떠오른다는 사실이다. 이 시기에 블로크의 시에서 나타나는 옛 러시아의 형상들과 가치들은 민중과 공동체에 대한 블로크의 시적 전망 속에서 포섭된 것이다. 블로크는 엘리트적인 시인 혹은 인텔리겐치아로서의 개인적 체험과 평가를 넘어 민중 전체의 삶과 민족의 역사라는 시야를 가지게 됨으로써 혁명의 혼돈을 끌어안게 된다. 이처럼 혁명은 블로크를 통해 러시아 상징주의 예술 속에서 합리화되고 정당성을 획득한다.

혁명의 움직임은 러시아 상징주의에서 종말론과 더불어 미美와 예술에 의한 세계의 변용과 구원이라는 유토피아 사상을 낳았다. 뱌체슬라프 이바노프의 미학이론이 대표하는 이러한 예술 유토피아는 극도로 추상적이었으며 현실과 유리된 조건화條件化된 관념적 구상이었다. 동시에 혁명은 또한 이러한 유토피아에 대한 회의와 좌절을 가져왔고 상징

32) З. Г. Минц, "Русский символизм и революция 1905~1907 годов," *Поэтика русского символизма*, с. 204.

주의에 동시대의 현실과 역사라는 너른 지평을 열어주었다. 혁명은 러시아 상징주의의 변전變轉의 가장 근원적이고 직접적인 동기가 되었다. 블로크의 창작적 행보는 바로 이와 같은 혁명과 러시아 상징주의의 만남과 충돌이 낳은 동시대 예술의 변전 그 자체에 다름 아니다.

4. 혁명으로 가는 길: 알렉산드르 블로크의 혁명의 체험, '추락'과 '징벌'의 길

블로크의 "가슴속에서 터져 나와, 영혼 속에서 무언가를 산산조각 내어버린"[33] 1905년 혁명 이후 그는 진정으로 살아 있는 현실과의 접촉을 느꼈으며 국가와 역사의 아름답지만 고통으로 일그러진 얼굴을 분명하게 대면하였다. 1905년 혁명의 충격, 그리고 직후 이어진 전제정의 탄압과 이루어지지 못한 기대가 교차하는 십수 년의 세월 동안 블로크의 혼돈스러운 의식을 지배한 한 가지 확실한 것은 물러설 수 없는 "파국에 대한 감각"이었다. 그는 이제 구세계의 몰락이 불가피함을 의식하며 가장 미학적이며 현대적인 데카당스 시인으로서의 과거를 뒤로 하고 역사와 현실이라는 새로운 지평과 마주하게 되었던 것이다. 혁명은 블로크에게 예술을 추상적 관념이 아니라 살아 있는 현실을 말미암아야 한다는 것을 깨닫게 하는 가장 직접적인 계기가 되었다.

1907년을 전후하여 1910년대에 이르기까지 블로크는 주제적으로 큰 변화를 보이며 이 시기에 "사회의식," 또는 "사회적인 것общественное"이

33) А. А. Блок, 같은 책, т. VIII, с. 164.

블로크 창작의 주요 주제였음을 지적한 게라시모프의 평가대로,[34] 사회, 국가, 역사에 관한 사유와 논의를 열렬히 전개해나갔다. 과거 신비스러운 예감에 싸여 내면의 '말해질 수 없는 것' 속에 몸을 숨겼던 블로크는 이제 거리의 현실로 나아가 논평가, 비평가, 연설가, 논쟁가로 나섰다. 그는 연이어 글을 발표하고 여러 모임에서 토론하고 연설했다.

그 가운데 블로크가 언제 어디서나 되풀이해서 역설한 것은 이제 피할 수 없는 위기가 목전에 와 있고 러시아는 전대미문의 변화와 여지껏 보지 못한 격동의 전야에 있다는 사실이었다. 러시아는 시간이 갈수록 광폭해지는 반동적인 정치 상황과 급속도로 피폐해지는 일반 민중의 생활고로 인해 더 이상 삶을 지탱하기 힘들었다. 상황이 비교적 나은 편에 속한 사람들마저도 겁에 질리고 이성을 잃었으며 죽음의 공포에 사로잡혔다.

이러한 상황하에서 블로크는 인텔리겐치아의 무능과 무관심을 날카롭게 비판했다. 블로크에 따르면, 이들은 무엇보다 민중으로부터 등을 돌렸다. 평소 민중에 대한 사랑을 크게 떠벌리던 거만한 인텔리겐치아는 이 어려운 시대에 자신의 의무를 망각하였다. 이들은 과거에 듣기 좋게 늘어놓았던 약속을 배반하고 민중으로부터 등을 돌렸으며 거짓된 말을 구별하지 못하고 있었다. 이들은 지금 러시아에서 일어나고 있는 반동에 대해, 문밖에 서서 당장 먹을 빵을 기다리고 있는 사람들에 대해 눈을 감아버렸다. 이들은 이 현실을 외면하기 위해 각종 종교와 철학, 순수미학에 관한 정신적 '추구'를 핑계 삼아 신에 관해 무의미한 이야기를 끝없이 늘어놓을 뿐이다. 블로크는 이와 같은 무능으로 인해 인

---

34) Ю. К. Герасимов, 같은 책, с. 153~54, 160.

텔리겐치아가 파멸의 벼랑 위에 서 있다고 경고하며 이들에게 너무 늦기 전에 삶의 가차 없는 진실에 눈을 뜨고 민중에게로 가는 길을 찾아야 한다고 호소했다. 블로크에게 민중은 삶에 대한 근원적인 의지를 보유하고 있는 모든 생명의 원천으로 생각되었기 때문이었다. 이와 같은 현실과 민중의 개념을 통해 1905년 혁명 이후 블로크는 네크라소프적인 경향에 매우 가까이 접근하고 있었다.[35]

1905년 혁명 이후 한층 더 엄혹해진 반동 정치와 민중의 급박한 생존의 요구가 거리에서 충돌하는 가운데 지식인과 인텔리겐치아의 침묵과 혼란에 대해 블로크가 어느 정도 극단적인 입장을 보인 것은 사실이다. 이러한 블로크의 경고와 호소에 관해 주변의 지식인과 작가들은 놀라며 분노했다. 독설가인 바실리 로자노프가 특히 냉소의 말을 퍼부었다는 사실은 널리 알려져 있다. 그럼에도 불구하고 블로크의 민중에 대한 믿음은 흔들리지 않았다. 로자노프 등의 공격에 대해 블로크는 스톨리핀의 어둡고 잔인한 반동적 통치가 극에 달했던 1909년, 자신이 "강하고 젊은 러시아"를 믿으며 "살아야 할 이유가 있다면 그것은 오직 이(혁명―인용자)뿐이다. 이러한 러시아의 성숙이 가능한 것은 오직 러시아 혁명의 심장 속에서뿐이다. 이때 혁명은 가장 넓은 의미에서의 혁명으로, 러시아 문학과 학문, 철학을 포함한다"고 대답하였다.[36]

블로크가 이토록 혁명을 긍정할 수 있었던 근거는 무엇이었을까. 그것은 바로 혁명 속에서 민중을 발견했기 때문이었다. 블로크는 결코 혁명으로 인한 폭력과 파괴를 그 자체로 정당화하려 하지 않았다. 그에게

---

35) Вл. Орлов, 같은 책, с. 32.
36) А. А. Блок, 같은 책, т. VIII, с. 277.

혁명의 비전은 로자노프 등이 비판했던 것처럼 맹목적이며 무책임하게 긍정적인 것이 아니었다. 혁명은 분명히 파괴이자 혼돈이었고 "무서운 세계"를 품고 있었다. 그러나 블로크는 민중을 통해 혁명으로 인한 죽음과 파멸 너머에 역설적이게도 민중 전체의 보다 나은 삶, "더 높고 밝고 아름다운 삶"이 있음을 발견한다.

혁명의 혼돈은 개인의 삶과 민중 전체의 삶의 관계를 통해 이해되고 수용된다. 솔로비요프와 이바노프의 높은 관념의 세계에서 내려와 삶과 현실, 민중의 세계로 들어간 그는 혼돈과 파괴, 그리고 생성을 거듭하는 전체로서의 삶과 생명의 원리를 발견한다. 그는 스스로를 민중으로서의 삶 속에 자리매김하면서 개별적인 파멸과 죽음을 넘어서 혁명 속에서 재생과 생성의 전망을 보게 된 것이다. 자연自然한 민중의 삶은 개인적이고 개별적인 파괴와 소멸이 궁극적으로 공동체의 재생과 생성으로 귀결됨을 보여준다. 그러므로 혁명은 민중의 것이며 민중 속에 혁명이 있었다.

블로크는 이러한 민중의 형상을 통해 혁명의 현실에서 지식인과 인텔리겐치아의 정체성과 의무가 무엇인가에 대한 답변에 다가간다. 인텔리겐치아는 자신이 민중의 운명 한가운데에 있음을 깨닫고 혁명의 파국과 죽음에 스스로를 바침으로서 역사적 사명을 완수해야만 한다. 이러한 인텔리겐치아의 운명 너머에는 또한 바로 세계의 구원을 위해 인간의 몸을 입고 낮고 저열한 이 세상에 내려와 스스로를 희생한 그리스도의 형상이 비쳐 보이고 있었다.

「1907년의 문학적 결산」(1907), 「아이러니」(1908), 「민중과 인텔리겐치아」(1908), 「자연력과 문화」(1908), 「고골의 자손」(1909), 「불꽃」(1913) 등의 에세이에는 역사적 현실에 대한 인텔리겐치아의 의무에 관한 블로크의 생각이 뚜렷이 드러나 있다. 또한 안온한 내적 은둔을 떨치고 혁명의 거리와 민중으로 가는 길, 그리고 그 길에서 스스로의 운명을 바치는 인텔리겐치아의 운명이라는 블로크의 인식은 1907년 쓰여진 그의 네번째 드라마 「운명의 노래」에 형상화되어 있다. 이 드라마의 주인공 게르만을 통해 보여준 바대로 블로크는 러시아의 인텔리겐치아가 "저주스러운 역사적 무위"에 빠져 있음을 비판한 바 있다.[37] 이러한 인식은 비단 블로크 혼자만의 것은 아니었다. 이상과 현실, 앎과 행위 사이의 괴리에 대한 통렬한 인식은 러시아 인텔리겐치아의 지적 역사에 오래 뿌리박고 있었던 것이었다.

혁명의 의미, 인텔리겐치아와 혁명의 관계, 혁명에 대한 인텔리겐치아의 의무 등에 관한 블로크의 변辯은 10월 혁명이 일어난 이듬해인 1918년 새해 벽두에 쓰여진 논설 「인텔리겐치아와 혁명」에서 전개된다.[38] 블로크가 서사시 「열둘」을 쓰기 시작한 1월 8일의 바로 다음 날인 9일에 「인텔리겐치아와 혁명」을 썼다는 점은 의미심장하다. 이 글에 담긴 블로크의 생각은 「열둘」에 그려진 혁명의 이미지와 상호 작용하고 있기 때문이다.

「인텔리겐치아와 혁명」에서 블로크는 인텔리겐치아와 예술가를 혁명에 직접적으로 연관짓는다. 예술가가 세상에 전달하는 궁리窮理는 곧 삶의 변화와 변혁이며 그 변혁의 궁리가 민중의 영혼에 근원적으로 잠재한다. 이러한 변혁에 대한 궁리가 외부로 표현되어 나오는 것이 바로 혁

---

37) Вл. Орлов, 같은 책, 1967, с. 34.
38) 블로크는 1905년 이후 십수 년에 걸쳐 민중에 관한, 그리고 인텔리겐치아의 역사적 의미에 관한 사유의 흔적을 1907년부터 1918년까지의 기간에 쓰여진 7편의 에세이 모음집 『러시아와 인텔리겐치아』에 오롯이 남겨두었다. 이 모음집을 마감하는 글이 「인텔리겐치아와 혁명」이다.

명이다. 예술가는 바로 혁명을 직접적으로 감각하는 자이다.

> 예술가의 일, 그의 의무는 이것이다. 그에게는 궁리가 보이며, 그는 공
> 기를 찢는 바람처럼 울리는 그 음악을 듣는다.[39]

블로크에게 예술가의 실존은 바로 변혁에 대한 궁리, 즉 혁명의 이념
에 내맡겨져 있다. 예술가의 일은 그러한 궁리가 어떻게 실현되는지를
일부러 주의 깊게 보는 것이 아니다. 그는 민중이 움직여 가는 거대한
삶 속에 스스로 배태되는 그 궁리를 예민하게 감각하고 전달하는 자이
다. 예술가는 궁리를 스스로 해내는 자가 아니다. 예술가에게는 "자연
히 궁리가 보이며" 변혁에 대한 궁리는 그의 실존 속으로 투영된다.

블로크에게 크렘린과 궁전들, 회화들, 서적들 등의 파괴는 두려워할
일이 아니었다. 그가 이러한 문화유산을 사랑하지 않아서가 아니었다.
그는 문화유산의 형태는 인간의 마음과 머릿속에 보존되어 있다고 역
설한다. 완전한 사랑, 그리고 창조를 위해 파괴를 수용하려 하는 블로
크는 인텔리겐치아에게 혁명을 "목가"라고, 사회 속에 적폐된 분열이 쉽
게 해결될 수 있으리라고 믿었는지 묻는다.

> 당신들은 무엇을 생각한 것입니까? 혁명이 목가라고 생각했습니까?
> 창조가 아무것도 파괴하지 않고 나아가리라 생각했습니까? 민중이 그
> 저 말 잘 듣는 아이와 같을 것이라 생각했습니까? 〔……〕 그리고 마지막
> 으로, 수세기에 걸쳐 쌓여온 '검은' 뼈와 '흰' 뼈 간의, '배운 자들'과 '배

---

39) А. А. Блок, 같은 책, т. VI, с. 12.

우지 못한 자들' 간의, 인텔리겐치아와 민중 간의 불화가 그토록 '사심 없이' 그리고 그토록 '아픔 없이' 해결될 것이라 생각했습니까?[40]

혁명으로 인해 야기된 혼돈과 파괴에 관해 블로크는 "혁명은 자연과 같다"고 해명하였다. 폭풍우와 눈보라는 소중한 것이나 하찮은 것이나 상관없이 누구나에게 불어오듯이 혁명은 소중한 것을 파괴하고 하찮은 것을 남겨두기도 한다. 그러나 이러한 오류가 결국 생성을 향한 혁명의 큰 운동의 흐름을 바꾸어놓지는 못한다.

그것은 (혁명은) 자연과 같다. 아무리 높고 고상한 몽상이라고 해도 혁명에서 몽상의 실현을 기대하는 이들은 가련하다. 혁명은 뇌우를 몰고 오는 폭풍처럼, 눈보라처럼, 언제나 새롭고 예기치 못한 것을 가지고 온다. 혁명은 많은 이들을 잔혹하게 속인다. 혁명은 그 회오리 속에서 소중한 것을 쉽게 불구로 만든다. 혁명은 종종 하찮은 것들을 상처 입히지 않고 마른땅 위에 내어놓는다. 그러나 그것은 혁명의 일부일 뿐이다. 이것은 흐름의 대세大勢도, 흐름에서 울리는 그 천둥같고 귀를 먹먹하게 하는 울림도 바꾸어놓지 못한다. 이 울림은 언제나 마찬가지로 위대한 것에 관해서 말한다.[41]

파괴와 혼돈, 그것이 품은 암흑은 그 자체로 긍정적인 것이 아니라 그로부터 새로운 것이 생겨나기 때문에 불가피하다. "위대한 러시아 작

---

40) 같은 책, c. 16.
41) 같은 책, c. 12.

가들, 푸시킨, 고골, 도스토옙스키, 톨스토이가 그러했듯이,” 블로크가 혁명의 혼돈과 파괴라는 암흑 속에 잠겨든 것은 그 암흑으로부터 “빠르든 늦든 결국 모든 것이 새로워질 것”이기 때문이다.[42]

그러나 당시 대부분의 지식인들은 혁명이 가져온 파괴와 혼돈으로 인해 혁명에 등을 돌렸다. 그럼에도 불구하고 인텔리겐치아가 혁명을 수용할 수 있는 길에 관해 블로크는 두 가지의 정신적 태도를 제시하고 있다. 혁명을 끌어안는 일은 “두려움을 몰아내는 완전한 사랑”과 삶에 대한 최종적 긍정을 통해서만이 가능하다. 블로크는 이를 기반으로 파괴와 혼돈에서 생성을 발견하며 혁명을 미래의 “아름다운 삶”과 연관시킴으로써 혁명을 수용할 수 있었던 것이다.

역사를 통해 인텔리겐치아는 모든 가치를 “재평가”하는 존재였다.[43] 그러한 인텔리겐치아가 혁명이 불가피하게 가져오는 파괴와 혼돈을 두려워함으로써 그로부터 생겨나는 새로운 삶을 가로막는다는 것은 민중에 대한 죄악이다. 블로크는 파괴와 혼돈을 핑계삼아 민중을 경멸하는 오만을 버리고 전력을 다해 혁명이 들려주는 미래의 “음악”을 들을 것을 호소한다. 인텔리겐치아의 “오만한 정치 방담放談은 커다란 죄악”이며 “‘무無도그마적인 도그마’는 무섭고 위험하다.”[44] 인텔리겐치아는 다만 시대의 혼으로부터 울려 나오는 음악, “혁명”을 온몸으로 온 마음으로 들어야 할 뿐이다.[45]

---

42) 같은 책, c. 13.

43) А. А. Блок, “[…] ведь интеллигенты, кажется, ”переоценили” все эти ценности?” 같은 책, c. 18.

44) А. А. Блок, 같은 책, c. 19.

45) А. А. Блок, “Всем телом, всем сердцем, всем сознанием-слушайте Революцию,” 같은 책, c. 20.

파괴와 혼돈을 빛으로 가기 위해 불가피하게 통과해야만 하는 '추락' 혹은 '지옥'으로 설정하면서 블로크는 혁명을 끌어안는 또 하나의 정신적 태도인 낙관주의와 삶에 대한 긍정적 태도를 이끌어낸다. 낙관주의와 긍정적 태도는 초기부터 블로크의 시적 지향을 통해 나타나지만, 이는 특히 1910년을 전후하여 10월 혁명 시기까지 블로크가 「오, 미친 듯살고 싶어라」(1914) 등 시집 『얌브』(1907~14)를 통해 보여주었던 희망과 활기의 정서를 통해 뒷받침된다. 궁극적으로 빛과 천국을 향함으로써 파괴와 혼돈의 '지옥'을 통과해 가는 블로크의 낙관주의와 정신적 "강건함"[46]은 그가 자신의 시적 행보를 정의한 "너무나 선명하게 빛나는 순간으로부터 ─ 불가피한 늪의 숲을 지나 ─ 절망과 저주, '징벌'[47]을 향해…… ─'사회적' 인간, 강건하게 세계의 얼굴을 들여다보는 〔……〕 예술가의 탄생을 향해 가는" "인화人化의 삼부작"이라는[48] 구절에서 이미 나타난 것이다. 이러한 예술적 세계관은 혁명과 관련한 블로크의 현실의 삶에서도 그대로 드러난다.

이후 1918년 1월 19일에 『노동의 기치』지에 발표된 「인텔리겐치아와 혁명」은 작가 사회에 엄청난 파장을 몰고 왔다. 이 논설로 인해 블로크는 '배신자'라는 비난을 받았다. 예세닌은 입헌민주당과 상징주의를 선도했던 메레쥬콥스키가 블로크에게 엄청난 분노를 쏟아냈다는 소식을 전했다.[49]

블로크가 인텔리겐치아에게 혁명을 받아들이라고 촉구한 것은 결코

---

46) А. А. Блок, 같은 책, т. V, с. 435.
47) 블로크는 1910년에서 1921년에 걸쳐 쓴 서사시 「징벌」에서 역사 앞에 행위의 의무를 다하지 못한 지식인 앞에 닥쳐온 추락과 파멸의 운명을 지식인에 대한 '징벌'로 개념화하였다.
48) А. А. Блок, 같은 책, т. VIII, с. 344.
49) Вл. Орлов, 같은 책, с. 41.

그가 혼돈과 파괴 속에서 고통과 비극을 겪지 않았기 때문이 아니다. 블로크 역시 굶주림에 시달렸고 가장 소중히 여겼던 서가가 불타버리는 고통을 겪었다. 그러나 그는 러시아를 피폐하게 만든 전제정의 폐해를 일소할 수 있는 새로운 현실이 "끝없는 상실, 개인적 비극, 현실의 실패, 추락 등을 대가로, (예를 들어 인류애, 선행, 티끌 없이 깨끗한 양심, 높은 도덕성 등과 같은) 왕관의 가장 아름다운 다이아몬드와 같이 빛났던 무한히 높은 품성들의 상실을 결국 대가로"[50] 치르고서 가능함을 인식한 바 있다. 이처럼 블로크는 혁명으로 빚어진 개인적인 상실과 불행에도 불구하고 혁명의 '대세'를 확신했기 때문에 파괴와 혼돈을 감내했다. 언급했듯이 그는 혁명의 끝이 민중의 삶에 닿아 있다고 믿었다. 그는 "인화의 삼부작"에서 말했던 예술적 전망을 현실에 적용시키며 혁명이 가져온 암울하고 비극적인 현실을 통과해 감으로써 최종적으로 진정으로 높고 아름다운 새로운 삶에 도달할 수 있다는 확신을 얻는다. 그러므로 현실의 상실과 비극에 대한 "죽음의 피로가 동물적인 생기로 바뀐다."[51]

그럼에도 불구하고 진정으로 무엇이 그를 암흑 속에서 빛을, 파괴 속에서 생성을 보게 하였는지 충분히 설명되지는 않는다. 이에 관해서는 시집 『얌브』의 첫 시 「오, 미친 듯 살고 싶어라」의 첫머리에 부친 "분노가 시를 낳는다Fecit indignatio versum"는 유베날리스의 시구로부터 또 하나의 암시를 얻을 수 있을 뿐이다.[52] 현실을 넘어 미래로 시선을 투사함

50) А. А. Блок, 같은 책, т. III, с. 297~98.
51) А. А. Блок, "Смертельная усталость сменяется животной бодростью," 같은 책. т. VI, с. 14.
52) А. А. Блок, 같은 책, т. III, с. 85.

으로써 얻어지는 낙관주의 외에 비참하고 암울한 현실에 대한 좌절과 분노는 역설적으로 『얌브』에서 발견되는 희망과 낙관의 근거가 되었던 것으로 보인다. 혁명의 파괴성에 대해 절망했던 벨르이가 그럼에도 불구하고 단호하게 부정했던 것처럼, 구세계는 이제 더 이상 용납할 수 없이 타락하고 부도덕했다.

블로크는 혁명을 온전히 끌어안았다. "러시아는 폭풍"이라는 그의 단언 속에서 러시아의 존재 자체는 혁명적인 것과 동일시된다. 그에게 러시아는 민중 그 자체였고 그러므로 러시아는 무엇보다 혁명의 체현이었다. 그러므로 블로크는 인텔리겐치아에게 호소한다.

온몸으로, 온 가슴으로, 온 의식意識으로 혁명을 들으십시오.[53]

이어 1918년 3월에 쓰여진 「예술과 혁명」에서 블로크는 그동안 상징주의 예술가들이 모색해온 문제, 예술이 혁명(적 변혁)을 대해, 혁명에 관해, 혁명을 위하여, 무엇을 할 수 있는가에 관해 답변한다. 이제 예술은 혁명에 응답한다. 그의 시대에 "그토록 삶으로부터 멀리 떨어져 있던" 예술이 "이제 직접 행위로, 실제로 나아가고 있기" 때문이다.[54] 혁명은 블로크가 (그리고 상징주의가) 창작적 여정에서 예술이 도달해야 할 최종적 지점으로 생각했던 생예술의 이상, 예술과 삶의 대화적 교차가 이루어지는 장이었다.

이 논설은 또한 혁명에 대한 블로크의 태도를 짐작할 수 있는 중요한

---

53) А. А. Блок, 같은 책, т. VI, с. 20.
54) 같은 책, с. 24.

단서를 제공한다. 이는 「열둘」에 그려진 혁명의 풍경에서 울리는 이중적 음조, 그리고 특히 그리스도의 형상에 관해 암시를 준다. 예술과 혁명의 문제를 풀어가는 열쇠로 역사상 첫 혁명가였던 그리스도의 형상을 떠올리며 블로크는 사랑과 증오의 모순적 태도를 발견한다.

> 그러나 이해하기 어려운 모순이 하나 있다. 바그너에게서 그것은 『예술과 혁명』에서 표현되어 있는데, 그것은 예수 그리스도에 관한 것이다.
> 어느 곳에서는 그리스도를 증오하고, 어느 곳에서는 "갈릴리 어부의 불행한 아들"이라고 부르면서 그를 희생자로 추앙하기를 제안한다.
> 〔……〕
> 그러나 이 증오에 찬 사랑의 독毒이, 속물적 인간은 "그가 아무리 문화적이라도 해도" 결코 참을 수 없는 이 사랑의 독이 바그너를 파멸과 모욕에서 구했다. 그의 창작 전체에서 넘쳐 흐르는 이 독은 미래에 예정된 "새로운 것"이다.[55]

블로크는 이러한 모순적 태도를 미래에 예정된 것이라 말한다. 새로운 시대는 불안하고 소란할 것이기 때문이다. 그리고 전체로서의 삶과 생명이 파괴와 생성을 거듭하며 삶 속에서 죽음을 암시하고 죽음 속에서 삶을 배태하듯이, "인간의 삶이 가지는 의미는 이러한 불안과 전율에 있기 때문이다."[56] 다가오는 변혁과 변화의 시대를 살아가기 위해서는 모순적 태도를 견뎌내야만 한다.

---

55) 같은 책, c. 25.
56) 같은 곳.

이와 같은 블로크의 생각은 혁명을 그린 서사시 「열둘」의 정조에 그대로 반영되어 있다. 그러므로 「열둘」의 풍경은 그렇듯 비극적이며 양가적이다. 그는 혁명을 이해하기 위해 혁명을 증오하며 또한 사랑해야 했던 것이다.

5. 혁명 속에서: 알렉산드르 블로크의 「열둘」

블로크의 서사시 「열둘」은 의심의 여지없이 10월 혁명에 영감을 받아 쓰여졌고 10월 혁명에 관해 블로크가 가졌던 생각의 본질과 핵심을 형상화한 작품으로 평가된다. 「열둘」은 앞서 언급했듯이 블로크의 창작적 행보에서 나타나는 혁명의 예술에 대한 지향, 그리고 「인텔리겐치아와 혁명」, 「예술과 혁명」 등의 논설에서 나타난바 혁명을 위한 인텔리겐치아와 예술가의 의무에 관한 의식 등을 토대로 쓰여진 작품이다.

블로크는 1905년에 거리에 있지 않았음을 고백한 바 있다. 이후 혁명적 움직임에 의해 민중과 역사에게로 걸어온 블로크는 10월 혁명 시기에는 거리와 광장에, 집회와 연설장에 있었다. 1917년 3월 전선에서 돌아온 이후,[57] 블로크는 전제정이 끝장난 페트로그라드를 새롭게 바라보며 시시각각 급박해지는 혁명적 움직임 속에서 새로운 시대를 자리매김하는 것, 즉 "혁명을 듣는 것"에 몰두했다. 예술의 의미는 이제 논란의 여지없이 민중성과 군중성을 말미암은 것이었다.[58] 블로크는 혁명이 여

---

57) 블로크는 1916년 7월 군대에 징집되어 핀스크에서 복무했다.
58) Вл. Орлов, 같은 책, с. 23.

는 새로운 시대를 맞아 노동에 대한 강한 의욕을 느끼며[59] 혁명이 일구어가는 공동체의 삶에 스스로를 바치고자 한다.

　새로운 개인사는 아무것도 없다. 만약 있다고 해도 그것을 느끼기는 불가능하다. 전 세계적인 혁명이 삶 전체의 내용이 되어간다. 그리고 그 혁명을 이끄는 것은 러시아다.[60]

러시아는 이 시기 제정과 부르주아의 마지막 죄악이라 평가되는 세계 대전의 참화를 딛고 새로운 정신적, 사회적 갱생을 암시하는 10월 혁명을 앞두고 있었다. 블로크 역시 구세계 인텔리겐치아에 대한 '징벌'의 굴레를 벗고 새로운 미래를 예감하는 유례없는 정신적 도약의 시기를 맞이했다. 혁명에 대한 고양된 기대를 가지고 있었음에도 불구하고 1917년 6월 "음악이 복잡해지고 있"으며[61] "미래가 보이지 않는다"는[62] 블로크의 고백은 혁명의 운명에 대한 그의 고뇌가 매우 깊었음을 보여준다. 그러나 블로크는 홀로 있지 않았으며 혁명에 대한 사회적 고뇌에 참여했다.

　임시정부와 입헌민주당에서는 상징주의를 대표하는 시인 블로크를 그들의 사람으로 생각하고 있었던 것으로 알려져 있다. 그러나 이미 10월에 블로크는 자신이 "차라리 볼셰비키 편에 있"으며 "오직 레닌만이" 민주주의를 실현하고 나라를 안정시킬 수 있다는 믿음을 표현한다.[63]

59) А. А. Блок, 같은 책, т. VII, с. 255.
60) 같은 책, с. 504.
61) 같은 책, с. 505.
62) 같은 책, с. 506.
63) 같은 책, с. 312.

블로크는 레닌이 분명하고 확실한 공약을 민중을 위해 제시하고 있다는 생각에 레닌에 이끌렸던 것으로 보인다. 또한 레닌이 새로운 민주주의를 '민중'과 '군중'의 것으로 자리매김하고 있었기 때문에 오랜 창작의 여정 동안 예술을 민중과 역사의 장으로 이끌어내고자 했던 블로크는 레닌과 볼셰비키를 지지하였다.

> 앞을 향해 새로이 태어나는 민주주의를 보아야 한다. 새로운 민주주의는 이제 예전의 민주주의가 아니다. 왜냐하면 민주주의는 민중의 지배이며, 무장한 민중이 스스로 위에 군림할 수는 없기 때문이다.[64]

블로크는 지인과의 대화에서 미래에 관해 다음과 같이 이야기했다고 전해진다.

> 새로운 미래는 완전히 다른 것이 될 것이다. 로마노프도 아니고 페스텔도 아니고 푸가초프도 아니다. 권력을 잡은 민중, 당당한 걸음으로 목표를 향해 가는 민중 자신이 그것이다.[65]

10월 혁명이 일어난 바로 그 며칠 동안 블로크가 무엇을 했는지는 정확히 알려져 있지 않다. 또한 그 직후인 11월과 12월에도 역시 블로크는 기록을 남기지 않았다. 그러나 블로크와 가장 가까웠던 가족인 블로크의 이모 베케토바는 블로크가 당시 "젊고 즐겁고 건강한 모습으로 빛나

---

64) В. И. Ленин, *Полное собрание сочинений*, т. 31, с. 181.

65) М. Бабенчиков, *Ал. Блок и Россия*, М.-П.: Государственное издательство, 1923, с. 54.

는 눈을 하고 다녔다"고 증언하고 있다.[66] 그가 10월 혁명을 격앙된 기대 속에서 받아들였음은 분명한 듯하다. 매일 총소리가 창문 아래에서 들리고 대포가 지하실을 울려대는 속에서도 블로크는 세계를 "절실히 느끼며 일어난 모든 일을 받아들여야 한다"고 말했다.

그렇게 블로크는 혁명 직후 바로 볼셰비키와 같이 일하려는 생각을 가지고 있었다. 혁명은 민중과 직접 관련된 것으로, "날개는 민중에게 있고 민중의 능력과 지성에 도움을 주어야 한다"는[67] 이유에서였다. 레닌이 현재의 문화를 민중에게 오롯이 전하고자 하며 인공적인 '프롤레타리아 문화'의 창출이 아닌 모든 문화와 학문, 기술, 예술의 습득을 주장하는 문화정책의 노선을 이야기하며 학문과 예술 분야의 인텔리겐치아와 민중의 실제적 접촉을 확립하자고 주장하고 루나차르스키가 위기에 빠진 국가를 구하기 위해 "계몽된 인텔리겐치아"와의 협동이 필요하다고 역설하자, 블로크는 이에 응답하게 된다.[68]

11월 초 제2차 전 러시아 소비에트 대회에서 선출된 중앙집행위원회는 페테르부르크의 예술계 인텔리겐치아의 대표자들을 소집했다. 스몰니 사원으로 명성 있는 작가들, 예술가들, 배우들이 다수 초대되었지만 단 몇 사람들만이 참석했을 뿐이었다. 극작가 메이예르홀트와 마야콥스키, 화가인 페트로프 보트킨과 알트만 등과 함께 블로크가 있었다.[69]

이제 블로크는 혁명을 위한, 보다 정확히 말해, '민중을 위한' 일의 의

---

66) М. Бекетова, *Александр Блок*, Ленинград: Academia, 1930, с. 256.

67) А. А. Блок, 같은 책, т. VII, с. 321.

68) Вл. Орлов, 같은 책, с. 28~29.

69) Вл. Орлов, 같은 책, с. 29.

미에 관해 아무런 의문이 없었다. 혁명의 이름으로, 즉 민중을 위하여 행해지는 모든 일은 다 중요한 것이었다. 극장의 재건, 고전의 재발행 등의 작업에 대한 논의가 일어났고 블로크는 자신이 할 수 있는 모든 일을 하고자 했다. 겨울궁전에서 푸시킨과 고골, 네크라소프 등의 작품을 민중들을 위해 개작하자는 논의가 오가던 이때 블로크를 만났던 한 정부위원은 그에 관해 회고를 남겼다. 반쯤 군인 같은 복장을 한 블로크는 엄격하고 언제나처럼 말이 없었지만 눈에는 숨겨진 동요를 담고 있었다. 그는 위원에게 최근의 정치 소식을 물었다. 오래 외국에 살았던 정치위원은 당시 러시아 작가들을 잘 알지 못했고 신비주의자이며 미학주의자, 데카당으로 알려진 이 사람을 흥미롭게 바라보았다. 이야기를 나누던 중 블로크는 정치위원의 눈동자를 뚫어지게 들여다보며 불쑥 예사롭지 않은 말을 꺼냈다.

당신은 정치에 관심을 두시겠지요, 당의 관심사 말입니다. 저는, 우리는 시인들로 혁명의 혼을 찾고 있습니다. 혁명의 혼이 아름답기 때문에 우리가 여기 당신들과 같이 있는 것입니다.[70]

「열둘」은 바로 이처럼 혁명의 혼에 영감을 받아 쓰여진다. 「열둘」은 논설 「인텔리겐치아와 혁명」의 집필 하루 전인 1월 8일에 시작되었다. 1월 9일 「인텔리겐치아와 혁명」을 쓴 이후 수일 동안 작품은 진척되지 않았지만, 1월 28일과 29일 거의 마무리를 하게 되고, 29일 블로크는 다음과 같은 기록을 남긴다.

---

70) В. Полянский, "Из встречи с А. Блоком," *Жизнь*, no. 1, 1922, с. 196.

내게서 그리고 주변에서 자라나는 끔찍한 소음…… 오늘 나는 영웅이다.[71]

위 기록에서 블로크가 의미하는 바는 무엇이었을까. 그 무렵 혁명의 역사적 필연성에 관해, 그리고 인텔리겐치아가 볼셰비키와 같이 일해야 한다는 신념을 명확히 밝힌 바 있었던 블로크는 혁명의 "끔찍한 소음"에도 불구하고 "폭발적으로, 영감을 받아, 조화롭게 목적을 향해"[72] 나아가는 혁명의 모습을 형상화한 스스로에 대한 자부심을 이렇게 표현한 것이 아닌가 생각된다. 이렇게 혁명을 형상화한 상징주의 최고의 시 「열둘」은 1918년 2월 초순 완성된다.

예술과 혁명이라는 테제는 「열둘」과 함께 해소된다. 블로크는 문학을 통해 앎을 행위로 가져갈 수 있다는 확신을 다음과 같이 피력하였다. 단순하지만 명료한 그의 언설은 "저주받은 역사적 무위"에 대한 해답을 제시하고 있다.

물론, 어쨌든 문학은 나의 것이며 익숙하고 무한히 소중한 일이다. 그렇다, 나에게는 '민중과 나눌' 수 있는 보물이 있다. 요즈음의 가장 중요한 생각은, 혁명 속에서 인간은 자신을 외톨이로 느끼지 않는다는 것이다. 인간은 이미 스스로를 거대한 전체의 부분으로 느끼며, '나'뿐만 아니라 '우리'를 말해야 한다.[73]

71) А. А. Блок, 같은 책, 3К, с. 385.

72) А. Цшохер, *Из воспоминаний об А. Блоке*, Витебск: Искусство, No. 4/6, 1921, с. 5.

73) А. А. Блок, 같은 책, т. VII, с. 328.

1918년은 볼셰비키 권력과 아직 잔존하는 전제정 세력과의 싸움, 임시정부와 헌법제정회의와의 갈등, 그리고 내전 등으로 인해 10월 혁명의 대의가 위협받고 있었다. 그러므로 블로크는 「인텔리겐치아와 혁명」에 대한 논란에도 불구하고, 문학으로 혁명의 전면으로 나서기로 마음먹는다. 그는 「열둘」의 출판을 서둘렀고, 마침내 2월 18일 『노동의 기치』지에 게재되었다. 이 서사시는 두번째 면에 실렸다. 첫번째 면은 사회주의 혁명을 수호하고 독일과 백위군과 싸우라는 구호로 가득 채워져 있었다.[74] 그야말로 「열둘」은 그가 원했던 혁명으로 가는 예술, "혁명 속에서 민중과 나눌 수 있는" 시가 되었다.

하지만 동시에 「열둘」은 결코 혁명의 정치적 슬로건은 아니었다. 이작품은 혁명과 볼셰비키 권력을 정치적으로 미화하고 있지 않다. 블로크는 이 작품에서 혁명이 일어나던 날들, 1917년과 1918년 사이의 날들, 정확히 말해 1918년 1월 5일 전야의 페트로그라드 거리에서 일어난일들을 자신이 본 대로, 들은 대로 그린다. 「인텔리겐치아와 혁명」에서그가 분명히 선언했듯이 이 작품은 혁명을 선전하는 것이 아니라, "혁명을 듣고" 있다.

「열둘」은 혁명을 즈음한 시기 제정의 수도 페테르부르크의 거리 풍경을, 혁명이 일어난 이곳의 힘겨운 현실을 "검은 저녁"과 "흰 눈" 그리고 "바람"을 통해 강렬하게 담아낸다. 어두운 저녁 눈보라가 치며 사람이서 있기조차 힘들 정도로 강한 바람이 불어오고 눈 아래 깔린 얼음으로 인해 길은 미끄럽다.

---

74) Вл. Орлов, 같은 책, c. 45.

검은 저녁.

흰 눈.

바람, 바람!

사람은 서 있지 못한다.

〔……〕

눈 아래는 얼어 있다.

미끄럽고, 힘들다. (347)

"검은 저녁"의 혹독하고 힘겨운 풍경 위로, 아이들이 모두 맨발이며 헐벗고 있는 상황에 거리 위에 내걸린 커다란 천으로 만들어진 현수막을 통해 부르주아, 성직자, 귀족 계급에 대한 적의가 겹쳐진다. 현수막을 만들 천이 있으면 아이들에게 옷을 입히고 양말을 신겼을 터이다.

"검은 저녁"과 "검은 적의"의 검은색과 대비되는 것은 "흰 눈"이다. 어둡고 핍진한 현실을 상징하는 검은색과 눈보라의 흰색은 강한 대비를 이룬다. "흰 눈"은 눈보라를 통해 다시 "바람"과 결합한다. 그리고 눈보라 속에서 "열두 사람"이 행진한다. 색채 상징을 통해 이 혹독한 현실의 "검은 저녁"에 대비되는 것은 "흰 눈" "바람" "열두 사람"이다. "흰 눈" "바람" "열두 사람"의 의미적 관련성은 명백하다. 눈보라는 노파도, 부르주아도, 성직자도, 작가도, 귀부인도 모두를 쓰러뜨리지만, "열두 사람"은 눈보라를 뚫고 행진한다. "신의 세상 전체"를 행진하는 이들은 눈과 바람에 적대적이지 않아 보인다.

열두 사람이 걸어간다.
라이플총을 매단 검은 띠.
주위엔 ── 불, 불, 불……

이빨로 시가를 물고, 모자는 구겨진 채로.
등에는 필경 다이아몬드 1 표시를 달고!

자유, 자유를,
에이, 에이, 십자가 없이! (349∼50)

　명백히 혁명가를 상징하는 "열두 사람"에 대한 블로크의 묘사는 흥미롭다. 라이플총을 검은 띠로 매고 있는 이들은 수인의 표식("다이아몬드 1")을 달고 있으며 그리스도의 열두 제자를 상기시키지만 "십자가가 없"다. 블로크는 볼셰비키 혁명가들을 상징하는 이들의 형상에 지극히 사실적인 당시의 정황을 함축해 넣었다. 전제정의 반혁명주의자들은 대부분 낮은 사회 계층 출신인 이들을 경멸하며 근거 없이 "범죄자"라 불렀다. 또한 성직자들을 "신성한 적의"의 대상으로 삼고 있는 이들이 십자가를 지니고 있을 리 없다. 블로크는 부르주아와 성직자, 귀족 등 당시 혁명의 적이 되었던 이들의 시선을 통해 혁명가들을 반어적으로 그렸던 것이다.
　「열둘」에서 형상화된 사건은 검은 저녁, 눈보라 속에서 행진하는 "열두 사람" 중의 하나인 페트루하의 살인이다. 「열둘」이 혁명에 바쳐진 시임을 감안해볼 때, 혁명가들의 행진 중에 일어난 개인적 치정에 얽힌 살인 사건은 의아한 주제일 수 있다. 페트루하의 연인 카치카는 부자가 되어 백군 편에 선 반카와 놀아났고 페트루하는 질투에 눈이 멀어 연적에게 복수하려다 카치카를 죽이고 만다.

> "따당-따다다당! 네 놈은 알게 되리라,
>
> ．．．．．．．．．．．．．．
>
> 남의 여자와 놀아나다 어떻게 되는지!⋯⋯
>
> 튀었구나, 비열한 놈! 거기 서라,
> 내일은 손을 봐주고야 말겠다!
>
> 그런데 카치카는 어디 있지? 죽었구나, 죽었어!
> 머리를 맞았다!
>
> 뭐야, 카치카, 너는 기쁜 것이냐? ― 아무 말도 없다⋯⋯
> 송장이 된 너는 눈에 누워라! (353)

"모든 부르주아들에게 전 세계적인 큰 불을 지르리라"던 혁명가들은 대의명분에 의한 것이 아니라 개인적 복수를 행한다. 그렇다면 이 작품은 혁명과 혁명가에 대한 비판을 담아낸 것인가? 페트루하와 카치카의 불행을 통해, 대다수의 지식인들이, 특히 상징주의자들이 그러했듯이 혁명이 무구한 개인에게 가져온 폭력과 불행을 고발하려는 것인가? 아니다. 「열둘」은 혁명적 사건이 아니라 "검은 저녁"의 어두운 현실에서 벌어지는 개인의 불행한 사건을 조명하지만, 반대로 혁명이 저항하거나 거스를 수 없는 커다란 시대의 움직임이라는 블로크의 인식을 그려낸다.

페트루하는 연인을 죽인 고통과 양심의 가책에 괴로워하지만 그의 동지들은 그의 소심함을 질책하며 "혁명의 구보"을 유지하도록 북돋운다. 얼굴을 숨긴 가련한 살인자 페트루하의 고뇌는 "지금은 너를 달래 줄 때가 아니"며 혁명의 "짐은 더 무거워질 것"이라는 질책과 "자세를 바로" 하고 "스스로를 제어"하라는 격려에 의해 지워진다.

뭐야, 페트루하, 코를 빠트리고,
카치카가 불쌍해서 그래?

이봐, 동지들, 친구들,
나는 이 여자를 좋아했다네……
검고 취한 밤들을
이 여자와 같이 보냈어……

〔……〕

내가 죽여버린 거야, 어리석게도,
내가 화가 나서 죽여버린 거야, 아!

──이봐, 이 망할 자식아, 신파조로
페치카, 여자같이 그게 뭐냐?
──그래 맞아, 너는 내 속을 뒤집어놓으려는 거지? 자 해봐!
──자세를 바로 해!

─스스로를 제어하도록 해!

─지금은 너를 달래줄
때가 아니야!
이봐, 동지, 우리 짐은
더 무거워질 거라네! (353~54)

「열둘」에서 펼쳐진 눈보라의 파노라마, 그리고 파멸하는 여성 형상은
갑작스러운 것이 아니었다. 「열둘」에 앞서 1918년 1월 8일 상징주의 그
룹에서 블로크의 동지였던 게오르기 출코프는 자신이 주관하던 잡지
『민중적 진실』에 「눈보라」라는 제목의 사설을 게재하였다.[75]

이 글은 혁명에 관해 「열둘」과 유사한 그림을 보여주면서 상이한 해
석을 제시한다. 출코프의 작품이 그려내는 혁명에 대한 공포는 당시 인
텔리겐치아가 혁명에 대해 보였던 전형적인 태도를 보여주며 블로크가
"검은 적의"로 바라보았던 옛 러시아에 대한 공감과 향수를 담아내고
있다. 두 작품에서 눈에 띄게 두드러지는 양상은 눈보라와 여성 형상의
관계이다. 출코프의 작품 속에서 명시적으로 제시했듯이 옛 러시아를
상징하는 여성 형상은 눈보라에 의해 파멸한다.

악마의 눈보라 속에서 당당하고 아름답던 그녀가 쓰러졌다. 러시아가
무너졌다. 파멸했다.

---

75) Вл. Орлов, 같은 책, c. 55.

"눈보라"는 블로크에게서나 출코프에게서나 모두 혁명을 상징하지만, 블로크의 "눈보라"가 "검은 저녁"을 지우고 앞으로 나아가라는 거역할 수 없는 역사의 부름을 암시한다면 출코프의 "눈보라"는 악마적이고 파괴적이다. 출코프에게 혁명은 파괴이자 악이었던 것이다. 블로크 역시 페트루하의 연인 카치카를 통해 러시아를 암시했지만,[76] 블로크에게 옛 러시아는 출코프와 달리 아름답고 소중하지만 불가피하게 소멸하고 사라져야만 하는 과거였다. 사랑했던 연인 카치카의 죽음, 그것도 자신의 손에 의한 그녀의 죽음을 딛고 눈보라와 함께 "혁명의 구보"를 걸어야 하는 페트루하의 형상은 혁명과 옛 러시아의 운명에 대한 블로크의 복잡한 인식을 증명해준다.

여기서 나아가 구세계에 대한 블로크의 태도를 더욱 분명하게 보여주는 것은 "더러운 수캐"의 형상이다. 카치카의 형상이 일말의 연민을 남긴다면, 눈더미 속에 숨어 있는 "더러운 수캐"는 전적으로 부정적이다. 또한 "수캐"의 패배가 분명히 암시된다. "초라한 수캐"는 이빨을 드러내고 물러나지 않지만 굶주리고 절름거리며 얼어붙어 있다.

굶주린 수캐처럼 부르주아가 서 있다.
의문처럼, 침묵하는 부르주아가 서 있다.

---

76) 당시 「열둘」에 덧붙여진 안녠코프의 삽화에서 카치카의 형상은 매우 흥미롭게 나타난다. 카치카는 적위군을 배반했지만 안녠코프의 삽화에서 그녀의 목에는 붉은 스카프가 매여 있다. 이런 모습은 시에서 카치카의 형상이 갖는 양가적 의미와 호응한다. 그녀는 전형적인 러시아 시골 처녀의 모습을 하고 있지만, 동시에 그녀의 정열과 타락은 그녀의 내면에 잠재한 강력하고 자유로운 자연력을 암시하며 이것이 그녀를 혁명적 힘과의 친연 관계에 놓이게 한다. 즉 그녀는 구세계와 혁명의 세계에 동시에 속해 있는 인물로 보인다. 그녀는 구세계의 희생양이지만, 또한 혁명의 제물이기도 하다. 더 자세한 설명은 다음을 참조하라. Вл. Орлов, 같은 책, c. 48~49.

족보 없는 수캐처럼 낡은 세계는
두 다리 사이에 꼬리를 내리고, 그 뒤에 서 있다.

〔······〕

— 눈더미 속에 누가 있는가? — 밖으로 나와라!······
다만 초라한 수캐가 배가 고파
뒤에서 절름거리고 있다······

〔······〕

옛 세상아, 더러운 수캐처럼,
사라져라, — 때려눕힐 테다!

이빨을 드러낸다 — 늑대는 굶주려 있다 —
꼬리를 다리 사이로 내리고 — 물러나지 않는다 —
얼어붙은 수캐 — 오갈 데 없는 수캐······ (355, 358~59)

    안넨코프의 삽화는 "수캐"의 형상에 관해 매우 함축적인 암시를 담아낸다. 연인의 손에 죽어버린 카치카, 그리고 그녀의 시신 옆에 서 있는 "수캐"의 그림은 카치카의 죽음이 궁극적으로 구세계의 타락으로 인한 것이며, 그러한 구세계의 도덕적 타락이 평범한 민중의 삶을 짓밟아버렸음을 보여준다.
    구세계의 필연적인 몰락에 대한 생각은 블로크의 중요한 시적 주제이기도 했지만 블라디미르 솔로비요프 철학과 그 영향하에 있던 당대 러시아 문화에 이미 널리 확산되어 있는 철학적, 세계관적 주제이기도 했다. 혁명의 바람과 눈, 그리고 불이 구세계의 죄악과 타락을 일소해야 한다고 믿었던 블로크에게 구세계는 어떤 경우에도 용납할 수 없는, 이제는 "돌아올 수 없는 과거의 것"이었다.[77]

세계는 새로운 시대에 진입하였다. 그(구세계 — 필자) 문명도, 그 국가도, 그 종교도 죽어버렸다. 그것들은 다시 돌아와 존재할 수도 있겠지만, 이미 존재 의미를 잃어버렸고, 그것들의 죽은 추한 껍데기 속에 있었던 우리는 아마도 그것들의 변성과 부패 하에 있도록 운명지어져 있는지도 모른다.[78]

변성하고 부패한 구세계는 더 이상 되돌릴 수 없었다. 그러므로 혁명과 함께 미래로 가는 길만이 남아 있다. 심적으로 동요하는 페트루하를 둘러싸고 끊임없이 상기되는 것은 "혁명의 구보를 유지하라"는 다짐, 그리고 눈과 바람이다. 두 연인의 불행, 페트루하의 우연하고 돌발적인 살인과 카치카의 무의미한 죽음은 거센 눈보라와 바람 속으로, 그리고 계속되어야 하는 "혁명의 구보" 뒤로 묻혀지고 잊혀진다. 페트루하의 사건과 그것을 둘러싼 눈과 바람의 형상, 되풀이해서 상기되는 혁명의 의무에 대한 부름은 개인적 불행과 비극은 자연과 같이 필연적인 민중적 사건의 거대함에 비할 수 없다는 블로크의 생각을 담아낸다.

---

77) А. А. Блок, 같은 책, т. VIII, с. 171.
78) А. А. Блок, 같은 책, с. 59.

도시의 소음은 들리지 않는다.
네프스키의 탑 위로는 정적만이 흐르고,
순경도 더 이상 보이지 않는다.
동지들, 술 없이도 놀아보자.

〔……〕

눈보라가 거칠어졌다.
오, 눈보라여, 오, 눈보라여!
네 걸음 앞에서도
시도가 서토를 선혀 볼 수가 없다!

눈보라는 회오리처럼 몰아치고,
눈기둥이 솟구친다……

─오, 눈폭풍이 엄청나구나, 주여!
─페치카, 요란떨지 마!
금빛 성인들이
무엇 때문에 너를 구했겠는가?
정말 너는 생각이 없구나.
분별 있게 판단하고 생각해 ─
카치카의 사랑 때문에
손이 피에 젖지 않았던가?

—혁명의 구보를 유지하라!
지칠 줄 모르는 적이 가까이 있다.

앞으로, 앞으로, 앞으로,
노동자 민중이여!

〔……〕

눈보라가 먼지처럼 그들의 눈 속에 날려 들어온다.
낮에도 밤에도,
끊임없이……

앞으로, 앞으로,
노동자 민중이여! (355, 356, 358)

「열둘」의 배경이자 시 전체를 꿰뚫고 있는 형상, 눈보라와 바람은 단
순히 시의 배경이 아니라 시의 핵심이자 본질이며 시에서 형상화되는
사건의 주인공이다. 이 "신의 세상 전체"를 휩쓸고 있는 것은 눈과 바람
이다. 여기서 눈과 바람에 "혁명의 구보"가 결부되는 것은 의미심장하
다. 개인의 비극 주위에서 끊임없이 몰아치는 것은 눈과 바람, 그리고
"혁명의 구보"에 대한 각성이다. 즉, 민중봉기의 저항할 수 없는 힘과 혁
명이라는 목표를 향한 거스를 수 없는 움직임 속으로 페트루하의 개인
적 비극은 녹아 들어가버린다.
　블로크에게 혁명은 폭풍, 눈보라, 바람, 즉 인간이 거부할 수 없는 거

대한 스치히야(자연)와 같은 것으로 인식되었다. 인간의 문명으로 길들여지지 않은 스치히야, 하늘 아래 모든 세상을 휩쓰는 한 치 앞을 볼 수 없는 어둠과 자유로운 바람과 같은 혁명은 인간의 가변적이고 상대적인 도덕적, 윤리적, 정치적 평가나 해석을 허락하지 않는 것이었다. "검은 밤"에 "하얀 눈"과 함께 불어오는 "바람"은 인간을 모두 쓰러뜨리고 온 세상을 휩쓴다. "바람"은 인간이 거부할 수 있는 차원을 넘어선 거친 스치히야의 현상인 것이다. 혁명은 바로 민중적 자연이다. 그러므로 혁명은 개인이 거부할 수 없는, 개인의 운명을 넘어선 민중 전체의 필연적 운명이었다. 블로크가 「열둘」을 통해 형상화하려 한 것은 이와 같은 혁명의 본질이었다. 그에게 예술가의 임무는 대기를 가득 채운, 세계라는 오케스트라가 연주하는 미래의 그 위대한 음악을 '듣는' 것이었기 때문이다.

1921년 블로크는 "세계라는 오케스트라의 표효와 울림 속에서, 개별적인 소음과 잡음을 집어내려 하지 말고" 시대의 위대한 음악을 들어야 한다는 자신의 생각에 호응하는 레르몬토프의 혁명관에 주목한 바 있다. 여기서 그는 "쓸데없는 감상성 없이, 어두운 면에 눈을 감지 않고, 역사적 필연성을 직시"하려는 태도가 혁명의 역사적 필연성을 보게 만든다는 생각을 피력한다. 이는 다시금 지식인들에게 오해를 불러 일으켰고 특히 망명 지식인들의 분노를 일으켰다고 한다.[79] 그러나 블로크는 결코 구세계에 대한 혁명의 폭력을 미화하고 혁명을 선전하려 하지 않았다. 만약 그랬다면 「열둘」은 페트루하의 불행이 아니라 그의 혁명적 공로에 관해 이야기했을 것이다.

블로크는 그 스스로도 그랬듯이 무엇보다 혁명이 민중적 의미를 통

---

79) Вл. Орлов, 같은 책, c. 67.

해 이해되어야 한다고 생각했다. 지나이다 기피우스에게 보내는 블로크의 편지는 그의 이러한 생각을 잘 보여준다.

왜 당신이 10월의 험악한 얼굴 뒤에 있는 10월의 위대함을 보지 못하는지 모르겠습니다. 어두움은 작고 위대함은 몇 배나 큰 것인데 말입니다.[80]

당시 기피우스는 남편 메레쥬콥스키와 더불어 대표적인 혁명의 반대자였고 블로크를 강하게 비판하고 있었다. 그녀는 헌법제정회의를 위한 반소비에트 구호를 만들기도 했다. 그러나 블로크는 무엇 때문에 자신이 혁명과 볼셰비키 권력에 공감하는지 오랜 동료들이 이해해주기를 바랐을 것이다.

「열둘」은 결코 혁명에 대한 송가頌歌라 할 수 없다. 이 작품은 혁명의 풍경을 그릴 뿐이다. 그러나 그 풍경은 10월 혁명 직후의 겨울 어느 날 페트로그라드 거리의 풍경과 밤거리에서 일어난 우연한 사건을 통해서 혁명이 가져온 거대한 역사적 변곡變曲을 담아내려 한다.[81] 페트로그라드의 어둡고 눈보라치는 거리 너머로 혁명의 불길에 휩싸인 러시아의 모습이, 눈보라 속에서 거리를 행진하는 열두 명의 적위군 뒤로 러시아 민중의 모습이 떠오른다.

---

80) А. А. Блок, 같은 책, т. VII, с. 336.
81) 당시 블로크는 지극히 현실적인 그림 속에서 거대한 시대적 역사적 의미를 담아내려는 창작적 지향에 도달해 있었다. 1910년을 즈음하여 「장미와 십자가」에 관련하여 이야기된 '인간의 얼굴'과 '커다란 세계'에 관한 블로크의 인식을 참고하라. 이에 관해서는 다음을 보라. 차지원, 「ξένος "순수한 부름": 알렉산드르 블로크의 드라마 「장미와 십자가」에 나타난 예술의 이념」, 『러시아연구』 25권 2호, 서울대학교 러시아연구소, 2015, pp. 271~76.

눈과 바람에 쓰러지는 옛 러시아의 사람들, 그리고 잔인한 운명에 휘말린 페트루하와 카치카, 어두운 저녁 눈보라 속에서 행진하는 열두 사람, 이들 모두가 혁명의 회오리에 휘말려 고통받는다. 「열둘」은 결코 혁명의 업적을 그리지 않았다. 이 작품에 그려진 혁명의 모습은 그 자체로는 출코프의 「눈보라」에 나타난 것과 크게 다르지 않았다. 출코프의 「눈보라」가 보여주듯이 기피우스를 비롯한 상징주의자들 대다수는, 블로크 자신이 인정하고 있는 대로 "많은 이들을 잔혹하게 속이"며 "회오리 속에서 소중한 것을 쉽게 불구로 만"들고 "종종 하찮은 것들을 상처 입히지 않고 마른땅 위에 내어놓"기 때문에 혁명을 반대하였다.

그러나 블로크는 당시 옛 러시아의 사람들, 그리고 지식인과 인텔리겐치아가 겪어야만 했던 고통과 상실 역시 역사적 필연의 관점에서 바라보았다. 1905년 이후 혁명적 파국의 상황이 절정에 달해 가던 1910년경 블로크는 서사시 「징벌」의 집필을 시작하여 10월 혁명 이후인 1921년 완성한다. 여기서 블로크는 혁명적 파국을 민중에 대한 의무를 망각한 지식인과 구세계에 내려진 징벌로 형상화한 바 있다. 이러한 생각은 「열둘」에 나타난 혁명의 모습에도 그대로 드러난다.

혁명은 시대의 의무를 망각한 이들에게 내려지는 징벌이자 정화淨化의 불과 같은 사건이다. 그러므로, 눈과 바람에 결부되는 것은 불의 형상이다. 눈보라 속에서 행진하는 "열두 사람" 주위에는 온통 불이 타오르며, 혁명의 행위는 불을 지르는 것과 동일시된다. 이들을 둘러싼 것은 눈보라이기도 하지만 불의 폭풍이기도 하다. 구세계는 "전 세계적인 큰 불"에 의해 소멸하고 정화될 것이다.[82] 그러므로 혁명은 곧 구세계를 태

---

82) А. А. Блок, 같은 책, т. VI, с. 84~85 참조.

우는 큰 "불"이다.

> 바람은 거칠어지고 눈발이 회오리친다.
> 열두 사람이 걸어간다.
> 라이플총을 매단 검은 띠.
> 주위엔── 불, 불, 불……
>
> [……]
>
> 사방엔── 불, 불, 불……
> 어깨에 총을 매단 띠……
>
> [……]
>
> 우리는 비애에 젖은 부르주아 놈들 모두에게
> 전 세계적인 큰 불을 지를 것이다.
> 피에 젖은 전 세계적인 큰 불을── (349, 350, 351)

「열둘」은 혁명 그 자체만을 옹호한 것은 아니었다. 이 작품은 볼셰비키 권력에 대한 공감을 드러내고 있다. 이 작품에서 노동자 민중이자 적위군에 속한 "열두 사람"의 형상은 명시적으로 볼셰비키들을 형상화했다. 볼셰비키는 위대한 역사적 의미를 품은 혁명의 수행자이다. 그러므로 볼셰비키의 붉은 깃발은 혁명을 상징하는 눈, 바람과 같이 있다.

붉은 깃발이

두 눈동자 속에서 퍼덕인다.

〔……〕

──누가 아직 거기 있는가? 나와라!

그것은 붉은 깃발과 함께

앞에서 거세어지는 바람이었다. (356, 358)

혁명 전야 『메아리』지와의 인터뷰에서 블로크는 "인텔리겐치아와 볼
셰비키가 화해할 수 있는가"라는 질문에 "인텔리겐치아가 볼셰비키와
일할 수 있는가라고? 할 수 있으며 그래야 할 의무가 있다"라고 조금도
주저하지 않고 확신에 차서 대답한다.[83] 이후 며칠이 지나서 블로크는
상징주의자들을 비롯한 인텔리겐치아 사회에 파란을 초래한 논설 「인
텔리겐치아와 혁명」을 썼던 것이다.

볼셰비키에 대한 블로크의 공감이 정치적인 것이었을까. 이에 관해
서는, 혁명에 관한 블로크의 인식에서도 충분히 짐작할 수 있듯이, 당
연히 그는 거의 완전히 비정치적인 사고를 통해서 볼셰비키를 바라보았
다. 「인텔리겐치아와 혁명」이 직접적으로 증명해주듯이 블로크는 민중
을 통하여 혁명을 끌어안았다. 1919년 블로크는 "사회주의와 국제주의
에 공감"하였지만, 사실 "마르크스주의보다는 민중주의에 더 이끌렸다"
고 고백한다.[84] 볼셰비즘에 대한 블로크의 공감 역시 민중의 형상을 통

---

83) А. А. Блок, 같은 책, т. VI, с. 8.

해 형성된다.

블로크는 혁명을 민중의 생성력 속에 근거하였다. 그는 농민 러시아에 매혹되면서 민중 속에서 본질적으로 민족적 근원을 가진 봉기와 저항의 힘을 발견한다. 민중적 저항의 힘은 민중의 생명력과 생성력의 폭발이며, 러시아 과거 역사의 부슬라예프, 스텐카라진, 푸가초프 등과 같은 혁명적 움직임을 낳았던 것이다. 블로크에게 볼셰비즘은 바로 이러한 민중의 저항적 힘과 맥을 같이하는 것이었다.

볼셰비즘은 진짜이며 러시아적이며 경건하다. 이것은 러시아 깊숙이 어딘가에, 아마도 시골에 있다. 그렇다, 아마도, 거기에……[85]

이 작품의 볼셰비키의 형상과 관련하여 가장 핵심적인 암시를 주며 동시에 가장 큰 논란의 대상이 되었던 것은 시의 마지막에 등장하는 그리스도의 형상이다. 눈보라 속에서 볼셰비키를 이끄는 이는 수호자 그리스도이다.

……그렇게 강력한 걸음으로 걸어간다 —
뒤에는 — 굶주린 수캐가,
앞에는 — 피에 젖은 깃발을 들고,
눈보라에 가려 보이지 않고,
총탄에도 다치지 않고,

---

84) Вл. Орлов, 같은 책, с. 61.
85) *Русский современник*, no. 3, Ленинград-Москва, 1924, с. 192.

눈보라 위의 부드러운 걸음걸이로,

진주 같은 눈을 뿌리며,

흰 장미 화관을 쓰고—

앞에는 — 예수 그리스도가. (359)

결말, 특히 결말의 그리스도의 형상에 대한 구밀료프의 질문에 대한 블로크의 대답은 결말에 대한 논란과 해석의 여지를 배가시키기도 했다.

나에게도 「열둘」의 결말은 마음에 들지 않는다. 나는 이 결말이 다른 것이 되기를 바랐다. 다 마쳤을 때 나 스스로도 놀랐다. 왜 그리스도인 가?…… 그러나 들여다보면 볼수록, 더 분명하게 그리스도의 형상이 보였다. 그래서 나는 그때 적어두었다. 유감스럽게도 그리스도라고.[86]

그러나 이러한 답변은 역설적이게도 블로크에게는 그리스도의 형상이 의식적인 차원을 넘어 무의식적으로 깊숙하게 당시 혁명적 현실과 연관되어 있었음을 암시한다. 당시 블로크는 그리스도의 형상에 매우 골몰해 있었던 것으로 보인다. 1918년 2월의 블로크의 여러 기록들은 그에게서 그리스도의 형상이 혁명 및 볼셰비키의 적위군과 직접적으로 연결되어 있음을 보여준다.

---

86) K. Чуковский, *Александр Блок как человек и поэт: Введение в поэзию Блока*, П.: А. Ф. Маркс, 1924, с. 27~28.

그리스도가 그들 앞에서 가고 있다는 사실은 의심할 여지가 없다. 문제는 '그들이 그리스도와 함께할 자격이 있느냐'가 아니다. 무서운 것은 그리스도가 다시 그들과 함께 있으며 아직 다른 누가 아니라는 점이다. 그런데 다른 누구여야 하는가?[87]

요즘 드는 무서운 생각은, 적위군이 지금 그들과 함께 가고 있는 그리스도에 합당한 가치가 있느냐가 아니라, 바로 그리스도가 그들과 가고 있지만, 다른 이가 가야만 한다는 사실이다.[88]

마르크스주의자들은 가장 영리한 비평가들이다. 볼셰비키들이 「열둘」을 경계하는 것은 맞다. 그러나 〔……〕 그 외에는, 러시아에 성직자라는 이름을 가진 도덕적으로 둔감한 이들이 아니라 진정한 성직자가 존재한다면, 그들은 진즉에 '그리스도가 적위군과 함께 있다'는 것이 의미하는 바를 알아차렸을 것이다. 〔……〕 나는 그 같은 사실을 확인했을 뿐이다.[89]

'왜 그리스도여야 하는가?' 그리스도여야 하는 이유는 오히려 단순하다. 그것은 그리스도의 형상이 담고 있는 의미의 진동 때문이다. 볼셰비키를 이끄는 그리스도의 형상, 즉 혁명을 수호하는 그리스도의 형상은 일차적으로 10월 혁명의 도덕적 정당성을 암시한다고 볼 수 있다. 그러나 이 그리스도의 형상은 『예술과 혁명』에서 나타났던 그리스도에

---

87) А. А. Блок, 같은 책, 3К, с. 388~89.
88) 같은 책, т. VII, с. 326.
89) 같은 책, с. 329~30.

대한 바그너의 이중적 태도인 "증오에 찬 사랑," 즉 증오와 사랑이라는 '모순'적 태도에 대한 블로크의 생각을 또한 함축하고 있다. 다른 한편 죽음과 부활, 파괴와 생명, 희생과 구원을 동시에 암시하는 그리스도의 형상 자체도 양가적이다. 그러므로 그리스도의 형상은 혁명의 모습에 대한 블로크의 가장 복잡하고 양가적인 인식을 암시한다. 혁명은 피하고 싶으나 피할 수 없는 잔이었다. 블로크는 증오에 찬 사랑으로 혁명을 받아들였다.

6. 나가며: Pro et Contra

1918년 1월과 2월은 10월 혁명과 볼셰비키 권력의 운명이 결정된 시기로 이야기된다. 당시 독일이 브레스트 조약을 파기하고 러시아를 침공하자, 레닌은 10월 혁명을 사수하라는 급박하고 단호한 명령을 내린다. 혁명은 이미 부정할 수 없는 현실이 되었지만, 혁명 세력에게 독일과 백군의 잔존 세력, 반혁명적 부르주아지와의 어려운 싸움은 여전히 진행 중이었다. 블로크의 시 「열둘」은 이러한 혁명의 힘겨운 싸움을 혁명의 눈보라와 구세계의 어두움의 싸움으로 묘사한 시로, 그리고 최종적인 눈보라의 승리를 그린 시로 해석되기도 하였다.[90]

그러나 사실 구세계와 10월 혁명 세계의 대립은 날카롭고 깊었다. 수많은 뛰어난 작가들이 공개적으로 스스로를 10월 혁명의 적이라 선언하였다. 이반 부닌, 레오니드 안드레예프, 쿠프린, 자이체프, 슈멜레

---

90) Вл. Орлов, 같은 책, c. 68~69.

프, 암피테아트로프, 아르츠이바셰프, 치리코프, 아베르첸코, 테피 등과 더불어 특히 블로크의 오랜 동료들인 상징주의 진영의 작가들은 대부분 10월 혁명에 대해 매우 부정적인 태도를 갖고 있었다. 그중 메레쥬콥스키, 지나이다 기피우스, 필로소포프 등은 상징주의 작가들 중에서도 가장 극단적인 경우로 혁명을 혐오하는 반동적인 경향을 보였다. 기피우스의 「마지막 시」는 반소비에트 선언을 형상화한 작품으로 잘 알려져 있다. 표도르 솔로구프, 뱌체슬라프 이바노프, 게오르기 출코프 등도 역시 시와 연설, 신문 기고 등을 통해 10월 혁명에 반대하는 입장을 표명했다. 콘스탄틴 발몬트는 당시 이민을 준비하고 있었고, 레미조프는 과거 러시아를 그리워하는 작품 「러시아 땅의 파멸에 관한 이야기」를 씀으로써 구세계에 대한 지지를 분명히 표명하였다. 미하일 볼로쉰, 사도프스키, 이고리 세베랴닌 등은 10월 혁명을 "조국을 파멸과 수치로 몰고 가는 악마적 힘의 봉기"라고 표현하였다.[91]

상징주의가 예술적으로는 과거의 전통적 문화예술의 유산을 거부하고 새로운 문화예술의 혁명을 주장하며 모더니즘의 시작이자 미래주의의 전사가 되었음에도 불구하고 이들이 10월 혁명의 가장 큰 적이자 피해자가 되었다는 점은 흥미롭다. 블로크 역시 이들의 반혁명적 태도에 대해 "지식인들, 혁명을 선전하였던 이들, 혁명의 예언가들이 혁명의 배신자로 드러났다"고 분개한 바 있다.[92] 하지만 문학과 예술에 새로운 미학적 원칙과 시각을 제시하며 새로운 예술의 지평을 열었던 상징주의와 모더니즘 작가들이 이처럼 극도로 혁명과 대립하였던 것은 블로크가

91) Вл. Орлов, 같은 책, c. 35~36.
92) А. А. Блок, 같은 책, т. VIII, c. 452.

비판하였던 대로 이들이 "인텔리겐치아이면서도" 이들의 "정신적 가치가 부르주아적"이기[93] 때문만은 아니었을 것이다. 또한 이들이 자신들의 선대가 그러했던 것처럼 앎과 행위의 괴리라는 "저주스러운 역사적 무위"에 빠져 있었기 때문도 아니었을 것이다. 더구나 이들은 결코 이들이 의미했던 '혁명'의 배신자였던 것은 아니다.

아마도 블로크가 혁명에서 '민중'을 보았던 만큼이나 이들은 현실의 혁명이 가져온 파괴와 혼돈 속에서 결코 자유와 해방, 그리고 이들이 시와 예술을 통해 구상했던 '혁명'을 보지 못했던 것이 아닐까.

이들은 거리에서 타오르는 죽음의 불 속에서 블로크가 그 너머로 보았던 불사조를 보지 못했을 뿐이다. 이들은 스스로의 개인적인 삶을 벗어날 수 없었을까. 영국의 역사가 존 리드는 저서 『세계를 뒤흔든 열흘』에서 이 엄청난 변혁의 시기에도 사람들이 여전히 과거의 삶의 습관에서 벗어나지 못했고, 또 이에 대해 무감각했음을 지적하며, 러시아 시인들은 10월 혁명 시기에도 여전히 시를 썼지만 다만 혁명에 관해서만 쓰지 않았다고 지적한 바 있다.[94] 이는 당시 지식인들, 특히 작가들이 혁명에 대해 얼마나 부정적인 태도를 가지고 있었는지를 증명해준다.

그러나 시대의 변혁의 소리를 가장 먼저, 가장 깊숙이 들었고 시대의 요구에 따라 가장 소중한 것을 버리고 스스로를 희생함으로써 혁명을 받아들인 블로크는 10월 혁명 후 얼마 지나지 않은 1921년 결국 혁명의 변질에 의해 짧은 삶을 마감했다. 많은 상징주의 시인들이 망명의 길을 택했지만 블로크는 결국 스스로의 예감대로 혁명에 가장 소중한 것을

---

93) 같은 책, c. 315.
94) 존 리드, 『세계를 뒤흔든 열흘』, 서찬석 옮김, 책갈피, 2005, p. 28.

바쳤고 자신을 희생한 셈이었다. 상징주의 동료들이 혁명을 '배신'했다면, 혁명은 블로크를 '배신'한 것이 아닐까.

상징주의 최고의 시인, 당대 최고의 예술적 운동 상징주의를 이끌었던 블로크는 혁명과 함께함으로써 외로웠다. 상징주의 운동을 통해 오랜 벗이었던 동시에 적이 되어갔던 벨르이는 역설적이게도 혁명 속에서 다시 블로크의 곁에 남았다. 혁명 직전인 1916년 쓰여진 「조국에게」에서 벨르이는 혁명의 불이 러시아를 태움으로써 새로운 미래가 다가올 것이라는 믿음을 선언한다. 혁명이 남긴 파괴와 죽음의 재를 먼저 보았던 오랜 벗은 블로크가 보았던 혁명의 불길이 가진 미래와 재생의 의미를 또한 공유하였다.

> 그리고 너, 불의 자연력이여,
>
> 나를 태우며, 미친 듯 타올라라.
>
> 러시아, 러시아, 러시아는
>
> 다가오는 날의 사명이다![95]

러시아 10월 혁명의 모습은 진정으로 어떤 것이었을까? 혁명기에 거리에서 피어나던 불길의 본질은 무엇이었을까? 블로크와 벨르이가 보았던, 소멸 속에서 새로운 삶을 일구어내는 정화와 재생의 불이었을까, 아니면 다른 이들이 보았던 파괴와 죽음의 불이었을까. 백 년이 지난 지금도 여전히 혁명의 진짜 모습은 이 둘 가운데에서 진동하고 있는 것으로 보인다.

---

95) А. Белый, "Родине"(https://stihi-russkih-poetov.ru/poems/andrey-belyy-rodine).

혁명과 유토피아:

흘레브니코프의 「라도미르」에 나타난 미래주의 유토피아

김성일

내게는 군주의 모자도, / 군주의 덧신도 없다.
밝은 하늘이 내 모자요 / 잿빛 땅이 내 신발이다.
                                              ─벨리미르 홀레브니코프

I. 들어가며

이 글은 러시아 미래주의 시인 벨리미르 홀레브니코프의 대표적인 유
토피아 작품인 서사시 「라도미르Ладомир」에 나타난 미래주의 유토피아
세계를 분석한 것이다. 기존의 유토피아 작품들이 주로 이상화된 과거
나 이상적인 미래의 창조에 초점을 맞췄다면, 이 작품은 현실과 그 대
안인 유토피아 사이의 간극의 극복에 초점을 맞추고 있다. 제1차 세계
대전과 10월 혁명을 거치면서 그의 유토피아는 점차 신화적 성격에서
벗어나, 일정한 세계관에 기초하여 역사적 현상을 이해하고 설명하려
는 역사철학적 성격과, 사회주의 유토피아의 두드러진 특징인 집단적
주체를 바탕으로 한 우주적·메시아적 유토피아로 변화하는데, 「라도미
르」가 그 정점을 이루고 있다.

'라도미르'는 역사와 우주, 시간과 영원, 인간과 초인간의 소외가 극

복된 조화롭고 이상적인 유토피아 공간이다. 이 서사시의 플롯은 세계 혁명의 "신성한 폭발"을 통한 낡은 세계의 파괴와 이상적인 우주의 창조를 그리고 있다. 그러나 이 폭발이 10월 혁명의 이데올로기적 물리적 파괴만을 의미하지는 않는다. 오히려 묵시록에서 그려지는 새 하늘, 새 땅으로의 이동을 위한 종말론적 파괴를 의미한다. 신성한 폭발 이후 라도미르는 시간의 한계를 극복하고, 물질적으로 풍요로우며, 모든 존재가 동등한 권리를 갖는, 노동의 소외가 사라진 이상적 공간이 된다.

하지만 라도미르의 실현은 역사의 종말을 전제하는 것이었고, 결국 볼세비키의 사회주의 유토피아가 그 자리를 대신하게 된다. 흘레브니코프 역시 이른 나이에 권총자살로 삶을 마감했던 마야콥스키와 마찬가지로 '미래를 너무 많이 살았던 것'이다.

II. 흘레브니코프와 미래주의

1910년 흘레브니코프는 블라디미르 부를류크와 다비드 부를류크 형제가 조직한 '길레야Гилея'라는 협회에 가입한다. 크루체니흐와 쿨빈, 립시츠도 이 협회에 가입했는데 이 협회의 역사는 립시츠의 회상록『한 개 반의 눈을 가진 사수』에 잘 나타나 있다. 길레야는 크림 반도에서 멀지 않은 스텝 지역의 고대 스키타이식 명칭으로서 이곳에 부를류크 집안의 영지가 위치하고 있었는데, 여기서 부를류크 사람들에 의해 최초의 미래주의 작업이 진행되었다. 아득한 고대의 지층과 현대 문명의 황량함이 결합된 이 구불구불하고 끝없는 스텝은 곧바로 미래주의 미학의 상징 가운데 하나가 되었다. 또한 이곳은 「석기 시대의 소설」「빌라와 숲의 요정」「샤만과 비너스」 등과 같이 고대를 배경으로 한 흘레브니코프 초기 서사시의 배경 무대가 되었을 뿐만 아니라 다른 미래주의자들에게도 시간 외적인 고대의 공간 및 시적 우주의 모델이 되었다.

1909년 「사회적 취향에 따귀를 때려라」라는 유명한 미래주의 선언문을 시작으로 「판관의 덫 1」 「판관의 덫 2」 「죽은 달」 등을 발표하며 1917년까지 흘레브니코프는 미래주의 운동에 적극적으로 참여한다. 그는 혁신적인 서사시의 가능성과 새로운 미학적 개념을 주장하였고, 더 나아가 기존의 사회-우주적 법칙을 바꾸고자 하였다.[1] 그에게는 "지구의 의장"이라는 타이틀이 주어졌으며, "미래인будетлянин" 또는 "초이성적 언어주의자"라고도 불려졌다.

10월 혁명 후 흘레브니코프는 러시아 남부 지방을 떠돌아다녔고 아스트라한과 카스피해 연안, 바쿠 등에서 살기도 했으며 적군의 이란 출정에 참가하기도 했다. 당시 미래주의 시인 대부분은 이미 실현된 사회-우주적인 유토피아를 체제 속에서 목격하고 새로운 사회주의 체제의 기수가 되고자 하였다. 하지만 그들과 달리 흘레브니코프는 이 완전한 사회주의 유토피아를 거부하였고, 전시공산주의(1918~1921)의 끔찍함을 시인-예시자로서 고발하였다. 즉 그는 전지적인 예언자의 입장을 고수하였고 그럼으로써 시인에 대한 낭만적인 푸시킨적 사명과 미래주의적, 모더니즘적 신화를 결합시켰다. 이러한 이데올로기적, 미학적 이유로 흘레브니코프의 시는 미래주의 시학에서 특별한 위치를 점하고 있는 것이다. 다른 미래주의자들이 작품 속에 내재적, 극적, 메타포적 응

---

1) 이에 대해서는 다음을 참조할 것. 박영은, 『러시아문화와 우주철학: 진화와 상생의 열린 소통을 위한 통합의 인문학』, 민속원, 2015, pp. 17~32.

축성, 그리고 구성적 기능과 미학적 선동성(마야콥스키의 「좌익의 행진」, 키멘스키와 크루체니흐의 초기 시)을 가진 복잡한 이미지를 지향했다면, 흘레브니코프는 "유동성의 시학"[2]이라는 고유한 시학을 창조했다. 이 속에서 이미지는 구성적인 단일체로서가 아니라 말 덩어리의 항상적인 형태론적, 통사론적, 음운론적 운동으로 나타난다.[3] 흘레브니코프의 시에서 소리에 대한 지향은 의미를 거의 완전하게 변형시킨다.[4]

이처럼 지금까지 흘레브니코프에 대한 연구는 주로 언어·시학적 접근이 주를 이루어왔으며 주제적 접근, 특히 그의 시학의 주요 흐름 중의 하나인 유토피아에 관한 연구는 상대적으로 빈약한 게 현실이다. 이 글은 이 점에 착안하여 흘레브니코프 유토피아 문학의 정점을 이루고 있는 서사시 「라도미르」 분석을 통해 그의 유토피아 문학의 특징을 살펴보고자 한다.

III. 흘레브니코프 문학과 유토피아

세다코바는 흘레브니코프의 작품에 대한 해외 연구를 개관하면서 그의 유토피아 테마가 언어와 시간, 신화라는 지배적인 테마의 관점에

---

2) Ж. Ф. Жаккар, *Даниил Хармс и конец русского авангарда*, СПб.: Академический проект, 1995, с. 15~33 참조.

3) Ю. Тынянов, "О Хлебникове," *Литературный факт*, М.: Высшая школа, 1993, с. 230~38.

4) 이에 대해서는 야콥슨의 『최신 러시아 시*Новейшая русская поэзия*』와 크루체니흐의 『러시아 문학에서의 묵시록*Апокалипсис в русской литературе*』을 참조.

서 그것의 파생 주제로서 다루어지고 있다고 지적한 바 있다.[5] 그러나 이와는 달리, 유토피아 테마가 그의 창작의 중심 테마로서 다른 나머지 테마들을 생성시키며, 따라서 흘레브니코프의 말과 신화 창작의 모든 요소들은 유토피아 시학이라는 원근화법 속에서 등장하며 이런 점에서 그의 모든 창작 세계를 단일한 유토피아적인 메타텍스트로 해석할 수 있다는 것이다.

우리는 시간적 특성, 즉 시간의 벡터라는 측면에서 모더니즘 유토피아의 두 가지 대립되는 유형을 구분할 수 있다. '전망적 유토피아'와 '회고적 유토피아'가 그것이다.[6] 흘레브니코프는 이 두 유형 중 어느 쪽에도 속하지 않는, 이 두 유형을 결합시킨 독특한 자신만의 유토피아를 창조하였다. 그의 유토피아에서는 우리에게 익숙한 기존의 유토피아 모델에서 볼 수 있는, 현실과 유토피아 사이의 간극의 극복 그 자체, 즉 실제 세계에서 유토피아 세계로의 이행은 거의 이루어지지 않는다. 대신 지금 이곳, 현재에 유토피아의 세계가 현존하고 동시에 실현된다. 바로 이 점에서 바시마코바는 다음과 같이 주장한다. "관념적 의미에서 흘레브니코프의 유토피아는 그 어떤 사회적 유토피아보다도 더 광대하다. 왜냐하면 그의 우주적 유토피아는 인간의 계급 관계뿐만이 아니라 유기적이고 비유기적인 모든 물질들을 포괄하기 때문이다."[7]

---

5) О. Седакова, "О границах поэзии. Велимир Хлебников в новейших зарубежных исследованиях," *Русская литература в зарубежных исследованиях 1980-х годов (Розанов, Хлебников, Ахматова, Мандельштам, Бахтин)*, Т. Н. Красавченко(ed.), М.: ИНИОН, 1990, с. 48.

6) 러시아 모더니즘 유토피아에서 '전망적 유토피아'는 시간의 벡터가 외화外化 혹은 탈역사화된 미래를 지향하며, '회고적 유토피아'는 시간의 벡터가 이상화된 민족적 과거를 지향하는 것을 의미한다.

7) Н. Башмакова, *Слово и образ: О творческом мышлении Велимира Хлебникова*, Дис.

홀레브니코프의 유토피아 관념의 발전 양상은 폴랴코프의 논문에
잘 언급되어 있다. 그는 홀레브니코프의 창작 과정을 다음과 같이 세
가지 시기로 나누어 유토피아 문학의 진화를 살펴본다: 1) 1908~14년:
「웃음의 저주」「보베오비가 입술을 노래한다……」「학」 2) 1914~17년:
「추녀의 아이들」「쥐덫 속의 전쟁」「카Ka」 3) 1917~21년: 「라도미르」
「미래의 말뚝」.[8]

그에 따르면 초기 홀레브니코프 유토피아 문학은 대도시적 지옥에서
의 문명의 위기와 파멸이라는 후기상징주의 이론과 결합된, 신화시적인
형태를 보인다. 1909년에 창작된 서사시 「학」은 그 대표적인 작품으로
이 작품에서 시인은 인류와 유기체적 자연 전반에 맞서 봉기를 일으키
는 기술의 미래 모습을 그리고 있다. 이 유토피아에서 문명과 물질세계
의 기계적이고 물질적인 잠재력은 살아 있는 모든 것을 공격하고 점차
파괴시킨다.

> 삶이 시체와 사물의 연합에
> 권력을 양보했다.[9]

... д-ра филос. наук. Хельсинки, 1987, c. 29~30.

8) М. Поляков, "Велимир Хлебников: Мировоззрение и поэтика," В. Хлебников, *Творения*, М.: Советский писатель, 1987, c. 5~35. 첫번째 시기는 고대 언어예술과 동시대 대도시에서 발견되는 문명의 위기와 파멸이라는 후기상징주의 이론을 결합시킨 신화적 유토피아로 규정되며, 두번째 시기에는 개인 부활의 테마, 시인과 대중, 시인과 역사 등과 같은 푸시킨적인 테마의 발전과 동시에 "시간의 국가"라는 독특한 개인적 유토피아 개념이 생성되며, 마지막 시기는 이전과 달리 집단적, 메시아적 유토피아의 시기로서 개인적 시작詩作의 위기를 겪으며 자연과 시간 속에 시적 자아인 "나"가 용해된다.

9) В. Хлебников, *Творения*, М.: Советский писатель, 1987, c. 191. 이하 홀레브니코프 작품의 인용은 이 판본에 의거하여 쪽수만을 본문 괄호 속에 표기한다.

이러한 초기 흘레브니코프의 유토피아는 아직 상징주의의 영향에서 자유롭지 못했고 안드레이 벨르이와 발레리 브류소프의 종말론적인 예측과 매우 유사하다.

이후 제1차 세계대전에서부터 혁명 직전까지의 시기에 흘레브니코프는 수䷥적 법칙의 상관관계에 기반한 독자적인 유토피아적 역사철학을 고안해낸다. 이 시기 그의 모든 텍스트를 관통하는 두 개의 서로 대립되는 핵심 테마인 '집단의 운명과 복수' '시간에 대한 개인의 반항'이 이 역사철학의 근간을 이루게 된다. 이러한 테마의 등장은 무엇보다도 세계대전의 역사적·종말론적 본성과 이 세계적 살육의 우연성 혹은 합법칙성, 인간의 운명, 자유, 역사의 이 괴물 같은 에피소드에 참여해야만 한다는 불가피성, 역사에서 탈출하여 시간의 '순수한' 법칙 속으로 들어가고자 하는 개인적 권리에 대한 시인의 사색 등을 통해 조건지어진다.[10] 동시대성의 끔찍함에 대한 사색은 흘레브니코프의 시에서 다음과 같은 푸시킨적 테마의 탄생으로 이어졌다. "시인과 조국, 민중과 민중의 운명, 역사, 창조에 대한 책임감."[11]

초䷦소설сверхповесть 「쥐덫에 걸린 전쟁」에서 인류는 역사적 원인과 차원이라는 쥐덫으로 내쫓긴다. 이것은 인간 삶의 비극적인 종말을 결정짓는 것이기도 하다. 이 과정은 전쟁이라는 괴물의 과장된 형상에서

---

10) 제1차 세계전쟁에 대한 흘레브니코프의 인식에 대한 구체적인 설명은 다음을 참조하라. R. Cooke, "Chlebnikov's *Padučaja* Texts: A Vision of War," W. G. Weststeijn, "Chlebnikov and the First World War," *Velimir Chlebnikov 1885~1985*, J. Holthusen et al.(ed.), München: Sagner, 1986, pp. 165~86, 187~211.

11) М. Поляков, 같은 글, с. 30. 또한 Х. Баранс, "Пушкин в творчестве Хлебникова: Некоторые тематические связи," *Поэтика русской литературы начала XX века*, М.: Прогресс, 1993, с. 152~78 참조.

다음과 같이 훌륭하게 전달된다.

　　허리춤에 쥐덫을 매달고

　　운명의 쥐를 이빨로 꽉 문 채

　　죽음의 깃털로 뒤덮인

　　사악한 악마가 내 위로 어렴풋이 나타났다. (461)

　하지만 이 덫으로부터의 구출은 유토피아적 우주에서 개인의 부활
이라는 방법에 의해서만 가능할 뿐이다.[12]

　　나는 죽었다, 나는 죽었다,

　　그리고 갑옷 위로 피가

　　콸콸 흘러 나왔다.

　　달리 나는 깨어났다,

---

12) 바시마코바는 흘레브니코프의 유토피아의 특징을 "보다 나은 미래 혹은 다른 공간에 대한
희망을 표현하는" 전망적 유토피아와 기획적проективные 유토피아로 구분한다. 그에 따르
면 이러한 흘레브니코프의 유토피아는 현재의 시공간 속에 내재하고 있는, 보다 나은 것의
가능성이라는 관점에서 실제 시공간을 분석한다. 따라서 시인의 유토피아는 단순한 시공간
의 이동이 아닌 우주적인 에너지의 전일성을 전제한다. 계속해서 바시마코바는 흘레브니코
프의 유토피아 개념을 러시아 우주론 철학의 맥락과 통합하면서 표도로프나 플로렌스키,
베르댜예프 등의 이름과 연결시킨다. 이들에 따르면 세상을 개조하는 기획적 방식은 순간적
이고 실제적인 실현을 요구하며 보편적 경험의 기반이 된다. 가장 분명한 예가 표도로프의
"자연의 조종"이라는 기획적 가설인데, 그것은 세상을 마땅히 그래야만 하는 모습으로 즉각
제시하고자 한다. 기획주의проективизм는 죽음에 대한 승리, 개인적 혹은 집단적인 부활
의 유토피아, 정신활동의 영역을 건설하고 그것의 정신적 법칙을 획득하는 것("시간의 국가"
프로젝트) 등을 근본 문제로 설정한다. Н. Башмакова, 같은 책, с. 28; С. Г. Семенова,
"Н. Ф. Фёдоров и его философское наследие," Н. Фёдоров, *Сочинения*, М.: Мыль,
1982, с. 18~20.

당신 무사들을 새삼 둘러본 후에. (465)

소설 「카」에서는 "나"(또 다른 나, 사후의 나, 이집트 신화에서 차용된 나)가 다양한 시간과 시대를 편력하는데, 그럼으로써 다양한 유토피아적 변이형(역사 속에서의 죽음 이후, 그리고 우주에서의 부활)을 창조해 낸다. 그러나 이러한 개인에 의한 유토피아 건설이라는 테마는 혁명 이후 집단에 의한 새로운 세계의 건설이라는 감격에 그 자리를 내주면서 1920년대 흘레브니코프 작품에서는 거의 사라져버린다. 그러한 감격은 일찍이 1910년대에도 주로 미래주의적 기행奇行의 형태로 존재했다.

우주에 재갈을 물리자,

우리 젊은이들을 깨물지 못하게,

〔……〕

잔인한 사람들이여 피로 물들이자

우주의 엄니와 우주의 상판으로 찢어진

우리 손의 피로. (460)

흘레브니코프의 유토피아는 1920년에 가장 완전한 형태를 획득한다. 이전 시대와 달리 그의 유토피아는 새로운 우주의 집단적 건설이라는 사상에 주안점을 둔 우주-메시아적인 것이 된다. 그러한 형태의 정점이 바로 서사시 「라도미르」인 것이다.

IV. 라도미르 — 우주적 조화의 유토피아

「라도미르」는 459행으로 이루어져 있다. 마르코프는 이 시를 흘레브니코프의 "가장 야심찬" 작품 가운데 하나라고 정의하면서, "다양하고 풍부한 이국적인 생각들을 보여주고 있으며, 수많은 실현 불가능한 꿈들을 시적으로 실현"하고자 했다고 주장했다.[13] 두가노프 역시 「라도미르」를 흘레브니코프의 가장 위대한 창작물 중 하나라고 간주하는데 이 작품이 "가장 고유하게 흘레브니코프적"이기 때문이다.[14] 이 시를 "흘레브니코프 시의 총계"[15]라고 불렀던 유리 티냐노프의 주장 역시 같은 연장선상에 있다고 하겠다. 다시 말해 「라도미르」는 그 내적 감각에 있어서 가장 온전하고 외적 표현에 있어서 가장 모순적이며, 가장 영감에 가득 차 있음과 동시에 아마도 가장 이성적이고, 가장 전통적인 동시에 가장 혁신적이며, 가장 고백적이고 분명하지만 그와 동시에 받아들이기에 가장 어려운 작품이라고 하겠다.

내용과 관련해서, 마르코프는 많은 원천들로부터 유래된 수많은 다양한 이미지들을 시 해석의 문제점으로 지적한다. 두가노프는 이 시를 이해하는 데 어려운 점으로 극도로 열광적인 어조와 광범위한 주제 두 가지를 꼽았다. "시인은 여기에서 전 세계와 전 인류에 대하여, 모든 시간과 모든 공간에 대해 이야기하고 있다."[16] 시의 구조에 대해 언급하면

---

13) V. Markov, *The Longer Poems of Velimir Khlebnikov*, Berkeley/Los Angeles: California University Press, 1962, p. 146.

14) Р. В. Дуганов, *Велимир Хлебников: Природа творчества*, М.: Советский писатель, 1990, с. 66.

15) Ю. Тынянов, *Архаисты и новаторы*, Л.: Прибой, 1929, с. 560.

16) Р. В. Дуганов, 같은 책, с. 67.

서 마르코프는 이 시가 "연결 고리 없는 단락들이 무질서하게 연속되고, 과거와 미래가 혼돈 속에서 혼합되어 있다"[17]고 보았다. 두가노프 역시 이 시가 이질적인 주제 구조를 가지고 있음을 지적했으며 이것이 특별한 기능을 수행하고 있다고 해석했다.

홀레브니코프의 '라도미르'는 역사와 우주, 시간과 영원, 인간과 초인간의 소외가 극복된 조화로운 유토피아 공간의 이상적 모델이다. 라도미르라는 지명의 복합적인 구성 형태(라도미르Ладомир는 '조화Лад'와 '세계Мир'의 결합어이다)로 인해 그곳은 사르이체프의 지적대로 역사와 우주, 시간과 영원, 인간과 초인간을 "모든 인간이 아담인 나라로"[18] 돌려보내는, 인간이 잊어버린 '자연의 이성'이 축전을 거행하는 조화로운 세계 공간으로 해석된다. 즉, 라도미르는 캄파넬라의 완벽한『태양의 도시』, 혹은 홀레브니코프의 1920년 시「미래의 도시」에 나오는 "태양의 마을Сонцестан"의 변이형이다.[19]

「라도미르」이전에 홀레브니코프는 이미「잔게지」에서 자신의 유토피아적 구상들, 특히 세상을 변화시킬 진정한 언어에 대한 탐색을 진행한 바 있다. 그러나「라도미르」에서는 변화하는 로고스에 의해 이제 막 창조되려고 하는 유토피아적 미래를 예시한다. 하지만 그와 동시에 시인 자신이 그 속에서 존재하고 있는바 세계의 잿더미, 즉 혁명적인 혼돈과 전쟁의 폐허로 낙인찍힌 세상 또한 보여준다.

하지만 놀랍게도, 홀레브니코프의 많은 작품들 속에서 종종 발견되

---

17) V. Markov, 같은 책, p. 146 참조.

18) В. А. Сарычев, *Эстетика русского модернизма: Проблема "жизнетворчества"*, Воронеж: Изд-во Воронеж. ун-та, 1991, c. 305.

19) 이 서사시에서 라도미르는 "사람의 마을Людостан"로 명명되기도 했다. 즉 유토피아적인 인류의 주거지로 불린 것이다

는 유토피아적 특징에도 불구하고 '유토피아적인' 작품이라고 분류될 만한 작품들은 드물다. '유토피아'라는 말이 이상이 완전히 실현된 사회를 의미한다고 할 때, 미래에 대한 다양한 프로젝트들을 담고 있는 그의 에세이들(「우리와 집들」「미래의 백조」「미래의 라디오」「미래로부터의 절벽」)을 포함해서 이 정의에 걸맞은 작품들은 모두 1918년에서 1922년 사이에 쓰여졌다. 이 에세이들에 등장했던 아이디어들이 다수 발견되는 「라도미르」 역시 그러하다. 흘레브니코프는 오직 이 작품들 속에서만, 자신이 애써 찾고자 했던, 예언자적인 비전으로 갈망하는 그런 미래를 그려내고 있는 것이다.

「라도미르」의 플롯은 세계 혁명의 도래를 우주적-데미우르고스적인 "신성한 폭발"로, 낡은 세계의 작은 혼돈들로부터 새로운 천지만물이 창조되는 것으로 그려낸다. 하지만 유토피아가 이루어지기 전에 무엇보다도 먼저 낡은 세계가 파괴되어야만 한다. 때문에 「라도미르」는 낡은 세계의 임박한 파괴에 대한 묘사로 시작한다.

> 그리고 악의에 찬 환희의 얼굴을 한
> 가난의 사슬이 번쩍이는
> 세계 무역의 성들을
> 너는 어느 날 재로 바꾸어놓을 것이다. (281)

이 첫 행에서 볼 수 있는 것처럼 기존 질서의 파괴는 선지자의 환상으로 묘사되었다. 비록 이 서사시가 1917년의 '세상의 종말' 이후인 1921년에 쓰여졌지만, 미래의 조화에 대한 광경을 묘사하는 단락에서 미래시제와 현재시제가 주로 사용된다. 그리고 비록 지금은 과거일지라도 그때에는 일어나기 전이었던, 무자비하고 야비하기까지 한 사건들도 불가피하고 필요한 것으로 '예견되었다.' 하지만 현재시제와 미래시제의 주된 사용이 사건 묘사에서 과거시제의 사용을 배제하지는 않는다. 화자는 시간 축 앞뒤로 자유롭게 움직이며, 때로는 다음과 같이 같은 연안에서도 분명한 이동 없이 그렇게 이루어짐을 볼 수 있다.

> 사랑의 언어가 세상 위를 떠돈다
> 그리고 수많은 노래가 하늘로 울려 퍼진다.
> 바다의 푸른 공간이
> 자신의 눈 속, 그 깊은 곳을 응시할 것이다,
> 그리고 설계도에서 나는,
> 붉은 마른번개가 번쩍거리는 이유를 해독할 것이다.
> 전쟁이 너희들의 눈을 쪼아버렸다,
> 가라, 흐리멍덩한 장님들아,
> 아비들이 신이 나서 기뻐할,
> 그런 전권을 요구해라. (285~86)

시 속에서 시간 관계는 뒤틀려 나타나며 '순간 번쩍이는 광대한 대격변의 환상'이 묘사되고 있다. 그렇지만 시간의 파괴를 통해 이루어지는 것은 대격변만이 아니다. 일평생 흘레브니코프가 시간의 차원과 운명의 판을 통해 미래를 통제하는 자물쇠를 열고자 했었다는 점을 염두에 둔다면, 「라도미르」에서 그가 시간을 다루는 것을 보고 시간의 차원을 정복했음을 읽어내기란 어렵지 않은 일이다. 시간의 축을 따라 자유롭게 이동함으로써, 말하자면 그는 자신의 통찰력을 정상적인 시간의 법칙 외부에 두었던 것이다. 여기서 우리는 '라도미르' 세계의 특징 가운데 하나로서 '시간의 응축'을 보게 된다.

이 시의 예언자적인 성격과 조화를 이루는 것으로, 문장이 자주 "그리고и"라는 말로 시작된다는 점을 들 수 있다. 마르코프는 이에 대해 서사시의 단편적인 구조일 뿐이라고 해석한다. 하지만 시 전체에 걸쳐 이 접속사가 얼마나 자주 행을 시작하는가 그 빈도에 주목해야 한다. 전체 459행 중 101행이 "그리고"라는 말로 시작된다. 그 결과 서사시는 성경의 예언서처럼 읽힌다. 예를 들면 「요한계시록」과 비슷한 구조를 갖는데 여기서 비교를 해보도록 하자. 첫번째 발췌문은 「라도미르」에서 가져온 것이다.

> 그리고 무덤들이 요란하게 갈라졌다,
> 그리고 왕좌들이 떨어졌다.
> 바다는 기억하고 이야기할 것이다
> 천둥 같은 자신의 말로—
> 레이스 성은 처녀가 얻은 것이다
> 왕좌 앞에서 춘 처녀의 춤으로. (284)

다음은 「요한계시록」에서 따온 것이다.

> 그리고 나는 작고 큰 죽은 자들이 하나님 앞에 선 것을 보았다.
> 그리고 책들이 열렸다. 그리고 또 다른 책이 열렸다,
> 그것은 생명록이었다. 그리고 죽은 자들이 그들의 행위에 따라,
> 그 책들에 기록된 것들에 의해 심판받았다.[20]

두 글에 나오는 접속사의 용법은 유사하다. 두 경우 모두 계속해서 이미지와 행위 들을 진행되는 순서에 따라 연결하고 있으며, 이는 궁극적으로 조화로운 전체에 이르게 될 것이다. 마르코프는 "지옥에서 낙원으로의 혹독한 이동"이라는 점에서 「라도미르」를 단테의 『신곡』과 비교한다. 또 다른 원천은 구조나 내용의 측면에서 볼 때 「요한계시록」이다. 「라도미르」에서도 「요한계시록」에서도 균형이 깨진 뒤에야 조화의 비전이 이어진다.

> 분필이 아니라 사랑으로 선을 그어라,
> 앞으로 있을 것을 설계하라.
> 그리고 머리맡으로 날아든 운명은,
> 지혜로운 호밀 이삭을 숙이게 하리라. (293)

또한 마르코프는 이 시의 "성경의 예언자연하는" 톤이 18세기 송시의 '상上문체적' 특징들과 일치한다고 말한다.[21] 「라도미르」의 '저 세계'에 대한 다음과 같은 묘사에서 이러한 특징을 볼 수 있다.

> 그곳으로, 그곳으로, 이자나기[22]가
> 페룬[23]에게 '모노가타리'를 읽어준 그곳으로,

---

20) 「요한계시록」 20장 12절.
21) V. Markov, 같은 책, p. 148. 상문체는 교회슬라브어의 비중이 높은 것을 말한다.
22) 일본 신화에 등장하는 창조신으로 이자나미와 함께 쌍을 이룬다.
23) 슬라브 신화에 나오는 천둥과 번개의 신.

에로스는 상제上帝[24]의 무릎 위에 앉아 있고,

신의 대머리에 희끗한 앞머리가

눈과 비슷하다,

큐피드가 마아-에모[25]에게 입을 맞추고,

천제天帝 인드라[26]와 이야기를 나누는 곳,

유노가 센테오틀[27]과 함께

코레조[28]를 바라보는 곳

그리고 무리요[29]로 인해 기뻐하는 곳,

은쿨룬쿨루[30]와 토르가

턱을 괴고

평화롭게 장기 두는 곳,

그리고 호쿠사이[31]로 인해

아스타르타[32]가 열광하는 곳 ─그곳으로, 그곳으로! (288)

많은 연구자들이 이 단락에서 많은 신들이 나열되는 것에 대해 언급했다. 마르코프와 쿡R. Cooke은 각 신들이 각자의 문화적 맥락 속에서 의미하는 것보다 더 우선하는 것이 그들의 이름이 갖는 음성적 특징이

---

24) 중국 신화에 나오는 하늘과 땅의 신.
25) 핀란드 신화에 나오는 대지의 어머니.
26) 인도의 베대 신화에 나오는 비와 천둥의 신.
27) 아즈텍, 톨텍 신화에 나오는 옥수수의 신.
28) 코레조Correggio(1494~1534). 이탈리아의 화가.
29) 바르톨로메 무리요B. Murillo(1617~82). 에스파냐의 화가
30) 줄루 신화에 나오는 창조신.
31) 가쓰시카 호쿠사이葛飾北斎(1760~1849). 일본의 풍경화가.
32) 페니키아 신화에서 위대한 어머니를 의미하며, 다산과 물, 육체적 사랑의 여신.

라고 주장했다. 두가노프R. Duganov 역시 신들의 이름의 풍부한 텍스트적 특징을 지적하고 있지만, 그러나 그는 또한 여기에 제시된 이미지들 속에서 동과 서, 남과 북의 결합을 보았다. 일본의 이자나기와 슬라브의 페룬, 그리스의 큐피드와 중국의 상제, 로마의 유노와 아즈텍의 센테오틀 등이 그러하다. 더 나아가 두가노프는 평화적인 본성의 신들(에로스, 큐피드, 이자나기, 마아-에모, 유노, 아스타르타)과 힘과 강인함을 대표하는 신들(페룬, 상제, 인드라, 센테오틀, 은쿨룬쿨루, 토르) 사이의 대조를 언급했다. 관례상 분리되어왔던 것들을 이렇게 조화롭게 결합시킨 것은, 이 시의 우주적, 종말론적인 차원을 고려한다면 단순히 음성적 효과를 위한 것이라기보다는 흘레브니코프의 사상적 지향을 담고 있다고 보는 것이 더 옳을 것이다.[33]

이렇게 대립되는 힘들이 「라도미르」에서 조화를 이룬다는 점은 그가 초기 작품들에서 보여주었던 바와 대조를 이룬다. 흘레브니코프의 신화 창조를 다룬 논문에서 바란H. Baran은 다음과 같이 지적한다. "흘레브니코프의 초기 작품들은 정반대되는 구조라고 묘사될 수 있는 것들에 대한 이끌림, 한 쌍의 대립물을 창조해내는 것에 대한 지향을 드러낸다. 그의 주요 텍스트들에서 플롯과 주제는 서로 정반대로 대조되어 공존하기 어려운 힘들이 서로의 주변을 돌며 다투고 충돌한다."[34] 바란은 흘레브니코프의 초기 작품들 속에서 그러한 "정반대되는 구조"의 예를 많이 제시하는데, 초기 시 「마리아 베초라」에서의 "게르만과 슬라브

---

33) 이러한 역사·문화적으로 드문, 풍부한 인유引喩는 모자이크식 정경을 보여준다기보다 초이성적 언어에 구현된 '시공간'이 종합적으로 통일된 형상을 나타낸다고 하겠다.

34) H. Baran, "Xlebnikov's Poetic Logic and Poetic Illogic," N. A. Nilsson(ed.), *Velimir Chlebnikov: A Stockholm Symposium*, Stockholm: Almqvist & Wiksell International, 1985, p. 14.

민족성의 충돌," 「샤만과 비너스」에서의 "사랑의 여신과 나이 든 시베리아 샤만"의 충돌, 「아틀란티스의 괴멸」에서 다룬 열정적인 것과 이성적인 것 간의 충돌 등이 그것이다. 이런 서사시들에는 대립하는 세력들 사이에 해결책은 없다. 그렇지만 「라도미르」에서는 낡은 세계의 붕괴가 일단 이루어지면 불가피하게 통합이 발생한다. 미래의 이상 세계의 가장 중요한 특징 가운데 하나가 지금까지 분리되었던 것의 조화라는 단순한 이유 때문이다. 종말론과 관련해서 종교들을 한데 용해하는 것은 논쟁의 소지를 만들어낼 수 있다. 기독교의 종말론에서는 하나의 종교가 승리하게—물론 기독교—될 것임에 반해 흘레브니코프의 미래의 이상 세계에서는 모든 종교가 자기 자리를 찾고 공존할 것이다. 덧붙이자면, 「라도미르」 세계에서 신들은 자신들의 압제적인 힘을 상실했다. 그들은 더 이상 낡은 의미에서의 종교가 되지 않을 것이다. 사람들이 신이 될 것이고 신들은 문화의 표상이 될 것이다. 이런 분위기 속에서 종교적 경쟁은 필요가 없게 될 것이다.

그러나 이미 언급했듯이 파괴가 건설적인 용해에 앞서는 것이다. 그때 당시의 현존 질서를 파괴하는 형상들은 야만적이고 피비린내 난다. 그리하여 폐병에 걸린 한 소녀는 한때 그녀가 "자비를" 구걸했던 귀족을 자신의 머리카락으로 교살하거나 입맞춤으로 독살시킬 것을 설득당하며, 마찬가지로 "마지막 로마노프의 가슴"을 관통한 총탄의 구멍은 별이 총총한 하늘에 비견된다. "분노에 차 울부짖는 하늘" "하늘에 사형집행인의 글씨" "또다시 천둥 치는 소리"와 "지상의 화재" 등의 형상들 역시 종말론적이다.

하늘이 네게 "우이!"라고 소리쳤다

그리고 미친 듯이 뿔을 불었다.

그리고 하늘에 사형집행인의 글씨

또다시 천둥 치는 소리,

그리고 행복한 바보 같은 누군가가

지상의 화재들을 바라보았다. (284)

「요한계시록」과 연결시켜 살펴볼 때 또한 중요한 것은 라도미르에서 "신성한 폭발"이라는 방법으로 이윤利潤의 궁전들을 파괴하는 것이다.

전투의 붉은 쇠고기가

아직 총살의 연기를 피워 올리는 그곳에,

시들시 않는 사유가 온나

손으로 용감히 깃발을 쳐든 채.

그리고 마천루들이 신성한 폭발의

연기 속에서 가라앉는다.

그리고 회색 원들이

판매와 벌이의 궁전을 꺼안았다. (287~88)

마찬가지로 「요한계시록」에서도 파괴는 불로 일어난다.

그리고 세상의 상인들이 그녀(바빌론)를 두고 눈물 흘리고 탄식할 것이다. 아무도 그들의 상품을 더 이상 사지 않기 때문이다. 〔……〕 일시에 그러한 거대한 부富가 무로 돌아갔다. 선장들, 배를 타고 여행하는 자들, 선원들, 바다에서 거래하는 자들이 떨어져 서 있었다. 그리고 그녀를 태우는 불의 연기를 보자 그들은 소리쳤다. "이렇게 거대한 도시가 또 어디 있었단 말이냐?" (「요한계시록」 18장 11절, 17~18절)

「라도미르」의 성서적인 종말론적 어조는 혁명에 대한 또 다른 종말론적인 찬사를 떠올리게 하는데, 특히 알렉산드르 블로크의 「열둘」을 상기시킨다. 이 시에서도 마찬가지로 혁명은 '부패한' 러시아의 불가결한 파괴로 그려지며, 러시아의 정화로 귀결된다. 「열둘」의 종말론적인 이미지들은 우리에게 바빌론의 몰락을 상기시킨다. 실로 블로크의 서사시에서 '창녀' 바빌론과 그의 관념 속의 '거대한 매음굴'인 페테르부르크 사이의 명백한 유사성을 발견할 수 있다.

「라도미르」에서 「열둘」을 연상시키는 또 다른 테마는 도시의 얼어붙은 거리 위에서 시작되어 아직 보이지 않는, 하지만 그리스도의 모습으로 나타나게 될 미래 속에서 끝나는 미래로의 '행진'이다. 다음의 인용에서 우리는 세계적인 차원의 혁명의 불길을 일으킬 것을 약속하며 낡은 세계의 파괴를 맹세하는 적위군들을 볼 수 있다.

오 너, 쓰라린 슬픔이여,
달콤한 삶이여!
찢어진 외투,
오스트리아 소총!
우리는 비탄에 빠져 울부짖는 부르주아들에게
전 세계적인 큰불을 지르리라
피에 물든 전 세계적인 큰불을 ―
신이여, 축복하라![35]

이 복잡한 작품의 그 유명한 마지막 연에서, 우리는 혁명 투쟁의 또 다른 차원을 본다. 여기서 그리스도는 이전의 어떤 형상과도 다른, 자신의 '사도들'을 미지의 미래로 이끌어가는 인물로 등장한다.

> 그렇게 그들은 위엄 있게 걸어간다 ─
> 그 뒤로는 굶주린 똥개가 따른다,
> 앞에서는 피에 물든 깃발을 들고,
> 눈보라에 가려 보이지 않고,
> 총탄에도 무사하며,
> 눈보라 위를 걷는 부드러운 걸음걸이로,
> 진주같이 눈을 흩뿌리며
> 장미로 만든 하얀 화관을 쓴 ─
> 예수 그리스도가 앞에 서 있다.[36]

따라서 마르코프가 단테의 『신곡』과 연관해서 언급한 "지옥에서 천국으로의 잔인한 행진"은 사건에 대한 종교적 해석이 주가 되는, 혁명에 대한 많은 중요한 시들의 "원형적 구조"를 형성하는 것 같다.[37]

블로크의 시에서는 예수 그리스도와 같은 신이 혁명보다 더 잔존하는 것에 반해, 흘레브니코프 시에서는 그와 반대로 "신성한 폭발"이 자

---

35) А. Блок, "Двенадцать," *Собрание сочинений*, т. 3, М.-Л.: Гослитиздат, 1960, с. 351.

36) 같은 책, с. 359.

37) V. Markov, 같은 책, p. 147.

본주의 질서뿐만 아니라 신 역시도 소멸시켜버린다.

신 자신이 사슬과 닮았을 때,
부자들의 노예여 너의 칼은 어디에 있는가? (281)

우리는 또한 지배 권위를 전복시키는 기독교 신 이전의, 전복된 신들의 이미지를 본다.

그곳으로, 세상의 건강을 향해,
동사를 태양으로 가득 채우자.
페룬처럼 드네프르를 떠내려간다,
영락한 신처럼, 왕좌들이. (283)

이 시행과 함께 다음 시행에서는 종말론적 대학살에 의해 '부활되는' 말들에 초점을 맞춘다.

날아라, 인간 성좌여,
계속 전진하라, 더 멀리 공간 속으로
그리고 지상의 언어를 다시 주조하라
단일한 죽음의 대화로.
마지막 로마노프의 가슴처럼,
하늘이 별들의 무리를 발사한 곳,
상념의 부랑자와 난봉꾼의 친구는
성좌를 새롭게 연마할 것이다. (283)

홀레브니코프의 시를 블로크의 시와 비교하며, 두가노프는 두 시인의 혁명관의 차이를 언급하고 있다. 그에 따르면, 블로크의 혁명이 도덕적이라면 홀레브니코프의 혁명은 우주적, 철학적이다. 또한 사람들은 이 두 작품에서 공통적으로 '신성한' 힘의 영향을 본다. 두가노프는, 블로크의 시에서는 예수 그리스도가 혁명의 힘을 이끄는 자로 낮아졌다면 홀레브니코프의 시에서 신의 개념은 '라도미르' 그 자체에 있다고 본다. 라도미르는 인간성이자 자연의 본성이며, 이 두 가지가 통합된 '단일한' 우주적 본질이다.

홀레브니코프에게는 언어를 통해 '귀족'의 세계를 '창조'의 세계로 변형시키는 시인-창조자가 바로 그 자신이다.

> 이제 창조자들이 나아간다,
> d를 t로 바꾼 다음,
> 라도미르의 성직자들은
> 장대 위에 노동 세계를 달았다.
> 이것은 라진의 반란,
> 넵스키 하늘에까지 날아간 후,
> 로바쳅스키의 설계도와
> 공간을 가져온다. (281)

이 시적 로고스는 홀레브니코프에게서 구현되며, 그런 다음 구세계의 붕괴 뒤에 전지구적 파라다이스로의 변형을 불러일으키는 원동력이 된다. '라도미르'라는 명칭은 필명인 벨리미르를 반향한다.[38] 즉, "벨리미르와 라도미르는 피를 나눈 형제다."[39] 그리하여 시인 자신이 이 세계의 대표자, 즉 유토피아적 인류의 주된 일원이 되고 집단적 '나'가 되는 것이다. 마야콥스키의 서사시 「150000000」처럼 「라도미르」도 집단적 주체의 인칭으로 쓰여졌는데, 이 끝없이 다양한 집단적 주체는 완전한 동일함에 도달한다. 시인은 집단적 주체의 역할 속에서 그리스극의 주인공으로 등장한다.[40] 즉, 신적인 '나'의 역할로 등장하여, 유토피아식 인류의 보편적인 '우리'로 나타나는 것이다.

> 너는 날아오를 것이다. 불멸의 거무스름한 자여,
> 거룩한 젊은이여, 그곳으로. (289~90)

> 날아라, 인간의 성좌여,
> 더욱 멀리, 더 멀리 공간 속으로 (283)

그러나 마야콥스키의 집단적 주체(이반)가 무엇보다도 혁명적인 민중의 '사회적' 상징이라면 흘레브니코프의 집단적 주체(미래인)는 우주적 유토피아의 창조자로 나타난다.

이러한 인간화된 창조자 데미우르고스의 파괴적이고 묵시록적인 동시에 우주적이고 메시아적인 이 활동의 결과는 우주적인 유리 도시의 건설로 나타난다.

---

38) '라도미르'의 어원에 대해서는 다음을 참조할 것. В. П. Григорьев, *Будетлянин*, М.: Языки русской культуры, с. 32~334.

39) Н. Башмакова, 같은 책, с. 118.

40) Р. В. Дуганов, 같은 책, с. 73.

지구의 표면에서 무역을 쓸어버리고

무역의 성들을 납작하게 내던져버린 다음,

별들의 덩어리로 지붕을 세우고—

수도에 유리 종을 울리자. (290)

여기서 유리는 반유토피아 세계에서의 부정적인 의미를 함축하는 질료가 아닌, 그 투명함으로 지상의 천국과 우주의 천국 양자의 상호 왕래를 가능하게 만드는 긍정적 이미지를 갖는다. 즉, 유리는 지구와 우주 사이의 소외의 극복을 상징하는 것이다.

은빛 유리창의 격자처럼

너, 푸른 노을의 파랑새여,

너는 가는 실로 고치를 잣는다,

너의 비행은 어린 유충의 실타래. (290)

흘레브니코프의 우주 창조자 데미우르고스는 미래주의적 신인神人으로서, 마야콥스키의 「150000000」에 나오는 지상의 "고기의 신бог из мяса"과 유형학적으로 매우 유사하다. 게다가 두 시인은 유토피아적 신인을 동사의 미래시제나 명령형으로 부르고 있는데, 이러한 부름의 형태를 고대 사회에서 신에게 호소하는 의식이나 신을 향한 탄원과 비교할 수 있다.

그 밖에도 「라도미르」에는 복음서를 연상시키는 다양한 이야기와 풍경이 등장한다. '거래를 근절시키는' 신인의 형상은 예수가 성전에서 장

사치들을 쫓아내는 복음서의 이야기를 겨냥한 것이며, 유토피아의 목가적인 풍경은 베들레헴에서의 탄생을 세속화시킨 버전으로서 현대의 신인의 탄생을 묘사한 것이다.

> 또다시 황소들은 동굴 속에서 울고,
> 그리고 젖먹이는 염소의 젖을 빨며,
> 그리고 동시대 여인들의 신성한 탄생을 향해
> 사람과 짐승 들이 몰려온다. (288~89)

우주의 천국을 건설하는 과정에서 창조자 데미우르고스는 "시간의 궤도"를 단절시키며, 구름 위에 곡물을 파종하는 하늘의 농부가 된다. 그럼으로써 완전히 동일해진 땅과 하늘의 대표자가 되며 그들 간의 소외를 척결하는 대표자가 된다.

> 이른 봄 마법사가 하늘을 날며
> 구름들을 가로질렀고,
> 손이 곡물을 파종했다,
> 농부는 구름 위에서 비틀거렸다. (291)

이러한 '구름 위의 농부'와 유사한 이미지는 「미래의 백조」에서도 찾아볼 수 있다. 그 밖에도, 이미 지적한 대로, 개간되어 시간의 곡물이 파종된 하늘이라는 이미지는 러시아 아방가르드의 유토피아 프로젝트에 있어서 본질적인 것으로, 특히 만젤시탐과 예세닌의 시에서 잘 나타나고 있다.

홀레브니코프의 우주적 천국에서는 또한 노동(에너지, 역동)과 나태(정태靜態, 고요) 사이의 소외가 극복된다. 즉 미래의 유토피아적 목가는 (복음서의 '새로운 하늘, 새로운 땅'과 유사한) 그 본성상 진화에는 유용하지 않은, 내적으로 정적인 것으로 나타난다.

> 너는 시냇가의 잠자리 옆에 있는
> 사랑스런 목동을 칭송한다,
> 그리고 노동과 게으름 사이에
> 동등한 표식이 생겨날 것이다. (292)

서사시는 구세계에서 묘사된 도시의 악몽과 여러 면에서 대조적인, 목가적인 번영을 구가하는 라도미르의 다양한 환상으로 끝을 맺는다. 홀레브니코프는 사실상 '목가적 유토피아' 장르의 창조자라고 할 수 있다. 미래에는 "말馬을 위한 자유"와 "황소를 위한 동등한 권리"를 볼 수 있게 된다. 얼음 덩어리로 공수되는 수프의 호수에 대한 환상은 구름의 조작을 통한 들판의 관개灌漑와 라디오의 주파수를 통해 전송되는 교육, 즉 "하늘의 책"을 위한 계획과 공존한다. 기아는 사라졌고 이것은 심지어 죽음 역시 과학에 의해 통제될 것임을 암시한다. "가장 뛰어난 사람인 당신들은, / 페스트에 자갈을 물릴 수 있다!"

로바쳅스키적 공간의 지배 역시 명백하다. 위에서 인용한 시행에서와 같이, 우리는 시 속에서 홀레브니코프의 두 시적 분신인 로바쳅스키와 라진을 본다. 많은 연구자들이 홀레브니코프가 비유클리드 기하학의 창시자인 로바쳅스키에게 빚을 졌음을 언급했다. 홀레브니코프는 로바쳅스키가 자신의 학문적 생애를 바쳤던 카잔 대학에서, 이 기하학자의 제자이자 평론가였던 알렉산드르 바실리예프의 지도 아래 로바쳅스키의 기하학을 공부했다. 마르코프가 관찰한 바와 같이 흘레브니코프는 "로바쳅스키와 자신 사이에 어떤 명백한 유사성을 보았다."[41] 쿡은 "로바쳅스키의 형상이 흘레브니코프의 시적 세계에서 거의 분신의 의상을 획득했다"[42]고 주장한다. 로바쳅스키는 완전한 회문回文으로 이루어진 1920년 서사시 「라진」의 첫 행에서 다음과 같이 나타난다.

Я Разин со знаменем Лобачевского логов.

Во головах свеча, боль; мене ман, засни заря. (360)

나는 로바쳅스키 분지의 깃발을 든 라진이다.

머릿속에는 고통의 촛불이 타오른다; 왕국이 끝나고 노을이 꺼져 간다.

이 두 분신이 흘레브니코프의 또 다른 유토피아 시에 등장하는 것은 놀라운 일이 아니다. 로바쳅스키는 또한 이어지는 행에서 다음과 같이 언급된다.

로바쳅스키의 곡선이

도시를 장식하도록 하라

전 우주적 노동으로

---

41) V. Markov, 같은 책, p. 151.

42) R. Cooke, *Velimir Khlebnikov: A Critical Study*, Cambridge University Press, 1987, p. 92.

고된 목 위의 아치로. (283)

수數 역시 조화로운 미래에서 역할을 한다.

이 갑주는 시간에서 나와
세계 노동의 가슴 위에 있게 될 것이다
그리고 숫자에, 농가의 이해 속에
정부의 재갈이 전달될 것이다. (289)

흘레브니코프에게 수는 마치 로바쳅스키적 기하학이 공간의 지배를 의미하는 것처럼 시간의 지배에 대한 열쇠를 갖고 있다. 따라서 흘레브니코프의 로바쳅스키에 대한 언급은 라도미르에서의 시간과 공간의 정복을 지시한다. 「라도미르」에서 묘사된 흘레브니코프의 유토피아는 미래에 대한 시인의 기획에 익숙한 사람에게는 그리 놀랄 만한 것은 아니다. 사실 이것은 흘레브니코프가 이전 작품들에서 보여주었던 기획들을 언어적으로 실현한 것이다. 이것은 '언어들'이 파괴될 것이라는 사실 덕분에 인간이 우주적인 조화 속에서 살아가는 그러한 유토피아이다.[43]

언어를 파괴하겠다는
맹세를 한 그 젊은이들,
그들의 이름을 당신은 짐작했다 ─

---

43) 이에 대해서는 다음을 참조할 것. 이명현, 「흘레브니코프의 세계어 창조 기획」, 『슬라브학보』 29(3), 한국슬라브유라시아학회, 2014, pp. 153~85.

화관을 쓴 채 그들은 걸어간다. (291)

　　마지막으로 출현하게 되는 것은 더 이상 사람들을 분리시키지 않고
모두를 통일시키는 단일 언어이다.

　　　볼가강이 "사"라고 말하고
　　　양쯔강이 "랑해"라고 말하며
　　　그리고 미시시피강이 "모든"이라고 말하고
　　　박식한 다뉴브강이 "세계"라고 말하며
　　　갠지스강의 강물이 "나"라고 말하고
　　　강의 우상이 저 변방의
　　　푸르름을 스케치할 것이다.
　　　항상, 영원히 그곳과 이곳에,
　　　모두에게 모든 것을, 언제나 그리고 어디서나!
　　　우리의 외침은 별까지 날아갈 것이다!
　　　세상 위로 사랑의 언어가 날아오르고
　　　노래의 노래가 하늘로 퍼질 것이다. (285)

　　이 인용문이 예시하는 것처럼, 단일 언어는 더 이상 인류에게 속하지
않는 언어일 뿐 아니라 심지어 자연이 이해하고, '말하는' 언어이다. 이
언어는 지구적 자연에 국한되지 않는다. 이것은 또한 시인이 발견하고
창조한 우주의 언어, '별의 언어'이기도 하다. 이 단일 언어 덕분에 라도
미르의 세상 속에서 인간과 짐승 그리고 신 모두가 동등한 권리를 갖는다.
마지막으로 지구의 언어는 '모두를 통일시키는' 예언자 잔게지에 의해

언급된 언어이며 모든 경계를 넘어 교차하는 언어이다.[44]

V. 구현된 미래주의 유토피아

「라도미르」의 유토피아는 '과거'를 분쇄시키는 "신성한 폭발"을 수반한다. 즉, 유토피아로의 전이는 평화롭게 진행되지 않는다. 새 하늘과 새 땅을 위해서는 과거의 파괴가 이루어져야만 한다. 그 파괴 위에서만 비로소 새로운 유토피아가 건설될 수 있는 것이다.[45] 과거의 도시를 파괴하는 묵시적 장면 속에서 우리는 이 시가 「요한계시록」의 바빌론 멸망과 블로크의 「열둘」의 혁명적 격노를 반향하고 있음을 발견한다. 블로크와 흘레브니코프 모두 「요한계시록」을 반향하는 우수적 규모의 혁명을 묘사한다. 블로크의 시는 예수 그리스도가 이끄는 혁명으로 끝나며 예수는 자신의 사도들을 미래를 향해 손짓해 부른다. 흘레브니코프의 시 역시 어렴풋한 미래를 넘어서 과거의 억압자까지 포함한 모두를 위한 유토피아를 펼친다.

라도미르는, 흘레브니코프 특유의 독창적이고도 혁신적인 유토피아적 이미지와 아이디어를 풍부하게 보여줄 뿐 아니라, 고전적인 유토피아의 요소들 역시 다수 포함하고 있다. 대표적인 것이 고대 그리스 시풍의 '비행'하는 능력이다.[46]

---

44) 이에 대해서는 다음을 참조할 것, 백용식, 「B. 흘레브니코프의 희곡『잔게지』연구: 언어와 장르의 성격」, 『러시아어문학 연구논집』 vol. 23, 한국러시아문학회, 2006, pp. 35~69.
45) 그러나 「라도미르」에서의 혁명적 파괴는 전쟁의 단순 파괴와 대조되는 '목적적' 파괴이다.
46) 이러한 다양한 변이형을 우리는 마야콥스키의 서사시 「비상하는 프롤레타리아」(1925)에서도 볼 수 있다.

또한 이 서사시에는 "지상 낙원"에 대한 신화적, 민속적 환상을 알기 쉽게 바꾼 다양한 이미지들이 들어 있다. 예를 들면, '젤리로 된 강변과 젖이 흐르는 강'이라는 전설의 공식은 '수프와 보드카로 가득 찬 호수'로 변형되었다. 흘레브니코프의 독창적인 유토피아에서 노동의 대가를 심장의 박동으로 지불하는 계획을 엿볼 수 있다.

노동 계산서가 필요한 곳에
심장의 박동을 저울 위에 올려놓는다. (292)

이렇게 유토피아 인류의 심장 박동은 이전의 화폐와 동등한 가치를 갖게 되고, 그 결과 유기적인 것과 비유기적인 것이 동등해진다. 바로 여기서 비유기적인 것이 유기적인 것으로 변화한다는 미래주의자들에게 공통된 사상이 최고조의 발전을 이루게 된다. 이것은 흘레브니코프의 유토피아 연작 에세이 「미래의 말뚝」의 중심 사상이기도 하다.

이렇게 유기적인 것과 비유기적인 것이 동등해지는 미래의 천국에 대한 묘사는 순수 언어적 수단(예를 들어 색과 소리의 유사성을 이용하는 방식)을 통해서도 이루어진다. 즉, 인접 예술, 주로 미래파 회화나 말레비치의 수프레마티즘suprematism에서 그 표현법을 차용하는 방식으로 이루어진다. 단어 어형에 대한 이해와 예술적 제스처를 동력학적으로 이해하고자 하는 방식, 비가시적인 것을 극적으로 포착하여 각인시키고자 하는 노력 등에 있어서 흘레브니코프와 말레비치는 서로 동일한 지평을 갖고 있다.[47] 종합미학적 전일체로서 세계를 지각하려는 노력,

---

47) J. E. Bowlt, "Demented Words. Kazimir Malevič and the Energy of Language," Л.

즉 소리와 색을 상징적인 상관관계의 사슬의 한 고리로서 이해하려는 노력 역시 두 사람을 하나로 결합시킨다.[48]

샤피르가 기술하고 있는 바와 같이, "소리쓰기Звукопись"라는 제목이 붙은 작은 사전에서 흘레브니코프는 'm-파랑색' 'l-흰색, 상아' 'g-노란색' 'b-붉은색, 선홍색' 'z-금색' 'k-푸른 하늘색' 'n-연한 빨강색' 'p-붉은 기운이 감도는 검은색'임을 알려준다.[49] 색채 상징학과 관련하여 비잔틴의 영향과 그리스정교의 전통과 깊은 연관성을 갖고 있는 러시아 문화에서 흰색은 '하늘의 어린 양'이라는 이미지의 그리스도와 천국의 완전함을 가리킨다. 비잔틴 이콘에서 천사의 정결함을 나타내는 흰색은 지옥의 심연을 뜻하는 검은색과 대립된다. 칸딘스키의 색채론에서 흰색은 정신적인 부활에 대한 준비를 상징한다.[50] 이에 반해 검은색은 성신적인 고갈과 미래 없음의 비극을 나타낸다.[51]

이런 의미에서 흰색을 뜻하는 '라도미르Ладомир'의 첫 철자 'Л'(l)로 인해 이 지명은 지상 위에 실현된 유토피아 낙원을 가리키는 것으로 상징적으로 변화된다. 단어에서 구현된 이러한 낙원을 향한 흘레브니코프의 기획은 가시적인 회화의 형태 속에서, 특히 「하양 위의 하양」이라는 작품 속에서 말레비치가 이루어낸 유토피아 기획과 많은 점에서 동

Магаротто, М. Марцадури, Д. Рицци(ed.), *Заумный футуризм и дадаизм в русской культуре*, Bern etc.: Peter Lang, 1991, p. 298.

48) 벨르이와 칸딘스키 등도 이 점에서 같은 입장을 취하고 있다. А. Белый, *Глоссолалия. Поэма о звуке*, Берлин: Эпоха, 1922; Ж. Аарона, "О слове в поэзии," *Скифы*, Сб. 1, Пг., 1917; В. Кандинский, *О духовном в искусстве*, М.: "Архимед", 1992 참조.

49) М. И. Шапир, "О 'звукосимволизме' у раннего Хлебникова ('Бобэоби пелись губы...': фонетическая структура)," *Известия АН. Серия литературы и языка*, т. 51, No. 6, 1992, с. 38.

50) В. Кандинский, 같은 책, с. 72.

51) 같은 책, с. 73.

일하다. 말레비치는 흰색을 완전한 것의 무한성으로 해석한다. 수프레마티즘에 관해 그는 다음과 같이 쓰고 있다. "색채와 흰색, 검은색에 대해서는 아직도 많은 해석이 나오고 있다. 그 해석들은 붉은 길을 거쳐서 하얀 완전함으로 완성될 것이다."[52]

말레비치의 하얀 사각형은 흘레브니코프의 라도미르처럼 실현된 우주적 유토피아의 시공간적 혼합주의syncretism의 극단적인 구현이다. 이에 대해 타라센코는 다음과 같이 적절하게 언급하고 있다. "말레비치에게 그림이란 자기 자신이 창조주 데미우르고스의 역할을 하는, 자신이 만들어낸 우주의 모델이다. [……] 우주의 모델로 등장하면서 말레비치의 그림은 마치 이콘에서처럼 땅과 하늘 같은 공간의 수직적 구조가 아닌, 위아래가 없는 전 우주를 구현하고 있다."[53] 이렇게 말레비치와 흘레브니코프의 유토피아에서는 러시아 모더니즘의 유토피아가 꿈꾸던 '새로운 땅, 새로운 하늘' 사이의 소외가 철저히 극복되고 있다. 따라서 우리는 그들의 작품을 러시아 아방가르드 유토피아 기획의 가장 급진적인 텍스트로 간주할 수 있는 것이다.

52) О. Тарасенко, "Авангард и древнерусское искусство," *Искусство авангарда: Язык мирового общения*, Уфа: АО Музей современного искусства "Восток", 1993, с. 167.
53) 같은 책, c. 169.

혁명과 문장:

최인훈의 『화두』에 담긴 러시아 혁명의 유산

손유경

1. 들어가며: 병눈의 수행성

포석 조명희(1894~1938)가 한국 문학사에 기록된 내용은 조선프롤레타리아예술가동맹(KAPF, 1925~35)의 맹원으로 활동하던 중 1928년 여름 홀연히 러시아로 망명했다는 것으로 요약된다. 당시에는 그 누구도 조명희가 러시아로 망명했다는 사실을 알아차리지 못했다. 그와 매우 가까운 사이였던 작가 한설야조차 "어디론가 종적을 감추고"[1] 만 포석의 소재를 알지 못해 안타까워하는 마음을 글로 남겼다. 카프 출신의 이기영, 한설야, 임화, 김남천 뿐만 아니라, 박태원이나 이태준 같은 내로라하는 모더니스트들까지 대거 가담했던 해방기의 월북 사건에 견

---

1) 한설야, 「포석과 민촌과 나」, 『중앙』 28, 1936. 2(임규찬·한기형 엮음, 『카프비평자료총서 VIII』, 태학사, 1990, p. 527).

주어 볼 때, 우리 문인들에게 타국으로의 망명이란 사뭇 낯선 삶의 형식이었다고 할 수 있다. '망명 작가'라는 초창기 연구자들의 명명[2]이 오랜 기간 조명희의 문학사적 위상을 대변해왔던 것은 이 때문이다. 월남 작가 최인훈(1936~)이 장편소설『화두』(1994)에서 자신을 '환생'한 조명희로 자처하면서 자신의 피난과 이주 체험을 망명이라는 삶의 형식에 비추어 의미화하려 한 데에는 한국 망명 문학의 희소성에 대한 작가의 아쉬움이 한편에서 작용했던 듯하다. 조명희의 「낙동강」(1927) 첫 구절로『화두』라는 텍스트를 열고 닫았다는 사실이 보여주듯이, 최인훈은 조명희의 생애와 문학에 대한 깊은 존경과 그로부터 받은 감동을『화두』 창작의 원동력으로 삼았다.

따라서『화두』가 출간된 이후 조명희와 최인훈의 작가 정신이 교차되는 양상을 조명하거나 조명희를 향한 최인훈의 오마주를 그의 피난민 의식과 결부지어 분석한 선행 연구들이 차곡차곡 쌓일 수 있었다.[3] 최인훈이『화두』에서 펼쳐놓은 '망명(문학)론'은 간혹 엇갈린 평가를 낳기도 하였는데, "근대 문학과의 대화"를 통해 최인훈은 망명 문학에 대해 누구보다 깊이 있는 성찰에 이르게 되었다고 고평된 경우[4]가 있는가 하면, 저항의 논리적 귀결은 곧 망명일 수밖에 없다는 최인훈의 사유가 문학의 정치성을 스스로 제한하고 말았다는 비판[5]이 제기되기도 했다.

2) 민병기,「망명작가 조명희론」,『비평문학』 3, 1989; 김성수,「소련에서의 조명희」,『창작과비평』 17권 2호, 1989.
3) 조갑상,「최인훈의『화두』연구—「낙동강」과의 관계를 중심으로」,『한국문학논총』 31, 2002; 방민호,「최인훈의『화두』와 조명희의「낙동강」—'월남문학론'의 맥락에서」,『서정시학』 24권 4호, 2014. 11; 연남경,「최인훈론: 피란避亂의 존재론과 경계지식인의 탄생」,『이화어문논집』 37, 2015.
4) 권성우,「근대문학과의 대화를 통한 망명과 말년의 양식—최인훈의『화두』에 대해」,『한민족문화연구』 45, 2014.

기왕의 논의들에서 간간히 엿보이기는 했으나 아직 본격적으로 다루어지지 않은 문제로 이 글이 주목한 것은, 『화두』에서 작가 최인훈이 명문名文과 혁명, 혹은 문장과 운명의 관계를 사유하는 독특한 관점이다. 『화두』에서 진짜 혁명가로 '대접'받는 이들은 문장가요 저술가들이다.[6] 레닌과 스탈린, 혹은 모택동과 장개석을 가르는 기준은 저술을 남겼는가의 여부이다. 이런 사정은 『화두』의 전체 구성에서 절반 이상을 차지하는 주인공의 러시아 여행과 이북에서 겪은 청소년기의 체험에 특히 잘 드러나 있다. 주인공에게 러시아는 지도원 선생과 문학 선생에 얽힌 북한에서의 추억과, 이후 계속된 피난과 이주 체험을 '만들어낸' 장본인이다. 그러나 무엇보다도 러시아는 그에게 "혁명의 나라"(2권, 272, 333)[7]였고 그 혁명을 가능케 한 힘은 마르크스와 엥겔스, 그리고 레닌이나 로사 룩셈부르크 같은 저술가들의 명문에서 나왔다. 조명희의 「낙동강」도 다르지 않았다. 『자본론』은 주인공에게 "행간에 가득 찬 여운과 비유의 농밀한 에너지에 가득 찬"(1권, 476) 저술로 다가왔고, 「낙동강」은 "이의를 제기할 구석이 없는 품위 있는 글"(1권, 304)로 기억된다.

1917년 10월 혁명은 러시아를 "후진적이고 호전적인 국가에서 반식민주의적이고 진보적인 국가로 기적적으로 바꿔놓았다"[8]라는 지적이

---

5) 정호웅, 「최인훈 문학과 한국현대문학의 타자들」, 『우리말글』 68, 2016.

6) 최인훈을 한마디로 '읽는 인간'으로 정의한 권성우의 「최인훈 소설에 나타난 책과 독서에 대하여」(『우리문학연구』 49, 2016)에 의하면, 『화두』에는 식민지 시기 문학작품과 세계문학전집, 그리고 역사서와 사상서 등이 두루 거론되어 있으므로 『화두』는 작가 최인훈의 책에 대한 사유와 체험이 집대성된 소설이라고 할 수 있다.

7) 이하에서는 최인훈의 『화두』 1~2, 문학과지성사, 2008에서 권수와 쪽수만 밝히기로 한다.

8) 박노자, 「괴물과 천사 사이에서」, 박노자·연갑수·원재연·한정숙·황동하, 『러시아는 우리에게 무엇인가』, 신인문사, 2011, p. 148.

말해주듯 혁명 전의 러시아와 혁명 후 소련, 그리고 구소련 몰락 후의 러시아에 대한 한국 지식인의 상상력은 지속적으로 변모해왔다. 최인훈이라는 한 지식인 작가가 디스토피아로 변해버린 러시아에서 새삼 혁명과 문장의 관계를 곱씹게 된 데에는 어떤 맥락이 숨어 있을까? 여러 논자들이 지적해왔듯[9] 최인훈은 4·19의 경험을 소환하고 혁명에 대해 사유하는 작품을 지속적으로 창작했다.『화두』의 특이성은, 4·19와 혁명 일반에 대한 최인훈의 일관된 관심을 보여주는 동시에, 그 주제를 러시아 혁명이라는 인류사적 사건의 전말에 대한 정치적·미학적 사유로 증폭시켰다는 점에 있다. 조금 과장해서 말한다면 인류사적 감각의 필터로 4·19와 혁명의 의미를 걸러낸 것이라고도 할 수 있겠다. 여러 군데 흩어져 있는『화두』주인공의 진술을 종합해보면, 러시아 혁명과 4·19 혁명의 공통점은 그 두 사건의 실패가 인류는 '퇴행할 수 있다'는 사실을 폭로한 데 있다. 4·19를 훼손한 5·16은 "자연계의 새벽에는 중단이나 후퇴가 없지만 인간의 역사의 시간에서는 얼마든지 이런 일이 가능"(1권, 367)하다는 것을, 레닌의 유산을 단절시킨 고르바초프는 "나비는 결코 나방으로 전락하거나, 개구리가 올챙이로 퇴행하거나, 닭이 알로 되돌아가는 일은 없"지만 "사람에게는 이 퇴행이 가능"(2권, 507)하다는 것을 각각 입증한 셈이었다.

흥미롭게도『화두』주인공이 품고 있는 혁명에 대한 이러한 환멸의 감정은, 혁명에 온몸을 바쳤던 이들의 아름다운 문장에 매료되는 주인

---

9) 서은주,「소환되는 역사와 혁명의 기억」,『상허학보』30, 2010; 박진,「새로운 주체성과 '혁명'의 가능성을 위한 모색」,『현대문학이론연구』62, 2015; 강주현·권성우,「최인훈 소설에 나타난 마르크스주의와 사회주의 인식 양상」,『한민족문화연구』53, 2016; 장성규,「좌절된 혁명의 기억」,『한민족문화연구』54, 2016.

공의 모습으로 대부분 상쇄된다. 『화두』 문면에 드러난 최인훈은 환생한 조명희이지만 행간에 숨은 그의 모습은 영락없는 이태준의 후예이다. "예술의 마지막 메시지는 그 형식"(1권, 379)이라는 주인공의 믿음은 조명희(카프)가 아니라 이태준(구인회)의 정신적 기반에 가깝다고 하는 것이 좀더 적절해 보인다. 『화두』 주인공의 이러한 심미적 성향에 주목한 조시정은 "『화두』의 화자가 보여주는 사회주의에 대한 신뢰 혹은 애정은 일종의 환상 속에서 유지되어"왔으며 "애초부터 그것은 심미적인 감동에서 비롯"되었기에 그는 결국 소련과 사회주의의 존재를 근본적으로 부정하지 못하게 되었다고 지적한 바 있다.[10] 그러나 명문에 대한 『화두』 주인공의 사유에 초점을 맞춰보면, 작가의 마음을 사로잡은 것은 이상과 현실 간의 간극이 아니라 둘의 마찰이 빚어낸 섬광이 아닐까라는 의문이 든다. 빛나는 문장과 비루한 현실의 괴리보다는 불꽃 같은 혁명의 순간을 예견하는 명문의 수행성에 대한 최인훈의 경탄 어린 시선에 본고는 집중하였다.

'혁명의 나라' 러시아가 그곳을 여행하는 최인훈의 내면에 그린 정신적 궤적을 따라가다 보면, 우리의 역사와 문학을 러시아의 운명과 함수관계에 놓고 사유함으로써 근대 문학 작가들이 얻게 된 역사적 통찰력과 문학적 상상력의 어떤 경지를 마주하게 된다. 중요한 것은, 최인훈이 박태원과 이상, 이태준을 사랑하고 그들처럼 "파격이고 싶"(1권, 379)어한 스타일리스트인 동시에, 망명만이 노예의 삶에서 벗어나는 유일한 길임을 주장하는 저항 지식인의 면모를 동시에 보여준다는 사실이다.

---

10) 조시정, 「최인훈 소설에 나타난 러시아-소련 경험─『화두』를 중심으로」, 『한국어와 문화』 10, 2011, p. 228.

『화두』의 주인공이 "여기[미국]서 사는 것이 어떠냐"(1권, 372)라는 아버지의 제안을 삶의 '화두'로까지 받아들이게 된 것은, 다름 아닌 그가 조국을 탈출했던 조명희의 환생이기 때문이며 환생한 조명희=최인훈은 다시 한 번 조국을 떠나야 하는가라는 물음으로 방황한다. 『화두』 주인공의 지적 오디세이는 모더니스트 선배들을 향한 깊은 애정과 러시아의 역사와 문화에 대한 그의 농밀한 사유를 배경으로 화려하게 전개된다.

조명희와 이태준에게 유토피아였던 소련을 최인훈은 몰락한 러시아라는 디스토피아로 실감한다. 이 큰 낙차에도 불구하고 『화두』의 주인공은 러시아 혁명에는 그 어떤 오점도 없다는 진술을 반복한다. 이에 이 글은 개인의 운명과 역사의 흐름을 결정하는 뛰어난 문장에 대한 『화두』 주인공의 심미적 취향과 그에 기초한 현란한 사유의 향연이, "소련이 운명"(2권, 304)이었던 두 작가 조명희와 이태준이 참조되는 방식과 밀접히 결부되어 있다는 점에 착안하여, 『화두』가 제시한 문장론을 새로운 관점에서 재구성하고자 한다. 이를 바탕으로 조명희의 「낙동강」(1927)과 이태준의 『소련기행』(1947)을 명문에 대한 『화두』 주인공의 감각과 사유에 비추어 고찰하는 것이 이 글의 목적이다. 그런 점에서 최인훈의 『화두』는 이 글의 주요 분석 대상인 동시에, 조명희와 이태준의 텍스트에 대한 비평적 접근법을 암시하는 이중의 역할을 맡게 될 것이다.

2. 문장가 레닌이라는 '화두'

『화두』 후반부는 식민지 시기 조선의 저항자들이 소비에트 러시아에 의해 크게 고무되었다는 데에 "조금도 잘못이 없"(2권, 172)다는 주인공의 판단을 입증하고 보강하는 내용으로 상당한 분량을 할애하고 있다. 소비에트 러시아는 "식민지 획득이 필요하지 않은 방법으로 세계를 재편성함으로써 세계가 약육강식의 살육 마당에서 벗어나기를 주장"(2권, 490~91)했다. 주인공이 보기에 "세계 혁명의 요새"(2권, 287) 러시아로 망명한 포석 조명희의 선택에는 전혀 "흠이 없"고 그것은 심지어 "가장 투명하고 가장 정확한 선택"(2권, 278)이기까지 하다. 조명희는 완성된 무릉도원을 찾아간 것이 아니라 '씨 뿌리기'에 동참하기 위해 탈출을 결심한 것이다. 같은 맥락에서 '나'는 해방 후 북한에서 전개된 사회적 변화에 대해서도 "전적으로 부당하기만 했다고는 말하고 싶지 않"(2권, 289)다고 고백한다.

'나'로 하여금 이러한 판단을 하게 한 요인은 무엇이었을까? 아래 인용문들에서 해답의 실마리를 찾아보자.

"**이 책**(『자본론』——인용자)이 나를 뒤흔든 또 다른 느낌에 대해서는 되레 잘못을 저지를 뿐 아니라 가장 빗나간 것일 수도 있다. 한편으로 그토록 기하학의 공식증명 절차 같은 운동형식을 취하면서도 이 책은 문학은 곧 수사학이다, 라고 말해도 무방하지 않을까 싶게 **행간에 가득 찬 여운과 비유의 농밀한 에너지에 가득 찬 느낌**을 주었다. 〔……〕 자연과학의 그것처럼 투명하면서 **문학작품처럼 증폭하는 내용**을 지니고 있어 마침내 문학의 유클리드 체계라고 할 '**수사학**'적 쾌락을 제공하는 의식이라는 것

과 만나는 경험이었다." (1권, 476~77)

　　나에게 포석은 이성의 육화였다. 「낙동강」이라는 명문에서 경험한 심미
적 감동은 나에게는 그런 식으로 정치적 신뢰로 작용하였다. 학식이 모
자라므로 마르크시즘을 이론적으로 확인할 수 없는 나는 내가 접한 명
문名文에 대한 감동을 그에 대신한 것이었다. 그렇게 아름다운 글을 가능
하게 한 바탕이 된 이념에는 그만한 이성적 보편성이 있다고 나는 환산
하였고, 그 환산을 육신으로 보장한 존재가 포석이었다. (2권, 294)

　　『자본론』과 「낙동강」의 명문이 준 심미적 감동이 그 텍스트들이 기
댄 이념에 대한 정치적 신뢰로 작용했다는 '나'의 숨김없는 진술이다.
구소련의 붕괴 과정을 처음에는 차분히 그다음에는 단상 형식으로 기
록해나간 대목(2권, 301~74)에서도 눈에 띄는 점은 소련이 '곱게 망하
지 못했다'는 것을 '내'가 가장 아쉽게 여긴다는 사실이다. "구소련의 멸
망 과정의 어디에도 탐미주의적 취미를 다소간에 만족시킬 만한 구석
이 없는 점이 어쩌면 제일 아쉬운 점인지도 모르겠다. 그런데 곱게 미치
는 이미지는 어느 정도 떠올림이 가능하거니와, 곱게 망하는 이미지는
어떤 것일까? 그것까지는 말하지 말자."(2권, 322) 이 대목에서 최인훈
은 어쩌면 몰락하는 인물을 등장시켜 깊은 페이소스를 자아낸 이태준
의 단편들이나, 이상의 「종생기」 같은 작품을 연상했는지도 모르겠다.
『화두』의 주인공이 스탈린의 난폭한 권력 독점을 비판하면서 "혁명의
나라에서 어떻게 한 사람의 전횡이 그렇게 통할 수 있었을까"(2권, 333)
개탄한다든가, 소련 지배층의 부패를 강조하면서 덮어놓고 체제 탓만
하는 그들을 강하게 비난하는 것은 사실이다. 그러나 혁명에서 붕괴까

지의 구소련의 역사나, 사회주의라는 이념 자체, 그리고 그것을 선택한 조명희와 수많은 월북 문인들에 대한 '나'의 깊은 공감의 밑바탕에는 '심미적 감동'이라는 기준이 일관되게 작동하고 있음을 기억할 필요가 있다. '조명희 문건'으로 소개된 긴 글을 읽고 난 '나'의 반응도 다르지 않다. "슬픈 육체를 가진 짐승이 별들이 토론하는 소리를 낼 수 있다니"(2권, 552) 어떻게 더 이상 아름답고 정확할 수 있겠느냐는 것이다.

『화두』에 두드러지게 나타나는 '나'의 이러한 심미(탐미)주의적 경향은 일견 그의 역사의식이나 현실 인식이 얼마나 피상적인지, 또는 이상과 현실 간의 괴리로 그가 얼마나 괴로워하는지를 드러내는 요소로 보일 수 있으나 실은 그렇지 않다. 실제로 아래 인용문에는 그러한 해석의 덫에 걸려들게 할 만한 내용이 없지는 않다.

「낙동강」이란 '명문'만 있었을 뿐, 『자본론』이란 '명문'만 있었을 뿐, 그에 걸맞은 현실은 비슷한 것도 지구의 그 부분에는 없었다는 결론인가? 혁명 후 70년이 지난 오늘, 저 고르바초프라는 동무가 저렇게 콩팔칠팔하는 것을 보면. (2권, 295)

그러나 『화두』를 관통하는 '나'의 지향점을 주의 깊게 들여다보면, 정확하고 아름다운 문장의 가치는 비루한 현실과의 대비 속에서 드러나는 것이 결코 아님을 알 수 있다. 『화두』 주인공의 사유에서 명문이 관계 맺는 시간은 현실이 아닌 미래이다. 과거나 현재를 합리화하는 문장들은 딱딱하고 빈곤하다. '내'가 미국에서 북한 정기간행물을 가져다 본 후 절망한 것은 이 때문이다. 신문과 화보, 잡지들을 훑어보며 '나'는 "한 사회가 이런 문장으로 생활하면서도 거기서 무엇인가 좋은 일이 진행되고 있다는 말을 믿"(1권, 304)기는 어렵다고 생각한다. "「낙동강」은 이렇지는 않았다. 그것은 그 자체로는 이의를 제기할 구석이 없는 품위 있는 글이요, 고즈넉한 눈길로 더듬어가게 하는 **보이지 않는 힘의 흐름**이었다."(1권, 304) 조명희는 문장가였다. 그의 문장에는 예언적인, '보이지 않는 힘'이 흐르고 있었다.

그 힘은 미래로 이어져 「낙동강」의 작가 자신이 소련을 향하게 하고, 「낙동강」을 읽고 감상문을 썼던 W의 한 소년을 작가로 키운다. 「낙동강」을 읽고 난 후 '내'가 쓴 작문을 본 문학 교사는 "이 작문은 작문의 수준을 넘어섰으며 이것은 이미 유망한 신진 소설가의 '소설'이라고 선언"(1권, 102)한다. 같은 장면이 이렇게도 서술돼 있다. "동무는 훌륭한 작가가 될 거요"라는 **치명적인 예언**을 듣는다."(2권, 91) 여기서 핵심은, 작가가 되리라는 치명적 예언을 한 것은 기실 문학 교사가 아니라 잘 쓴 '내' 글이었다는 점이다. 「낙동강」의 '로사'를 닮은 여주인공을 창조해 아름답게 구성한 '나'의 작문이 '나'의 미래를 결정한 것이다. 자신을 만나러 H에서 W로 왔던 외사촌 누나가 기차를 타고 돌아가는 모습을 보며 마치 '로사'가 떠나는 듯한 감정에 휩싸였던 '나'는 작문 속 여학생에게 '로사'와 '누님'의 두 얼굴을 얹어준다. '내' 작문을 읽은 학급 친구들은 이렇게 반응한다. "작문 속에 나오는 여학생이 「낙동강」의 '로사' 같습니다."(2권, 88)

나는 기뻤다. 이 도시에 와서 겪은 무거운 시름이 적어도 지금은 저만치 물러서 있었다. 그것들이 언젠가 다시 다가서더라도 그것과 맞서기 위해 **전에 없던 힘이 자기에게 씌운 것처럼 느꼈다.** (1권, 102~103)

자신이 쓴 문장의 힘에 '씌운' 이 소년이 마침내 작가로 성장하고, 붕괴한 구소련을 여행하게 된다는 것은 사실 한 개인의 작은 에피소드에 불과할지 모른다. 명문에 대한 주인공의 사유는 역사를 바꾼 혁명가들의 삶과 관련되면서 한층 깊이 있게 전개된다.

『화두』 주인공에게 망명이라는 삶의 형식이 문인에게 중요한 것은 "영혼을 뒤흔들 만한"(2권, 74) 글을 쓰기 위함이다. 망명한 문학자만이 혁명을 수행할 수 있는데, 그것은 의식하는 존재인 인간이 수행하는 가장 의식적 행동인 혁명을 다름 아닌 그 "창조적 의식"(2권, 76)으로써 수행할 수 있기 때문이다. 러시아 혁명과 중국 혁명에 관해 개진된 '나'의 사유에서 핵심은 혁명가는 곧 문장가요 저술가라는 사실의 반복에 있다. 레닌과 모택동은 뛰어난 문장을 소유한 혁명가이지만 스탈린이나 장개석은 그렇지 않다. 읽고 쓰는 '창조적 의식' 활동 없이 혁명을 수행하는 자는 "로봇, 괴뢰"(2권, 76)가 된다. 『화두』 주인공의 관점에 따라 1917년의 러시아 혁명을 플레하노프, 레닌, 트로츠키, 로자 룩셈부르크 등 수많은 망명자들의 '창조적 의식'의 소산으로 간주하고, 이들이 남긴 역사적 저술들에 새삼 주목해보면 명문의 예언적 기능에 대한 『화두』 주인공의 통찰은 더욱 값지다. 플레하노프가 가장 먼저 이룬 것은 탁월한 저술을 통한 "지식인의 정복"[11]이었고, 레닌의 『무엇을 할 것인가』는 "마르크스와 엥겔스의 원래의 저작을 위대한 문학 작품처럼 빛나게 만들어준 힘들이면서도 반복적이고 현학적인 담론"[12]이었으며, 트로츠키의 『1905년의 해』는 "1905년의 역사적 사건들에 대한 가장 뛰

---

11) 김학준, 『러시아 혁명사(수정증보)』, 문학과지성사, 1999, p. 243.
12) 같은 책, p. 295.

어난 기록"[13]이었다. '마르크스 이후의 가장 뛰어난 두뇌'로 평가받았던 로자 룩셈부르크는 교육 수준이 대단히 낮은 공장 노동자나 목수, 광부, 기계공, 가정주부들에게 "문제의 핵심을 대단히 쉽게 가르쳐 나간"[14] 출중한 저술가였다. 스탈린은 예외였다. 그의 이름으로 발표된 논문들은 "내용이나 문체에서 의심나는 점이 많"[15]았다. 아래 인용문에 드러나듯 고르바초프에 대한 『화두』 주인공의 불신은 고르바초프와 그 주변 인물들이 사용한 저급한 문체와 떼어 놓고 생각하기 어려웠다.

그러니까 고르바초프라는 동무와 그의 주변의 동무들의 **문체**는 새삼 볼만한 **구경거리**였다. 그들은 마치 케임브리지나 하버드의 졸업생처럼 말하고, 서방의 공산권 전문 **삼류 기자들의 용어와 수사법** 그대로 자신들을 묘사한다. (2권, 319)

'혁명의 본체는 폭력이 아닌 텍스트'임을 역설한 사사키 아타루는 『잘라라, 기도하는 그 손을』에서 루터의 이런 말을 인용한다. "언어는 행위다."[16] 성서를 읽고 쓰고 번역하고 설교하고 노래하고 논쟁한 "언어의 사람"[17] 루터는, 책을 읽고 쓰는 것, 그것이 바로 혁명이라는 사실을, 따라서 종교개혁이란 그런 의미에서 '대혁명'이라는 사실을 입증한 인물이다.[18] 위 책에 의하면 언어예술 작품으로서의 문학이라는 협의의

---

13) 같은 책, p. 485.
14) 같은 책, p. 589.
15) 같은 책, p. 660.
16) 사사키 아타루, 『잘라라, 기도하는 그 손을』, 송태욱 옮김, 자음과모음, 2014, p. 82.
17) 같은 곳.
18) 같은 책, p. 70.

개념은 18세기가 되어야 나타났고, 본래 문학이란 말은 읽고 쓰는 기법 일반을 의미하는 용어였다. 철학자 존 로크와 데이비드 흄, 물리학자 아이작 뉴턴은 그런 의미에서 당시에 '문학자'로 불렸다. 그들은 읽고 쓰는 데 아주 뛰어났다.[19] 사사키 아타루의 표현을 빌리자면, 『화두』의 주인공에게는 레닌이야말로 마르크스·엥겔스의 책을 읽고 쓰고 번역하고 설교하고 논쟁한 언어의 사람이었다. 마르크스와 엥겔스, 그리고 레닌을 비롯한 수많은 러시아 혁명가들의 저술이 '문학적'이었다고 말하는 것이 아니다. 그들이 일으킨 혁명의 본질이 다름 아닌 문학에 있었다는 말이다.

"레닌의 높이에까지 올라"갔던 저술가 레닌이 말년에 병을 얻어 어머니, 간다 등 몇 개의 단어밖에 구사하지 못하는 "백치"(2권, 580)가 되었다는 기사를 접한 '나'의 충격은 이루 말할 수 없이 크다. "만일 그에게 저서가 없었다면. 무서운 일이었다."(2권, 585) "책은 사람이고, 사람은 책이다."(1권, 67) '나'에게 레닌은 곧 레닌이 쓴 책이다. 멍해진 '나'는 죽은 레닌으로부터 다음과 같은 계시를 받기에 이른다. "나 자신의 주인일 수 있을 때 써"(2권, 586)두어라. "이 소설은 어느 가을밤에 그렇게 시작되었다"(2권, 586)라는 『화두』의 마지막 문장은, 혁명의 나라 러시아에서 뿜어져 나왔던 놀라운 에너지가 혁명 이후 백여 년이 지난 이 시점에 다름 아닌 한국 현대 소설의 저변에서 감지된다는 놀라운 사실을 뚜렷이 기록한다. (실패한) 러시아 혁명(가)으로부터 거의 백여 년을 격해 주인공이 겪은 일련의 일들은, 식민지 시기 사회주의 문예운동가들의 운명 그 이상으로 깊은 감동을 준다. 최인훈에게는 마르크스·엥

---

19) 같은 책, pp. 53~54.

겔스도 레닌도 모두 탁월한 저술가였다. 스탈린이나 고르바초프 같은 인물은 명문을 남기지 못했다. 구소련 몰락 이후 디스토피아로 변한 러시아에서 다름 아닌 죽은 레닌으로부터 주인공이 영감을 얻어 비로소 글쓰기를 시작하게 되었다는 『화두』의 마지막 장면은, 러시아 혁명가들의 저술이 우리 문학의 정신사적 맥락에 어떻게 개입했는가라는 질문을 지금 이곳에서 『화두』를 읽는 우리들의 '화두'로 만든다.

3. 자기 문장의 주술에 걸린 작가들

널리 알려진 것처럼 『화두』라는 텍스트를 열고 닫은 것은 포석 조명희의 「낙동강」 첫 구절이다. 이 장에서는 『화두』 주인공의 사유에서 이끌어낸 문장론을 토대로 조명희의 「낙동강」을 새로운 관점에서 읽어보려 한다. 1894년 충북 진천에서 태어난 조명희는 시인이자 작가였으며 드라마 작가, 연극운동가, 번역가이기도 했다. 1921년 희곡 「김영일의 死」를 발표하면서 극작가로 데뷔한 조명희는 이후 카프 맹원으로 활약하면서 「낙동강」(1927)의 작가로 그 입지를 다지게 된다.[20] 러시아 망명 전 조명희가 조선 문단에서 활동한 시기는 7~8년 정도로 그리 길지 않지만 그가 당대 문학 장에 미친 영향력과 망명 이후 소련 한인 문학의 기틀을 잡기 위해 보인 헌신의 노력은 그야말로 조명희가 '씨 뿌리는 사

---

20) 김기진이 「낙동강」을 제2기 프로문학, 즉 "종래의 빈궁소설의 문학에서 새로운 목적의식으로의 발전"(「時感 二篇」, 『조선지광』 70, 1927. 8〔임규찬·한기형 엮음, 같은 책, p. 256〕)을 이끈 획시대적 작품으로 평가한 반면, 조중곤은 「낙동강」이 자연 생장기의 작품으로는 성공했으나 그것을 제2기 작품이라고 말하는 것은 너무 과장된 평가라고 반박했다. 「낙동강'과 제2기 작품」, 『조선지광』 72(임규찬·한기형 엮음, 같은 책, p. 331).

람'의 운명을 타고난 것이 아니었는가 묻게 된다. "時와 處와 生의 포옹." 조명희의 시 「인연」(1924)에 등장하는 이 시구에는 삶에 대한 시인의 태도가 암시돼 있는 듯해 흥미롭다. 인연이란 시간과 장소와 한 생명의 포옹을 뜻한다고 시인은 말한다. 식민지 조선이라는 작은 땅에서 태어난 조명희에게 1928년[時] 러시아[處] 망명[生]이라는 사건은, 봄이 오면 꽃밭에서 나비가 춤을 추는 자연의 흐름처럼 따를 수밖에 없는 인연이자 운명으로 받아들여졌던 것이 아닐까?

중요한 것은, 조명희의 1920년대 소설이 '운동 vs 생활' 혹은 '혁명 vs 연애(결혼)'라는 프로문학의 익숙한 문법에서 한 단계 더 내려와, 생활 자체를 영위하기 어려운 자들의 짓밟힌 삶과 내면을 세심하게 다루고 있다는 사실이다. 조명희 소설의 주인공들은 생활인으로서의 범박한 삶과 운동가·혁명가로서의 영웅적 삶 사이에서 고뇌하는 것이 아니라, 어떻게 하면 생활이라는 것을 할 수 있는지 몰라 애를 태운다. 그들에게 유토피아는 곧 '생활' 또는 "생활다운 생활"(「저기압」, 154)이었던 셈이다. '살림을 꾸려나가는 것' '어떤 행위를 하면서 살아나가는 것'을 의미하는 '생활'에조차 이르지 못한 비참한 조선인을 조명희는 강도, 유랑민, 걸인 등으로 형상화했다.

조명희의 1920년대 단편소설을 가로지르는 중요한 화두의 하나는 지옥에 머물며 지옥을 살 만한 곳으로 만들 궁리를 할 것이냐 아니면 지옥을 떠나 또 다른 광명을 찾을 것이냐에 있다. 이 점이야말로, 아버지의 권유대로 미국으로 떠날 것이냐 아니면 한국에 남을 것이냐를 놓고 고민을 거듭하는 『화두』의 주인공이 자신을 조명희의 환생으로 자처하는 이유다. 조명희의 초기작 「땅 속으로」(1925)에는 '산 지옥' '아귀 수라장' '어둠의 운명' 같은 표현이 자주 등장하는데 "살림살이의 시작이 지옥의 초입"(113)이라는 주인공의 절규에 조명희가 '지옥'이라는 말 속에 담으려고 했던 바가 무엇인지 잘 드러난다. 「새 거지」(1927)에는 떠날 수조차 없는 이들의 삶이 영화의 한 장면처럼 제시돼 있고, "온전히 생활 권외로 추방된 무리들"의 노숙을 그린 「한여름 밤」(1927)에도 간악하고 저주스러운 세상의 단면들이 묘사돼 있다. 지옥에서 벗어나려는 인물들도 있다. 「농촌 사람들」(1927)의 마지막 장면에는 서간도로 가는 한 떼의 무리가 등장한다. 「춘선이」(1928)의 주인공 춘선이는 간도로 떠날 것이냐 말 것이냐를 놓고 거듭 고민하는데 그가 기차역까지 갔다가 다시 돌아온 이유는 간도도 지옥이었음을 증언하는 한 떼의 귀향자를 만났기 때문이다. 그의 수필 「단상 수편」(1928)에도 떠나거나 돌아갈 노잣돈을 구하지 못해 부산항 근처를 떠도는 조선 일꾼들의 곤궁한 처지가 잘 그려져 있다.

이처럼 조명희가 창조한 인물들에게 떠난다는 행위는 더 나은 삶이나 유토피아를 향한 갈망[21]이 아니라 견딜 수 없는 상황으로부터의 절망적 도피를 뜻했다. 따라서 목적지는 중요하지 않았다. 떠나도 되는가 혹은 떠날 수 있는가라는 문제가 가장 절실했다. 그의 소설에서는 삶의 터전을 떠나거나 특정인에게 복수하려는 인물의 소망이 종종 꿈이나 환상으로 처리·해소되곤 하는데, 이는 떠날 것이냐 말 것이냐의 문제가 얼마나 집요하게 작중 인물을 괴롭히고 있는지 여실히 드러낸다.

이런 맥락에서 조명희의 「낙동강」을 다시 읽을 때 참조하게 되는 텍스트는 「춘선이」이다.

---

21) 조명희 작품에 나타난 유토피아니즘에 관해서는 방민호, 앞의 글; 김신정, 「조명희 문학에 나타난 장소성과 장소상실의 의미」, 『국제한인문학연구』 14, 2015 등을 참조할 것.

(a) 이 해의 첫눈이 푸뜩푸뜩 날리는 어느 날 늦은 아침, 구포역에서 차가 떠나서 북으로 움직이어 나갈 때이다. **기차가 들녘을 다 지나갈 때까지, 객차 안 동창으로 하염없이 바깥을 내어다보고 앉은 여성이 하나 있었다, 그는 로사이다.** 아마 그는 돌아간 애인의 밟던 길을 자기도 한번 밟아보려는 뜻인가 보다. 그러나 필경에는 그도 멀지 않아서 다시 잊지 못할 이 땅으로 돌아올 날이 있겠지.[22]

(b) 북행열차는 시간이 아직도 멀었다. 멀리 봉천서 오는 남행 열차가 먼저 당도하였다. 그런데 누가 뜻하였으랴. 저쪽 서북간도에서 도로 쫓겨 오는 유랑민의 한 떼가 그 차에서 몰려 내려옴을. 그들은 모두 이태 전 3년 전 혹은 4~5년 전에, 6~7년 전에 이곳에서 떠나간 이사꾼들이었다. 관헌에게 쫓겨서 도로 온다고 한다. [……]

응칠은 소리쳤다. 차에서 내리는 옛 친구를 발견했다. [……] 응칠은 거듭 소리쳤다.

"너는 일본서 왔구나. 너는 간도서 또 왔구나! ……못 살겠다고 가던 너들이…… 살겠노라고 가던 너들이…… 어찌해서 여기를 또 왔니?……"

응칠의 목은 탁탁 메었다. 말소리는 툭툭 끊어졌다.

"그래도 또 가는 사람이 있구나……"

떨리는 말끝에 눈물이 쏟아졌다. [……]

---

22) 조명희, 「낙동강」, 『조선지광』 69, 1927. 7(조명희, 『포석 조명희 전집』, 동양일보출판국, 1995, p. 222).

"자네 춘선이, 그래도 간도로 갈라나?"

"그만 두겠네, 도로 들어가세."[23]

널리 알려진 「낙동강」의 결말(a)과 대비되는 인용문(b)에서, 함께 조합운동을 하자는 웅칠의 만류에도 아랑곳하지 않고 서간도로 가려던 춘선이는 북행열차를 타기 직전 결국 마을로 되돌아온다. 일본과 간도로 떠났다가 다시 쫓겨 오는 친구와 이웃을 만났기 때문이다. 떠나갔다 쫓겨 오는 이들을 보면서도 계속 떠나는 사람이 생기고야 마는 비극적 현실 앞에서 춘선은 결국 마을에 남는 길을 택한다. 그러나 「낙동강」의 '로사'는 끝내 마을을 떠난다. 형평사원의 딸 '로사'는 그의 애인 박성운이 '로자 룩셈부르크'를 기리며 지어준 바로 그 이름으로 살다가 박성운이 죽고 홀로 남자 애인이 밟았던 길을 다시 밟으려 기차를 타고 떠나는 것이다.

주목할 것은, 박성운이 형평사원의 딸에게 '로사'라는 이름을 지어주는 다음 장면에 「낙동강」이라는 텍스트와 그 작중 인물, 그리고 작자인 조명희의 운명까지를 암시하는 대화가 등장한다는 사실이다.

어느 때 우연히 로사·룩셈부르크의 이야기가 나올 때에 성운이가 웃는 말로,

"당신 성도 로가고 하니, 아주 로사라고 지읍시다, 의."

그리고 참말 로사가 되시오 하고 난 뒤에, **농이 참 된다고**, 성명을 아주

23) 조명희, 「춘선이」, 『조선지광』 75, 1928. 1(조명희, 같은 책, p. 222).

로사로 고쳐 버린 일이 있었다.[24]

　과연 농(弄)은 참(현실)이 되었다. 환생한 조명희를 자처한 『화두』의 작가 최인훈이 그토록 열렬히 강조한 문장의 힘, 즉 명문의 수행성이란 이런 것이 아니었을까? 식민지 조선 최하층민의 딸인 그녀에게 폴란드 태생의 여성 마르크스주의 혁명가 로자 룩셈부르크의 이름을 붙여주면서 반드시 그녀 또한 로자와 같은 삶을 살게 되리라고 한 박성운의 예언은 작중에서 현실이 되어, 마침내 '로사'는 북행열차를 타고 고향을 떠나게 된다. 더 놀라운 사실은, 작가 자신이 바로 그 문장의 주술에 걸려들었다는 것이다. 조명희의 러시아 망명을 결정지은 것은 「춘선이」의 평범한 문장이 아니라 「낙동강」의 품격 있는 명문이다. 「춘선이」의 결말에 암시된바 조명희를 망설이게 했던 고민, 갈 것이냐 말 것이냐 사이에서 그를 해방시켜준 것은 다름 아닌 '로사'라는 이름이었다. 「낙동강」에서 '로사'는 구체적으로 형상화된 인물이 아니다. 그녀는 작중에서 "맑은 육성,"[25] 즉 소리로 존재한다(배를 타고 마을로 돌아오는 길에 박성운이 로사를 졸라 노래를 듣는 대목을 상기해보자). 그녀는 '로사'라는 이름(글자) 또는 노랫소리이다. 로사라는 이름과 가슴 울리는 그녀의 노래, 그리고 "이의를 제기할 구석이 없는 품위 있는 글"(1권, 304)로 이루어진 「낙동강」의 명문이야말로 충북 진천 출신 조명희로 하여금 혁명의 나라 러시아로 떠나게 한 힘의 원천이었다. 『화두』 주인공의 마음이 "조명희가 찾아간 나라가 꿈틀거리고 있는 모습"에 "사정없이 뒤흔들"(2

---

24) 「낙동강」, 조명희, 같은 책, p. 211.
25) 같은 글, p. 203.

권, 181)린 데에는 이러한 맥락이 이어지고 있었다.

4. 이태준과 최인훈의 '조명희 찾기'

『화두』의 주인공이 "내가 곧 이상이며, 박태원이며, 이태준이며 그리고 조명희이기까지 하다는 느낌"(2권, 227)을 가지며 '빙의'와 '환생'을 언급하는 장면은 널리 알려져 있다. 그런데 그 각각의 선배들에게 '내' 가 갖는 감정의 결은 매우 다르다. 사실 '나'는 조명희의 많은 작품을 읽지는 못했다. 학생 시절 「낙동강」을 읽고 쓴 작문에 얽힌 인연이 여러 차례 강조된 데 반해 조명희의 여타 글들에 대한 '나'의 관심이나 정보는 거의 없다. 무엇보다 '나'는 조명희가 우리 문학사에 희소한 망명 작가라는 점 때문에 그에게 경애의 감정을 품고 있다. 이태준이나 박태원에 관한 '나'의 관점은 이보다 더 객관적이랄까 덜 감상적이며 비평적 자세를 취하려 한다는 인상을 준다. 여기서는 『화두』 후반부에서 비중 있게 다루어진 주인공의 러시아 여행 서사에 이태준의 텍스트들이 참조되는 함의에 주목하고, 『화두』에서 제시된 문장론의 관점에서 이태준의 『소련기행』을 비판적으로 독해해보고자 한다.

『화두』의 주인공은 이태준이 월북 이후 겪었을 고초를 '내'가 고등학교에서 겪었던 자아비판회와 유사한 경험이었을 것으로 추측하면서, 이태준의 모든 단편소설이 다 좋았고 장편소설은 거의 다 좋지 않았다고 평한다. 단편들은 "어느 것 하나 버릴 것이 없다."(2권, 59) 그중 「해방전후」를 읽은 '나'의 감회가 가장 남다르다.

소련의 멸망에 대해서 인상을 적어보려고 하면서 이태준의 「해방전후」를 생각하는 까닭은 두 가지가 있다. 하나는 두 경우 모두 역사적 큰 전환 사건이라는 점에서다. 나머지 이유는 **소련 멸망은 이태준의 「해방전후」의 후일담**의 의미를 가지기 때문이다. 「해방전후」에는 소련이 거대한 등장인물이었고, 이태준 자신이 그 등장인물이 짜놓은 새 국면인 북한 지역으로 자리를 옮겼고, 그 거대한 등장인물을 찾아가서 만나본 기록인 **『소련기행』**을 남겼고, 그의 죽음의 순간까지 그는 소련이라는 힘의 장 속에 있었기 때문에 소련은 다른 많은 사람들에게처럼 — 조명희가 그 본보기인 — 운명이었기 때문이다. (2권, 304)

이태준에 대한 '나'의 공감과 애정은 다음 몇 가지 측면으로 나누어 생각할 수 있다. 첫째, '나'는 「해방전후」의 주인공 '현'이 해방 직전에 겪은 "국면 읽기의 어려움"을 지적한다. "그들은 캄캄한 밤 속에서 열심히 찾고 있는 중이었다."(2권, 66) 그렇기 때문에 이미 파악된 정보를 가지고 과거 사람들의 행동을 판단하면서 "옛사람들보다 현명한 사람"(2권, 66)이 된 체하면 안 된다는 것이다. 둘째, "뛰어난 문장가"(2권, 74) 이태준이 해방기에 제기했던 문제, 즉 "저항자들이 국내에 있었느냐, 국외로 나갔느냐"의 문제를 망명이라는 주제와 결부지어 사유한 결과 '나'는 그의 월북을 또 다른 형태의 망명으로 이해하기에 이른다. 친일 세력이 반공주의를 등에 업고 남한 정치의 중심부로 진입하는 과정을 견디지 못한 이태준이 "북한 땅을 망명지로 생각하고"(2권, 77) 월북을 결심했다는 것이다. 여기서 '나'는 해방기 이태준의 내면을 제대로 이해하기 위해서는 왜 하필 북한이었느냐가 아니라 왜 여기면 안 되었느냐를 질문할 필요가 있다고 생각하는 듯하다. 해방기 이태준에게는 어디를 가

느냐가 아니라 이곳을 떠나야 한다는 것이 가장 절박한 생의 과제로 떠올랐으리라고 말해도 좋을 것이다.[26] 셋째, 해방 후 '현'의 '극단적' 선택에 대한 '나'의 평가도 흥미롭다. "일이라고 할 만한 일은 언제나 이상주의에서 비롯되고, 그것에 의해 추진되고, 그것이 현실화되는 것이며, 그것을 바라보고 나간다는 형식 말고 다른 무엇일 수 있겠는가?"(2권, 69~70) 그러니 단절이니 비약이니 하는 평가는 접어둘 필요가 있다. 마지막으로, 『화두』가 제시한 「해방전후」의 가장 큰 의의는, 무엇보다도 그 텍스트가 소련을 거대한 등장인물로 삼고 있다는 데 있다. 조명희처럼 이태준에게도 "소련이 운명"(2권, 304)이었으며, 그런 점에서 소련 붕괴는 「해방전후」의 후일담이라는 판단이다.

그런데 '나'는 이태준이 "그 거대한 등장인물을 찾아가서 만나본 기록"(2권, 304)인 『소련기행』에 대해 어떠한 탐구도 수행하지 않는다. 『화두』에서 이태준의 『소련기행』은 단 한 번 언급될 뿐이다. '나'에게 『소련기행』이 의미가 있다면 그것은 "러시아라는 인물을 이태준이 만나보고 온 결과"라는 지극히 무미건조한 판단과 관련될 뿐이다. 이 침묵과 무관심에는 어떤 맥락이 개입해 있는 것일까? 우선 『화두』 집필 당시 최인훈이 이태준의 『소련기행』을 읽지 못했을 가능성이 있다. "작년(1988년——인용자)에 월북 문인들 대부분에 대한 그때까지의 금기가 풀리고서부터 그들에 대한 정보가 여러 형태로 쏟아져나오는 형편"(2권, 44)이어서 '나'는 "근래에 나온 전집에서 이태준의 글 모두를 읽을 수 있"(2권, 58)게 되어 기쁘다고 했는데, 여기서 말하는 전집은 1988년 깊은샘에서 나온 『이태준 전집』 1~14이나 같은 해 서음출판사에서 나

---

26) 손유경, 『슬픈 사회주의자』, 소명출판, 2016, pp. 14~15.

온『이태준 문학전집』1~18을 가리키는 듯하다. 그런데 두 전집 모두 『소련기행』을 포함하고 있지 않았다는 점을 고려하면『화두』집필 당시 최인훈은『소련기행』의 존재만 알 뿐 직접 읽지 못했을 수 있다. 최인훈이『소련기행』을 읽고 나서 침묵했다면 우리는 왜 그런 일이 발생했는지 추측해볼 수 있고, 만일 그가 읽지 못했다면, 읽은 우리가 작가를 대신하여『화두』에서 제시된 문장론의 관점을 취해 이태준의 텍스트를 좀더 진지하게 살펴볼 수 있겠다.

최인훈이 읽었든 읽지 않았든 이태준의『소련기행』에서 주목할 것은, 작가가 조명희의 행적을 찾아다니는 장면들이다. "조명희의 소식을 알 수 없었다는 점에 이 책(『소련기행』──인용자)의 본질적 아이러니가 있다"[27]라는 말로 집약되는 사정을 잠시 살펴보자.

1928년 여름 소련으로 망명한 조명희는 1938년 비극적 삶을 마감할 때까지 블라디보스토크, 우수리스크, 하바롭스크 등지를 오가며 조선말과 문학을 가르치고 연극운동에 뛰어들거나 잡지를 발행하면서 소비에트 조선문학의 '창시자'라는 칭호에 걸맞은 활약을 펼친다. 그러나 그가 러시아로 망명했다는 사실, 그리고 작가 자신이 "위대한 수령 쓰딸린"이라고 부르던 그 인물에 의해 일제 간첩으로 몰려 억울하게 총살당한 일은 오랜 기간 남한에 알려지지 않았다. "1928년 이후 그의 작가로서의 행적을 우리가 다시 확인하게 된 것은 1980년대 중반, 서울대 국어국문학과 대학원 현대문학 전공생 사이에 몰래 돌았던 복사본 '포석 조명희 선집'(소련과학원 동방도서출판사, 1959)"[28]이었다.「낙동강」의 복

---

27) 유종호,「책꽂이: 이태준이 본 1946년 소련」,『동아일보』, 2001. 8. 24.
   http://news.donga.com/3/all/20010824/7730329/1
28)「동양포럼: 제2회 포석 조명희 학술 심포지엄 주제발제 ── 정호웅」,『동양일보』, 2013. 10.

권에 결정적으로 기여한 것은 역시 최인훈의 장편소설『화두』라고 해야 할 것이다.『화두』의 주인공은 1990년 5월 국내 모 일간지를 통해 포석 조명희가 러시아에서 자연사한 것이 아니라는 충격적 사실을 접했다고 서술한다.

스탈린의 러시아를 찬양하는 이태준의『소련기행』은『화두』문장론의 관점에서 볼 때 결코 명문名文이라고 할 수 없다.『화두』주인공이 사랑한 이태준의 면모는 이상적 자아와 현실적 자아의 이중 구조가 발생시키는 텍스트의 내적 긴장을 간직한 채 글쓰기라는 순수한 쾌락을 숨기지 않은 문장가였다. '나'는 이태준의 작품을 통해 "예술은 슬픔이 아니라 묘사와 감상의 기쁨이며, 고통이 아니라 고통을 푸념하는 표현의 기쁨"(2권, 61)임을 확인한다. 강퍅한 사회에서는 열락을 느끼는 것조차 죄이므로 예술을 물리치려는 어떤 기만적(?) 상태에 예술가는 놓일 수 있지만, 이태준은 그렇지 않았다는 데 '나'는 기쁨과 감사를 느낀다.

그러나 조명희의 생사 여부를 모른 채 스탈린의 소련을 찬미하는『소련기행』[29]의 이태준은 자기 명문의 주술에 걸렸던『화두』의 주인공이나「낙동강」의 조명희와 다르게 어떤 '치명적 예언'도 수행하지 않는다.

---

13. http://www.dynews.co.kr/news/articleView.html?idxno=194177

29) 권성우는 이태준의 소련기행문에 주체와 대상 사이의 어떤 균열도 포착되지 않는다는 점을 비판했고(「이태준 기행문 연구」,『상허학보』14, 2005, p. 204), 임유경은 이태준을 포함한 방소사절단의 소련기행문을 과거에 대한 상실감과 미래에 대한 불안을 치유하거나 봉합하려는 텍스트로 간주한다(「'오뻬꾼'과 '조선사절단', 그리고 모스크바의 추억: 해방기 소련기행의 문화정치학」,『상허학보』27, 2009, p. 267). 배개화는 이태준의 소련관이 파시즘 비판 의식과 직결되어 있으며 사회주의 '제도'가 인류에게 문화적 삶을 누릴 수 있는 조건을 마련해준다는 데 주목하였음을 강조했다(「탈식민지 문학자의 소련기행과 새 국가 건설」,『한국현대문학연구』46, 2015). 김진영은 이태준의 미학적 입장에서의 방향 전환에 주목하고 그의 기록을 "망막을 뛰어넘어 뇌리에 비친 개념의 투시도"(「이태준의 '붉은 광장': 해방기 소련여행의 지형학」,『러시아연구』26권 2호, 2016, p. 44)로 해석한 바 있다.

조소문화협회 방소사절단으로 1946년 소련을 방문했던 이태준은『소련기행』에서, 자기도 모르게 미래와 접속하기는커녕 반복해서 떠오르는 어떤 예감을 지속적으로 억압하는 듯한 문제적 장면들을 아래와 같이 남기고 있다.

여기서 생각나는 것은, 이런 일(쏘련에서의 조선말 서적 출판 ─ 인용자)에 응당 그분의 힘이 많았을 것 같은 포석 조명희씨였다. 나는 씨를 안 적이 없다. 그러나 나뿐 아니라 우리 문단 전체가 씨의 귀국을 고대하는 중이라 나는 그 길로 강 소좌를 찾아 혹시 씨의 소식을 아느냐 물어보았다. 포석 선생은 십여 년 전에 하바롭스크에 있는 쏘련의 극동작가동맹에 부위원장으로 추대되었고 특히 조선 문학도들을 지도해왔으며 조선인의 사범전문에서 교편도 잡은 일이 있었다는 것까지는 아나 **그 후는 모른다 하였다.** 앞으로 기회 있는 대로 더듬으려 하거니와 [……][30]

이분(모스크바 외국출판부 조선부 직원 김동식)은 마침 포석에게 대한 여러 가지를 알고 있었다. [……] 조명희씨의 원동 이후의 소식은 **모른다 했다.**[31]

이분(레닌그라드에서 만난 의과대학생 조군)에게도 나는 조명희씨 소식을 물었으나 그의 가족이 '타슈켄트'에서 기차로 나흘 걸리는 '기슬로르다'란 농촌에 있다는 말은 들었어도 조 씨에 대해서는 **아는 것이 없노라**

---

30) 이태준,『소련기행』, 백양당, 1947(상허학회 엮음,『이태준 전집 6: 쏘련기행·중국기행 외』, 소명출판, 2015, p. 21).
31) 상허학회 엮음, 같은 책, p. 49.

하였다.[32]

들르는 곳마다 알 만한 사람을 골라 포석 조명희의 소식을 묻는 위의 장면들에서 포착되는 것은 조명희의 행적을 알고 싶은 욕망이 아니라 알고 싶어 하지 않는 욕망이다. '조명희 찾기'라는 알리바이는, 사실을 알게 될까 두려워하는 작가의 불안한 몸짓이다. 그것은 '농(말)이 참(현실) 된다'는 「낙동강」 박성운의 계시와 정반대 방향으로 흘러가는 힘이다. 빛나는 '쏘련'(현실)은 그 어떤 말(기사나 소문까지)도 다 집어삼킬수 있다는 공포. 그런 점에서 "이국의 땅에서 자신의 모어를 지킬 수 있도록 정책적 제도적으로 보장해준 스탈린 정권에 대한 이태준의 찬탄"이 담긴 『소련기행』에서 조명희의 행방은 "은폐되거나 무지의 영역으로남아 있어야 할 하위 텍스트"였다는 지적은 정곡을 찌른 것인데, 1930년대 말 한인의 중앙아시아 강제 이주 정책에 대한 기사들이 없지 않았던 것으로 보아 이태준이 그런 사실을 전혀 모르고 있었다고 보기는 어렵다고 이혜령은 판단한다.[33]

조명희의 「낙동강」에 인물(로사)과 작가(조명희), 그리고 독자(최인훈)의 미래에 대한 예언이 깃들어 있었다면, 이태준의 『소련기행』에는자신이 직면할지 모르는 어떤 과거(혹은 현재)로부터 도피하려는 작가의 불안한 심리가 희미하게 엿보인다. 조명희는 잘못되었는지도 모른다! 이태준은 이기영이나 한설야 같은 조명희의 절친한 벗도 아니었으며, 사회주의 진영에 몸담았던 동료도 아니었다. "나는 씨를 안 적이 없

---

32) 같은 책, p. 155.
33) 이혜령, 「이태준 『문장강화』의 해방 전/후」, 『한국소설과 골상학적 타자들』, 소명출판,
    2007, pp. 398~401.

다."(21) 그런데 왜 '나'는 가는 곳마다 그의 행적을 묻고, 매번 그의 부재를 확인하는 것일까? 한인들의 한결같은 대답('모른다' 혹은 '아는 것이 없노라')에도 이태준은 더 이상 의문을 품지 않는다. 조명희가 잘못되었을지 모른다는 불안, 그러나 끝내 사실을 확인하고 싶지는 않다는 반발이 이태준의 내면에서 꿈틀거렸는지 모른다. 강제 이주를 당한 한인들 틈에 억울하게 처형당한 조명희의 유족들이 섞여 있다는 사실을 확인하지 못하는 한, 조명희가 실종 상태로 남아 있는 한, 조명희는 스탈린 정권에 의해 죽지 않은 자이기 때문이다.

5. 나가며: 한국 망명 문학의 (불)가능성

지금까지 이 글에서는 『화두』의 주인공이 지닌 명문名文에 대한 감각과 사유에 주목해 그것을 『화두』 특유의 문장론으로 재구성해보았다. 『화두』의 주인공은 스스로를 포석 조명희의 후예인 망명 지식인으로 자처하면서도, 텍스트 곳곳에서 이태준을 닮은 심미주의자로서의 면모를 다분히 드러낸다는 점에 착안하여, 작가 최인훈이 연 역사적 통찰력과 문학적 상상력의 새로운 경지를 구명하고자 하였다. 명문이 주는 심미적 감동에 빠진 주인공은, 아름다운 문장과 비참한 현실 간의 괴리로 고뇌하는 것이 아니라, 불꽃같은 혁명을 예견하는 명문에 대한 신뢰와 애정으로 마음이 설레는 인물이라는 점을 2장에서 밝혔다. 출중한 문장가였던 혁명가 레닌으로부터 『화두』의 주인공이 감화와 영감을 받는다는 설정은, 러시아 혁명과 한국 문학의 운명적 관계에 대해 이제까지와는 전혀 다른 방식으로 논의해볼 수 있는 가능성을 우리에게 시사한다. "(화두라는 말은 — 인용자) 마음이 벗어놓은 허물들, 마음이 머물다 간 거푸집인, 이미 틀지어진 기성의 개념들을 벗어나서 마음의 생성과 변화를 거슬러 가보려는 결의가 내비치는 말이다."(2권, 24~25)『화두』는 결국 '거스르는 힘'에 대한 책이다. 그런 메시지를 등대 삼아, 심미주의자는 흔히 현실과 이상의 간극에 시달린다는 통념의 낡은 거푸집을 벗고 혁명과 문장의 운명적 관계에 대해 새롭게 접근해보려고 한 것이 본고의 목적이었다.

　『화두』를 특징짓는 위의 문장론을 바탕으로 3장과 4장에서는 조명희의 「낙동강」과 이태준의 『소련기행』을 각각 분석하였다. 「낙동강」과 『소련기행』이 놓인 역사적 조건의 차이를 좀더 충분히 고려하지 못한 이유의 하나는, 문장이란 작가를 둘러싼 현실을 반영한 결과라기보다는 바로 그 현실을 주조하거나 미래를 예견하는 수행적 기능을 한다는 『화두』의 메시지에 이 글이 전적으로 빚지고 있기 때문이다. 러시아 망명 작가로 널리 알려진 조명희와 해방기의 월북 작가 이태준의 존재는 구소련 붕괴 이후의 러시아를 여행하는 『화두』 주인공의 내면에 매우 복잡한 파동을 일으킨다. 조명희가 고즈넉하고 품위 있는 자기 문장의 주술에 스스로 걸려들어 마침내 소련 망명의 길에 오른 반면, 이태준의 문장은 미래를 예견하기는커녕 현재와 직면하는 것조차 버거워하는 작가의 불안한 심경을 내비치고 있다. 「낙동강」이 '농(말)이 참(현실) 되는' 명문의 세계라면, 『소련기행』은 현실이 언어를 집어삼키는 황량한 세계이다.

　소련 망명 후 조명희는 어떤 글을 썼을까? 환생한 조명희이자 이태준임을 자처한 최인훈은 피난(쫓겨난) 체험을 망명(떠나간) 체험으로 전치시킴으로써 일종의 자존감을 획득한다. 그리고 무엇보다 『화두』를 이루고 있는 풍성하고 아름다운 문장들이 작가 자신을 조명희와 이태준의 경지로 혹은 그 너머로 쏘아 올렸을 것이다. 그러나 이 글을 마치며 작가 최인훈에게 던지고 싶은 의문이 하나 있다. 러시아에서 조명희가 남긴 시와 산문은 왜 풍성하고 아름답지 않은가, 라는. 스탈린 독재, 생존 경쟁에 내몰린 고달픈 삶 등 모든 조건을 고려하고도 남는 안타까운 물음은, 과연 우리에게 망명 문학이란 존재했는가, 아니 앞으로 존재할 수 있는가라는 의문이다.

러시아어에 나타난
10월 혁명의 파토스와 에토스:

언어, 정치 이데올로기, 문화적 정체성

송은지

1. 들어가며

 1917년 사회주의 볼셰비키 혁명으로부터 시작하여 1991년 갑작스러운 붕괴에 이르기까지 70년이 넘는 소비에트 연방 체제는 러시아어의 생태계 역시 크게 바꾸어놓았다. 혁명기 언어의 변화 양상을 보면, 언어는 소쉬르가 말한 관습과 사회적 합의에 의한 기표-기의의 상징적 기호 단위로 지식, 정보의 의사소통에만 관여하는 것이 아니라, 푸코가 주장하듯이 욕망과 권력의 대상이면서,[1] 부르디외의 말처럼 "상징적 자산symbolic capital"으로서의 가치를 갖는다는 점이 잘 나타난다.[2] 즉, 언

---

1) M. Foucalt, *The Archeology of Knowledge and The Discourse on Language*, A. M. Sheridan Smith(trans.), NY: Pantheon Books, 1972.
2) P. Bourdieu, *Language and Symbolic Power*, Cambridge: Harvard University Press, 1991.

어는 사회 안에서 권력이나 권위와 연동되어 그 가치가 매겨지는 사회, 문화적 자산으로 그 쟁취를 위해 경쟁과 투쟁을 필요로 한다.

혁명 초기의 사회주의 유토피아 건설에 대한 파토스는 언어에서도 혁신과 해방, 금기 타파와 언어적 실험으로 나타났지만, 혁명의 열정이 식은 후 체제 안정기와 관료행정의 강화기로 접어들면서 열정은 냉정으로, 국제주의, 사회주의 이념의 신봉은 민족주의적 가치를 우선으로 하는 패러다임 전환이 이루어지고, 언어문화의 규범을 앞세워 표준어, 문학어 정립과 그 위상 제고에 노력하게 된다. 본 연구는 러시아 혁명 이후 이데올로기, 사회, 문화의 변동과 공진화共進化한 언어의 변화 양상을 살펴볼 것이다. 이는 방대한 주제로 불가피하게 필자의 주관적 선택과 강조가 들어간 것이지만, 혁명이 가져온 언어 변화의 이율배반적 측면을 분명하게 드러낼 것이다.

혁명 후 러시아어는 마치 용광로에 다 녹듯이 모든 이질적 요소들이 용인되는 이종교배적, 통제 불가능한 양상을 보이는데 어휘적 변화, 즉 신조어의 증가와 기존 어휘의 재개념화를 넘어 담화, 수사, 문체의 변화, 그리고 나아가 문법 구조의 균열이 나타난다. 이후 질서를 찾아가는 1920년대 후반 체제 안정기에는 언어 순수주의language purism, 규범, 규제 중심의 언어정책을 통해 소비에트 문학어, 표준어를 정립하고자 했고 그 모델로서 혁명 이전의 19세기 고전적 문학어와 소비에트와 혁명 이념의 교부들, 가령 레닌, 스탈린, 공산당의 정치언어를 성전聖典으로 삼아 국가, 국민적 정체성을 정립하고 문화적 자부심을 고취시키고자 했다. 이렇듯 혁명 초기의 언어를 '수단'으로 활용하고자 하는 태도에서 혁명 이후 체제 안정기에는 언어를 '가치'로 인정하는 관점의 전환이 이루어진다.[3] 소비에트의 새로운 언어는 이처럼 패러다임의 전환을 몇 차례 경험하는데, 차르를 신과 동일시한 러시아 민중은 이제 그 거울상mirror image으로서 공산당과 그 지도자들을 신격화하고 그 언어를 성경처럼 떠받들게 되었고,[4] 언어는 형태와 내용 면에서 정치적·문화적으로 올바른 언어만 인정받게 되고 자유를 박탈당한다. 정치가 개입됨으로 인해 공적 담화는 시대를 거스르는 민족주의적, 관료주의적 언어가 지배하게 되는데, 이 같은 소비에트 정치나 행정 언어의 관성은 포스트소비에트 시기인 21세기 현재에도 그 유산이 완벽하게 사라진 것은 아니다. 관료행정어, 저널리즘 문체, 완곡어법, 클리셰, 인용 등 소비에트 신어의 잔재가 현재에도 남아 있다는 점에서 혁명이 가져온 언어 변화는 그 관성이 현재진행형이라 하겠다.[5]

1948년 출간된 조지 오웰의 소설 『1984』으로 잘 알려진 '신어Newspeak'는 유토피아를 표방한 디스토피아에서 이루어지는 사고, 행위의 통제를 위한 언어 통제의 상징으로 나타난다. 이 소설에 나오는 신어의 원리를 보면, 단어의 수를 줄이고 단어마다 2차적 의미를 없애며 불규칙 변화를 없애고 추상적 어휘를 배제하는 것 등을 특징으로 하는데, 가령 free는 '~이 없는'의 의미만 가능하지 '자유로운'이란 의미는 가능하지 않고, 명예, 덕, 정의, 민주주의, 종교 등과 같은 자유와 평등에 관련된 어휘는 존재하지 않는다. 또한 빨리 발음될 수 있는 짧은 음

3) '수단'으로서의 언어와 '가치'로서의 언어에 대한 개념은 M. S. Gorham, *After Newspeak: Language Culture and Politics in Russia from Gorbachev to Putin*, Ithaca: Cornell University Press, 2014를 참조하라.

4) O. Figes, *A People's Tragedy: The Russian Revolution 1891~1924*, NY: Penguin Books, 1996.

5) E. A. Zemskaja, "Klishe novojaza i citacija v postsovetskom obshchestve," *Voprsy jazykoznanija*, 3, 1996, pp. 23~31의 주장을 참조하라.

절의 단어로 발음하기 편하게 만들고 복합어를 활성화하며 긴 단어를 두자어頭字語로 만든 축약어로 사용하며 금기 어휘를 정해 사용을 지양하게 하는 등 언어적 전체주의의 상징적 표본을 제시한다. 그리고 단어의 외연적 의미, 지시 의미 이외에 내포된 의미나 전이된 의미가 없도록 하여 사고의 유연성과 추상성을 막는다. 이 같은 가상의 사회주의 유토피아의 신어는 러시아의 언어 현실과도 무관치 않다. 이 소설에서 신어 개념이 등장하기 전인 1920년경 이미, '소비에트 신어Sovetskij novojaz'[6]라고 개념화할 만한 언어들이 등장했는데, 예브게니 자먀틴이 사회주의 디스토피아 소설 『우리들』에서 이러한 전체주의적 언어 통제의 실상을 잘 제시했다. 호칭의 익명성과 획일성, 은유와 같은 비축어적 어휘 회피, 추상적 개념을 배제하고 명료한 현실과 사실의 지시어만 인정하는 소설 속 신어는 전체주의적 언어 특성이 잘 반영된 것으로, 가상현실이지만 결코 소비에트 신어의 모습과 무관치 않다. 디스토피아의 언어는 자연스럽게 생성, 변화, 소멸하는 언어의 유기체성을 부정하고 보이지 않는 손에 의해 언어가 통제되도록 하면서 사고의 프레임을 제한하고 통제한다는 점이 그 특징이다.

소비에트 신어는 한편으로는 혁명 이후 뒤바뀐 새로운 현실에 대처하는 소통의 도구였고, 다른 한편으로는 정치, 문화 엘리트가 주입하

---

6) 이 용어는 조지 오웰의 '신어' 개념을 차용 번역한 것으로, 러시아어학에서는 나무어 dereviannyj jazyk, 참나무어dubovyi jazyk, 거짓언어jazyk lzhi 등과 유사한 개념으로 사용된다. E. A. Zemskaja, 같은 책. 참나무어는 거칠고 조잡한 언어라는 뜻도 있는데, 젬스카야는 신어의 개념을 단지 전체주의적 언어, 정치 프로파간다의 언어, 공산당의 언어, 공식적 언어라고 정의하는 것을 넘어 보편성을 가장한 '유사언어kvazijazyk' 혹은 실제가 아닌 '가상의 언어'라고 하면서 외래어까지 포함하는 광의의 개념으로 정의한다. E. A. Zemskaja, *Vvedenie, Russkij jazyk konca stoletija(1985~1995)*, Moskva: Jazyki russkoj kul'tury, 2000.

는 가상의 초월적 현실hyperreality[7]의 도덕, 문화적 가치 실행과 정치적 지배력을 높이기 위해 존재했던, 소비에트 체제와 불가분의 관계를 지닌 언어 현실이었다. 소비에트 언어 생태계를 이해하기 위해서는 언어를 자체 충족적 내적 완결성과 항상성을 가진 시스템으로 이해하는 소쉬르와 같은 구조주의적 언어관보다는, 언어를 사회, 문화, 정치와 연동된 '상징적 자산'으로 보는 '언어 이데올로기'의 관점에서 파악해야 한다.[8] 본 연구는 이러한 관점에서 혁명이 가져온 이데올로기, 사회, 정치, 문화적 변화와 언어의 상관성을 거시적으로 조망한 연구로서, 혁명이라는 구조적 변형을 겪으면서 러시아어는 젠더나 계층 등 사회 평등과 관련된 정치적 올바름의 어법에서는 보편적, 국제주의적 지향을 보이지만, 언어의 정체성과 문화적, 도덕적 가치의 측면에서는 민족주의적, 복고수의적, 보수적, 형식적 지향을 보이는 이율배반성을 가짐을 보일 것이다. 궁극적으로 본 연구는 순수주의적 규범과 규제가 관성적이고 경직된 언어 형태를 강요하고, 변화하는 시대, 문화의 반영으로서의 의미의 역동적 변화와의 괴리를 가져와 필연적으로 소비에트 체제 붕괴의

---

7) A. Yurchak, *Everything was Forever, Until It was No More*, Princeton: Princeton University Press, 2006의 개념을 따른 것이다.

8) P. Bourdieu, 같은 책; K. A. Woolard, "Introduction: Language Ideology as a Field of Inquiry," B. B. Schiefflin, K. A. Woolard & P. V. Kroskrity(eds.), *Language Ideologies: Practices and Theory*, NY: Oxford University Press, 1998. 이 같은 관점에서 혁명의 상징적 언어와 담화, 그리고 혁명의 소통적 측면에 관해 파이지스O. Figes, 콜로니츠키B. Kolonitskii, 고르함M. S. Gorham 등이 주목할 만한 연구를 내놓았다. 이 같은 혁명에 대한 언어, 담화, 기호, 상징적 차원의 접근, 즉 '언어적 전환linguistic turn'은 최근 혁명에 대한 포괄적, 학제 간 문화사적 연구의 큰 흐름으로 보인다. 언어적 전환은 언어가 정치, 사회, 문화적 정체성 형성에 기여하는 역할에 주목하는 연구 동향으로 자세한 논의는 O. Figes, B. Kolonitskii, *Interpreting the Russian Revolution: The Language and Symbols of 1917*, New Haven: Yale University Press, 1999를 참조하라.

언어적 징후가 되었음을 시사할 것이다[9]

2. 혁명과 언어 생태계

혁명 이후 10년간의 언어의 변화상은 셀리시체프에 의해 상세하고 정확하게 기술되었다.[10] 그는 주로 어휘의 변화를 다루는데, 이는 문법보다 어휘가 급변하는 사회, 문화, 정치 현실의 신속하고 민감한 지표가 되기 때문이다. 언어 내적 동력에 의한 러시아어 문법의 구조적인 변화는 혁명기 이전부터 진행되었고 점진적이고 지속적이었다.[11] 문법은 긴 전통을 지닌 도그마로 한 언어 공동체의 역사적인 초이성, 잠재적 심리의 영역이기에 그것이 사고에 끼치는 영향은 은밀한 반면,[12] 어휘와 문체, 수사, 담화 구조의 변화는 사회, 정치, 문화의 변화에 훨씬 더 민감하게 반응한다. 하지만 러시아어의 어휘 변화는 결국 문법 구조에서의 변화를 초래하게 된다.

혁명 후 신조어에서 가장 두드러진 현상은 사회주의 혁명의 이념과 연관된 개념을 지시하는 외래어와 새로운 행정, 관료 조직 및 기관을 지

---

9) A. Yurchak, "Soviet Hegemony of Form: Everything Was Forever, Until It Was No More," *Comparative Studies in Society and History*, 45(3), 2003, pp. 480~510을 참조하라.

10) A. M. Selishchev, *Jazyk revoljucionnoj epohi*, Moskva: Rabotnik prosveshchenija, 1928.

11) B. Comrie, G. Stone & M. Polinsky, *The Russian Language in the 20th Century*, Oxford: Clarendon Press, 1996.

12) E. Sapir, *Language: An Introduction to the Study of Speech*, San Diego: Harcourt Brace & Company, 1921.

시하는 약어 등의 대량 생산이다. 이와 함께 비속어, 특정 집단의 은어, 성직자 계층의 언어, 관료행정어, 교회슬라브어 등이 혼용되는 일종의 언어적 용광로 현상이 나타났다.[13] 혁명기의 새로운 이념, 사회, 정치, 경제 체제 건설에 대한 기대와 변화는 전통과 결별하고 기존 규범어의 특권 의식을 없앤 언어적 가치의 재조정을 가져와 혼란과 해방을 동시에 맛보게 했다. 혁명의 주체가 된 프롤레타리아 계급, 즉 노동자, 농민 등 교육이나 문자성literacy과 거리가 멀고 번스타인이 말한 "제한된 코드restricted code"만 구사하는 계층은 언어적 해방과 함께 새로운 언어와 담화의 습득이라는 도전에 직면하게 된다.[14] 이들은 기존의 역사와 전통, 그리고 '부르주아'의 언어와 차별되는 새 사회주의 국가의 언어적 정체성을 비규범어와 하부 문화 중심의 언어 다원화라는 언어적 민주화에서 찾았는데, 이는 언어의 심각한 원심화를 촉진시키고 언어 생태계의 구조적 변화를 가져왔다. 이 시기에 대중 연설이라는 새로운 구어 장르와 정치 프로파간다, 슬로건 등 대중 선동적 매체가 나타났고, 새로운 인텔리겐치아 계급인 노동자, 농민 통신원의 등장과 함께 매스미디어의 저널리즘 언어가 새롭게 대두되었다. 혁명 후 언어가 다양한 계층의 소통과 통합, 즉 혁명 이념 공유와 새 사회 건설을 위해 구심적 기능을 수행해야 할 당위성에도 불구하고 이 같은 소비에트의 새로운 언어는 일반 민중의 이해와 의사소통을 오히려 더 힘들게 했다.[15]

---

13) A. M. Selishchev, 같은 책; V. Zhivov, "Jazyk i revoljucija," *Otechestvennye zapisi*, 2(23), 2005.

14) B. Bernstein, "Elaborated and Restricted Codes: An Outline," *Sociological Inquiry*, 36(2), 1966, pp. 254~61.

15) 미로노프(B. N. Mironov, "The Development of Literacy in Russia and the USSR from the Tenth to Twentieth Centuries," *History of Educational Quarterly*, 31(2), 1991, pp.

미하일 조셴코M. Zoshchenko의 단편소설 「원숭이 언어」(1925)에는 당시의 언어적 혼란과 소통의 어려움이 잘 묘사되어 있다. 외국어인 불어보다 더 불가해한, 안개에 싸인 듯 불투명하고 부자연스러운 새 어휘의 홍수 속에서 민중이 경험한 소통의 장애가 잘 드러난다.[16) 두어 쪽 정도의 이 짧은 소설 속에는 새 개념의 외래어, 특히 관료행정어 및 클리셰적인 소비에트 신어가 대거 등장하는데 가령 kvorum(의결정족수), zasedanie plenarnoe(총회), minimal'no(최소한으로), permanentno(영구적으로), industrija(공업), konkretno(구체적으로), fakticheski(사실적으로), podsektsija(지부), diskussija(토론), prezidium(간부회) 등이 나온다. 등장인물은 결국 "일류 연사orator pervejshij"의 "안개같이 모호한 의미를 가진 현학적인 외래어들"을 이해하지 못하게 된다.[17) 이처럼 혁명 초기에는 상응하는 러시아어 어휘가 있는 경우조차도 외래어를 고의적으로 사용했는데 이는 기존 전통과 단절하고 사회주의 혁명 이념에 기반한 초국가적 국제주의 언어로서, 내국어보다 외래어가 더

229~52)에 의하면 1917년 기준 농촌 남성의 53퍼센트, 농촌 여성의 23퍼센트가 문자 해독이 가능했고, 농촌의 평균 문자 해독률은 37퍼센트 정도인 반면 도시는 약 두 배인 71퍼센트였다. 또 도시 여성은 농촌 여성의 세 배가량인 61퍼센트의 문자 해독률을 보였다. 문맹률은 전반적으로 여성이 남성보다, 농촌이 도시보다 훨씬 높았다. 소비에트 시기 문자 교육은 사회주의 사상, 이념 교육에 절대적으로 필요했기에 교육의 보급과 함께 1970년대 이후 문맹은 거의 없어진다.

16) "친애하는 시민 여러분, 이 러시아어란 것이 참 어렵단 말이죠! 얼마나 어려운지요! 주요 원인은 외래어가 너무 많다는 겁니다. 가령 불어를 예로 들어봅시다. 모든 것이 훌륭하고 명료하지요. 케스크세, 메르시, 콤시―자 보세요, 전부 다 순전히 불어고 자연스럽고, 이해되는 말이지요. 그런데 이제 러시아어를 보자고요. 한심하지요. 안개같이 모호한 의미를 가진 현학적인 외래어들로 가득 차 있어요. 이로 인해 말이 어려워지고 리듬이 망가지고 신경이 예민해지지요"(미하일 조셴코, 「원숭이 언어」).

17) 비슷한 시기 조셴코의 또 다른 단편 「작가」에서는 주인공이 소비에트의 새로운 인텔리겐치아 계층으로 등장한 '노동자 통신원'이 되기 위해 어떤 언어를 구사하려 애쓰는지가 사실적인 풍자로 잘 나타난다.

적합했기 때문이다. 여기에 새로운 축약어의 범람은 그야말로 소비에트 시민에게 새로운 언어의 습득을 요구할 수준이었다.

새로운 사회, 새로운 어휘

소비에트 신어의 가장 큰 특징은 반복된 기계적 사용으로 본래 분명했던 지시적, 정서적 의미의 퇴색으로 나타난 언어 의미의 관성화, 혹은 '거세'라 할 수 있다. 혁명적 정신을 실험적 시 창작에 구현했지만 점점 혁명 사회에 대해 회의와 절망을 느꼈던 블라디미르 마야콥스키는 풍자시 「인공인들」(1926)에서 의미 없이 자주 반복되는, 클리셰로 낙인찍힌 대표적 소비에트 신어의 용례를 선보이는데, 예를 들어 nado soglasovat'sja(일치해야 한다),[18] vyravnivat' liniju(노선을 정렬하다),[19] neuvjazka(괴리),[20] prodvizhka(전진),[21] ispol'zóvyvat'(이용하다),[22] v obshchem i celom(대체로)[23] 등이 나타난다.

혁명 후 이념적, 체제적 변화로 인한 외래어로는 revoljucija(혁명), agitacija(선동), propoganda(프로파간다), al'jans(동맹), demokratija

---

18) soglasovanie(일치), soglasovat'sja(일치하다), soglasovano(일치하여) 등은 행정과 관료 조직의 중앙집권화에 대한 반작용으로 유행하던 용어로 '지방 조직과 손발을 맞추고 공조한다'는 의미로, 기존 어휘에 개념적 축소가 나타난 일례이다. A. M. Selishchev, 같은 책.
19) '정치 노선을 정렬하다'는 의미로, 이와 같이 군대 용어를 정치적 개념으로 은유화한 것은 당시 흔했다.
20) uvjazka(소통), neuvjazka(괴리), nevjazka(괴리) 등은 당 활동과 관련하여 실무적으로 사용되던 용어였다. A. M. Selishchev, 같은 책.
21) 군대 용어에서 비롯된 비속어체 단어로, '전진, 추진'이란 의미이다. A. M. Selishchev, 같은 책.
22) '여러 차례 이용하다'는 의미의 새로 등장한 불완료상 형태다. A. M. Selishchev, 같은 책.
23) 독일어 im grossen und ganzen의 차용 번역이다. A. M. Selishchev, 같은 책.

(민주화), demonstracija(시위), deputat(파견원, 대의원), kollegija(협의회), kommuna(공산 자치단체), likvidacija(청산, 근절), rezoljucija(결의, 의결), miting(집회), diskussija(토론) 등을 예로 들 수 있다. 혁명기 언어에 외래어가 대거 유입된 것은 전통과 민족주의, 국수주의에서의 탈출과 국제주의, 즉 러시아 볼셰비키가 궁극적으로 추구한 세계 혁명, 세계 공산주의화의 이념적 도구로서 국가 간 언어 장벽을 허무는 상징적 선언이자 언어적 실험이었기 때문이다. 지보프는 이를 가리켜 국제주의-러시아혐오주의적 성격이 언어에 반영된 것으로 바로 이 점이 프랑스 혁명의 민족주의적 성격과 다르다고 주장한 바 있다.[24]

새로운 개념을 위해 새로운 어휘가 필요했고, 기존의 역사, 전통과의 단절을 위해서도 새로운 어휘로 대표되는 혁신적인 언어가 필요했다. 이런 맥락에서 외래어가 혁명 이념의 초국가적 지향성과 형제애, 전통과의 결별에 더 부합하게 된 것이다. 이념의 동지는 피를 나눈 동지보다 더 가까운 관계로서 러시아어의 문화적 인지의 특성 가운데 특징적인 내 것-남의 것svoj-chuzhoj의 구분은 의식적으로 경계해야 했다. 외래어는 그 출처인 외국어를 모르는 민중에게는 가장 어려운 혁명기 언어 변화라 할 수 있는데, 이 외래어들을 이해하기 위해 엉뚱한 민간 어원이 나타나는 소극도 벌어졌다.[25] 낯선, 추상적, 이념적, 행정적 개념의 외

---

24) V. Zhivov, "Jazyk i revoljucija," *Otechestvennye zapisi*, 2(23), 2005.
25) 가령 proletarij(프롤레타리아) 대신 pereletarij(횡단비행자), revoljucija(혁명) 대신 levorucija(왼손잡이), publika(대중) 대신 bubulik(베이글, 롤빵), komsomolec(공산청년동맹원) 대신 kosomolec(삐딱하게 기도하는 자), kooperativ(협동조합) 대신 kupirativ(구매조합), konstatirovat(확인하다) 대신 kastrirovat(거세하다), dejstvujushhaja armija(현역 군대) 대신 devstvennaja armija(처녀 군대) 등 외국어를 모르는 대다수 농민, 노동자, 군인 계층은 쏟아진 외래어의 이해와 습득이 쉽지 않았다. 볼셰비키 동조자란 뜻의 probol'shevik가 반대 의미인 protivobol'shevik로 이해되기도 했고, 공산주의자

래어는 민중의 삶의 생태계 밖에 위치하여 그들의 인지 프레임을 넘어선 어휘와 개념이기에, 의사소통의 장벽은 혁명의 신어를 통제하고 구사하는 계층과 그렇지 못한 계층 사이에 메울 수 없는 태생적, 사회, 문화, 인지적 간극의 지표였다.

혁명 이후 새로운 개념의 외래어 유입은 이해할 만한 상황이지만, 러시아어 등가체가 있음에도 불구하고 외래어로 환치하는 현상은 지시적 기능만으로는 설명이 힘들고 당시의 혁명적 이상을 반영한 것이라 할 수 있다. nelokalnyj(=nemestnyj, 토박이가 아닌), gegemon (=rukovoditel', 헤게모니), preventivnyj(=predupreditel'nyj, 예방의), modifikacija(=izmenenie, 수정), stimul(=pobudzhdenie, 자극), sbal ansirovka(=uravnoveshchenie, 균형화) 등의 잉여적 외래어는 소통이라는 목표에는 역행하지만 선통과의 결별과 새로운 소비에트 사회, 국가 건설이란 정치, 사회, 문화적 맥락에서 상징적 의미를 갖는다.[26]

새 어휘의 등장과 함께 기존의 제도나 체제와 관련된 어휘는 사라지는데 가령 car'(차르), knjaz'(공작), graf(백작), zemstvo(지방자치의회), senat(원로원), sinod(종교회의), gimnazija(사립학교)가 그런 예이다. 또한 바뀐 사회, 행정 제도에 맞게 다른 어휘로 교체된 경우, 가령 gorodovoj(순경)은 milicioner(경찰)로, chinovnik(관리)는 sovetskij sluzhashchij(소비에트 근무자)로, zhalovanie(하사, 봉급)은 zarplata(월급)으로, prisluga(식모, 노비)는 domrabotnica(가사노동자)로, prazdnik(공휴일)은 den' otdyxa(휴식의 날)로 바뀌었다.

---

kommunist가 야생딸기의 일종인 kumanika와 연관된 kumanist로 해석되기도 하는 등 웃지 못할 일이 벌어졌다.

26) V. Zhivov, 같은 글.

혁명 이후 초기 소비에트 시기의 어휘의 변화에서 두드러진 또 다른 양상은 조지 오웰의 『1984』의 신어에서도 나타나듯 축약어(두자어 혹은 어근복합어)의 대량 생산이다. 여러 어휘가 결합된 복합어를 나타내는 방식은 두 가지인데, 음절이나 어근과 같은 분절 단위를 활용하는 경우, 가령 kolxoz(콜호즈), komintern(코민테른)과 같은 복합어가 있고, 복합어의 첫 글자를 딴 두자어가 있는데 후자는 머릿글자를 하나씩 발음하는 경우로서 KPSS(소비에트 연방 공산당), SSSR(소비에트 사회주의 공화국 연방), RSFSR(러시아 소비에트 연방 사회주의 공화국), 혹은 ZAGS(호적등록과)와 같이 머릿글자들을 연결하여 발음하는 경우, 그리고 분절 단위와 첫 글자를 혼합한 경우(gorono=gorodskoj otdel narodnogo obrazovanija, 공교육도시부) 등 다양하다.[27] 이와 같은 축약어는 주로 소비에트 정부 기관이나 단체의 명명과 관련되는데, 발음과 글자를 경제적으로 사용함으로써 소비에트 관료 시스템의 효율적 운영에도 도움을 주었다. 축약어는 긴 개념을 짧게 나타냄으로써 시간과 공간을 절약한다는 효율성과 경제성의 원칙에 따른 것이라 볼 수 있지만, 이는 본래의 지시 의미가 표상하는 개념의 취지, 목적, 의미를 되새기는 것을 원천 봉쇄하고 자동적으로 어떤 조직과 기관을 지시함으로써 그 지시체의 존재 의미를 무비판적으로 수용하게 된다는 점에서 사고의 통제에 대단히 효과적이다.[28] 또한 기존의 어휘가 새로운 의미

---

27) 혁명 이후 첫 10년 정도는 분절 단위의 복합어가 우세했다면 1930~40년대에는 두자어의 비중이 상대적으로 더 높았다. 소비에트 시기의 수많은 약어는 A. M. Selishchev, 같은 책과 B. Comrie, G. Stone & M. Polinsky, 같은 책을 참조하라.

28) 소비에트 시기의 외래어, 복합 약어 등의 유입과 조어법의 활성화는 그 자체로는 언어의 구조를 변화시키지 않지만 러시아어 문법의 성이나 격과 같은 통사적 범주에 혼란을 초래했다. 외래어의 경우 대개 중성으로 형태가 불변하는 경우가 많거나 문법적 성이 불안정하며,

를 획득할 경우 대부분 당 조직이나 이념, 정치와 관련된 의미로 한정되는 의미적 축소화의 경향을 보인다.[29] 여기에 추상적 개념의 적용을 제한하여 사용하고 다의어를 단일 의미로 만들어 외연을 축소하는 것은 『1984』에서도 보듯 디스토피아에 등장하는 신어의 대표적 특징이다.

혁명기 러시아어는 관료행정어, 고어, 교회슬라브어, 범죄 집단 등 특정 집단의 은어, '프롤레타리아' 언어, 지역 방언 등 비속한 민중어에서부터 고급 문체에 이르기까지 다양한 언어적 요소가 뒤섞이고 자유롭게 사용되는 특성을 갖는다. 위에서 언급한 조셴코의 단편소설에서 보듯 공적 담화, 연설, 회의 등의 새로운 구어 발화 장르의 발생은 새로운 언어와 수사를 필요로 했고 언어는 연사의 개인적 '카리스마'를 결정하는 중요한 역할을 하기에 설득력 있는 언어의 필요성이 크게 대두되었다. 정치 슬로건에 재활용되거나 조금 변형되어 지속적으로 사용되는 경직된 구문과 수사는 민중의 동원, 선동, 촉구에 활용되었을 뿐 아니라 의식 속에서 하나의 단위로 굳어져 세뇌 효과를 가져왔고, 나

약어의 경우 개념의 핵심인 어휘가 드러나지 않아 약어 자체를 하나의 단어로 취급하여 그 형태에 맞춰 문법적 성을 갖고 격변화하거나 핵어를 기준으로 형태적 변화가 이루어져 혼동의 요인이 된다. 가령 신경제정책 NEP(Novaja èkonomicheskaja politika)는 남성명사 혹은 복합어의 핵이 되는 여성명사로 취급되기도 했다. 여기에 더하여 뒤에서 살펴볼 여성의 사회 진출과 관련된 직업명 공통성명사의 증가와 의미적 일치의 허용 추세는 결국 러시아어와 같은 종합어가 분석어로 전환되는 경향에 있어 큰 동인이 된다. 외래어의 성 정체성의 불안정함과 약어의 성 결정 문제에 대해서는 B. Comrie, G. Stone & M. Polinsky, 같은 책을 참조하라.

29) 가령 smychka(연합), jachejka(셀 조직), chistka(숙청), zveno(소년공산당원 반班), aktiv(적극적인), pasiv(수동적인), apparat(chik)(공산당기구, 기관원), uglublenie(심화), partijtnyj(공산당의) 등 혁명의 조직이나 이념과 연관되거나 공산당과 연관되어 사용되어 의미가 축소된 어휘들이 대다수다. 덧붙여 당시 사회적 맥락 속에서 등장한 어휘 tolkach는 철도 하역 업무를 추가로 하여 수당을 더 받고 일을 추진시키는 사람이란 의미를 지닌다. A. M. Selishchev, 같은 책: V. Zhivov, 같은 책.

아가 반복된 사용으로 언어의 본래 의미 대신 자동화된 연상을 일으켜 참신한 문체의 효과를 사라지게 했다. 가령 국가國歌「인터내셔널 Internacional」에서 '그는 자신의 손으로 해방을 쟁취했다On sobstvennoj rukoj dob'etsja osvobozhdenija'라는 구절을 노동자들이 수천 번 반복해 불러야 하는 상황에서 결코 정서적 감흥과 그 문장의 본래 의미가 생생하게 다가오기 힘들었을 것이다. 마찬가지로 정치구호인 '제국주의 물러가라!Doloj imperializm!' '민족들의 자기결정권이여 영원하라!Da zdravstvuet samoopredelenie narodov!' 등에서 '물러가라Doloj'나 '영원하라 Da zdravstvuet' 같은 구문은 하나의 클리셰로 굳어져 혁명 후 얼마 안 가서 신선한 수사적 힘을 잃었다.[30]

정치적, 공적 담화에서의 소비에트 신어는 수식어구의 장황함, 동사의 명사화, 교묘한 행위주의 은폐 등을 통해 매우 복잡한 통사 구조를 가질 뿐 아니라 진리 여부를 다퉈볼 수 있는 쟁점적 사항에 대하여 이를 전제된 지식으로 포장하는 효과를 가진다. 즉, 문장의 서술부의 단언에서 주어부의 전제된 정보로 무게중심을 거꾸로 이동시킴으로써 전제된 지식이 화제나 주어의 명제적 지식으로 나타나 부정될 수 없는 기정사실로 제시되어 발화의 수신자로부터 예상할 수 있는 이의제기 가능성이나 진리성에 대한 도전을 선제적으로 차단하고 방어한다. 또한 최상급의 빈번한 사용 역시 과장이라는 문체적 효과뿐 아니라 어떤 자질의 귀속을 반박할 수 없게 정당화하고 전제된 정보로 취급한다. 이 외에도 상호텍스트성, 클리셰의 습관적 사용 등은 모두 권위주의적 언어에 대한 숭배로서 창의적 언어보다 이미 성문화된 언어의 인용이 규범

---

30) G. Vinokur, "O revolucionnoj frazeologij," *LEF*, 2, 1923, pp. 104~18.

이 됨을 의미한다. 마치 성경의 말씀을 인용하듯, 레닌, 스탈린, 공산당 등 정치적 권위를 지닌 인물이나 기관의 언어가 신성시되는 권위적 언어로서 다른 텍스트들 속으로 침투하는 상호인용과 상호텍스트성은 소비에트 시기 저자의 개별적 문체를 존중하는 대신 억압하는 기능을 했는데,[31] 특히 스탈린은 보이지 않는 언어권력의 거장Master의 역할을 수행했다. 스탈린 자신은 언어 사용에서 개념적 명료성, 이론적 정확성, 정치적 일깨움성vigilance을 강조했고 정치, 문화적 권력자들로부터 수정같이 투명한 언어 구사 혹은 모범적 글쓰기의 본보기로 추앙받았건만,[32] 이 시기 러시아어의 공적 담화가 전형적인 '참나무어'로 거칠고 장황하고 비효율적이며 의미가 불투명했다는 점은 아이러니다.

이상 소비에트 신어의 가장 현저한 특성으로 집단적 권위에 대한 저항을 미리 차단하고 개인의 목소리를 인정하지 않으며 권위적 형태에 순응하게 만드는 전략을 살폈다. 이는 언어공학, 나아가 정신공학적 의도를 가진 언어로 마치 『우리들』의 "자비로운 자Blagodetel'"에 의해 지배되는 언어처럼 보인다. 소비에트 신어의 정치적 목적은 사고의 프레임을 정하고 어휘들의 자유로운 조합보다는 한정된 조합을 통해 구문 단위를 하나의 단어처럼 만들어 선택의 폭을 줄이는 것이다. 이 상투어성은 집단적 저자성과 언어의 의례성을 강조하는 대신 개별성과 창의성을 인정하지 않는다는 점에서 권위적 언어의 상호텍스트성과 상

---

31) 인용과 상호텍스트성의 실제 용례는 A. Yurchak, *Everything was Forever, Until It was No More*를 참조하라.

32) 유르착에 의하면 1935년 중앙당 의장인 미하일 칼리닌은 스탈린이 누구보다 러시아어를 잘 아는 사람으로 간결하고 투명하며 수정같이 순결한 언어를 구사한다는 극찬을 했고, 막심 고리키 역시 스탈린의 글을 올바른 글쓰기의 모델로 평가하면서 원고를 청탁하기도 했다. A. Yurchak, 같은 책.

통한다. 더욱이 기억에 도움을 주는 상투어구는 민담과 같은 구전문학, 즉 구술문화적 특성이라 지적되어온 것으로서 분석적인 문자문화와 대조적으로 집합적aggregative인 성격을 갖는다. 혁명기와 그 이후 널리 사용된 정치구호, 가령 '영광스러운 10월 26일의 혁명' 등에서 보듯 구술문화와 그 정신역학의 특성은 혁명기 클리셰로 재탄생한다.[33] bor'ba(투쟁)은 거의 beshenaja(광적인), besposhchadnaja(무자비한), reshitel'naja(단호한)과 같은 수식어와, privet(인사)는 plamennyj(열렬한), interrnacional'nyj(국제적인), kommunisticheskij(공산주의의)와 같은 수식어와 주로 결합하며, put'(길, 노선)은 vernyj(충성스러운), leninsjij(레닌의)와 주로 결합하는 등 단어 이상의 일정한 구절로 단위화하여,[34] 사고의 틀을 한정시키고 자동화시키며 분석적 사고를 지연하는 대신 집합적 기능을 강화했다. 한정된 어휘의 조합은 구술적 기억에는 도움이 되지만 어떤 감정도 실리지 않는 언어적 주형에 지나지 않았다. 탈의미화, 사고의 자동화로 인해 집단의식은 강화되지만 분석적, 합리적, 회의적 사고를 저해한다는 점에서, 소비에트 신어의 디스토피아적 성격이 잘 드러난다.

혁명 언어의 종교적 은유

러시아 혁명과 종교의 상관성은 일찍이 니콜라이 베르댜예프가 지적한 바 있다.[35] 그는 러시아 정교와 볼셰비키 혁명 모두 '제3로마설'로 대

---

33) W. J. Ong, *Orality and Literacy: The technologizing of the Word*, London: Routledge, 1982.
34) A. M. Selishchev, 같은 책.

표되는 러시아 민족 특유의 '메시아 사상'으로부터 기원한다고 지적하였다. 극과 극으로 보이는 사회주의 유물론과 그리스도교가 문화적, 사상적 연결 고리를 갖는다는 지적은 종교적 은유가 혁명 언어에 적극 활용됨에서 그 타당성이 입증된다. 사회주의, 공산주의 이념 실현을 위한 프롤레타리아 혁명의 전사는 예수 그리스도로, 혁명을 위해 희생된 자들은 순교자로, 부르주아는 혁명의 반대 세력인 사탄이나 적그리스도로 환치될 수 있다. 그리스도가 인류를 구원하기 위해 왔듯이, 혁명의 전사, 특히 레닌, 스탈린과 같이 공산당을 이끄는 지도자는 그리스도 왕국과 같은, 인류가 억압에서 해방되어 평등하고 자유롭고 행복한 소비에트 사회주의 지상천국을 건설하기 위해 목숨까지 내놓고 투쟁해야 하는 것이다. 러시아어에서 pravda(진리)가 pravitel'stvo(정부)와 같은 어원이라는 사실에서 나타나듯 혁명의 새 정부는 종교적 진리의 구현체인 것이다.[36] 이처럼 민중의 인지적 프레임에서 혁명은 그리스도의 구원 사업의 은유로 개념화되었기에 혁명의 논리와 사상은 복음과 동일시되어 혁명 선동에 효과적이었다. 가령 '공산주의 복음Evangelie kommunizma' '공산주의, 사회주의의 사도apostol kommunizma, socializma'와 같은 표현에서부터 '세계 혁명이 도래할 것이다mirovaja revoljucija grjadet'라는 표현과 '리프크네히트[37]는 체포되어 매 맞고 박해당했다. 프롤레타리아의 골고다 언덕에 부르주아가 순교자이자 혁명의 전사 한 사람을 더 못 박았다Libknext byl arestovan, izbit, zamuchen.

35) N. A. Berdyaev, *The Origin of Russian Communism*, R. M. French(trans.), London: Geoffrey Bles, 1937.

36) O. Figes, "The Russian Revolution of 1917 and Its language in the Village," *The Russian Review*, 56(3), 1997, pp. 323~45.

37) 독일 공산당의 창시자.

Na golgofe proletarskoj revoljucii burzhuazija rasprjala eshche odnogo muchenika-revoljucionera'와 같은 은유는 정확히 종교적 프레임을 혁명과 선동의 도구로 활용한 것이다.[38]

콜로니츠키가 지적하듯 1917년 2월 혁명을 죽음에서 조국을 구원한 부활 사건, 국가, 민족, 국민의 재탄생으로 여기고 마치 혁명의 날을 부활절로 인식하는 유사종교적 정치의식은 이후 혁명에 대한 환희가 실망으로 이어지자 '부르주아 음모론' 등 '악당'이자 '사탄'으로 개념화된 부르주아에 대한 반감과 분노의 증폭을 불러왔는데,[39] 이에 대해 베르댜예프는 사회, 정치, 경제적 차원의 문제를 도덕적 차원의 문제로 환원시키는 러시아인의 인식의 단면이 부르주아라는 어휘의 가변적 개념화에서 적나라하게 드러난다고 해석했다.[40] 일반 민중의 부르주아에 대한 잘못된 인식과 개념화를 혁명의 동력으로 선동, 선전에 이용하고 부르주아에 대한 분노를 혁명에 활용하면서 여기에 도덕적, 종교적 프레임과 은유를 덧입힘으로써 혁명은 정치, 사회적인 사건임에도 불구하고 러시아인의 내면에 뿌리박은 문화, 종교적 틀이 활용된 것이다.[41] 이와 같은 러시아인의 강한 도덕적, 종교적 열정과 집착은 제정에서 혁명공화국으로 바뀌었음에도 불구하고 문화정책에 반영되는데, 특히 언어정책에서는 도덕주의적인 언어 순수주의의 형태로 나타나게 된다.

종교가 혁명 이념의 전파와 실천에 효과적으로 이용되었음에도 불구

---

38) A. M. Selishchev, 같은 책.
39) B. I. Kolonitskii, 같은 책.
40) N. A. Berdjaev, "Torzhestvo i krushenie narodnichestva," *Russkaja svoboda*, 14~15, 1917, pp. 3~8.
41) O. Figes, *A People's Tragedy: The Russian Revolution 1891~1924*, NY: Penguin Books, 1996.

하고, 아이러니하게도 사회주의, 공산주의의 "종교는 민중에게 아편이다"라는 슬로건은 종교의 교리가 공산주의의 신념과 이념으로 대체되었기에 양립 가능하지 않게 되었다. 차르에 대한 신앙과 같은 숭배는 이제 소비에트 국가나 사회주의 혁명 지도자들, 즉 레닌이나 스탈린에 대한 종교적 숭배로 대체되어 거울 이미지를 형성했음을 보면,[42] 러시아인에게 종교와 혁명이 동일한 문화인지적 근원을 갖는다는 베르댜예프의 주장이 설득력 있게 보인다.

3. 정치적 올바름의 언어

소비에트 혁명은 사회를 새롭게 구조화하고 이는 언어의 다양한 변화 양상을 가져왔다. 그중에서도 구조적, 근원적 변화를 일으킨 분야는 사람 사이의 관계를 나타내는 호칭 방식이나 여성이 새로 진출한 직업 명사 관련 문법적 성의 영역이다. 계층 간 차이에 따른 불평등한 호칭의 사용은 지양되는 한편 계급적 평등 이념을 강조하는 호칭이 변화된 사회에 대한 지표로 작용했다. 또한 평등한 사회주의 젠더 개념 및 여성관의 영향과 내전 및 두 차례 세계대전으로 인한 남성 인력의 공백을 메우기 위해 기존에는 여성이 거의 진출하지 못했던 직업군에 여성의 활발한 사회 진출이 이루어져 직업 관련 남성명사에 여성의 지시체를 수용하기 위한 다양한 방식이 실행되기 시작하였다. 공적인 관계에서 수직

---

42) O. Figes, 같은 책; O. Figes, "The Russian Revolution of 1917 and Its language in the Village," *The Russian Review*, 56(3), 1997, pp. 323~45.

문화가 수평화되고 여성이 남성과 동등하게 대우받는 평등한 사회문화를 반영하고자 시도한 언어 변화는 혁명 이데올로기인 인간의 평등한 가치와 권리를 실현하기 위한 언어 혁신으로 소비에트적 '정치적 올바름political correctness'[43]이라 할 수 있다. 혁명적 동지애로 계급적 불평등을 없앤 호칭, 2인칭 존칭의 상호적 사용 확대 등 여성과 남성의 성 평등을 구현하기 위해 러시아어 형태, 통사, 의미 구조의 변화 등 러시아어는 새로운 구조조정을 변화를 모색하게 된다.

호칭 체계의 변화

복잡하게 세분화된 러시아어 호칭은 민감한 위계질서가 반영된 러시아 언어문화의 주요 특성이다. 19세기 2인칭 대명사의 사회언어학적 화용론을 분석한 프리드리히는 19세기 문학작품 속에서 담화의 주제, 발화 맥락, 나이, 성, 세대, 혈연관계, 방언(지역, 사회), 집단 소속, 상대적 권위, 정서적 유대감 등 여러 화용적 요소를 중심으로 대명사의 섬세하고 역동적인 전환의 사례를 분석하였다. 러시아어의 2인칭 대명사는 다른 서유럽어와 비교하여 친밀함과 경멸, 존경과 거리감 등의 심리적, 관계적 역학관계에 민감하게 반응하는 정서적 지표로 기능한다.[44] 19세기

---

43) '정치적 올바름'의 개념은 본래 공산당의 교조주의적 독단적 사고를 아이러니하게 조롱하는 맥락에서 그 연원을 찾을 수 있는데 최근에는 언론의 자유를 억압하고 사고를 통제한다는 부정적이거나 아이러니한 어감으로도 사용된다. 본 연구에서는 인종, 성, 직업 등에서 언어의 의미 통제권을 갖지 못한 소외 계층의 이익을 대변하기 위해 만들어진 언어 형태를 뜻한다. 이 개념의 역사, 문화적 맥락, 용법의 현황은 R. T. Lakoff, *The Language War*, Berkeley: University of California Press, 2000; S. Mills, *Language and Sexism*, Cambridge: Cambridge University Press, 2008을 참조하라.
44) P. Friedrich, "Social Context and Semantic Feature: The Russian Pronominal Usage,"

고골의 소설 『죽은 혼』에 나오는 다음 구절은 러시아인들의 호칭 체계의 신비스러울 정도의 섬세함을 잘 묘사한다.

여기서 지적해야 할 것이 있으니 러시아는 비록 여러 면에서 외국인을 따라잡지 못하지만 호칭에서는 그들을 훨씬 앞선다. 우리가 사용하는 호칭의 뉘앙스와 섬세함을 온전히 설명하는 것은 불가능하다. 프랑스인이나 독일인은 이 모든 특징과 차이를 이해하지 못할 것이다. 그들은 백만장자든 담배장사든 거의 똑같은 목소리와 말로 대할 것인데, 비록 속으로는 백만장자에게 더 낮추겠지만 말이다. 우리는 그렇지 않다. 우리 속에는 현자가 있어 200명의 농노가 있는 지주에게는 300명의 농노가 있는 지주에게와 비교해 다르게 말할 것이고, 300명의 농노가 있는 지주에게는 500명의 농노가 있는 지주와 비교해 다르게 말할 것이며, 500명의 농노가 있는 지주에게는 800명의 농노가 있는 지주와 다르게 말할 것이다. 한마디로 100만까지 이렇게 올라갈 수 있는데 거기엔 항상 섬세한 차이가 있을 것이다. (고골, 『죽은 혼』 3장)

혁명 이후 2인칭 대명사 사용은 서열적 차별을 철폐하는 방향으로 바뀌는데 이는 혁명의 이념을 공유하는 동지애와 연대성을 강조함으로써 새 사회주의 국가가 탈신분 사회임을 선언하는 효과를 가질 수 있기 때문이다.[45] 소비에트의 보편적 호칭인 tovarishch(i)는 1917년 혁명 전

in J. J. Gumperz & D. Hymes(eds.), *Directions in Sociolinguistics*, NY: Holt, Rinehart & Winston, 1972, pp. 270~300.

45) 표트르 대제 이후의 관등서열표에 의한 정교한 호칭 체계에 대해서는 B. Comrie, G. Stone & M. Polinsky, 같은 책을 참조하라.

부터 오랫동안 사용되었지만 주로 학생 계층이나 정치적 집단에 제한되어 사용되다가, 혁명 후에는 명실공히 가장 보편적이고 공식적으로 소비에트 정신을 대표하는 호칭으로 확대 사용되었다. 이는 사회주의, 공산주의의 중앙집권적 조직인 당에 대한 소속감과 세계 혁명의 이념 공동체의 연대의식을 함의하는 호칭이기에 사적인 친구의 의미 대신 공적인 사회주의, 공산주의 혁명 이념의 '동지'로서의 의미, 즉 사회주의, 공산주의 국가 건설이라는 공동의 목표와 책임감, 연대감이 함의된다.[46] 본래 존재하던 여성형 tovarka 대신 남녀 공통으로 tovarishch라는 한 가지 남성형 명사를 총칭으로 사용함으로써 형태적, 통사적 성이 일치되는 러시아어 문법 구조와 충돌을 일으키게 되었다는 점에 주목해야 하는데, 가령 여성형 형용사와 남성명사가 결합하는 uvazhaemaja tovarishch Ivanova(존경하는 이바노바 동지)와 같은 형태가 가능하게 됨으로써 아래에서 살펴볼 직업명사 남성형과 여성 지시체의 결합과 마찬가지로 러시아어의 문법적 성 일치 통사 구조에 균열을 가져오고 나아가 현대 러시아어의 분석어성[47] 증가에 기여한다.

---

46) 이 호칭의 이념적 상징성과 함축성은 "Tambovskij volk tebe tovarishch(탐보프 지역의 늑대가 네 동지다)"라는 관용적 표현이 종종 혁명 세력과 반혁명 세력 사이의 연대감 부재를 희화화한 맥락에서 나타난다는 데서 알 수 있다. B. Comrie, G. Stone & M. Polinsky, 같은 책.

47) '종합어'나 '분석어'는 정도성을 가진 개념으로 종합어성, 분석어성이라 부르는 것이 더 적합하다. 종합어성은 성, 수, 격과 같은 명사류 격변화 유형과 동사 활용형 등의 곡용이 발달한 언어로서 한 단어에 어근과 문법적 정보를 갖는 형태소가 통합되어 하나의 표현형으로 나타난다고 정의할 수 있는 반면, 분석어성은 격어미를 소실한 영어와 같은 언어로서 전치사 등으로 격의미를 표현하고 하나의 단어가 격변화나 활용형에 대한 문법적 정보가 거의 없이 단일한 형태를 띠는 경향성이다. 가령 최근 현대 러시아어의 경우 수사의 격변화 약화 양상이나 동사가 지배하는 사격 혹은 명사의 수식어 사격 대신 전치사의 사용이 증가한 것이 그 예이다. B. Comrie, G. Stone & M. Polinsky, 같은 책.

프랑스 혁명 후 시민의 법적 권리와 의무, 정체성을 강조하는 탈이 념적 불어 호칭인 citoyen/citoyenne(시민)의 러시아어 차용 번역인 grazhdanin/grazhdanka/grazhdane는 혁명 이후 법적이고 공식적 인 시민의 권리와 위상을 지시하는 용어로 정착되었으나,[48] 프롤레타 리아 계급적 의식화와 사회주의 이념적 색채가 강한 호칭인 tovarishch 에 의해 사용이 위축된다.[49] 여기에는 grazhdanin은 tovarishch에 비 해 비우호적인 어감을 갖는다는 점도 작용하는데[50] grazhdanin이 공 적 담화의 맥락에는 어울리는 반면, '정서적' '교감적'[51] 기능이 강한 tovarishch가 혈연을 뛰어넘는 우애, 평등, 의리, 동지애적 일체감과 공 동체 의식이 함축된 의미로 인해 러시아인의 전통적 정서에도 더 잘 부 합하면서 소비에트의 대표적인 공적 호칭으로 사용되었다. 또 다른 호 칭인 gospodin/gospozha/gospoda는 혁명 이전부터 사용되던 존칭의 호칭이란 점에서 계급적 차별을 전제로 한 것으로 노동자, 농민 중심의 혁명의 평등 이념과는 부합되지 않아 소비에트의 대표 호칭으로 선택 되지 못한 대신 공적 맥락에서나 외국인들에 대한 호칭으로는 사용되

---

48) 소비에트 연방의 시민이라는 법적 위상에 대한 자부심을 그린 블라디미르 마야콥스키의 시 「소비에트 여권에 관한 시」에 나타난 "읽으시오, 부러워하시오, 난 소비에트 연방의 시민입 니다"에서 보듯, 이 개념은 탈이념적, 공적, 법리적, 정치적 위상을 함의한다.

49) B. Comrie, G. Stone & M. Polinsky, 같은 책.

50) grazhdanin 호칭은 1920년대에는 그 사용이 절정에 이르렀지만 1930년대에는 사용이 축 소되는데 이는 타인에게 향하는 공적인 명령의 어조 때문으로 보인다. 가령 이 호칭은 표 어나 푯말, 혹은 군대에서 민간인에게 명령하는 맥락 등에 사용될 수 있다. K. Buchenau, "Dis Distanzanrede im Russischen," *Polnischen und Deutschen und ihr historischen Hintergründe*, Franfurt am Main: Peter Lang, 1997.

51) 로만 야콥슨이 제시한 언어의 6가지 기능 가운데 정서적, 교감적 기능이 다른 경쟁 호칭들 과 비교해 두드러진다. R. Jakobson, "Linguistics and Poetics," T. A. Sebeok(ed.), *Style in Language*, Cambridge, Mass.: MIT Press, 1960, pp. 350~77.

었다.[52]

  존칭 여부에 따른 2인칭 대명사 호칭의 두 방식인 ty-vy는 인도유럽
어에 속하는 서유럽어에 존재하는 2인칭 비존칭-존칭의 구별로서, 브
라운과 길먼에 의하면 대개 권력과 유대감의 유무에 따라 결정된다.[53]
ty는 유대감의 지표로, vy는 권력의 불평등 관계의 지표로서, 근대 사
회로 오면서 권력의 불평등을 나타내는 ty-vy의 비대칭 호칭에서부터
평등한 유대감을 나타내는 ty-ty로 옮겨간다.[54] 물론 러시아어의 2인칭
대명사 존칭 용법을 포함하여 다른 서유럽어 역시 개별적 차이가 있다
는 점을 감안하더라도 공통적으로는 대화체에서 비대칭에서 대칭으로,

---

52) 러시아어는 전통적으로 영어의 Mr/Miss/Mrs에 해당하는 호칭이 없는 대신 특이하게도 거
   리감과 친밀함을 동시에 나타내는, 공적 영역에서 사용되는 이름first name과 부칭父稱의
   결합이 있다는 점에 주목해야 한다. K. Buchenau, 같은 책. 이 전통적 호칭은 20세기 후
   반부터 사용이 많이 줄어들었고 대신 업무상 관계인 경우 이름만 사용되는 추세로 바뀌고
   있다는 점은 호칭이 사회 변화의 지표임을 잘 보여준다. M. A. "Russkii rechevoj etiket na
   rubezhe vekov," *Russian Linguistics*, 28, 2004, pp. 163~87. 이름과 부칭의 결합이 주
   는 문화적 소속감을 잘 나타내는 예로 푸시킨에 대해서는 Aleksandr Sergeevich(이름＋부
   칭)로, 해외에서 오래 살았던 라흐마니노프는 Sergej Raxmaninov(이름＋성)로 호칭함에
   주목하라. K. Buchenau, 같은 책.
53) 서유럽어에서 2인칭 복수대명사의 존칭 사용은 4세기 라틴어 2인칭 복수대명사 vos
   가 분열된 동서 로마 황제에 대한 존칭으로 전용되었다는 이론이 유력하다. R. Brown
   & A. Gilman, "The Pronouns of Power and Solidarity," T. A. Sebeok(ed.), *Style in
   Language*, Cambridge, Mass.: MIT Press, 1960, pp. 253~76. 러시아어에서의 2인칭 복
   수대명사의 존칭 전용은 프랑스 귀족 궁정문화의 영향이 강화되는 시기, 특히 18세기 표
   트르 대제 시기에 상류층, 귀족층을 중심으로, 특히 문어에서 그 용법이 뿌리내렸다고 볼
   수 있고, 구어 중심의 민중의 언어에서는 외래적 용법이었다. 하지만 처음 이 용법이 나타
   난 것은 프랑스 문화의 영향이 미미한 15세기 후반 모스크바와 로마 사이의 외교 서신으
   로, 그 기원이 표트르 대제 시기 이전으로 거슬러 올라가기도 한다. B. Comrie, G. Stone
   & M. Polinsky, 같은 책; P. Popov, "On the Origin of Russian vy as a Form of Polite
   Address," *The Slavic and East European Journal*, 29(3), 1985, pp. 330~37. 그럼에도
   불구하고 이 용법의 상류층, 귀족층 언어에서의 확대 시기와 프랑스어의 영향에 대해서는
   반론의 여지가 별로 없다.
54) R. Brown & A. Gilman, 같은 글.

존칭에서 비존칭으로 이동하는 추세다. 러시아 혁명 이후 2인칭 대명사 용법의 가장 큰 변화는 비대칭적 권력 관계를 나타내는 ty-vy의 용법, 즉 신분이나 권력의 차이에 따른 위계질서를 함의하는 용법이 지양되고 대신 평등하고 대칭적인 상호적 존칭 vy가 정치적으로 올바른 평등 이념에 부합하는 적절한 호칭으로 법제화되었다는 점이다. 이는 가장 먼저 군인과 산업 현장의 노동자들에 대한 호칭에서 실시되었는데 계급의 차이를 막론하고 평등과 존중의 호칭 vy를 상호적으로 사용하도록 했지만 오랜 관성으로 인해 엄격히 지켜지지는 않았다. 특히 군대의 경우 군인들이 귀족 출신이 아니기에 더욱 그러했다. 부모와 자녀 사이, 남편과 부인 사이와 같이 가족 간의 비대칭 vy-ty도 가부장적 가족 문화나 남녀 불평등과 연관된 것으로 간주되어 그 사용이 지양되었다.[55]

브라운과 길먼에 의하면 프랑스 혁명 이후 프랑스어의 2인칭 대명사는 형제애를 강조하는 상호적 비존칭 tu로 통일되었는데,[56] 존칭의 vous가 갖는 귀족적 언어에 대한 반감과 계급적 평등 이념이 위계적 권력 관계의 함의를 지닌 존칭과 맞지 않았기 때문이다. 즉 혁명의 정신은 비존칭의 유대감과 더 부합한다는 것이 프랑스식 해결 방식이라면, 러시아어는 유대감보다 존중의 존칭 대명사를 규범으로 삼아 귀족의 어법을 대표하는 대명사인 vy를 금기시하지 않았다는 점에서 프랑스어와는 다른 해결 방식을 선택했다. 하지만 노동자나 군인 등 프롤레타리아 계급과 농촌 출신의 민중, 그리고 표준어가 아닌 방언과 민중어에서 전

---

55) B. Comrie, G. Stone & M. Polinsky, 같은 책.
56) 브라운과 길먼에 의하면 혁명 후 공식석상에서 로베스피에르는 국민의회장에게 실제로 비존칭의 tu 호칭을 사용하였다. 프랑스 역시 혁명 후 시간이 지남에 따라 유대감의 tu는 사용이 줄게 되고 다시 권력의 지표인 vous의 사용이 늘어났다.

통적으로 가장 자연스럽고 친근한 호칭이 공동체적 유대감을 기반으로 한 ty였다는 점에서, 소비에트의 변화된 규범과 실제 언어 현실 사이의 괴리는 언제나 잠재해 있었다.

혁명과 문법적 성

혁명 후 자유, 평등 이념의 주된 수혜자는 여성이었다. 전통적으로 '~의 아내'로만 살아온 러시아의 여성들은 전통적으로 여성이 담당했던 육체노동의 역할(tkachixa[직물공], portnixa[재단공], akusherka[산파]), 산업화로 인해 생겨난 단순 근로직(voditel'nica[운전기사], istopnica[보일러공], garderobshchica[옷보관인] 등) 이외에는 사회 진출의 통로가 좁았다. 그러나 혁명 이후에는 남성이 독점하던 분야로의 여성 진출과 직업 선택의 기회가 늘어나고 특히 의료, 교육계에서 여성의 진출이 두드러졌는데, 직업 지칭 남성명사들이 여성 지시체와 결합할 경우 형태·통사 구조에 충돌과 균열이 나타났다. 이는 러시아어가 가진 문법 범주로서의 성, 즉 '일치agreement'의 문제 때문으로, 러시아어의 문법적 성은 통사적 일치의 문제로 규정되지만 형태론적으로 격변화 유형declension class,[57] 사람인 경우 지시의미적, 생물학적 성과 일치하기에 형태, 통사, 의미적 영역이 모두 관여한다. 사회적으로 인정받는 전문직종의 직업 명사는 대다수 남성형만 존재했었다는 점이 형태론적 성과 의미론적 성의 충돌을 야기했다. 혁명 이후 바뀐 성 역할과 의식

---

57) 제1격변화 유형은 남성명사와 중성명사(비여성), 제2격변화 유형은 소수의 남성명사와 대다수의 여성명사(비중성), 제3격변화 유형은 대다수 여성명사와 극소수의 중성, 남성명사가 속한다. 따라서 형태적 격변화 유형은 문법적 성과 구별되지만 확률적 상관성을 갖는다.

에 언어가 보조를 맞추기 위해서는 러시아어 본래의 형태적 성과 일치되도록 여성형 접미사를 사용하거나, 부가적 수식어로서 여성을 의미하는 단어를 붙여 복합어를 만들거나, 아니면 남성형을 그대로 사용하면서 지시적 의미는 여성인 불일치 상황을 묵인하는 식으로 해결해야 했다. 러시아어는 영어가 정치적으로 올바른 어법에서 lady doctor나 poetess 등과 같은 여성형을 금기시한 것과 비슷하게 여성형 접미사를 거부하고 남성형을 대표 성으로 사용하는 방식을 선택했다.

러시아어와 같이 남성형을 기저로 여성형을 파생시켜 두 형태가 따로 존재하는 조어 규칙을 지닌 언어에서 두 성을 형태적으로 달리 표현하는 방식이 평등한 여성의 지위를 더 반영하는 것인지, 아니면 성 구별 없이 하나의 대표 명사(남성형)를 사용하는 방식이 여성의 불평등을 없애는 것인지에 대해서는 관점의 충돌이 있을 수 있다. 전자의 선택에서는 남성형 어근을 기준으로 조어가 이뤄진다는 점과 배타적으로 사용될 수 있는 여성형 접미사가 없고 모든 여성형 접미사에 전통적으로 뿌리 깊은 부정적 어감이 함축되어 나타난다는 점이 문제가 되고, 후자의 선택에서는 남성형이 결국 총칭으로 선택됨으로써 문법적 남성이 무표 범주unmarked category라는 사실을 암묵적으로 인정하게 되는 문제가 나타난다.[58] 이처럼 여성과 남성의 사회적 평등을 언어 차원으로 이행하여 표상하려 할 때 러시아어는 구조적으로 "이중 속박double bind"[59]에

---

58) 러시아어 문법적 성 체계에 적용되는 무표/유표 범주에 대해서는 R. Jakobson, "Zero Sign," in *Russian and Slavic Grammar*, Berlin: Mouton, 1984(1939), pp. 151~160 와 "The Gender Pattern of Russian," 같은 책, 1984(1960), pp. 141~43을 참조하라. 무표/유표 범주에 대한 정의는 R. Jakobson, "Shifters, Verbal Categories, and the Russian Verb," 같은 책, 1984(1956), pp. 41~58을 참조하라.

59) G. Bateson, *Steps to an Ecology of Mind: A Revolutionary Approach to Man's*

빠지고 만다.

결국 여성형 접미사의 어감과 내포 의미가 관건이 된다. 여성형 파생 접미사가 자음 어간의 남성형에 부가됨으로써 함의되는 태생적, 근원적 양성 불평등 구조와 부정적 어감은 정도의 차이는 있지만 뿌리 깊은 것이다. 여성형 파생접미사가 순수하게 대칭적인 여성형이라는 의미만을 갖기 힘든 것은 이들 접미사가 역사적으로 다른 정서적 의미에 의해 선점되어왔거나 남성형과 비교하여 엄밀하게 의미적 대칭 관계를 이루기 힘들기 때문인 것으로 해석된다. 가령 가장 무표적으로 보이는 여성형 파생접미사 -ка는 사물도 지칭 가능하고(전차èlektrichka, 토굴zemljanka 등) 회화체에서 비표준적으로 사용되는 거친 어감을 가진다는 단점이 있고, -sha나 -ixa는 '~의 부인'이란 의미가 시대적으로 선행하고, 특히 -ixa는 암컷 동물을 지칭하는 데 자주 사용되기에(암토끼zajchixa) 문제가 있으며, -inja, -essa, -ica 등도 형태, 의미적으로 생산적으로 사용되기에는 제한이 많다.[60] 전통적으로 여성이 점하던 직업명사와 달리, 남성이 주로 점하던 전문직 직업명사에서 여성형이 파생된 경우 그러한 경향이 더 심하게 나타난다. 회화체 구어와 친근한 대인 관계에서는 이 같은 여성형이 문제없이 받아들여지지만 공식적인 문체에서는 정치적으로 올바르지 못한 어법으로 간주되었음에 주목하면,[61] 정치적으로 올바른 언어의 사용 맥락은 공적 담화라는 전제가 성립한다. 회화체에서는 여성형 접미사를 사용해도 부정적 어감이 없었던 것처럼, 공식

Understanding of Himself, Chicago: Chicago University Press, 1969.

60) B. Comrie, G. Stone & M. Polinsky, 같은 책.

61) O. T. Yokoyama, "Russian Genderlects and Referential Expressions," *Language in Society*, 28(3), 1999, pp. 401~29.

어에서도 법적 신분이나 정체성과 관련되거나 경쟁 분야가 성별에 따라 상호배타적으로 나뉜 스포츠, 예술 분야는 여성형 접미사의 부정적 어감이 나타나지 않는다. 반면, 여성형 접미사가 전문직종의 남성형 직업 명과 결합했을 때 아류 혹은 이류라는 평가절하의 부정적 어감이 강하게 나타나기 때문에 기피되었다.[62]

여성을 지시하면서 남성형 직업명을 사용할 경우 야기되는 문제는 격변화 유형과의 불일치, 통사적 성(문법 범주로서의 성)과의 불일치로 인해 기존의 안정적인 러시아어의 문법에 균열을 야기한다는 점이다. 문법의 항상성을 유지하면서 바뀐 성 역할의 사회문화를 언어에 반영할 방식을 찾는 것은 현재 21세기의 러시아어에서도 진행형이라 할 수 있지만, 러시아어는 혁명 이후부터 러시아어의 종합어성을 점차 포기하고 대신 분석어성을 확대하는 방식으로 방향 전환을 해왔다. 여기에서 그 역할 모델을 제공한 것이 기존의 '공통성명사common gender nouns, epicene'다. sirota(고아), sud'ja(재판관), p'janica(술주정뱅이), nerjaxa(칠뜨기), kollega(동료) 등 러시아어의 전통적 공통성명사가 지시적 성에 따라 문법적 성이 결정되는 성의 동음이의성homonymy을 갖는 것처럼, 새로운 공통성명사는 지시적 성에 따라 문법적 성을 일치시킨다. 여기에는 이미 소비에트 시기의 가장 빈도수 높고 무표적

62) R. A. Rothstein, "Sex, Gender, and the October Revolution," *A Festsbrift for Morris Halle*, S. Anderson & P. Kiparsky(eds.), NY: Holt, 1973; 이인영, 「혁명과 언어, 그리고 여성」, 『러시아혁명기의 사회와 문화』, 한국슬라브학회 엮음, 민음사, 1988. 가령 여성 요리사의 요리에 대해 찬사를 보낼 경우, 요리사의 여성형 povarixa를 사용하지 말아야 하는 암묵적 금기를 말한다. 즉, 칭찬과 포상의 맥락에서 여성형 명사는 의도하지 않게 평가절하의 어감을 가질 수 있고 이는 비단 러시아어만의 문제라기보다 서유럽어에 보편적으로 나타난다.

인 호칭이 된 공통성명사 tovarishch(동지)도 합세하였다. vrach(의사), direktor(지도자, 장長), upravdom(아파트관리인), buxgalter(회계사), professor(교수), avtor(저자), inzhener(엔지니어) 등 여성이 새롭게 진출한 직업군의 남성명사들의 공통성명사화로 인한 러시아어의 구조적 변화는 아직도 진행형이다.

남성명사가 여성 지시체를 갖는 경우 관계대명사, 인칭대명사 뿐 아니라 같은 문장의 서술어에서는 여성에 준하는 의미적 일치가 표준어의 규범 안에 통합되었지만 아직도 수식어의 경우에는 통사적 관계의 밀접함으로 인해 문법적 성, 즉 통사적 성 일치를 따르는 것이 규범이다. 하지만 이 규범은 지금도 점진적으로 변화하고 있는데, 혁명 후 새롭게 나타난 공통성 직업명사의 '일치 위계agreement hierarchy'[63]가 화자의 교육, 세대, 성, 직업 등의 다양한 배경과 공변화한다는 점에서 향후 지속적 변화가 예상되는 주목할 만한 사회언어학적 현상이다.[64]

---

63) 일치 위계에 대해서는 G. Corbett, *Hierarchies, Targets and Controllers: Agreement Patterns in Slavic*, University Park: The Pennsylvania State University Press, 1983을 참조하라.

64) 러시아어와 같은 남성, 여성형의 형태적 등가 대립equipollent opposition이 가능한 언어에서 여성형을 전적으로 포기하는 않고 남성/여성 모두의 공존 방식을 모색할 수 있다. 지시적 용법일 경우와 보어로서의 범주화 기능일 경우를 구분하여 전자에는 여성형을 사용하고 후자에서는 남성형으로 통일시키는 방식이다. 여성형에는 정체성 확인 기능을, 남성형에는 사회적 역할, 직업명의 기능을 부여하여 역할 분담을 통해 상보적 분포 관계를 형성하게 하는 것이 가능하다. 즉, 여성을 지시할 경우 개별 정체성에는 여성형에 대한 부정적 어감을 없애고, 사회적 역할 기능에서의 젠더 차별은 부정적으로 인지하는 표현 방식이란 점에서 주목할 만하다. 가령, 다음과 같은 문장에서 지시적 용법의 여성형(여성지리학자)과 서술적 역할 의미에서의 남성형(담임교사)을 비교하면 두 형태의 공존 방식이 잘 나타난다. '실은 소피야 베냐미노브나가 여성지리학자로서 우리 담임교사다Na samom dele Sof'ja Veniaminovna, *geografichka, nash klassnyj rukovoditel*.' A. Timberlake, 같은 책, 2004, p. 163.

414

4. 민족적, 문화적 정체성과 언어

과격하고 급격한 혁명의 논리에 의해 변화된 언어는 전통과의 단절과 새로운 사회의 통합을 위해 인위적으로 만들어진 언어였다. 소비에트의 새로운 언어는 혁명의 파토스는 잘 전달할 수 있었지만 그 혼종성과 원심성으로 인한 규범 부재로 소비에트 문화와 국민, 국가의 새로운 정체성 확립에 걸림돌이 되었다. 혁명 이후 새로운 외래어의 등장과 기존에는 하부 문화에서만 통용되던 특수 은어의 범람 등은 한 언어의 변이형이 아니라 마치 두 언어가 공존하듯 소통의 단절을 초래했다. 셀리시체프가 지적하듯 볼셰비키 당원의 언어는 일반 민중에게는 종종 외국어와 다름없는 이해 불가능한 언어였다.[65] 이러한 문제에 대해 혁명을 이끌었던 레닌 자신도 그 심각성을 깨달아 언어 정화의 필요성을 설파하였고,[66] 비노쿠르와 같은 언어학자도 무의미한 혁명 구호나 클리셰에 대해 비판적 태도를 천명했다.[67] 이와 같은 심각한 언어 가치의 전복 혹은 아노미 상태는 혁명 직후의 체제 적응기를 지나 소비에트 체제 안정

---

65) A. M. Selishchev, 같은 책.

66) 『프라우다』에 실린 레닌의 다음 글에 주목하라. "우리는 이유 없이 낯선 단어들을 사용합니다. 그것도 부정확하게 사용하지요. 왜 'nedochety' 혹은 'nedostatki' 'probely' 라는 단어들이 있는데 'defekty'라고 말해야 합니까? 우리는 이제 이유 없이 외국어를 사용하는 것과 러시아어 왜곡에 대해 전쟁을 선포할 때가 되지 않았습니까?"(A. M. Selishchev, 같은 책, p. 56). 레닌은 또한 혁명에 동조했던 프로레트쿨트의 언어적 예술성을 높이 평가하지 않았고 마야콥스키와 같은 미래파의 시 대신 톨스토이, 투르게네프, 푸시킨과 같은 소위 '부르주아' 19세기 귀족 작가들의 언어를 높이 평가했으며, 특히 톨스토이에 대해서는 평론도 몇 편 남겼다고 한다. A. T. Rubinstein, "Lenin on Literature, Language, and Censorship," *Science and Society*, 59(3), 1995, pp. 368~83.

67) V. Zhivov, "Review of The Russian Language Since the Revolution," *Russian Linguistics*, 5, pp. 181~90, 1980; G. Vinokur, "O revolucionnoj frazeologij," *LEF*, 2, 1923, pp. 104~18.

기에 접어들면서 국가, 국민, 민족적 정체성 및 문화 정체성, 언어 정체성 정립에 걸림돌이 되었다. 스탈린 시대에는 언어 순수주의 이데올로기에 입각한 언어 순화와 언어 표준화, 규범화가 시작된다.[68] 이는 언어의 정치적 올바름뿐 아니라 문화적, 도덕적 올바름의 목표에도 도달하기 위한 사회문화, 행동과 발화 예절 전반에 걸친 '문화성' 제고의 실천방안이었다. 일부 불필요한 외래어, 비속어, 방언, 은어 등이 상당수 배제되었고 축약어도 혁명 후 10년 안에는 양적으로 축소되거나 풀어 쓰는 방향으로 바뀌었다.

소비에트 연방은 스탈린의 지침인 "형식에서는 민족주의, 내용에서는 사회주의" 원칙에 따라 표면적으로는 각 민족의 문화와 언어를 인정하면서도 러시아어를 실제적 소비에트 통용어로 삼은 다언어, 다민족 국가다.[69] 혁명 초기의 체제 적응기를 지나 태생적으로 원심성 강한 다민족 연방 국가의 통합을 위한 구심적 문화정책의 하나로 순수주의적 언어정책을 펼치는데 궁극적 목표는 소비에트 연방의 중심인 러시아의 국가, 국민, 민족적 정체성을 부여하기 위한 것으로 이를 위해 무엇보다 언어의 규범화, 즉 표준어 모델 정립이 시급했다. 언어를 경제적 토대

---

68) V. Zhivov, "Jazyk i revoljucija," *Otechestvennye zapisi*, 2(23), 2005. 언어 순수주의의 정치적 의미와 여기에 숨은 언어관에 대해서는 M. J. Shapiro, "A Political Approach to Language Purism," in B. H. Jernudd et al.(eds.), *The Politics of Language Purism*, Berlin: Mouton de Gruyter, 1989, pp 21~29를 참조하라.

69) 이 원칙은 사회주의의 이상인 민족의 경계 없는 이념적 국제주의, 즉 하나의 사회주의 문화와 언어로 가는 전 단계로서 통치 전략적 편의상 민족주의적 자치를 허용한 것으로 "현지화 korenizacija"(Y. Slezkine, "The USSR as a Communal Apartment, or How a Socialist State Promoted Ethnic Particularism," *Slavic Review*, 53(2), 1994, pp. 414~52) 전략이기도 하다. 레닌, 스탈린의 민족주의적 태도와 여러 공화국과 다민족으로 구성된 소비에트 국가의 구심력 강화를 위해 민족주의가 어떻게 전략적으로 활용되었는지에 대해서는 Y. Slezkine, 같은 글을 참조하라.

에 따른 상부구조의 하나로 혹은 사회계급의 산물로 보는 마르크스주의적 언어관 대신 레닌과 스탈린은 러시아식 민족주의를 언어정책에서도 펼친다. 당 중심의 중앙집권적, 하향적 관치 언어정책과 편집, 검열을 통해 소비에트식 규범어는 경직화되고 의례화되었다. 레닌, 스탈린의 정치적 언어와 공산당의 언어가 하나의 '경전'으로서 무비판적으로 수용, 모방, 인용해야 할 기준이 됨과 동시에 19세기 고전적 작가들, 가령 푸시킨, 톨스토이 등의 작가의 언어를 본받아야 할 문체의 아이콘으로 삼는 복고적, 낭만적 민족주의가 바탕이 된 언어정책이 동시에 나타나는 이원적 양상을 띠었다.[70] 이 두 가지는 일견 모순된 것처럼 보이는데, 레닌, 스탈린을 위시한 당 주도의 언어 모델은 공산주의, 사회주의 정치 이념과 사상 교육에 중요한 수단적 가치를 갖고 있지만 문체적으로 세련되지 않은 언어로 사고를 통제, 조정하는 정치적 언어라 한다면, 19세기 고전적 문학어는 혁명이나 사회의 변화와 무관하게 초시대적인 문체적 교범으로 여겨진 언어로서 교화적, 교육적, 공리적 목적을 위한 문화적, 도덕적 가치를 지향한 언어 모델이다. 두 이율배반적 모델은 언어의 상징적, 문화적 자산 가치를 인정하고, 언어의 권위와 권력의 차별성을 암묵적으로 인정하면서 그를 통해 다른 언어를 통제, 규제함으로써 정치적 권력, 문화적 권위의 독점을 목표로 한다. 두 언어 모두 궁극적으로 미래지향적이라기보다 회귀적, 복고적, 보수적 성격을 가진다는 점에서는 공통적이다.

본 장에서는 마르크스주의 이념이 반영된 언어학의 주요 이론인 '마

---

70) A. Yurchak, *Everything was Forever, Until It was No More*; M. S. Gorham, *Speaking in Soviet Tongues: Language Culture and the Politics of Voice in Revolutionary Russia*, DeKalb: Northern Illinois University Press, 2003; Y. Slezkine, 같은 글.

르주의Marrism'를 살펴보면서 이데올로기와 민족적 정체성이 언어이론에 끼친 영향을 알아볼 것이다. 아울러 언어와 사고 혹은 언어의 사회성, 담화의 상호텍스트성에 관해 같은 시기 서구와 비교하여 선진적이고 탁월한 업적을 남긴 비고츠키와 바흐친에 대해 간략히 소개할 것이다. 또한 스탈린을 중심으로 한 민족주의적 언어관, 언어 순수주의, 비노쿠르 등의 언어문화 이론과 정책 등 국가, 민족적 정체성 확립의 도구로서의 언어 이데올로기를 함의하는 소비에트의 언어정치를 살펴볼 것이다.[71]

정치, 사회, 이데올로기와 언어이론

소비에트 정치 이데올로기와 마르크스주의적 언어관은 러시아 학문 전반에 영향을 끼치는데 언어학 역시 예외가 아니었다. 사실과 믿음을 동일시한 대표적인 정치적 언어이론이 오랫동안 당대를 풍미했던 '새 언어이론New Theory of Language' 혹은 '야벳주의'라 불리는 마르N. J. Marr의 언어이론이다.[72] 마르주의는 이미 소비에트의 학문의 정치화에 대한 대

---

71) 소비에트 언어정책과 언어 이데올로기 전반에 관한 고찰은 L. A. Grenoble, *Language Policy in the Soviet Union*, NY: Kluwer Academic Publishers, 2003; M. G. Smith, *Language and Power in the Creation of the USSR 1917~1953*, Berlin: Mouton de Gruyter, 1998; Y. Slezkine, "The USSR as a Communal Apartment, or How a Socialist State Promoted Ethnic Particularism," *Slavic Review*, 53(2), 1994, pp. 414~52 등을 참조하라. 스탈린이 소비에트 연방에 종속된 공화국들에 펼친 언어정책과 그 영향 등은 별도의 심층적 연구가 필요한 방대한 주제이기에 본 연구에서는 다루지 않는다.

72) 마르주의 이론에 대한 상세한 정치, 사회, 문화적 맥락과 배경, 이론의 해설은 Y. Slezkine, "N. Ia. Marr and the National Origins of Soviet Ethnogenetics," *Slavic Review*, 55(4), 1996, pp. 826~62; I. Meshchaninov, "Introduction to Japhetidology: Thesis," 1929, in C. Brandist & K. Chown(eds), *Politics and the Theory of Language in the USSR*

명사처럼 평가되고 마르를 순수한 의미의 언어학자로 보는 사람은 거의 없을 만큼 당시 혁명적 마르크스주의 언어이론의 프레임 안에서 그리고 소비에트 정치, 사회, 문화적 생태계에서 자연스럽게 배양된 '정치적으로 올바른' 언어이론이었다. 현재에는 제대로 된 언어학 이론으로 평가받지 못하고 일종의 유사언어이론으로 여겨지는 마르주의 언어이론은 발화의 고생물학paleontology과 진화인류학의 결합이면서, 소비에트식 민족문화발생학ethnogenetic이라는 복합적이면서 학제 간 연구의 성격을 가진다고 평가된다.[73]

마르주의 이론은 언어, 인종, 민족의 진화와 계통, 발생에 관심을 갖고 모든 언어와 인류 문명, 문화의 뿌리를 야벳족에서 발견하는 한편,[74] 기존의 언어이론에서 가장 중심적 연구 대상이었던 인도유럽어족과 그 문화 중심의 연구 패러다임을 완전히 뒤엎은 이론으로, 인도유럽어 숭심의 학계를 부르주아, 식민주의, 제국주의 이론 등의 감정적 이름으로 매도하였다. 마르주의는 하나의 어족에서 시작하여 분화된 언어들은 경제적 토대의 변화 단계를 거쳐 다시 하나의 세계어로 통합, 진화될 것이라는 주장을 내세워 근본적으로는 마르크스주의적 언어관에 충실했다. 마르에 대해서는 언어학에 무지한 "돌팔이 사기꾼"으로 "연금술"을 설파한 인물이라는 혹평이,[75] 그의 이론에 대해서는 "발생유전학이

1917~1938, London: Anthem Press, 2010, pp. 175~79; C. Brandist, "Introduction to Meshchaninov's Japhetidology Theses," in C. Brandist & K. Chown(eds), 같은 책, pp. 169~74; 표상용, 「1920~1940년대 소비에트 언어학에 대한 비판적 고찰: 마르주의를 중심으로」, 『언어와 언어학』 35, 2005, pp. 396~422 등을 참조하라.

73) C. Brandist & K. Chown(eds), 같은 책; Y. Slezkine, 같은 글.
74) 야벳은 「창세기」에 나오는 노아의 세 아들 셈, 함, 야벳 가운데 하나다.
75) Y. Slezkine, "The Fall of Soviet Ethnography, 1928~38," *Current Anthropology*, 32(4), 1991, pp 476~84.

러시아어에 나타난 10월 혁명의 파토스와 에토스　419

부재한 창조론과 소리 없는 묵시록 사이의 거의 아무것도 아닌 교의"이
자 "소비에트 여방의 대변혁기[76]의 완벽한 수사적 대응"이란 평가가 주
를 이루었다.[77] 야벳주의를 통해 마르 자신이 태어난 그루지야라는 주
변 지역을 세계와 인류의 역사적 중심으로 이동시킴으로써 마르주의는
광적이고 낭만적인 자민족중심주의로 비춰진다. 하지만 이 이론은 단
지 소수의 치우친 이론이 아니라 학문적 갈등은 있었지만 당대를 지배
하던 언어이론으로서, 언어 구조와 문화, 언어적 고생물학과 진화인류
학의 접목, 진화와 신화의 영역 간의 상관성을 파악했다는 방법론에서
는 독창적이고 선진적이며 바흐친, 로트만 등의 문화이론에도 영향을
주었다는 일부 긍정적 평가도 존재한다.[78] 마르주의가 마르크스주의 언
어관에 충실한 독특한 이론이지만 마르 자신과 러시아 민족의 문화, 언
어, 역사 등 총체적 정체성을 그 기원, 진화의 문제와 연관하여 연구하
였다는 점에서 민족주의적 색채가 뚜렷이 감지된다.

　마르주의라는 관치 언어이론에 가려져 있지만 소비에트 초창기인
1920~30년대에는 러시아 언어학사에 큰 업적을 남긴 주목할 만한 인
물들이 많았고, 이들은 대개 당시의 혁명적 시대정신 프레임 안에서 선
진적인 이론을 선도했다. 특히 서구에서 더 잘 알려진 인물 가운데, 언
어와 사고의 문제, 상징적 문자매체와 사고의 문제 등에 주목할 만한

---

76) 1928년 스탈린이 주창한 사회주의 계급투쟁의 마지막이자 완성 단계로 나아가는 실천적 혁
　　신 운동으로서 신사회주의 혁명이자 학술, 문화, 예술, 정치, 경제 등을 망라한 정신공학에
　　기반한 문화혁명이다. 스탈린은 산업화, 집단화 등의 경제적 선진화뿐 아니라 교육, 학술,
　　예술까지도 망라한 마르크스주의 정신의 실천, 반혁명 세력인 계급적 적의 타도와 후진적
　　정신, 물질 문화를 타파할 것을 천명하였다. Y. Slezkine, 같은 글.

77) Y. Slezkine, "N. Ia. Marr and the National Origins of Soviet Ethnogenetics," 같은 책.

78) C. Brandist, "Introduction to Meshchaninov's Japhetidology Theses," B. Craig & K.
　　Chown(eds.), 같은 책, pp. 169~74.

업적을 남긴 비고츠키는 마르주의와 달리 스탈린의 사회주의 이념적 프레임에 맞지 않은 "부르주아적" 혹은 "절충적"이라 비판받은 발달심리학자다. 그는 언어 습득과 언어의 진화에서 발화의 근원적 사회성을 주장하였는데 '자기중심적 발화'와 '내적 발화'의 단계를 '사회적, 소통적 발화' 단계 다음에 오는 것이라 주장하고 사고와 발화의 상호 상승적 기능에 대해서도 연구함으로써 심리언어학, 언어 습득, 인지언어학 등에서 시대에 앞선 선구적 연구를 수행했다.[79] 더욱이 1930년대 루리아A. R. Luria와 함께 수행한 문자와 추상적, 범주적 사고의 상관성에 관한 실험은[80] 마르크스주의 언어학과 거리가 먼 것이었지만 매체와 사고의 상관성을 보임으로써, 구술성과 문자성의 정신역학적 차이를 주장한 옹이나[81] 그 이전의 맥루한[82] 등의 연구를 한참 앞섰다.[83]

미하일 바흐친은 언어, 문예 이론가로서 서구에서 먼저 독창적이라는 평가를 받은 반면,[84] 사회언어학자였던 야쿠빈스키L. Jakubinskij[85]나

---

79) L. Vygotsky, *Thought and Language*, Cambridge, Mass: The MIT Press, 1992.

80) 이들은 실험을 통해 우즈벡 공화국과 키르기즈 공화국 등에서 문자 교육을 약간이라도 받은 이들과 그렇지 못한 이들이 사물을 분류하는 방식에 차이가 있음을 밝혔다. 가령 문자를 모르는 농부는 해머, 톱, 나무, 손도끼가 있다면 나무를 제외한 나머지를 '도구'로 범주화하는 추상적 사고 대신, 나무와 손도끼, 나무와 톱 등을 연결시켜 상황 의존적 사고를 한다는 것이다. W. J. Ong, *Orality and Literacy: The technologizing of the Word*, London: Routledge, 1982.

81) W. J. Ong, 같은 책.

82) M. McLuhan, *The Gutenberg Galaxy: The Making of Typographic Man*, Toronto: University of Toronto Press, 1962.

83) M. G. Smith, *Language and Power in the Creation of the USSR 1917~1953*, Berlin: Mouton de Gruyter, 1998.

84) 바흐친이 원저자로 간주되어온 V. N. Voloshinov, *Marxism and Philosophy of Language*, L. Matejka & I. R. Titunik(trans.), Cambridge, Mass: Harvard University Press, 1986 와 M. Bakhtin, *The Dialogic Imagination*, Austin: University Of Texas Press, 1981: M. Bakhtin, *Problems of Dostoevsky's Poetics*, Minneapolis: University of Minnesota

라린B. Larin은 비교적 서구에 덜 알려졌는데, 그들은 1920~30년대 사회 계층과 언어의 상관성에 관한 연구를 서구보다 수십 년 앞서 시작함으로써 소비에트 사회언어학의 수준을 이미 꽤 높여놓았고, 이를 통해 담화의 대화성과 다층위성, 발화 장르와 언어의 상관성 등의 이론이 알려지게 된다. 바흐친의 담화이론은 이 같은 학문적 토양 위에서 결실을 맺은 것이라 할 수 있다.[86] 마르주의 언어이론처럼 바흐친의 언어, 담화이론도 매우 독창적으로 보이지만 혁명 이후의 정치, 사회, 문화, 학문적 생태계 안에서 관찰하면 그 이론의 형성이 아주 자연스럽게 이해된다는 점에 주목해야 한다.

당시 이데올로기, 정치, 사회, 문화적 맥락과 언어의 상관성을 직접 체험함으로써 바흐친은 "다음성polyphony"과 "이종어성heteroglossia," 즉 언어의 이데올로기적, 사회적 다층위성에 대한 통찰을 얻을 수 있었다. 바흐친의 언어이론이 언어의 공동체성과 개별성, 구심성과 원심성, 역동성, 경제적 토대와 상부구조 사이에서의 보편적 기호 매개의 특성을 밝힌 것, 그리고 소비에트 언어학이 기호적 추상체로서의 객관주의적

Press, 1984; M. Bakhtin, *Speech Genres and Other Late Essays*, Austin: University of Texas Press, 1986 등이 영어로 번역되어 서구에서 크게 반향을 일으킨 반면, 다른 소비에트 사회언어학자들의 연구는 거의 소개되지 않았다. 하지만 브랜디스트는 야쿠빈스키나 라린 등과 같은 사회언어학자들의 연구가 바흐친 이론의 토양이었고, 윌리엄 라보프W. Labov로부터 본격화된 서구의 사회언어학 연구를 수십 년 선행한 선구적 업적이라 평가한다. C. Brandist, "Introduction," in C. Brandist & K. Chown(eds), 같은 책, pp. 1~16.

85) 야쿠빈스키는 1923년 「대화적 발화에 관하여」라는 논문과 1930~31년 논문집 『계층 구조와 현대 러시아어』를 발간하였는데, 이 연구들에 대한 사회언어학적 의의는 C. Brandist, "Introduction," in C. Brandist & K. Chown(eds), 같은 책, pp. 1~16과 C. Brandist & M. Lähteenmaki, "Early Soviet Linguistics and Mikhail Bakhtin's Essays on the Novel of 1930s," in C. Brandist & K. Chown(eds), 같은 책, pp. 69~88을 참조하라.

86) C. Brandist, 같은 글; C. Brandist & M. Lähteenmaki, 같은 글.

언어학(가령 소쉬르의 랑그 개념과 같은), 구조주의 언어학을 넘어 본격적인 사회언어학, 담화언어학의 연구 토양을 배양할 수 있었던 것은 혁명 이후의 사회, 문화, 정치적 생태계와 언어의 상호작용을 목격하였기 때문으로 보인다.[87]

정치 이데올로기와 실용성에 바탕을 둔 소비에트 언어학 연구 동향은 1950년대로 오면서 기계 번역machine translation과 인공두뇌학 등이 정책적으로 권장되면서 인간적 요소를 배제한 언어의 자체 충족적인 구조를 기술하는 구조주의적, 형식주의적 연구방법론으로 회귀하는데, 이에 대한 반작용으로 소비에트 초기의 사회언어학, 특히 바흐친의 사회, 역사, 이데올로기적 생태계와 연관된 인간 언어의 본질, 그리고 담화의 근원적 다층위성과 대화성은 소비에트 언어학계에서도 뒤늦게 조명받게 된다.[88]

언어문화와 언어 순수주의

스탈린은 1950년『프라우다』에 기고한 선언적 언어학 에세이들을 통해 언어를 경제적 토대와도 다르고, 상부구조와도 다르며, 그 중간도 아닌, 종족이나 민족, 그리고 그들의 사고 구조와 불가분의 관계를 지닌 것으로 지속성 있고 안정적인 구조를 지닌, 장기간에 걸쳐 생겨난 사회적 산물로서 문화와 달리 계급적인 것이 아니라고 주장함으로써

---

87) V. M. Aplatov, "Soviet Linguitics of the 1920s and 1930s and the Scholarly Heritage," in C. Brandist & K. Chown(eds.), 같은 책; C. Brandist & M. Lähteenmaki, 같은 글; M. Lähteenmaki, "'Sociology' in Soviet Linguistics of 1920~30s: Shor, Polivanov and Voloshinov," C. Brandist & K. Chown(eds), 같은 책, pp. 35~52.
88) M. G. Smith, 같은 책.

통합된 문학어, 국가어의 존재를 인정한다.[89] 스탈린은 이 선언에서 마르크스주의 언어관과 달리 언어를 사회의 경제적 기반의 변화에도 불구하고 변치 않는 특수한 궁극적 가치를 지닌 것으로 파악한다. 즉 그의 언어관은 언어를 토대에 의해 통제되는 상부구조로 정의하는 마르크스주의적 언어관과 대조된다. 그는 초기에는 마르크스주의적 언어이론인 마르주의에 대해 우호적 태도를 보였지만 1930년대 중반부터 이 언어이론을 비판하기 시작하여 급기야는 그 이론을 단순화된, 이상주의적이고 비속한 유사마르크스주의 언어이론이라 규정하였다.[90]

스탈린의 언어학 관련 에세이 발표 이후 정치 이데올로기 담화에 있어서는 공산당과 레닌, 스탈린의 언어가 역할 모델을 수행했기에 개인의 창의성은 무시되고 모든 담화가 일종의 인용, 상투어구, 클리셰, 모방의 문체로서만 작동했다. 혁명 초기의 언어적 실험이나 탈전통, 탈권위의 태도와는 반대로 규범, 권위, 권력의 언어를 기준으로 어떤 어법과 담화가 옳고 그른지에 대한 판단이 명확했다. 그 대표적 기준이 되는 규범어의 입법자이자 "자비로운 자" 혹은 "빅브라더"는 바로 스탈린 자신이었다. 익명성, 집단성, 규범성, 의례성 등의 특성을 지닌 소비에트 신어는 개인의 사고의 자유를 억압할 수 있는 효과적인 언어공학적 기제이다. 언어는 사고를 지배하고 사고는 행동을 지배한다는 신념을 전제로 스탈린에게는 언어공학이 인간 영혼의 공학이자 효과적인 통치

---

89) J. Stalin, "On Marxism in Linguistics," "On Several Problems in Linguistics," *The Soviet linguistic Controversy*, in J. V. Murra et al.(trans.), NY: King's Crown Press, 1951; A. Yurchak, 같은 책; Y. Slezkine, "The USSR as a Communal Apartment, or How a Socialist State Promoted Ethnic Particularism," *Slavic Review*, 53(2), 1994, pp 414~52 등을 참조하라.
90) J. Stalin, "On Marxism in Linguistics," "On Several Problems in Linguistics," 같은 책.

수단이란 확신이 있었다. 표준어, 문학어의 가치와 존재 이유가 중요해진 스탈린은 언어적 모범으로 아이러니하게도 제정 시대인 19세기 고전적 '부르주아' 문학가들의 언어에 주목했다. 이는 이미 레닌이, 혁명에 앞장섰던 단체인 러시아 프롤레타리아 작가연합이나 프로레트쿨트의 예술과 문학에 대한 불편함을 호소하고 톨스토이 등의 고전적 사실주의 작가를 높이 평가했던 것과도 일맥상통한다.[91]

비노쿠르는 1920년대부터 '언어문화' '발화문화'라는 개념을 통용시킨 언어학자로,[92] 그는 소비에트 언어학의 과제를 공리적이고 사회적으로 유용한 언어과학, 즉 언어기술, 언어공학의 형성, 혹은 언어정책을 위한 언어학적 토대를 세우는 것이라 생각했다.[93] 언어문화, 발화문화라는 개념은 사회, 문화의 합리화, 순수화를 위해 언어를 계획적이고 규범적으로 통제하고 관여한다는 발상에서 나온 것으로, 이는 언어 순화를 통해 규범어, 표준어, 문학어의 정립이 가능해지고 국가적 통합에 기여할 수 있다는 믿음이 전제된 것이다.[94] 비노쿠르는 언어문화의

---

91) J. Stalin, "On Marxism in Linguistics"; A. T. Rubinstein, "Lenin on Literature, Language, and Censorship," *Science and Society*, 59(3), 1995, pp. 368~83.

92) G. Vinokur, *Kul'tura jazyka*, Moskva: Izdatel'stvo 〈Federacija〉, 1929.

93) V. Reznik, "The Word as Culture: Grogorii Vinokur's Applied Language Science," in C. Brandist & K. Chown(eds.), 같은 책, pp. 123~36; M. S. Gorham, "Language Ideology and the Evolution of Kul'tura Iazyka," in C. Brandist & K. Chown(eds.), 같은 책, pp. 137~50.

94) 비노쿠르가 언어문화를 이론적으로 정립했다면 실행 면에서 당대 저명한 언어학자들의 학문적 도움이 컸다. 시체르바, 오브노르스키, 우샤코프, 오제고프 등은 당시 언어적 혼란상과 규범과 규율의 부재에 대해 비판적 시각을 갖고 새로운 국가, 사회, 정치, 문화, 민족적 정체성 수립을 위해 전제되는 언어 규범에 대해 고민했던 학자들이다. M. S. Gorham, *Speaking in Soviet Tongues: Language Culture and the Politics of Voice in Revolutionary Russia*, DeKalb: Northern Illinois University Press, 2003; M. S. Gorham, *After Newspeak: Language Culture and Politics in Russia from Gorbachev to Putin*, Ithaca: Cornell University Press, 2014. 특히 우샤코프나 오제고프는 1930~40년

쇄신을 통해서만 시간이 지남에 따라 무기력과 독단에 빠진, 화석화되고 경직된 이념적 혁명언어로 인한 관성적, 비이성적 사고에서 벗어날 수 있다고 주장했다.[95] 피상적으로는 스탈린식 정치언어와는 전혀 다른 언어인 19세기 고전적 사실주의 작가들의 언어를 모델로 삼았다는 점에서 정치적 색채를 배제한 문화성 제고를 목표로 한 것처럼 보인다. 하지만 이 19세기 문학어 모델 역시 유기체로서의 변화하는 언어의 본질을 인정하지 않고 대신 한 세기 지난 과거의 언어로 인위적으로 회귀하려 했다는 점에서, 그리고 미적 판단과 가치 판단을 모두 소수의 정치, 문화 권력이 독점했다는 점에서 정치 이데올로기에 의한 언어 통제인 것은 마찬가지다.

5. 나가며

러시아 사회주의 혁명은 정치, 사회, 경제 뿐 아니라 개인의 일상적 삶까지도 질적으로 변형시킨 시간적 파장이 긴 사건으로, 그 사건 이후의 긴 과정까지 포괄하는 개념이다. 그 과정의 중심에 자리 잡은 언어와 담화의 역할은 상당히 의미심장했음에도 불구하고 비교적 최근에야 진지한 학문적 관심과 주목을 받게 되었다. 혁명 이후의 러시아어는 혁명적 파토스와 에토스가 가져온 정치, 사회, 문화적 변화와 공진화했

대 러시아어 (주석)사전을 발간함으로써 표준 어휘의 감시자, 문지기 역할을 하였다. 하지만 여기서도 언어 순화와 언어문화적 정책에 개입한 인물은 사회주의 리얼리즘과 소비에트 문학의 창시자인 최고의 문화권력이었던 막심 고리키, 그리고 그보다 더 상위 차원에서 러시아어의 규범을 제시한 "거장"인 스탈린이었다. A. Yurchak, 같은 책.
95) G. Vinokur, "O revolucionnoj frazeologij," *LEF*, 2, 1923, pp. 104~18.

다. 소비에트 신어는 혁명 후 한 세기가 지난 포스트소비에트 시기인 현재에도 그 잔재가 완전히 사라졌다고 말하기 힘들다.[96] 언어적 관성의 생명력이 때로 사회정치 체제나 몇 세대에 걸친 인간의 삶보다 긴 것은 언어가 정치뿐 아니라 문화, 이데올로기, 사고와 관련되면서 이들 분야보다 지구력이 세기 때문이다.

이 글에서는 언어가 사회와 갖는 영향이 상호적임을 보였고, 사회 각 방면에서 급격한 혁명적 변화를 경험한 러시아에서 언어가 어떻게 기능했는지를 조망하였다. 러시아 혁명은 언어를 통해 촉발되고 언어로 실행되었으며 언어로 완성되고 언어로 그 추동력을 지속적으로 공급받았다고 할 수 있다. 혁명 후 언어는 그 이념에 발맞춰 수직적 관계에서 수평적 관계로의 언어적 평등을 실천하고자 하위 계층이나 여성을 위한 호칭 체계와 명칭을 고안하였지만, 다른 한편으로는 외래어나 약어 중심의 신조어의 범람과 어휘 의미의 획일화와 축소 등의 언어적 혼란과 억압도 겪었다. 무엇보다도 비속어와 은어, 방언 등의 전파로 원심성이 커지고 규범이 실종되는 언어적 아노미 상태가 언어 순수주의 이데올로기를 바탕으로 한 언어문화 통제의 필연성으로 이어졌는데, 이는 보이지 않는 언어 가치의 독점을 위한 권력 투쟁을 함의한다.

유르착은 언어의 진술적 의미의 참, 거짓이 중요한 것이 아니라 초월적 규범화hypernormalization를 통해 초월적 현실을 창조하는 것이 소비에트 신어의 목표이자 특성이라 지적한 바 있다.[97] 레닌과 스탈린은 복잡한 통사 구조를 갖고 경직화되고 관용구화한, 형태에 집착하는 교조

96) E. A. Zemskaja, "Klishe novojaza i citacija v postsovetskom ob'shchestve," *Voprssy jazykoznanija*, 3, 1996, pp. 23~31.
97) A. Yurchak, 같은 책.

적 정치언어와 함께 혁명 이전의 권위 있는 문학어로의 회귀를 통해 언어의 도덕적, 문화적 자산과 가치를 회복하려고 노력했다. 이는 소비에트 신어 특성을 지닌 정치 담화의 경직성과 대조되는 듯 보이지만, 모두 과거 지향적인 모델을 중심으로 한 인위적 언어와 사고의 규제였다. 정치적, 문화적, 도덕적으로 올바른 언어를 규범화하려고 노력했던 것은 러시아인 특유의 '도덕적' 판단과 열정과 연관되며 공리적인 소비에트 사회언어학 이론 역시 이와 같은 열정의 소산이라 할 수 있다.

러시아 혁명이 가져온 언어적 모델의 보수성과 복고성은, 프랑스어가 혁명 이후 2인칭 대명사의 상호적 비존칭을 평등의 호칭으로 규정한 것과 달리 러시아어에서는 상호적 존칭, 즉 귀족과 인텔리겐치아의 어법을 따랐다는 것에서뿐 아니라 레닌이나 스탈린과 같은 혁명의 교부들의 언어와 19세기 귀족 작가들의 문학어에 시대를 초월한 가치를 부여한 것에서도 찾아볼 수 있다. 귀족은 계급적 타파의 대상이지만 그 언어나 어법은 여전히 본받아야 할 언어로 인정받았다는 점은, 사회주의 혁명에 따른 이데올로기의 선구적 실험자란 역할에도 불구하고 러시아인의 문화적 인지의 심연에 자리 잡은 민족주의적 가치가 사회주의, 공산주의의 이념적 가치를 초월함을 역설하고 있다. 소비에트가 혁명 이전처럼 관료주의, 전제적 독재, 종교적 절대주의와 배타적 독선, 권위주의의 전통과 문화로 회귀한 것도 결코 우연이 아니다.

러시아의 사회, 문화사를 관찰하면, 격변기마다 주목할 만한 언어 갈등과 문화 갈등이 공존했음을 알 수 있는데, 언어는 소통적 수단일 뿐 아니라 가치나 정체성을 지닌 것으로 이데올로기적 투쟁의 도구로 활용되곤 했다.[98] 그 예로, 14~16세기 제2차 남슬라브의 영향으로 나타난 현상인 의도적으로 난해하게 만든 문체인 '말 엮음,' 17세기 종교 분열에 있어서의 교회, 의례 언어 개정을 둘러싼 구교도Old Believer와 개혁 세력 간의 투쟁과 갈등, 이후 18세기 표트르 대제의 근대화 정책으로 인한 언어 혁신, 19세기 카람진N. Karamzin과 시시코프A. Shishkov의 논쟁 등이 있다. 여기서 언어 기호는 단지 뜻과 소리의 임의적이고 관습적인 관계로 이루어진 상징 혹은 지시적 의미의 소통 수단 이상의 것으로서 언어기호 자체가 의미와 형태 사이에 필연적 연관성이 있는 것으로 간주되었음을 알 수 있다. 이처럼 러시아 역사에서 언어의 형태에 대한 집착과 언어의 가치나 정체성에 대한 인식과 자각은 사회적, 문화적, 종교적 갈등이나 변혁의 중심에 있었다.[99] 이와 비슷한 현상이 러시아 혁명이 초래한 사회, 문화, 정치적 변동과 언어 사이의 복잡 미묘한 상호 역학 관계에서 다시 한 번 재현된 것이다.

98) B. Gasparov, "Identity in Language," S. Franklin & E. Widdis(eds.), *National Identity in Russian Culture*, 2004, pp. 132~48.

99) V. Zhivov, "Review of The Russian Language Since the Revolution," *Russian Linguistics*, 5, pp. 181~90, 1980; B. Uspenskij, "Raskol i kul'turnyj konflikt XVII veka," *Sbornik statej k 70-letiju professora Ju. M. Lotmana*, Tartu, 1992, pp. 90~129.

혁명과 소리:

볼셰비키의 땅에서 사운드 씨의 기묘한 모험

김수환

1. 혁명과 기술: 영화의 사운드

100년 전 러시아에서 인류 최초의 사회주의 혁명이 일어났을 때 서구의 많은 지식인과 예술가 들은 '성공한' 혁명이 만든 새 세계의 모습에 궁금증을 가졌다. 그중 몇몇은 직접 러시아 땅을 방문하기도 했는데, 독일의 비평가 발터 벤야민도 그중 한 명이었다. 두 달 남짓(1926년 12월~1927년 2월)의 체류 기간 동안 그는 훗날 『모스크바 일기』라는 제목을 달고 세상에 나오게 될 사적인 기록을 남겼다. 메이예르홀트의 연극 「검찰관」에서 베르토프의 영화 「세계의 6분의 1」에 이르기까지, 벤야민은 그해 겨울 모스크바의 무대와 극장을 분주히 드나들었고, 그 감상을 일기에 남겨놓았다. 귀국을 얼마 앞둔 1월 26일 저녁엔 잡지 『문학세계』에 기고할 목적으로 글 한 편을 썼는데(이 글은 10년 후에 발표된다), 예이젠시테인의 영화 「전함 포툠킨」에 대한 오스카 슈미치O. Schmitz의 논평을 반박하는 이 글에서 벤야민은 당시로서는 상당히 특이한, 하지만 후에 너무나도 유명해지게 될 주장 하나를 내놓는다.

예술의 중요하고 기본적인 진보는 새로운 내용도 아니고 새로운 형식도 아니다. 기술의 혁명이 그 둘에 앞서 일어난다.[1]

적어도 벤야민 이후로, 영화매체의 기술적 혁명을 '지각'의 혁명이자 예술의 혁명으로 연결시키는 관점은 상식이 되었다. 실제로 (벤야민이 보았던) 혁명기 소비에트의 전설적인 무성영화들은 이런 관점에 정당성을 부여하는 생생한 역사적 내러티브들을 제공해왔다. 그 내러티브를 구성하는 핵심 줄거리들 역시 비교적 잘 알려져 있다. 가령, "우리에게 가장 중요한 예술은 영화다"라는 레닌의 언급에서 시작해 "장차 영화관은 선술집, 교회와 경쟁하게 될 것"이라는 트로츠키의 예견까지. 혹은 세계 최초의 '국립 영화예술학교VGIK'가 모스크바에 문을 열게 된 이야기부터 전설적인 '선전 영화열차'가 내전 시기 소비에트의 구석구석을 누빈 이야기까지. 그런가 하면, 1917년 실제 혁명의 기억을 압도해버린 혁명 영화 「10월」에서 시작해 '키노-아이'의 세기가 도래했음을 선언

---

1) W. Benjamin, "Reply to Oscar A. H. Schmitz, 1927," *Selected Writings*, vol. 2, Cambridge, MA: Belknap Press, 1999, pp. 16~17. 발터 벤야민, 「오스카 슈미츠에 대한 반박 1927」, 『발터 벤야민 선집 2』, 최성만 옮김, 길, 2007, p. 240. 예컨대, 영화 카메라를 통해 드러나는 "무의식"의 공간을 지적하는 다음의 저명한 구절은 이후 「기술복제시대의 예술작품」에 거의 그대로 옮겨지게 된다. "이 사무실들, 가구가 비치된 방들, 술집, 대도시의 거리들, 정거장들, 공장들은 그 자체로는 흉하고 파악하기 어렵고 아무런 희망도 없이 쓸쓸하다. 아니 그곳들은 영화가 올 때까지 그랬고 또 그랬던 것처럼 보인다. 그러던 것이 영화가 이 감옥의 세계 전체를 10분의 1초의 다이너마이트로 폭파해버렸다. 그리하여 이제 그것들의 널리 퍼진 잔해들 사이로 우리는 모험에 찬 먼 여행을 떠날 수 있게 되었다."(발터 벤야민, 같은 글, p. 239).

한 뉴미디어 영화 「카메라를 든 사나이」까지.

이 모든 익숙한 이야기들이 공통적으로 그려내는 대략적인 풍경은 다음과 같다. 19세기 후반 프랑스에서 발명된 한 기계 장치가 인류 역사상 가장 격렬했던 사회정치적 실험의 한복판에서 그 격동의 '리듬'을 자신 속에 고스란히 담아내며 스스로의 '언어'를 구축해나가는 모습. 나아가 그와 같은 재현과 구축의 과정이 세계를 향한 인간의 감각중추 sensorium 자체를 새롭게 재구성함으로써 20세기를 특징짓는 이른바 영화적 지각과 사유의 가능성을 시험해나가는 모습. 한마디로, 소비에트 몽타주 영화의 저 영광의 세월과 그것의 미학적 함의에 관한 낯익은 이야기들.

그런데 100년 전 러시아 혁명을 배경으로 소비에트 혁명 영화의 자취를 되짚어보려는 이 글의 관심은 위와 같은 익숙한 구도를 향해 있지 않다. 나는 이 글에서 흔히 소비에트 몽타주-아방가르드 영화의 전성기라 불리는 1910~20년대가 아니라 그것의 끝, 더 정확하게 말하면 그것이 무언가 아주 다른 것으로 바뀌어버리기 직전의 시점에 초점을 맞추고자 한다. 흔히 혁명적 아방가르드의 쇠퇴기로 간주되는 1920년대 후반~1930년대 초반이 바로 그 시기다. 이후로 상세히 살펴보게 되겠지만, 이 시기는 정치, 사회, 문화, 예술을 아우르는 모든 면에서 하나의 세계가 또 다른 세계로 변화되는 총체적인 '이행기'였다.

그런데 영화라는 새로운 기술매체의 관점에서 이 시기는 특별히 흥미로운 하나의 분기점을 갖는다. 바로 사운드의 도입, 즉 토키 기술의 발명이다. 1927년 미국 할리우드에서 세계 최초로 필름에 소리를 입히는 기술이 발명되었고, 이는 세계 영화사의 흐름을 바꿔놓았다. 1920년대 후반 사운드의 도입이 갖는 커다란 정치적, 기술적, 예술적 의미들, 특히 그것이 혁명의 땅 소비에트에서 가졌던 아주 특별한 함의들은 상당 부분 여전히 베일에 싸여 있다. 우리는 '움직이는 사진(영상)'의 초국적 transnational 여정과 그것이 수반했던 다채로운 모험에 관해 꽤 많은 것들을 알고 있지만, 그에 덧붙여진 '소리'에 관해서는 의외로 아는 바가 많지 않다. '시각적인 것the visual'과 '청각적인 것the sonic' 사이의 이런 불균형은 그 자체로 의미심장한데, 그것이 영화매체의 정체성과 관련된 우리의 사고를 반영하는 것처럼 보이기 때문이다. 가령, 우리를 둘러싼 저 "감옥의 세계 전체를 10분의 1초의 다이너마이트로 폭파"해버린 새로운 기술매체 영화에 그토록 열렬히 반응했던 벤야민 역시도 필름 이미지에 소리를 더하는 새로운 기술혁명에 대해서는 별다른 관심을 두지 않았던 것이다.[2]

한편, 혁명의 땅 소비에트의 맥락에서 저 불균형은 또 다른 격차 하나를 직접적으로 떠올리게 할 법도 하다. 그것은 혁명적 아방가르드 영화의 '시작'과 '끝' 사이의 격차다. 혁명의 소용돌이 속에서 태어나 그 불길을 통과해갔던 소비에트 몽타주 영화의 일대기. 예이젠시테인, 베

---

2) 시각적인 것과 청각적인 것 사이의 이런 불균형은 21세기 들어 급격하게 시정되고 있다. 영화 사운드를 주제로 한 1980년대와 1990년대 초반의 몇몇 선구적 연구 이후로, 최근 15년간 사운드 연구는 독립적인 연구 분야로서뿐만 아니라 영화 및 미디어 연구를 통합하는 간학제적 분야이자, 시각적인 것을 과도하게 강조해온 기존 관점을 보완하는 대안적 패러다임으로서 전 세계적인 관심과 주목을 받고 있다(실례로 2008년 『시네마 저널』은 사운드 연구 특집을 마련했다). 하지만 1970년대의 '시각적 전환visual turn'을 떠올리게 하는 이런 '청각적 전환 sonic turn'의 상황에도 불구하고 이 연구들은 여전히 대부분 미국 영화, 부분적으로 유럽 영화에 치중되어 있는 형편이다. 특히 소비에트 영화 연구 진영의 사운드 관련 연구들은 여전히 영화 및 미디어 분야 사운드 연구의 국제적 경향들(가령, 청각적 근대성 논의)과 생산적으로 대화하지 못하고 있다. 지난 2014년에 출간된 논문모음집 Sound, Speech, Music in Soviet and Post-Soviet Cinema(Indiana University Press, 2014)는 이 분야의 획기적인 전환점이 될 만한 성과로서, 현 단계 소비에트/러시아 영화의 사운드 관련 연구 현황 및 향후 전망을 집약하고 있다. 편집자 중 한 명인 M. Salazkina의 "Introduction," pp. 1~17. 참조.

르토프, 푸도프킨V. Pudovkin 같은 쟁쟁한 이름들을 남긴 저 영광스런 일대기에서, 당당하고 요란했던 시작의 풍경에 비해 지금껏 그 '끝'의 풍경은 너무 적거나 피상적인 조명만을 받아온 것이 사실이다. 지난 세기 영화의 혁명적 실험의 한 페이지가 닫히는 순간, 그 황혼의 풍경은 새삼 차분한 시선으로 꼼꼼하게 되짚어볼 필요가 있다. 어째서일까? 그 일은 일차적으로 사운드의 도입이라는 사건을 통해 영화매체의 본질에 관한 우리의 관점을 재검토하는 기회가 될 수 있겠지만, 동시에 100년 전에 발생했던 혁명을 그것이 내놓은 해답의 관점이 아니라 그것이 낳은 원초적인 물음들의 관점에서 곱씹어본다는 것을 의미하기 때문이다. 해답의 자리가 아니라 '근본적인 질문들'이 제기된 최초의 장소로서 혁명에 관해 다시 생각해볼 것. 이 글이 다루고자 하는 끝(황혼)의 풍경은 혁명이 지니는 이 '기원적' 성격을 드러내기에 가장 적합한 문턱이 될 수 있지 않을까? 그 문턱을 더듬는 작업이, 이제껏 알던 것과는 전혀 다른 그 무엇으로 바뀌어가고 있는 것처럼 보이는 오늘날의 영화에게, 그리고 많은 것들이 달라졌음에도 여전히 그대로인 세계 속에서 혁명의 (불)가능성을 고민하는 이들에게, 한 걸음 더 나아간 사유의 계기를 제공할 수 있기를 기대한다.

2. 문화혁명과 사운드: 이행기의 영화, 영화의 이행기

1927년 10월 6일 뉴욕에서 세계 최초의 유성영화 「재즈 싱어」의 주연배우 알 존슨이 "잠깐, 잠깐만. 넌 아직 아무것도 못 들었다니까"라는 대사를 화면 위에서 직접 말하는 순간, 관객석에서는 탄성이 터져 나왔다. "세상에! 영화가 말을 하다니." 재즈 싱어를 꿈꾸는 유대인 소년이 브로드웨이 무대에서 성공을 거두기까지의 이야기를 그린 이 영화는 기록적인 성공을 거두었고, 350만 달러를 벌어들인 워너브라더스는 단숨에 메이저 영화사가 되었다.

미국에서 유성영화로의 전환을 추동했던 주요한 동기가 보다 저렴한 수단을 통해 실황 무대공연live stage show을 대체하는 것이었다는 사실은 꽤나 시사적이다. 왜냐하면 사운드를 입힌 영화란 무엇보다 엔터테인먼트를 위한 수단이었으며, 게다가 다른 매체(무대공연)를 재생한 것에 불과했다는 점을 보여주기 때문이다. 이런 점에서, 무성영화 시대의 저명한 감독과 이론가 들이 이 신기술의 도입에 비판적인 태도를 견지했던 것은 충분히 이해할 만하다. 어쨌든 그것은 예술이 아닌 것, 자칫하면 예술로서의 영화를 극장식 볼거리로 퇴보시켜버릴 몹시 해롭고 위험한 물건처럼 보였던 것이다.

사운드의 도입은 영화매체의 생산과 유통, 소비를 둘러싼 하부구조 전반에 심대한 변화를 가져온 중대한 분기점이었다. 어떻게 보면, 영화 매체는 사운드와 더불어 비로소 명실상부한 '산업'이 되었다고 말할 수 있을지도 모른다. 서구, 특히 미국 할리우드에서 사운드 영화는 분명 거대 산업의 문제였다. 제너럴 일렉트릭, AEG, 필립스 같은 당대의 거대 전기회사들이 영화 산업이 신속하게 사운드로의 전환하는 데 필요한 대규모 자본을 제공했던 것은 우연이 아니다. 장 미트리J. Mitry가 말했듯이, "[사운드] 전환기 영화는 본질상 미학적 현상이 아닌 산업적 현상이었다. 그렇기 때문에 1920년대 영화와 대조적으로 전환기 영화들에 대한 분석은 장인 감독들 개개인이 아니라 거대 제작회사들의 차원에서 이루어지게 된다."[3]

한편, 영화매체의 초국적 성격은 이 경우에도 예외가 아니다. 뤼미에르 형제가 파리에서 첫 선을 보인 후 불과 몇 달이 지나지 않은 1896년 7월, 이미 자국 박람회에서 그들의 영화를 관람할 수 있었던 러시아의 관객들[4]은, 미국 영화 「재즈 싱어」가 개봉한 지 2년 후인 1929년 11월 모스크바에서, 최초로 목소리가 들리고 노래가 울려 퍼지는 영화를 만나볼 수 있었다. 아직까지 자국의 유성영화를 가지지 못했던 당시 소비에트의 관객들의 열광적인 반응은 뉴욕과 많이 다르지 않았지만, 언제나 그렇듯이, 정보 및 기술의 전파와 수용은 수신자 측 문화의 특수성과 사회적 맥락 속에서 예기치 못한 굴절을 겪게 마련이다. 소비에트 영화사에서 사운드의 도입 문제는 그것이 야기한 미학적·산업적 변화를 초과하는, 훨씬 더 크고 복잡한 사회정치적 차원들과 결부되어 있는바, 이 '이행기'의 총체적 함의를 고려하지 않고서는 결코 온전히 해명될 수 없다.

문제의 핵심에는 소비에트 영화사에서 유성영화로의 이행 시점이 흔히 말하는 "거대한 전환점great turning point," 즉 소비에트의 (스탈린식)

---

3) J. Mitry, *Histoire du cinéma, art et industrie* vol. 4: *les années trentes*, Paris: Jean-Pierre Delarge, 1980, pp. 166~67. C. O'Brien, *Cinema's Conversion to Sound: Technology and Film Style in France and the US*, Indiana University Press, 2005, p. 7 에서 재인용.

4) 당시 어린 눈으로 처음으로 영화를 보았던 작가 막심 고리키는 그때 받은 인상을 "그림자 왕국"이라고 표현한 바 있다. "어제 나는 그림자의 왕국에 있었다. 그곳에서의 경험이란 얼마나 이상한 것이었는지. 소리도 없고 색채도 없다. 거기선 모든 게 — 하늘도 나무도 사람도 물도 공기도 — 회색빛 모노톤으로 채색되어 있다. 회색빛 하늘에 회색빛 햇살. 회색 얼굴과 회색 눈, 나뭇잎은 잿빛이다. 이건 삶이 아니라 삶의 그림자일 뿐이다. 나는 설명해야만 한다. 나는 오몽의 카페에 있었고 거기서 뤼미에르의 시네마토그래프, 움직이는 사진들을 보고 있었던 것이다"(*Russian Cultural Studies: An Introdiction*, edited by C. Kelly & D. Shepherd, Oxford University Press, 1998. p. 165).

문화혁명기(1928~32)와 정확하게 겹친다는 데 있다. 혁명 이후의 소비에트 사회가 삶의 모든 영역에서 이전과 구별되는 새로운 단계로 진입하게 되는 국면, 소비에트 사회의 지배적 패러다임이 총체적인 전환을 맞이하게 된 때가 바로 이 시기다. 스탈린이 실시한 제1차 5개년 계획 시기와 맞아떨어지는 바로 이 기간 동안, 소비에트 영화는 '소리'를 얻게 되었다.

소비에트 영화사에서 이 시기가 갖는 이행기적 함의는 너무나 폭넓고 다양한 측면들에 결부되어 있어서 다른 것들을 언급하지 않은 채로 어느 하나만의 '이전'과 '이후'를 말하기가 불가능할 정도다. 가령, 무성영화가 소리를 얻게 된 이 기간은 신경제정책이 제1차 5개년 계획으로 바뀌는 시기일 뿐만 아니라 1920년대를 특징짓던 모든 종류의 (실험적) 미학주의가 '형식주의'의 동의어로 치부되어 공격당하고, 마침내 2년 후인 1934년에 '사회주의 리얼리즘'이라는 공식 명칭을 얻게 될 새로운 독트린이 차츰 윤곽을 갖춰가던 시기이기도 했다. 바로 이 기간 동안 아방가르드 몽타주 영화는 사운드를 장착한 "만인을 위한 영화cinema for millions"로 변모해갔던 것이다. 요컨대, 이 이행기는 흔히 말하는 1920년대와 1930년대 사이의 저 문제적인 간극, 언젠가 수잔 벅-모스s. Buck-Morss가 "예술적 아방가르드artistic avant-garde"와 "정치적 뱅가드political vanguard" 사이의 불일치라고 부르기도 했던[5] 유명한 간극의 현장이기도 하다.

이와 같은 중대한 이행기의 국면이 소비에트 영화의 사운드 도입 시

---

5) S. Buck-Morss, *Dreamworld and Catastrophe: The Passing of Mass Utopia in East and West*, Cambridge, MA: MIT Press, 2000, pp. 60~62.

기와 정확히 일치한다는 사실은 최소한 두 가지 사실을 확인해준다. 첫 번째로, 소비에트 영화는 이와 같은 거대한 전환의 가장 '직접적인' 영향권 아래에 놓인 매체였으며,[6] 따라서 사운드의 도입이라는 사건은 결코 '기술적 장치'의 문제에 국한될 수 없는 고도로 '정치적인' 함의를 띨 수밖에 없었다는 점이다. 다시 말해 소리는 단지 소리의 문제가 아니라 소리라는 장치를 권력과 지식의 장 위에서 어떻게 배치하고 활용할 것인가의 문제를 동반하지 않을 수 없었다. 둘째로, 사운드 기술이 그것을 둘러싼 사회정치적 맥락(전환의 논리)에 강하게 결부되어 있었다는 사실로부터, 역으로 영화매체가 그 전환의 본질을 가장 잘 구현하는 매체일 수도 있다는 점을 추론할 수 있다. 다시 말해, 영화가 바뀌었다면, 바로 그 영화적 변형 속에서 시대적 전환의 핵심을 파악할 수 있다는 뜻이다. 1920년대와 1930년대를 가르는 저 모든 드라마틱한 '대립'들뿐 아니라 그것들의 기저에 흐르고 있는 모종의 '연속성'에 이르기까지, 소리를 둘러싼 영화의 변화는 시대 자체의 변화가 찍혀 있는 문화적 인장 印章으로 다시 읽힐 수 있다.

소련 영화사 연구자 영 블러드D. J. Youngblood는 영화에서의 문화혁명을 야기한 세 가지 요인을 다음과 같이 지적한 바 있다. 첫번째는 당연히 1927년 시작된 사운드 기술의 영향이고, 두번째는 라프나 아르크 ARRK 같은 강한 정치적 지향을 가지는 예술단체들의 득세,[7] 세번째는

---

6) 벤야민의 날카로운 시선은 바로 이 점을 포착한 바 있다. "이보다 더 심각하고 보편화된 차원에서는 러시아 내부의 상황이 보통의 영화들에 대해 억압적으로 작용하고 있다. 적당한 시나리오를 구하는 일이 쉽지 않은데, 그 이유는 소재 선택이 엄격한 통제를 받기 때문이다. 러시아에서 검열에 가장 자유로운 분야는 문학이다. 연극은 그보다 더 세세하게 감시를 받고, 영화는 가장 엄하게 감시를 받는다. 이 검열의 등급은 각각 관중의 크기에 비례한다"(발터 벤야민, 「러시아 영화예술의 상황에 대하여」, 『발터 벤야민 선집 2』, p. 228).

상대적으로 예술적 다양성과 자유를 옹호했던 아나토리 루나차르스키가 문화성 직책에서 물러나게 된 것이다.[8] 다채로운 미학적 실험을 꽃피웠던 황금 시대가 저물기 시작했다는 첫번째 신호는 1928년 3월 당 중앙위원회의 선전 분과에서 조직한 컨퍼런스에서 나타났다. 이 회의에서 "당이 영화의 선전적 사용에 계속해서 커다란 중요성을 부여한다"는 원칙과 더불어 이를 위해 "당이 올바른 노선을 부여할 필요성"이 선언되었고, 아직까지 현직에 있던 루나차르스키는 많은 비판을 받게 된다. 거의 200여 명이 참석한 이 회의가 영화감독들이 작업의 기술적 측면을 논의하는 자리가 아니었음은 발표 기회를 얻은 감독이 프리드리히 예르믈러 단 한 명뿐이었다는 것에서도 드러난다.

영화인들 스스로의 주도권이 상실되었음을 알린 더욱 명백한 증거는 1930년에 나타났다. 1924년부터 소비에트 영화인들의 대표 조직으로 기능해왔던 소브키노sovkino가 폐지되고, 그를 대체하는 새 조직 소유즈키노soiuzkino가 설립되었던 것이다. 이후 이 조직의 수장으로 (스탈린 시기 소비에트 영화사를 장식했던 가장 유명한 인물 중 하나인) 보리스 슈

---

7) 1925년에 "바프"라는 이름으로 처음 결성되어 1928년에 라프(RAPP: Russian Association of Proletarian Writers)로 이름을 바꾼 이 조직은 '동맹이냐 적이냐'라는 이분법적 기준을 내걸고 조야한 이데올로기적 판단을 동원하는 방식으로, '동반자 작가'를 포함한 수많은 당대 예술가들을 박해한 것으로 유명하다. 몹시 격렬하고 무자비한 캠페인의 방식으로 진행되었던 이들의 공격은 예브게니 자먀친이나 미하일 불가코프 같은 전통적 유형의 작가들뿐 아니라, 보리스 필냐크나 안드레이 플라토노프 같은 친혁명 성향의 작가들도 가리지 않았다. 한편 흔히 영화계의 라프로 비유되는 아르크(혁명적 영화노동자 연합Association of Workers in Revolutionary Cinematography)는 본래 ARK라는 이름으로 1924년 설립되었다가 ARRK, RossARK 등으로 이름을 바꿔가며 1935년까지 존속했다.

8) D. J. Youngblood, "Soviet Silent Cinema 1918~1930," *The Russian Cinema Reader: Vol. 1, 1908 to the Stalin Era*, edited by R. Salys, Boston: Academic Studies Press, 2013, pp. 82~83.

먀츠키B. Shumiatskii가 임명되었다. 소비에트식 할리우드를 꿈꿨던 이 인물은 직책에 임명될 당시 영화에 관해 아는 바가 전혀 없었는데, 스스로 이 점을 우려하자 다음과 같은 대답이 돌아왔다. "우리는 당신이 자신의 방식을 찾을 걸로 믿고 있소. 당신은 당과 정부의 여러 과업에서 위대한 경험을 지니고 있소. 영화의 특수성에 관한 걱정이라면, 당신은 금방 그것을 익히게 될 거요."[9]

하지만 최초의 신호가 감지되던 1928년 당시에는 아직까지 스탈린의 이름으로 대두될 이후의 사태들이 어떤 모습으로 실현될지 정확하게 예측하기 어려웠다. 네프 시기가 끝나고 과거 혁명기의 실험적인 파토스 또한 현저히 잦아들어버린 상황. 무언가 지금까지와는 다른 새로운 단계가 닥쳐오고 있음을 예감하지만, 그럼에도 그것이 정확히 어떤 것이 될지 예견하기는 어려운 상황. 한 시대가 바야흐로 종말을 고하고 그것을 대체하게 될 또 다른 시대가 목전에 이른 이 상황은, 이를테면 크라카우어S. Kracauer가 말한 역사의 "대기실 풍경," 혹은 "끝에서 두번째 세계"[10]에 가까웠다.

영화 사운드의 등장과 관련해 지금까지도 여전히 소비에트 영화사(혹은 세계 영화사)에서 가장 중요한 문건으로 평가받는 「요청서Zayavka」는 바로 이와 같은 '대기실'의 분위기 속에서 작성되었다. 당 선전 분과 주최로 컨퍼런스가 열린 지 3개월이 지난 1928년 6월, 당대 최고의 감

---

9) P. Kenez, *Cinema and Soviet Society: From the Revolution to the Death of Stalin*, I. B. Tauris & Co Ltd, 2000, p. 95. 슈먀츠키 이전에 먼저 임명되었던 사람은 미하일 류틴M. Riutin이었는데, 반스탈린적 견해를 표명했다고 간주된 문건 때문에 즉각 해임되고 슈먀츠키로 교체되었다.

10) 지그프리트 크라카우어, 『역사: 끝에서 두번째 세계』, 김정아 옮김, 문학동네, 2012, p. 232.

독 3인(예이젠시테인, 푸도프킨, 알렉산드로프)이 공동 서명한 「사운드 영화의 미래」라는 문건이 발표되었다.[11] 소리와 관련된 신기술이 채 소비에트 땅을 밟기도 전에 작성된 이 글에서 몽타주의 대가 감독들은 '우려'와 '기대'를 동시에 표명한다. 그들의 우려는, 채플린과 그리피스가 그랬듯이, 화면에 입힌 사운드가 영화 자체의 본질을 망쳐버릴 수도 있다는 사실에서 비롯한다. 그들은 소리의 "자연주의적인" 사용, 즉 "소리가 화면에서의 움직임과 일치함으로써, 말하는 인간들과 소리 나는 사물들의 환영"을 만드는 도구로 전락할지도 모를 가능성에 대해 우려했다. 그들이 보기에, 그것은 과거의 극장식 볼거리로 퇴행하는 일일 뿐만 아니라 소위 "고급 문화의 드라마," 말하자면 혁명 이전의 부르주아적 뿌리로 되돌아가는 것에 불과했다. 이론적 차원에서 개진된 이들의 우려는 기실 매우 정확한 예견이었다고 볼 수 있다. 분명 사운드의 도입

---

11) 최초엔 "주의하라! 보난자! 오디오 영화의 미래에 대한 생각Achtung! Goldgrube! Gedanken über die Zukunft des Hörfilms"이라는 제목으로 1928년 6월 28일에 독일 잡지 『사진 무대』에 실렸다가, 이후 8월 5일에 러시아 잡지 『예술세계』에 게재되었고, 그해 12월에는 영어로도 번역되었다. С. Эйзенштейн, "Заявка. Будущее звуковой фильмы," Монтаж. М.: Музей кино, 2000, с. 485. 영어본으로는 S. Eisenstein, "A Statement," Film Form. Essays in Film Theory, edited and translated by J. Leida, Harcourt, 1969, pp. 257~60. 영어권에서 대개 선언문manifesto이나 성명서statement로 번역되곤 하는 러시아어 "자야브카Zayavka"는 사실 요청서request에 해당한다. 영어권 번역이 살리지 못한 이 미세한 뉘앙스 차이는 꽤나 흥미로운데, 왜냐하면 실제 문건에서는 1920년대 식의 혁명적 파토스를 연상시키는 어휘나 스타일이 여전히 사용되고 있음에도 불구하고(가령, "날카로운 불일치"나 "습격" 같은 표현들), 정작 제목으로는 "자야브카"라는 관료주의적 문서 용어가 채택되었기 때문이다. 지난 시절 그토록 많은 영역들에서 새롭고 급진적인 시작을 표지했던 단어 '선언문'의 유통 기한은 이미 지나버렸고, 이제는 위계화된 중앙집권적 체제에 보다 어울리는 단어인 '요청서'의 시대가 도래했음을, 그들은 무의식중에 느끼고 있던 것일까? 어쨌든 제목과 내용 사이의 이 불일치는 그들의 이행기적 성격을 재차 강조해준다. 이에 관해서는 Ян Левченко, "Контрапункт к Мейнстриму Управление звуком в советском кино начала 1930-х годов," Русская интеллектуальная революция 1910-1930-х годов, С. Н. Зенкина & Е. П. Шумиловой(eds.), М., 2016, с. 190.

은 영화의 하부구조에 심대한 변화를 가져온 결정적인 분기점이었을 뿐만 아니라 영화매체의 '현상학' 자체를 바꿔놓는 계기로 작용했기 때문이다. 필름 위에 이미지와 소리를 동시에 녹음하는 새로운 광학 기술의 발명은 영화의 정체성 변화와 직결되는바, 그것은 영화의 미학을 관통하는 문제였다.

주지하다시피, 무성영화의 황금기였던 1920년대에 영화의 특수성을 결정하는 핵심 개념은 몽타주 기법이었다. 영화 속의 시간과 공간, 그리고 서사를 조직화하는 기본 원칙으로서 몽타주는 속도와 리듬감을 갖춘 빠른 편집을 통해 현실의 부분적 단편들을 고유한 통사론적 질서 속으로 결합시키는 방식을 가리킨다. 주목할 것은 스크린 위에서 말하는 talky 인간, 즉 그의 '말'과 '몸'에 집중하는 유성영화에서는 이와 같은 몽타주 편집이 원칙상 불가능하거나 매우 어려워진다는 점이다. 스크린 위에서 음성적으로 조음 가능한 말을 있는 그대로 재현(가령, 대화 장면의 동시녹음)할 경우, 편집의 속도는 현저히 느려지지 않을 수 없다. 이는 불가피하게 역동성과 파편의 미학 대신 정적인 연속성의 미학을 불러오기 마련이며, 더 나아가 관람의 현상학에도 영향을 끼치지 않을 수 없다. 관객성의 모델이 파편적 이미지들 사이에서 그들 간의 간격을 스스로의 "내적인 말inner speech"로 메꾸면서 적극적으로 의미를 구성해내는 참여자[12]로부터, 스크린으로부터 직접 들려오는 "외적인 말outer

---

12) "내적인 말"은 (무성)영화의 본질에 관한 러시아 형식주의 영화이론의 핵심적 개념 중 하나다. 보리스 에이헨바움에 따르면 "영화 카메라의 발명은 연극적 종합주의의 기본적인 지배소인 들리는 말слышимого слова을 제거하고, 그것을 또 다른 지배소인 디테일하게 보이는 동작видимого в деталях으로 대체할 수 있게 해주었다. [……] 영화 관객은 독서의 과정과 정반대인 완벽하게 새로운 지각의 조건에 놓이게 되었다. 대상, 즉 시각적인 움직임으로부터 그것의 의미를 만들어내는 과정으로, 즉 내적인 말의 구축으로 나아가는 것이다. 영

speech"들을 통해 그것이 제공하는 말끔한 내러티브에 그저 몸을 맡기는 수동적인 구경꾼으로 축소되는 것이다.

이와 같은 모든 부정적인 예상 앞에서 몽타주 대가들의 '요구'는 명확히 한곳으로 집중되었다. 그것은 자신들의 본래적인 미학적 원칙을 확장하는 것, 다시 말해 요소들의 '대립'과 '충돌'에 기초한 몽타주의 원칙을 이미지와 소리 간의 관계에도 그대로 적용해야만 한다는 것이다. 그들이 주장한 "시청각적 형상의 대위법적 결합"은 시각적 이미지와 음향 사이의 "날카로운 불일치"에 기초하는바, 화면 위의 소리는 이미지와 비동시적이어야만 하며, 그런 점에서 비사실적일 수 있어야 한다. 만일 이들의 요구가 새로운 도전 앞에서 기존의 원칙을 고수하고자 하는 원론적인 입장으로 읽힌다면, 소리가 만들어낼 새로운 영화를 향한 그들의 기대 어린 전망은, 오늘날의 관점에서 더욱더 이상주의적으로 들린다. 「요청서」의 첫 문장을 "사운드 영화를 향한 우리의 소중한 꿈이 실현되었다"라고 쓴 그들은, 사운드의 도입이 "벗어날 수 없을 것처럼 보이는 일련의 교착 상태에 빠져 있는 영화의 문화적 아방가르드를 위한 유기적인 탈출구"가 될 수 있을지 모르며, 더 나아가 영화를 "민족국가의 시장으로부터 해방시켜, 영화의 전 세계적인 타당성을 보존한 채로 필름에 담긴 관념들을 이전보다 더 빠르게 전 세계에 제공할 수 있게 될 것"이라 전망했다.

이와 같은 낙관적 전망이 아직까지 사운드 기술을 실제로 접해보지

화의 성공은 부분적으로 일상적 활동에서는 잘 발현되지 않는 이와 같은 새로운 종류의 지적 활동과 관련된다. 〔……〕 시대의 기호로서의 영화 문화는 지난 세기를 지배해왔던 문학적, 연극적 문화, 곧 말의 문화에 대립하고 있다. 영화 관객은 말로부터의 휴식을 찾는다. 그는 그저 보면서 알아맞추기를 원할 뿐이다"(Б. Эйхенбаум, "Проблемы киноэстетики," Поэтика кино, М., 1927, c. 61).

못한 그들의 나이브함을 보여주는 증거인지, 아니면 오히려 사운드가 불러올 심각한 파국을 명확하게 감지했기 때문에 어떻게든 그 파장의 방향을 바꿔보려 했던 그들의 안간힘을 보여주는 증거인지는 더 깊게 따져봐야 할 문제다. 여기서 오히려 눈에 띄는 한 가지는 그들이 영화적 사운드의 부정적인 사용을 개념화하는 방식이다. 그들에 따르면, 소리를 "상업적으로 이용"하려는 토키 영화의 방향이란 결국 사람들의 "호기심을 만족시키는" 방향에 다름 아니다.

> 사운드는 이중적인 발명품이다. 가장 예측 가능한 사운드의 사용은 제일 저항이 덜한 노선을 따르는 것, 즉 **호기심을 만족시키는** 노선을 따르는 것이다. 무엇보다도 그건, 가장 시장성 있는 것의 상업적 개발, 즉 토키 영화가 될 것이다.[13]

"제일 저항이 덜한"이라는 구절이 보여주듯이, 이런 입장은 일차적으로 '진정한 예술이란 수용자의 관습적 기대를 거스르는 방향으로 움직여야만 한다'는 형식주의 미학('낯설게 하기')의 연장선상에서 이해될 수 있다. 하지만 예술적 창조의 무게중심이 창작자(작가)로부터 수용자(독자/관객)로 뚜렷하게 옮겨갔던 이후의 맥락을 고려했을 때, 이와 같은 진술은 예기치 못한 울림을 갖는다. 결국 저 진술이 보여주는 것은 그들이 평범한 보통 사람들의 호기심과 만족이 어디를 향해 있는지 잘 알고 있었지만, 그럼에도 불구하고 그 길을 따르려 하지 않았다는 것이다. 그 길은 가장 저항이 덜한 노선, 그렇기에 시장성을 따르는 상업적 노선에

---

13) S. Eisenstein, 같은 책, p. 258. 강조는 원문.

불과했다. 틀림없이 동시대 할리우드의 선례를 염두에 두었을 이런 비판적 입장은, 그러나 소비에트의 맥락에서도 똑같이 적용될 수 있을까? 예컨대, 시장 대신에 권력이, 상업적 목적 대신에 정치적 고려가 존재하는 소비에트에서 "호기심을 만족시키는 노선"이라는 표현은 어떤 차별적 함의를 지닐 수 있을까?

가령, 이런 상황을 두고서 이들 몽타주 거장 감독들에게는 관객의 요구에 부응하는 것보다 영화 예술의 독립적 예술성을 지켜내는 일이 훨씬 더 중요했다고 말하는 일은 어렵지 않다. 그렇다면, 새로운 시대의 소비에트 관객들, 즉 수백 수천만의 인민 대중(프롤레타리아)의 기대와 요구보다 작가 자신의 예술적 실험성을 앞에 놓는 이런 태도를, 우리는 과연 혁명적이라고 부를 수 있을까? 문제는 '혁명적'이라는 동일한 수식어 아래에서, 기존의 관습적 지각을 깨는 파격적인 예술적 실험과 '해방된 관객' 다수를 향한 민주주의적 지향이 무리 없이 공존할 수 있었던 시절은 대단히 짧았다는 점이다. 1917년 혁명 이후 약 10년간 유지될 수 있었던 이 공존은 서서히 깨어지기 시작했고, 사운드는 그 분열 과정의 한복판을 통과했다. 「요청서」가 보여주듯이, 한편으로, 영화가 '말'을 얻게 되었다는 것은 몽타주 아방가르드 영화의 예술적 실천을 (다른 방식으로) 확장할 수 있는 가능성을 의미할 수 있었다. 하지만 (새롭게 영화의 지배권을 행사하게 된) 또 다른 사람들에게, 극장 안에 소리가 울려 퍼지기 시작했다는 사실은 무언가 상당히 다른 것을 뜻했다. 그것은 이제야말로 영화가 대중을 향해 직접 나아갈 수 있게 되었다는 것, 이제 비로소 명실상부한 "만인을 위한 영화"를 창조할 수 있게 되었다는 것을 의미했던 것이다.

3. 대기실의 풍경: 베르토프의 「열정」과 코진체프/트라우베르크의 「홀로」

어떻게 보면 「요청서」가 보여주는 '순전히' 이론적인 입장은 실제 사운드 녹음 및 재생 기술의 뚜렷한 지체를 보여주는 반증일 수도 있다. 소비에트의 감독들은 한동안 이 기술의 탄생과 전개를 멀리서 바라볼 수밖에 없었다. 미국의 워너브라더스가 1926년 처음으로 사운드를 따로 녹음하는 비타폰vitaphone 기술을 도입하고, 이듬해인 1927년 폭스가 무비톤Movietone이라는 사운드 시스템을 내놓았을 때, 소비에트에서 사운드 영화는 여전히 먼 나라 이야기였다. 그러던 중 1928년 11월에서 1929년 10월까지, 모스크바와 레닌그라드에서 두 명의 기술자가 거의 동시에 자신들의 새로운 사운드 녹음 기술을 선보이게 된다. 메수라브폼 영화사의 파벨 타게르P. Tager와 소브키노의 알렉산드르 쇼린A. Shorin이 그들이다. 사운드 기술의 도입은 매우 느리게 진행되었던바, 미국에서 거대 영화산업이 사운드로의 전환을 거의 완결했던 1930년에 이르러서야 소비에트는 최초의 자국 유성영화를 갖게 되었다.[14]

하지만 사운드 영화를 찍는 것보다 훨씬 더 복잡한 난관이 그들을 기다리고 있었다. 그것은 방대한 영토에 사운드 프로젝터를 구비한 시설을 짓는 문제였다. 1931년 5월 소비에트 연방 전역에서 사운드 프로젝

---

14) 제1차 5개년 계획의 성과를 담은 아브람 룸A. Room 감독의 선전영화 「위대한 과업의 계획Plan velikikh rabot」이 그것인데, 서구뿐 아니라 러시아에서도 사운드 기술이 처음부터 생산 및 산업의 문제와 연결되어 있음은 의미심장하다. "소비에트에서 최초의 유성영화들은 따라서 그들 자신의 생산 과정과 산업적 발전 전반에 대한 알레고리로 간주될 수 있다"(M. Hagener, *Looking Back: The European Avant-garde and the Invention of Film Culture 1919~1936*, Amsterdam University Press, 2007. p. 196).

터 시설을 갖춘 영화관은 단 한 곳뿐이었다. 2년 후인 1932년에는 85편의 무성영화와 40편의 유성영화 제작이 예정돼 있었는데, 무성영화관이 3만 2천 개였던 데 반해 유성영화관은 고작 200개에 불과했다. 심지어 모든 영화를 유성으로 찍었던 1936년에조차 여전히 상당수의 극장은 무성영화관이었다.[15] 이 기간이 다름 아닌 제1차 5개년 계획 기간 중이었다는 점, 게다가 사운드 기술의 원조가 미국이었다는 사실을 고려한다면, 이 상황과 관련된 소비에트 당국의 초조함과 열의는 능히 짐작하고도 남는다. "뒤쫓아 따라 잡기dognati i peregnati"라는 전형적인 러시아식 모델은 여기서도 여지없이 작동한다. 1931년, 잡지 『프롤레타리아 영화』의 편집장은 이렇게 썼다.

유성영화는 사회주의 구축을 위한 강력한 무기다. 〔……〕 우리는 아주 오래전부터 이에 관해 배워왔다 —— 독자들은 말할 것이다 ——그들은 이에 관해 수천 번도 더 이야기했고 글을 써왔지만 우리는 느끼질 못했다. 우리는 실제로 사운드의 힘을 검증할 수가 없었다. 왜냐하면 우리에겐, 즉 수천만의 소비에트 시민들에겐 유성영화는 존재하지 않는 것과 같았기 때문이다. 소비에트 연방에서 사운드와 관련된 상황은 매우 좋지 않다. 우리는 이 분야에서 자본주의 서구에 비해 최소 3년 이상 뒤져 있

---

15) 제1차 5개년 계획 기간 동안 소비에트 영화계의 사운드 기술의 발전 과정에 대한 전반적인 사항은 V. Bohlinger, "The Development of Sound Technology in the Soviet Film Industry during the First Five-Year Plan," *Studies in Russian & Soviet Cinema*, Vol. 7, No. 2, pp. 189~205. 1930년대 소비에트 영화산업 하부구조의 전반적 상황, 특히 유성영화 기술과 관련된 뚜렷한 지체 현상에 관해서는 J. Miller, "Soviet Cinema 1929~1941: The Development of Industry and Infrastructure," *Europe-Asia Studies*, Vol. 58, No. 1, January 2006, pp. 103~24를 참조.

다. 우리는 충분히 빠르지 않았다.[16]

하지만 언제나 그렇듯이, 발전은 불균등했다. 당연하게도 사운드 시설은 도시에 집중돼 있었고 여전히 지방에선 무성영화관이, 그조차도 안 될 경우엔, 영화열차가 주요한 관람 수단을 이루었다(이 때문에 유성영화로 제작된 영화들도 무성영화 버전을 따로 만들었어야 했다). 1943년 소비에트에서 제작이 허가된 영화 목록은 여전히 277편의 유성영화와 175편의 무성영화를 담고 있다. 사운드로의 이행이 대규모 자본 투자와 더불어 급속하게 진행되었던 서구와 달리, 소비에트에서 이 과정은 긴 시간에 걸쳐 산발적으로 이루어졌다. 결국 소비에트에서는 상당 기간 동안 무성영화와 유성영화가 공존하는 상황이 펼쳐질 수밖에 없었다.

요컨대, 1930년대 초반 소비에트 감독들은 모종의 불가능한 딜레마에 직면하게 되었다. 당대의 많은 감독들은 새로운 기술에 깊은 관심을 갖고 있었지만, 만일 사운드 영화를 찍게 되면 설비 부족으로 인해 소수의 관객들밖에 볼 수 없을 게 뻔했다. 그렇다고 무성영화로 찍자니, 그렇게 되면 사실상 해외 관객은 포기해야만 하는 상황이 된다. 왜냐하면 당시 해외에서는 이미 사운드로의 이행이 완료되어 무성영화에 대한 관심이 즉각 사라져버린 터였기 때문이다. 게다가 이미 당시에 무성영화만을 고수하는 입장은 '형식주의'에 대한 집착으로 간주되어 심각한 비판에 처해질 형편이었다. 이러지도 저러지도 못하는 상황, 어떻게 해도 비판을 피해 가기 어려운 상황에서 유일하게 정치적으로 올바른

---

16) "V chem zhe delo": N. Ryabcikova, "ARRK and the Soviet Transition to Sound," *Sound, Speech, Music in Soviet and Post-Soviet cinematheque*, Indiana University Press, 2014, p. 81에서 재인용.

태도는 하나뿐이었다. 사운드 영화를 지지하되, 올바른 이유에 근거해 그렇게 하는 것. 이 올바른 이유라는 것이 예술적 실험성이나 미학적 완성도 따위(가령, 이미지와 소리의 불일치를 통한 대위법적 구성)와는 상당히 다른 방향을 가리키게 될 것이라는 점은 쉽게 예측할 수 있다.

정당하고 올바른 이유에 근거한 사운드 영화! 이 모호하기 짝이 없는 정식화는 1930년대 중반 이후부터 스타일과 장르를 아우르는 소비에트 영화의 새로운 패러다임으로 등극하게 된다. 하지만 앞서 말했듯이, 이 전환은 순식간에 이루어지지 않았다. 1920년대의 세련된 아방가르드 예술 실험이 1934년 이후의 사회주의 리얼리즘으로 곧장 뒤바뀐 게 아닌 것처럼, 사운드를 장착한 소비에트 영화 또한 자신만의 '대기실'의 순간을 가질 수 있었다. 아직 모든 게 확실해지기 이전의 세계, 그렇기에 불투명한 가능성의 다발들이 공존할 수 있었던 "끝에서 두번째 세계." 바로 그와 같은 "대기실의 풍경"을 보여주는 두 편의 영화가 있다.

지가 베르토프의 영화 「열정」은 1930년 11월에 완성되어 이듬해 4월에 상영되었다. 소비에트 최초의 유성 다큐멘터리 영화 「열정」은 앞선 「요청서」의 입장과는 구별되는, 사운드를 향한 '다른' 지향을 보여준다는 점에서 흥미롭다. 무엇보다 먼저 지적할 것은 베르토프가 애초에 사운드 녹음으로 자신의 커리어를 시작한 인물이라는 점이다. '현실의 포착'이라는 그의 꿈을 실현시켜줄 수 있는 최초의 도구는 녹음기였고, 그에게 영화는 이를 위한 더 큰 가능성을 보장하는 매체로 여겨졌다. 1929년에 발표한 글 「키노-아이에서 라디오-아이로」에서 베르토프는, 자신이 이미 1925년에 '영화-진실kino-pravda'과 '라디오-진실radio-pravda' 개념을 동시에 전개시키면서, 조만간 인간이 녹음 기계를 통해 시각적 현상과 청각적 현상을 동시에 전 세계를 향해 전달하게 될 것이라 예견한 바 있다고 주장했다.

몇 년 전에『프라우다』지에 실린 나의 논문「'영화–진실'과 '라디오–진실'」은 사람들 사이의 거리를 없애는 것, 즉 전 세계의 노동자들이 서로를 볼 수 있을 뿐 아니라 서로를 **들을 수 있게** 될 가능성으로서 '라디오–아이'를 이야기했다. '라디오–아이'에 관한 키노오키kino-oki들의 성명은 열띤 논의의 대상이 되었다. 하지만 곧 그것은 먼 미래의 문제로 치부되어 관심으로부터 멀어졌다.[17]

주지하다시피, 여기서 말한 "먼 미래의 문제"는 채 몇 년이 지나지 않아 당면한 현실 문제로 다가왔다.「요청서」에 서명한 감독들이 이미지와 사운드의 불일치나 대위법적 구성 등을 통해 과거의 원칙(몽타주)을 연장/확장하고자 했다면, 베르토프에게 사운드의 문제는 애초부터 이미지와 사운드를 아우르는 가장 중요한 대원칙의 지배를 받는 하부 요소일 뿐이었다. 그 대원칙이란 영화는 삶에 진실해야 한다는 것, 그러므로 이미지가 그런 것처럼 사운드 또한 반드시 '현장의 소리'를 있는 그대로 담아내야만 한다는 것이다. 요컨대, 무성영화이건 유성영화이건 그에게는 단지 하나의 구별만이 중요할 뿐이다. 진짜 소리를 담은 다큐멘터리인가, 아니면 인공적인 가짜 소리를 담은 극영화인가. 이런 점에서 베르토프에게 사운드 기술의 도입은 (기존 영상 미학에 대한 위협이기는커녕) 오히려 새롭게 열린 무궁무진한 가능성을 의미할 수 있었다. 요

---

17) Д. Вертов, "От 'Кино-глаз' к 'Радио-глазу' Из азбуки киноков," С. Ушакина(ed.), *Формальный метод Антология русского модернизма*, том II Материалы, Москва-Екатеринбург: Кабинетный ученый, 2016, с. 133.

컨대, '지표면의 6분의 1'에 해당하는 소비에트의 구석구석을 종횡무진 누빌 준비가 되어 있는 '카메라를 든 사나이'에게, 이제 온 세계의 살아 있는 '소리들'을 함께 담아낼 수 있는 기회가 찾아온 것이다. 그리고 소리를 향한 그의 이 무한한 '열정'이 찾아낸 최적의 대상은, 말할 필요도 없이, '산업'의 소리industrial sound, 즉 노동과 기계의 소리였다.

「열정」은 제1차 5개년 계획의 중심지 중 하나였던 돈바스 지역의 기계공업단지에서 촬영되었다. 인류 역사상 가장 강력한 방식으로 추진된 국가 주도형 경제 개발 프로젝트였던 제1차 5개년 계획. 소비에트 산업 영역에서 벌어진 이 전무후무한 혁명적 조치는 「열정」의 무대이자 주제 자체를 이룬다.[18] 베르토프 자신이 밝히고 있는바, 이 영화의 특별한 의미는 세계 최초로 '산업 지역의 원초적인 소리들'을 다큐멘터리적으로 기록했다는 데 있다. 불꽃과 철의 한가운데서, 땅속 깊은 곳의 갱도와 채굴장으로부터, 노동과 기계의 '살아 있는 소리들'을 포착해내 그

---

18) 주지하다시피, 소비에트의 외양을 송두리째 바꿔놓은 이 조치는 향후 후발근대 국가들의 경제 개발 프로젝트의 범례가 될 대규모 공업단지 건설을 수반했다. 세계 최대 규모의 제철소, 세계 최대 규모의 드네프르강 수력발전소, 발틱해와 백해를 잇는 도무지 불가능할 것만 같던 백해 운하 건설 등 이미 건설 당시부터 수많은 화제를 낳은 이 모든 '전설'의 현장들은 결국 소비에트 산업화 및 사회주의 건설의 신화로 자리매김했다. 제1차 5개년 계획의 갖가지 명암과 그를 둘러싼 엇갈린 평가들(대표적으로, 저 악명 높은 농업집산화 캠페인과 강제 수용소 정책)을 접어두고, 확실하게 말할 수 있는 두 가지 사실은 첫째, 1차 계획이 종료된 1932년, 어쨌든 소비에트는 그 이전과 명확히 구별되는 다른 유형의 국가가 되어 있었다는 사실(거대 농업 국가로서 혁명을 맞았던 소비에트는 불과 5년 만에 중공업 부문 생산을 350퍼센트까지 증대시켰던바, 1932년 소비에트는 전 세계에서 거래되는 기계류의 절반을 수입하는 국가가 되었다), 그리고 둘째, 이와 같은 전례 없는 규모의 건설 및 생산 프로젝트가 예술가의 붓과 펜을 자극하는 역사의 현장을 제공함으로써 (대략 1920년대 중반부터 소비에트 예술의 중대한 화두로 등장했던) 예술과 생산production이라는 두 단어의 결합(단지 예술+생산이 아니라 생산으로서의 예술)에 고도의 현실성을 부여했다는 사실이다. 바로 이 시기에 "팩토그래피스트factographist"라 불리는 예술가 그룹은 과거의 이념들을 실현시킬 수 있는 현장을 찾아 공장으로, 집단농장으로, 광산으로 들어갔다.

것을 "돈바스 심포니Donbass Symphony"라 불리는 거대한 소리의 향연으로 묶어냈던 것이다. 현장에서 녹음된 실제 소리이기만 하다면 그 소리가 반드시 화면과 일치할 필요가 없다고 생각했던 베르토프는, 특정 소리를 분리해 반복시키는 방식(가령, 상이한 맥락을 지닌 영화의 여러 장면에서 반복적으로 들리는 증기기관차의 경적 소리)을 통해 사운드를 일종의 모티브로 사용할 수 있는 가능성을 시험하기도 했다.

영화가 소리를 두고 벌인 인류 최초의 흥미로운 시도들 중 하나인 이 영화에 대한 당대의 반응은 극히 부정적이었다. 일반 관객은 고사하고 비평가들조차 이 실험의 의의를 인정할 수 없었다. 그들이 보기에, 사방에서 들려오는 금속성 기계음으로 가득 찬 이 영화는 돈바스 심포니가 아니라 돈바스 불협화음, 혹은 그저 소음의 지옥에 불과했다. 베르토프 특유의 정신분산(분열)적 이미지 몽타주에 기계식 소음의 불협화음이 덧붙여진 결과, 애초 의도했던 사회주의적 교향곡 대신 뭔지 모를 음향적 카오스, 무의미한 소리들의 카오스가 탄생한 것이다.

> 베르토프는 기계와 그것의 소리를 물신화하고 있다. 베르토프는 돈바스의 사회주의적 교향곡을 주지 않았다. 그는 기계의 불협화음, 굉음, 소음, 지옥을 주었을 뿐이다.[19]

어쩌면 이런 참혹한 결과를 온전한 기술력이 뒷받침되지 못한 탓으로 돌릴 수 있을지도 모른다. 쇼린 사운드 시스템의 완성도 부족으로

---

19) П. Сажин, *Кино-фронт*, Март 1930; Л. Кагановская, *Н.Л.О.*, Материальность звука: кино касания Эсфири Шуб, No. 120, 2013, с. 41에서 재인용.

인해 생각만큼 사운드가 명확하게 잡히질 않았고, 무엇보다 상이한 소리들(교회 종소리, 음악, 라디오 프로그램, 사람 음성, 공장 소음 등) 사이의 위계가 느껴지질 않아 모든 소리들이 뭉뚱그려져 들리는 결과를 낳았기 때문이다. 하지만 보다 본질적인 원인은 따로 있을 것이다. 이 영화에 붙여진 "형식주의적 무의미 덩어리"라는 딱지, 즉 소리의 사용 자체가 아니라 그것을 사용하는 '방식'을 향해 던져진 의심 어린 시선과 비판이 그것이다. 그러니까 베르토프가 사운드를 '합당한 이유에 근거해 올바르게 사용'하지 않았다는 것, 한마디로 예술적("형식주의적") 실험성만을 고집한 나머지 무의미한 혼돈을 만들어냈다는 것이다. 비록 베르토프 자신은 이에 대해 "귀머거리 비평"이라 항변하면서, 자신이 포착한 "혁명의 소리"를 들어줄 것을 요청했지만, 그 항변은 새로운 시대와 그 사이에서 이미 벌어져버린 엄연한 '격차'만을 증명해줄 뿐이었다. 사운드를 장착한 새 시대의 영화는 이미 '다른' 방향을 향해 움직여 가고 있었던 것이다.[20]

사운드와 관련된 이행기의 풍경을 잘 보여주는 또 한 편의 영화는 그리고리 코진체프G. Kozintsev와 레오니드 트라우베르크L. Trauberg의 영화 「홀로Одна」(1931)이다. 두 감독이 펙스FEKS[21] 활동 이후 찍은 첫번째 작품인 이 영화는 여러 가지 면에서 이행기 특유의 양가적 성격을 드러낸

---

20) 어떻게 보면 이는 1930년대에 들어 이미 다큐멘터리를 위한 자리는 남아 있지 않게 되었다는 사실을 반증하는 것일 수도 있다. 1934년 베르토프가 「레닌의 노래 3편」을 만들었을 때 슈먀츠키는 "마침내 그가 다큐멘터리주의를 포기했기 때문에 매우 올바르고 중대한 작품"이라고 칭찬했다. 새로운 시대는 이미 전혀 새로운 장르를 요구하고 있었다.

21) '괴짜배우공장'을 뜻하는 펙스는 코진체프와 트라우베르크 등이 주축이 되어 1922년 결성한 소비에트 영화의 전위적 예술 그룹 중 하나로 '기괴주의'나 '트릭 구성' 등의 독특하고 실험적인 미학 원칙으로 유명하다. 펙스에 관한 전반적인 내용은 이희원, 「펙스FEKS의 영화적 실험과 미학」, 『동유럽발칸학』 Vol. 33, 2013, pp. 257~88을 참조하라.

다. 분명 무성영화라고는 할 수 없지만, 그렇다고 완전히 유성영화인 것도 아닌, 1920년대적인 아방가르드 영화 개념에서는 이미 벗어났지만, 그렇다고 아직 새로운 리얼리즘적 방향에 온전히 맞춰진 것도 아닌, 다소 기이한 혼합물의 인상, 이 어정쩡한 양가성이 「홀로」를 특징짓는다.

이 영화가 주는 기이한 인상은 어디에서 비롯하는가? 무엇보다 먼저 이 영화가 '거의 말을 하지 않는' 유성영화라는 점에서 기인한다. 유성영화 「홀로」는 인간의 말을 최소화하는 대신에 각종 뉴미디어 장치들의 소리를 전면에 내세운다. 전화기, 트램, 라디오, 확성기, 타자기 등 인간이 아닌 기술적 장치들의 소리가 영화 속에서 여주인공의 말을 압도하면서 영화 전체를 지배하고 있다. "기술적 대상이 인간 주체에 비해 특권을 부여받고 있다"는 점, "뉴미디어의 이런 특이한 사용이 「홀로」를 예사롭지 않은 유성영화로 만든다."[22] 이를테면, 우리가 베르토프의 「열정」에서 산업(현장)의 소리를 듣는다면, 「홀로」에서 듣게 되는 것은 기술의 목소리, 특히 그 기술과 결합된 권력power의 목소리다.

영화의 줄거리는 단순하고 전형적이다. 사범대학 졸업을 앞둔 엘라나 쿠즈미나라는 젊은 여주인공[23]은 약혼자와 결혼 후 레닌그라드에서 신임 교사로서 멋지게 살아가게 될 미래를 꿈꾸고 있던 중에 예기치 않게 인민교육부로부터 알타이 지방 오지 근무를 명받게 된다. 탄원서를 올

---

22) L. Kaganovsky, "The Voice of Technology and the End of Soviet Silent Film: Grigorii Kozintsev and Leonid Trauberg's Alone," *Studies in Russian and Soviet Cinema*, Vol. 1, No. 3, 2007, p. 267.

23) 영화의 초점이 '다수의 집단적 주체'가 아니라 한 명의 평범한 젊은 여성을 향하고 있다는 점, 게다가 그것이 제목 자체(「홀로」)를 통해 온전히 표현되고 있다는 점은 1920년대의 아방가르드 혁명 영화와의 차이를 드러낸다. 감독들은 이 제목이 시나리오가 나오기도 전에 정해졌으며, 당시로선 상당히 논쟁적인 것이었다고 밝힌 바 있다.

리기 위해 인민교육부에 찾아간 그녀는 책임자를 만난 이후에 속물적 동기를 극복하고 마침내 오지로 떠나게 된다. 이후 2부에 해당하는 알타이 이야기에서 영화는 지역 부농 및 부패한 관리들에 맞서 계몽과 교육의 씨를 뿌리기 위해 노력하는 그녀의 모습을 보여주고, 사회주의적 영웅답게 극도의 위기 상황에서 구출되는 마지막 장면으로 끝을 맺는다. 이 단순한 서사의 과정에서 눈에 띄는 것은 상투적인 줄거리 자체가 아니다. 서사의 진행에 개입하는 일련의 뉴미디어 장치들, 즉 그것들의 목소리가 단연 주목을 끈다.

소리의 측면에서 볼 때 무엇보다 흥미로운 것은 '확성기'가 등장하는 장면들이다. 텅 빈 광장에 우뚝 솟아 있는 거대한 확성기로부터 들려오는 또렷한 남성의 목소리는 거의 고대 비극의 코러스를 연상시킬 정도다. 몸으로부터 분리되어 있기에 목소리의 주체를 식별할 수 없는 이 추상적 목소리는 어디에나 있으며 또 모든 것을 알고 있는 것처럼 보인다. 그 목소리는 인물의 행위에 개입하고, 그에 관해 코멘트를 하며, 심지어 운명의 전환을 불러일으킨다. 중요한 것은 "특정한 육체에 정박되지 않은 채 자유롭게 부유하는 이 남성적 목소리"가 전능함의 속성을 부여받고 있을 뿐만 아니라 극단적인 서사 외적 특징과 비가시성으로 인해 "권력의 순수한 기표의 위상"을 부여받게 된다는 점에 있다.[24] 이를테

---

24) 카가노프스키의 분석에 따르면 "동지들, 이 순간 우리는 질문에 직면해 있습니다. 너는 무엇을 하였는가? 무엇을 하고 있는가? 무엇을 할 것인가?"라는 확성기의 목소리를 향해 여주인공이 "저는 탄원할 거예요!"라고 직접 대답하는 순간, 그녀는 이미 알튀세르가 말한 "이데올로기적 호명"의 상황에 놓이게 된다. 이데올로기가 구체적인 개인을 주체subject로서 구성하는 방식으로써 호명을 특징짓는 것은 개인이 그에 반응하는 순간, 즉 대답하는 순간 이미 응답의 부채를 갖는 주체로 구성된다는 데 있다. L. Kaganovsky, 같은 책, pp. 270~71.

면, 우리가 이 영화에서 보게 되는 것은 권력의 예사롭지 않은 미디어적 각색으로, 처음으로 관객들은 스크린으로부터 직접 뿜어져 나오는 권력의 목소리를 '듣게' 되는 것이다. 새로운 기술적 미디어들을 통해 전달된 목소리를 듣는 관객들은 '보는 자'이면서 동시에 '듣는 자auditor'로서의 새로운 위치를 받아들이게 된다. 더 나아가 영화 속에서 여주인공을 모범적인 소비에트 시민으로 호명했던 저 목소리들이 이젠 그 자체로 듣는 관객이라는 새로운 소비에트적 주체를 구성하는 효과적인 (이데올로기적 국가)장치apparatus로서 기능하게 되는 것이다.

쉽게 예측할 수 있듯이, 소리를 인간의 몸으로부터 떼어내 기술적 매체에 할당한 이 영화의 실험적 시도는 환영받지 못했다. 베르토프의 경우와 마찬가지로, 소리와 영상의 가장 자연스러운 ―「요청서」의 표현을 다시 빌리자면, "가장 저항이 덜한"― 결합을 거부하는 이런 식의 실험은 다만 "불필요한 형식주의적 편향"으로 치부될 뿐이었다. 새로운 시대의 사운드 영화는 두 영화가 공히 피해 가려 했던 바로 그 방향, 즉 스크린 위에서 '말하는 (심지어 노래하는) 인간의 목소리'를 향해 달려가고 있었다. 사운드 기술이 막 도입되기 시작하던 초창기에 시도되었던 이런 두 가지 방식의 실험이 공히 실패로 끝났다는 사실은 시사적이다. 그것들은 분명, 이것이면서 동시에 저것이기도 한, 혹은 이것도 아니고 저것도 아닌 이행기의 풍경을 드러내고 있고, 또 그런 점에서 아방가르드와 리얼리즘이라고 불리는 이원적 모델들 '사이 지대'에서의 복잡하고 다양한 예술적 타협들을 보여주고 있다. 하지만 그럼에도 그것들이 한 시대를 다른 시대와 연결하는 '교량'의 양상을 보여주는 것은 아니다. 기술적 혁신을 둘러싼 이 실험들은 말 그대로 새로운 방향을 향해 내딛은 '첫'걸음이기보다는 오히려 허용될 수 있었던 '마지막' 발걸음에 더 가까웠다. 이후 "만인을 위한 영화"를 표방하는 소비에트 영화의 새로운 패러다임은 확실한 지배권을 행사하기 시작했고, 사운드로의 완전한 전환을 동반했던 그 과정은, 이른바 '스탈린식 뮤지컬 코미디 영화'라는 전혀 다른 지배 종을 낳게 되었기 때문이다.

4. 만인을 위한 영화: 소비에트 뮤지컬 코미디

잘 알려져 있듯이, 혁명 이후 소비에트에서 '대기실의 시간'이 끝났음을 알린 결정적인 파국의 해는 1934년으로 기록되어 있다. 1934년은 저 유명한 제1회 소비에트 작가회의가 개최된 해로, 막심 고리키가 폐회 연설을 담당했던 이 역사적인 회합에서, 안드레이 주다노프A. Zhdanov는 사회주의 리얼리즘의 예술 강령을 공식 천명했다. 단지 "객관적인 현실"을 묘사할 것이 아니라 "혁명적 발전 과정 속에 놓인 현실"을 묘사할 것을 촉구하는 강령, 그러니까 사실상 '있는 그대로의 현실'이 아니라 '있어야 할 것으로서의 현실'을 그릴 것을 명령하는 총체적 교리였던 사회주의 리얼리즘은 한 시대의 끝과 시작을 표상하는 상징적 사건이었다.

하지만 한 시대의 끝과 시작이라는 관점에서 더욱 미묘하고 흥미로운 사건은 그로부터 2년 전인 1932년에 일어났다고 볼 수 있다. 1932년 4월, 중앙위원회는 '문학, 예술 조직들의 재구축'에 관한 결의문을 발표했는데, 바로 이 결의문에 따라 '러시아 프롤레타리아 작가연합' 라프가 공식 해체된 것이다. 극도로 무자비한 캠페인을 동원하여 수많은 당대 예술가들을 적으로 몰아 공격해온 이 조직이 당의 결의에 의해 한순간에 해체되고, 그것의 뒤를 이어 모든 작가들을 통합하는 단일 조직인 소비에트 작가동맹이 출범하게 된다. 문화적 박해의 앞잡이 노릇을 하던 조직을 권력이 스스로 해체시키는 이런 행보가 겨냥하는 바는 명백한 것이다. 즉, 그와 같은 조치를 통해 그간 박해받던 그룹들 앞에서 해방자의 이미지를 선점하는 동시에 그들의 지지를 다시 끌어오려는 것으로, 사실 이런 방식은 스탈린식 문화정책이 사용했던 전형적인 전략이었다. 하지만 다른 한편으로, 계급적 관점을 전면에 내건 공격형 조직을 해체하는 대신에 작가동맹이라는 통합 조직을 내세우는 이와 같은 조치, 쉽게 말해 '프롤레타리아'를 떼어내고 '소비에트'를 내세우는 이런 행보야말로 혁명 이후 소비에트 사회가 바야흐로 모종의 '문턱'을 넘었음을 알리는 명백한 신호였다.[25]

바로 이 결정적인 문턱의 해, 1932년에 세르게이 예이젠시테인과 그리고리 알렉산드로프가 멕시코에서 돌아왔다. 할리우드 탐방과 멕시코에서의 영화 작업에 동행했던 알렉산드로프는 영화 「전함 포템킨」과 「10월」을 예이젠시테인과 공동 연출했던, 그의 제자이자 동료였다. 그들이 귀국하자 당시 소비에트 영화계의 새로운 중심 조직 소유즈키노의 수장이 된 지 2년째를 맞이한 보리스 슈먀츠키는 제안 하나를 한다.

---

25) 문화혁명기(1928~32) 소비에트 문학비평계의 전반적인 상황과 그것의 주요 국면들에 관해서는 다음을 참조하라. E. Dobrenko, "Literary Criticism and the Transformations of Literary Field during the Cultural Revolution, 1928~1932," *A History of Russian Literary Theory and Criticism: The Soviet Age and Beyond*, edited by E. Dobrenko & G. Tihanov, University of Pittsburgh Press, 2011, pp. 42~63. 한편, 영화계의 라프에 해당했던 조직 아르크가 1932년 해체의 운명을 피할 수 있었던 것은, 역설적이게도 그것의 취약함 때문이었다. 상대적으로 라프만큼 강력하지도, 계급적으로 투철하지도 않았던 아르크는 로스아르크로 이름만 변경된 채 1935년까지 존속될 수 있었다. 영화계에서 비슷한 변화를 찾자면, 영화 잡지 『프롤레타리아 영화』가 1933년 1월 '소비에트 영화'로 명칭을 바꾼 것을 들 수 있을 것이다.

자신의 꿈이었던 소비에트 할리우드 프로젝트의 일환으로, 그들에게 뮤지컬 코미디를 만들 것을 요청한 것이다. 에이젠시테인은 거절했지만, 알렉산드로프는 제안을 받아들였다. 그 순간 스승과 제자의 길은 확실하게 갈라졌고, 1930년대는 1920년대와는 완전히 다른 길로 접어들기 시작했던 것이다.

"동무들, 삶이 점점 더 즐거워지고 있소!" 1935년 11월 17일 스타하노프 노동자 그룹을 대상으로 한 연설에서 스탈린이 말한 이 구절은 변화된 시대의 새로운 감각을 온전히 요약한다. 한동안 소비에트 영화계에서도—1920년대 말부터 문학과 미술 같은 다른 매체에서 벌어졌던 것과 유사한 양상을 띠며—소비에트의 '구체적인 현실'을 생생하게 묘사할 것을 강력하게 주장하는 흐름이 나타났지만,[26] 결국 그것의 최종적인 귀착점은 현실보다는 동화에 더 가까운 '흥겹고 즐거운 세계'였다. 이미 1933년에 슈먀츠키는 소비에트 영화의 장르 문제를 논하면서 이렇게 썼다. "우리에게 필요한 것은 낙관주의, 단결하려는 감정, 쾌활함, 삶의 환희, 웃음이 깃든 장르입니다. 우리에게 최상의 볼셰비키식 전통을 보여줄 수 있는 최고의 기회를 제공해주는 장르들 말입니다."[27] 그로

---

26) 가령, 1929년 잡지 『예술세계』에서 파벨 페트로프-브이토프는 이렇게 쓰고 있다. "우리는 노동자 농민의 영화를 갖고 있지 않습니다. 대중의 일상에 말을 거는 영화, 영화관을 떠나며 대중이 대답하는 그런 영화는 없습니다. [……] 우리는 농민들을 위해서 간단한 스토리와 플롯을 가진 직설적인 리얼리즘 영화를 찍어야만 합니다. 우리는 그들의 진실한 언어로 결핵으로 죽어가는 암소, 밝고 깨끗하게 바뀌어야 할 더러운 축사에 관해, 자궁 속에서 움직이고 있는 아이에 관해, 탁아소에 관해, 시골의 깡패들, 집단농장 등등에 관해 이야기해야 합니다." "모든 영화는 만인에게 유용하고 이해 가능하며 친숙한 것이어야만 합니다." P. Petrov-Bytov, "We Have No Soviet Cinema," *The Film Factory: Russian and Soviet Cinema in Documents 1896~1939*, edited by R. Taylor & I. Christie, Routledge & Kegan Paul, London, 1988, pp. 260~61.

27) B. Shumiatskii, "Tvorcheskie zadachi temlana," *Sovetskoe kino*, 12(December 1993), p.

부터 2년 후인 1935년, 자신의 책『만인을 위한 영화』에서 슈먀츠키는 이 새로운 장르의 독특한 특징과 그것의 역사적 의미를 좀더 명확한 언어로 밝힌다. 소비에트의 코미디 장르, 그것은 다름 아닌 "승리한 계급"의 요구이자 권리였던 것이다.

> 이 나라에서 코미디는, 폭로라는 과제와는 별도로, 더욱 중요하고 책임감 있는 또 다른 과제를 지닌다. 그것은 바로 활기차고 흥겨운 구경거리를 만들어내는 것이다. 〔……〕 **승리한 계급은 기쁨에 차서 웃기를 원한다.** 이는 그의 권리인바, 소비에트 영화는 관객에게 바로 이런 흥겨운 소비에트식 웃음을 제공해야만 한다.[28]

스탈린식 뮤지컬 코미디는 관객이 그 속에서 자기 자신의 모습을 보면서 즐거워할 수 있는 '가볍고 흥겨운 영화'를 향한 지향 속에서 탄생했다. 한때 예이젠시테인의 촉망받는 제자였으며 그의 영화 다수에 출연한 배우이기도 했던 (그리고 결정적으로 1928년 「요청서」에 이름을 올린 3인의 감독 중 한 명이었던) 알렉산드로프가 전설적인 4편의 영화, 「흥겨운 친구들」(1934), 「서커스」(1936), 「볼가-볼가」(1938),[29] 「빛나는 길」(1941)을 연이어 내놓았고, 이반 피리예프도 「부유한 약혼녀」(1938),

---

1: L. Kaganovsky, "Stalinist Cinema 1928~1953," *The Russian Cinema Reader: Vol. 1, 1908 to the Stalin Era*, p. 217에서 재인용.

28) B. Shumyatsky, "A Cinema for the Millions (Extracts)," *The Film Factory: Russian and Soviet Cinema in Documents 1896~1939*, p. 369. 그는 만일 고골이나 시체드린N. Shchedrin, 체홉이 소비에트 연방에 살았다면 그들 또한 흥겨움과 낙관주의를 획득했을 것이라고 덧붙이고 있다.

29) 「볼가-볼가」는 스탈린이 가장 좋아했던 영화로 1942년 미국 대통령 루즈벨트에게 선물로 보낸 것으로도 유명하다. 지난 2010년 방송사 '1채널'에 의해 컬러판이 만들어지기도 했다.

「트랙터 운전사」(1939) 같은, 집단농장을 배경으로 한 이른바 '트랙터 뮤지컬' 영화들을 만들었다. 감독의 아내들이 직접 여주인공 역할을 맡아 사회주의적 흥겨움을 한껏 발산하고 있는 이 영화들을 보고 있노라면, 한 평자의 표현대로 "온 나라가 영원히 끝나지 않을 춤과 노래로 가득 차 있는" 느낌을 받게 되는 것도 무리가 아니다.

하지만 그와 동시에 분명하게 느껴지는 또 한 가지 사실이 있다. 그동안 예사롭지 않은 부침과 변형의 과정을 겪어온 시네마 사운드, 저 또 하나의 '수입된 발명품'이 이제 비로소 신생 국가 소비에트 내에서 자기 자리를 찾았다는 느낌이 그것이다. 슈먀츠키의 첫 주문 작이자 소비에트에서 이 장르의 포문을 영화「흥겨운 친구들」의 시작 부분에는 다음과 같은 자막이 뜬다. "이 영화는 버스터 키튼, 해리 로이드, 찰리 채플린을 캐스팅하지 않습니다." 극장을 찾은 관객들에게 당당하게 '메이드 인 소비에트' 시대의 개막을 알리는 이런 표현은, 오늘날의 관점에서 볼 때, 그것이 수반하는 이중의 역설로 인해 섬뜩함을 안긴다.

우선, 첫번째로 더 이상 할리우드가 필요치 않다는 언급 자체의 역설이 있다. 단지 이미지로서만이 아니라 무엇보다 '소리'를 통해서 '유토피아의 느낌'을 전달하는 이 특별한 장르(뮤지컬)는 1930년대 미국과 소비에트의 흔치 않은 공통분모였다. 주지하듯이, 할리우드에서 뮤지컬 영화는 대공황기의 절망적인 사회 분위기의 빼놓을 수 없는 (대리)보충물이었다. 관객에게 즐거움과 오락을 선사할 뿐만 아니라 도래해야 할 미래(혹은 사회주의 리얼리즘식으로 말해서 '있어야 할 것으로서의 현실')의 감각을 제공하기 위한 최적의 매체인 영화. 그중에서도 뮤지컬 사운드 영화는 언젠가 수잔 벅-모스가 "모더니티의 근원적인 꿈"이라 불렀던 바로 그것, 곧 "대중유토피아massutopia"의 이념을 집약하고 있는 것처럼 보인다. 같은 시기 서쪽과 동쪽에서, 그것은 각자의 고유한 방식에 따라 공히 제 역할을 수행했던 것이다.

다소 기이한 시대착오로 다가오는 두번째 역설은 시네마 사운드를 둘러싼 이 모든 행보가 시작되기 이전인 1926년 겨울, 모스크바를 찾았던 벤야민에 관련된 것이다. 문화혁명이라 불리는 이행기가 완전히 지나가고, 이미 소비에트가 이전과는 현격히 다른 세계가 되어버린 1935년에, 벤야민은 저 유명한 논문 「기술복제 시대의 예술작품」을 썼다. 미국도 소비에트도 아닌 독일과 프랑스에서, 대중 동원의 새로운 형태인 파시즘의 창궐을 목도하면서, 그는 '영화'매체의 해방적 잠재력을 '대중'의 능력과 연결시켰던 것이다. 하지만 인정하지 않을 수 없는 것은 후대의 수많은 이들에게 영감과 자극을 주게 될 이 뛰어난 통찰이, 지금껏 사운드를 중심으로 우리가 살펴본 바 있는 저 의미심장한 전환의 실상 '바깥'에서, 나름의 오해와 자기 식의 전유를 통해 만들어진 것이라는 사실이다.

프롤레타리아 대중을 "정신이 산만한 비평가"로 만들어줄 영화매체의 새로운 정치적 가능성을 전망하며 벤야민이 저 글을 썼을 때 정작 소비에트의 영화는 바로 그 대중의 이름하에 승리한 계급을 위한 흥겨운 구경거리로 변모되고 있었다. 그리고 우리가 지금까지 확인했듯이, 이 전환의 과정은 벤야민이 별다른 주의를 기울이지 않았던 또 하나의 기술적 발명, 즉 시네마 사운드의 도입과 뗄 수 없이 결부된 채 진행되었다. 이 과정은 흔히 말하는 정치와 예술의 이중구속뿐만 아니라 정치와 예술, 그리고 기술의 삼각 구도가 만들어내는 복잡하고 다채로운 상호 관계를 보여준다는 점에서, 일종의 기원적 지점으로서 곱씹어볼 만하다. 또한 그 과정은 이른바 혁명적 예술의 '계륵'에 해당하는 관객(성)

이라는 주제를 말 그대로 '문제'로서 드러내고 있다는 점에서 각별히 시사적이다. 한마디로 소비에트 영화사에서 시네마 사운드의 문제는 성공한 혁명이, 혹은 발전의 초기 단계를 마감한 뉴미디어가 맞이하게 되는 모종의 '전환' 과정과 결부된 딜레마를 집약해 보여주는 역사적 사례집에 해당한다.

그것이 혁명적 예술 형식으로서의 예술에 관한 것이든, 아니면 그런 예술을 포함한 삶의 조건 전부를 바꿔놓는 변혁에 관한 것이든, 어쨌든 '혁명적인 것the revolutionary'이 무언가 다른 것으로 바뀌어가는 이 전환의 국면에 대한 면밀한 재성찰의 중요성은 아무리 강조해도 지나치지 않다. 혁명의 진정한 아포리아는 그것의 시작이 아니라 끝의 지점에서, 그러니까 그것이 무언가 다른 것으로 변모되기 시작하는 지점에서 모습을 드러내기 마련이기 때문이다.

권력과 이미지:

레닌과 스탈린 시대 포스터 속의 레닌 이미지

김정희

1. 이미지의 힘과 이미지 연출

매스미디어에서 국내외 정치가들을 설명할 때 '이미지 정치'라는 용어가 자주 등장한다. 이것은 정치가가 자신을 국민이 보아주었으면 하는 모습으로 연출해 반복적으로 보여줄 때 사용된다. 비싼 물건을 소유한 사람이 실제로 부자일 수도 있듯이, 정치가가 보여준 모습appearing이 그/그녀의 실제 모습being일 수도 있다. 하지만 부자가 아닌 사람이 부자로 보이도록 꾸몄을 때 그 모습은 부자라는 인상을 주는 그림, 즉 이미지이다. 이러한 연출은 한 사회 안에서 어떤 사람의 행동이나 모습, 특정 사물이나 자연 현상 등이 관습, 교육 등을 통해서 구성원들에게 동일한 의미로 읽히게 되는 사실을 바탕으로 이루어진다. 정치가는 자신의 연출된 모습을 사람들이 그가 보아주기를 바라는 대로 보게 될 것이라고 믿기 때문에 이미지를 만든 것이다. 이것이 그림/상像/이미지의 힘이다. 성경에서 우상 제작과 숭배를 금한 것이나, 기독교 역사에서 성경 내용을 알리기 위해 성화를 그린 것임에도 불구하고 성상파괴 논쟁이 일어난 것은 위와 같은 이유에서이다.

전통적으로 이미지는 벽화, 회화, 조각, 건축, 동전 등으로 제작되었다. 인쇄술의 발전은 이미지의 복제와 대량 생산을 가능하게 해 이미지를 더 빠른 시간 안에 더 많은 곳으로 유포할 수 있게 해주었다. 각각 1830년대와 1890년대에 발명된 복제 예술이자 매스미디어인 사진과 영화를 통해서 위의 과정은 더 효과적으로 이루어지게 되었다. 21세기에 들어서는 인터넷이 전 세계적으로 보편화되면서 사진으로 제작된 이미지가 빠른 속도로 무수히 복제되어 전파되면서 특정 이미지가 동일한 의미로 읽히게 되고, 더 나아가 모방을 통해 재생산되는 범위는 세계 전체가 되었다.

종교나 절대주의 국가, 전체주의 국가만이 아니라 민주주의 국가도 이미지의 힘을 적극적으로 활용한다. 전자의 경우 이미지 생산과 통제의 주체가 교회와 국가였다면, 후자의 경우에는 이미지 생산과 유포 방식이 이미지의 힘을 가장 효율적으로 활용하는 상업주의 영역을 닮아 있다. 후자의 현상을 구체적으로 볼 수 있는 예로 미국의 전 대통령 오바마의 선거전을 들 수 있다.

2008년 오바마가 매케인을 상대로 선거전을 벌이던 시기 그가 자주 셔츠 소매를 걷어 올린 채 유세를 하고, 연단을 올라갈 때는 짧은 계단도 뛰어 올라가던 모습을 기억할 것이다. 연단 위 연설대에는 그의 어깨보다 폭이 약간 더 넓은 파란색 패널이 붙어 있었는데, 거기에는 흰색 고딕체로 크게 CHANGE, 그 아래에는 하늘색으로 작게 WE CAN BELIEVE IN이라고 적혀 있었다. 당시 오바마는 47세로, 대통령 후보자로서는 젊었지만 더 이상 '청년'은 아니었다. 하지만 그는 이러한 복장과 몸짓을 통해서 자신을 젊고 역동적이며 권위적이지 않고 진보적으로 보이게 했다. 즉 그는 그런 이미지를 만들고자 했다. 그렇게 함으로써 그보다 25세가 많은 상대 후보는 물론 15세가 많은 전임자 부시와도 자신을 차별화하고자 했다. 그는 이러한 차별화 전략을 통해 그의 비전이자 신념과 같은 캠페인 슬로건 CHANGE가 정권 교체를 넘어 인종 교체이고, 세대 교체이자 패러다임 교체라는 점을 부각시켰다. 그리고 그러한 전략은 성공했다. 그의 이미지는 매스미디어를 통해 전 세계에 유포되었다. 그의 업적에 대한 긍정적인 평가는 그의 이미지를 실제와 동일시하게 했고, 이에 따라 다른 나라에서도 오바마와 같은 이미지로 비추어지기를 원할 경우 그의 '연출' 방식을 모방하는 정치가들도 등장하게 되었다.

반대로 매스미디어를 통해서 실제 모습으로 읽히고 모방되고 재생산되던 이미지가 실은 연출된 것임을 폭로하는 이미지 활용 방식도 있다. 이럴 때는 텍스트가 이미지의 허구성을 드러내주는 역할을 한다. 이러한 예는 2012년 재임에 도전한 오바마의 포스터와 슬로건, 그리고 그것을 풍자한 포스터에서도 발견할 수 있다.

2012년 오바마의 캠페인 슬로건은 FORWARD(앞으로)였고, 역시 고딕체 글씨였으며, FORWARD의 O 자리에는 2008년 선거전의 둥근 로고가 사용됐다. 첫 임기가 성공적이었다는 평가를 받아 그가 하나의 브랜드가 됨으로써 포스터에서는 그의 얼굴을 강조했고, 임기 동안 자신감을 얻은 데다 두번째 선거라서 여유가 있었던 그는 FORWARD라는 슬로건을 통해 이미 오래전부터 많은 사람들이 추측하고 있었던 그의 이념 성향을 드러냈다. 이 슬로건이 등장하자 곧바로(2012년 4월 30일)

『워싱턴 타임스』에서는 이것을 유럽의 마르크스주의 전통과 연결시켰다. 19세기와 20세기 초 유럽에서는 공산주의자들과 사회주의자들이 출판물이나 단체명에 이 용어를 썼다. 독일어로 '앞으로'인 Vorwärts는 독일 공산주의 연맹에 소속된 인사들이 파리에서 1844년 1월부터 12월까지 격주로 발간한 독일 신문의 이름이었다. 1876년에 창간되어 엥겔스도 필진에 속했었고 현재까지도 출간되는 독일 사회민주당의 일간지 이름도 이것이다. 러시아어로 '앞으로'인 Vpered는 1904년 12월 스위스에서 레닌이 포함된 러시아 사회민주노동당의 볼셰비키 분파가 출간한 신문 이름이다.

2012년 미국의 한 정치풍자 사이트는 『워싱턴 타임스』와 같은 맥락에서 오바마를 레닌과 동일시하며 풍자한 포스터들을 제작했다.[1] 한 쌍으로 이루어진 포스터에서는 레닌과 오바마가 동일한 이미지로 표현되었다. 왼쪽 것은 공산주의와 사회주의의 색으로 간주되는 붉은 색조로 된 레닌 포스터이고, 오른쪽 것은 미국 민주당의 색인 파란 색조로 된 오바마 포스터이다. 두 포스터는 각각 세 부분으로 구성되어 있는데, 제일 위에는 FORWARD라는 텍스트가 서로 다른 글씨체로 적혀 있고, 상반부에는 각각 오른손을 들어 올린 레닌과 오바마의 이미지가, 하반부에는 절벽으로 끝나는 언덕과 그 절벽을 향해 달리는 군중들이 보인다. 이 포스터에서도 오바마는 셔츠 소매를 걷어 올렸다. FORWARD 텍스트 오른쪽 아래에 각각 1917과 2012라는 연도가 적혀 있고, 그 아래로 각각 공장 건물과 고층건물이 묘사되어 있다.

---

1) http://www.thepeoplescube.com/current-truth/forward-with-obama-mao-and-lenin-t8936.html 참조.

이 포스터의 구성은 러시아/소련에서 제작된 포스터와 회화에 표현된 레닌 이미지에서 차용한 것이다. 상반부에 나오는 레닌과 공장 이미지는 1920년 제작된 작자 미상의 포스터 「유령이 유럽에 나타난다, 공산주의 유령이」에서, 하반부의 절벽과 군중 이미지는 1930년 알렉산드르 게라시모프A. Gerasimov가 그린 「단상 위의 레닌」에 나오는 이미지를 차용해 변형한 것이다. 레닌 포스터에서 군중의 선두에 있는 사람이 든 깃발에는 소련 국기에 있는 낫과 망치와 별이, 오바마 포스터의 깃발에는 그가 2008년 선거에서 사용한 로고가 그려져 있다.

프로파간다 포스터는 이미지를 여러 곳에서 가져오더라도 이음새 없이 매끄럽게 만들어 전체 그림이 연출된 것이 아닌 것처럼 보이게 한다. 이때 텍스트는 이미지를 매끄럽게 이어주어 전달하고자 하는 메시지의 내용을 신뢰하게 하는 역할을 한다. 그러나 이 풍자 포스터는 이미지와 텍스트를 결합시켜 이 두 정치가의 이미지가 연출된 것이며, 그 이미지가 그들의 정책의 본질을 가리고 있음을 보는 이가 알아차릴 수 있게 했다. 이러한 방식을 전용détournement이라고 부른다. 팔을 들어 올리고 집게손가락을 편 레닌의 원래 이미지가 등장했던 1920년 포스터에서 그 제스처는, 뒤에 나올 분석을 통해 알 수 있듯이, 앞으로 가라고 지시하는 것이 아니었다. 그러나 이 풍자 포스터에서 레닌과 오바마의 손가락은, 그들의 머리 위에 있는 텍스트와 그들의 몸 아래에 있는 앞을 향해 달리는 군중의 이미지 때문에 앞으로 가라고 지시하는 제스처로 읽힌다. 이 포스터를 제작한 풍자 사이트는 군중이 지도자의 명령에 따라 앞을 향해 달려가다 절벽 아래로 떨어지는 것으로 그림으로써, 이 두 정치가의 '진보적인progressive' 비전이 모두 대중을 호도한/하는 것으로 풍자했다.

이 포스터에서 보듯이 이미지는 순환하고 재순환한다. 이미지는 동질적인 문화에서만 차용되는 것이 아니다. 또한 같은 이미지라 하더라도 어떤 이미지나 텍스트와 결합하느냐에 따라 전혀 상이한 의미로 읽히게 된다. 미술작품 속의 사물이나 몸짓과 같은 소재가 그 작품이 제작된 사회에서 어떤 의미로 읽히는가를 연구하는 미술사 방법론을 도상학이라고 부르고, 그 의미를 해석하는 것은 도상해석학이라고 부른다. 정치가들이 이미지를 연출하는 것은 도상학의 원리를 적용한 것이다. 특히 오해의 여지를 최소화해야 하는 종교 미술의 경우에는 등장하는 소재나 표현 방식이 정확하게 한 가지 의미로 읽힐 수 있도록 그려져야 한다. 이러한 점은 전체주의 국가에서 국민을 선동하기 위해 미술을 이용할 때도 마찬가지이다. 정치적 권력과 통치가 회화, 조각, 포스터, 사진, 영화와 건축에서 어떻게 예술적으로 연출되었는가를 설명하는 것을 넘어 해석까지 하는 학문을 정치도상학이라고 부른다.

근세 이후 서구 미술 안에서 미술과 정치권력의 상관관계와 통치자의 이념이 미술 제작에 끼친 영향을 추적한 글에서 클라우스 폰 바이메는 "정치도상학은 미술과 정치 속에서 나란히 나타나는 현상들 뒤에 동일한 세계상이 있다는 전제하에 시작된다"고 썼다. 실제로 20세기에 등장한 사회주의 국가와 파시스트 정권의 관영 예술에 등장하는 영웅들은 각 정권의 이상을 의인화한 것이다. 아울러 거의 종교적인 개인 숭배를 누렸던 통치자들은 원하는 이미지를 연출하기 위해 각각 고유의 도상학을 만들었다.

파시스트 정권은 침략 전쟁에 국민을 동원하는 데 미술을 이용했다. 반면 계급혁명을 통해 과거를 전복시키고 태어난 완전히 새로운 레닌 정권은 우선적으로 국민에게 새로운 정치 체제의 정당성과 연속성을 주지시키면서 선전해야 했고, 이를 위해 레닌 자신의 정당성을 강조하고 입지를 강화할 필요가 있었다. 빅토리아 보넬V. E. Bonnell에 따르면 레닌은 1918년부터 군대식 서열을 지닌 당의 수뇌를 지칭하는 군대용어 Vozhd(지도자)로 불리게 되었고, 그의 생존 시에는 그만이 이 호칭으로 불릴 수 있었다. 이 호칭을 도입한 것도 위의 맥락에서 이해할 수 있다.

이러한 상황에서 소련은 영토가 넓고 국민의 문화적 배경이 다양하며 문맹률이 높아 선전을 위해서는 이미지가 어떤 연설보다 효과적이었다. 이에 따라 시기와 장소와 선전 대상에 따라 다양한 도상학을 고안해 여러 종류의 레닌 이미지를 만들었다. 사회주의의 프로파간다는 당의 이념을 시청각적으로 반복함으로써 대중의 일상 속으로 들어가 그들의 잠재의식에 작용하여 심리를 조작하는 것을 목표로 했기 때문에 빠른 시간 내에 제작해 대량으로 유포될 수 있는 매체인 포스터가 자주 활용되었다.

예술과 대중매체를 통해서 이루어지는 '정치적 연출'은 정치의 진행 과정을 노출시키는 것뿐만 아니라 그것의 은폐에도 기여한다. 따라서 그것은 정치의 진짜 모습을 덮는 '복면'과 가짜 모습을 보여주는 '가면'으로 불리기도 한다. 이 글에서는 레닌과 스탈린 시대의 포스터 속의 레닌 이미지의 특징과 변화를 각 시기의 정치·사회 상황, 정치 이념과 선전 방식과 연결시켜 분석해 양자 사이의 상관관계와 통치자 이미지의 제작과 사용에 작용한 정치적 전략의 성격을 밝히고자 한다.

2. '지도자vozhd' 레닌의 이미지

이 글의 제목에서 '레닌과 스탈린 시대'로 칭한 시기는 1917년 레닌의 10월 혁명부터 스탈린이 사망한 1953년 사이다. 정치·사회사에서 이 시기는 일반적으로 전시공산주의(1918~21), 신경제정책(1921~29), 스탈린 시대(1929~53)로 구분된다. 1924년 1월 레닌이 사망했고, 스탈린이 정식 후계자가 된 것이 1929년이지만, 그는 이미 1922년부터 러시아 공산당 총서기였다. 이 기간 중에 일어난 문화사적으로 중요한 사건으로는 세 가지를 들 수 있다. 레닌의 사망, 스탈린의 문화혁명(1928~32), 1932년 공산당 중앙위원회가 문화예술 활동의 유일한 결정 및 관할 기구가 되면서 사회주의적 사실주의가 공식 양식으로 선언된 것이 그것이다. 사회주의적 사실주의의 방법은 1934년 제1회 소비에트 작가회의를 통해 완성되고 수용되었다.

레닌의 죽음은 기존의 미술 양식과 그의 도상학이 급격하게 변화하는 계기를 마련했다. 그의 죽음 이후 문화혁명기를 거치는 기간은 일종의 과도기로서 스탈린이 문화에 대한 지휘권까지 획득하여 획일화시킨 세번째 사건과 함께 막을 내리게 되었다. 포스터 속의 레닌의 이미지를 그것이 생산된 시기의 정치적 상황과 연결시켜 연구하는 이 글의 맥락에서 볼 때, 지난 세기 전반 35~6년 동안 제작된 레닌 이미지의 도상학은 생전의 레닌, 스탈린이 후계자로서의 정당성을 구축하는 동안에 '발명한' 레닌, 그리고 정치적·문화적으로 입지가 공고해진 스탈린에 의해 다양하게 변주된 레닌으로 분류할 수 있다.

혁명 후의 레닌 그림: 혁명 정권의 두 과제의 시각화

　다양한 세력들이 결합하여 성사된 혁명 후 완전히 새로운 국가를 탄생시킨 레닌에게 우선적으로 필요했던 과제는 볼셰비키의 신념과 기대를 하나로 통합하기 위해 혁명의 성격을 규정하고 새 정권에 역사적 연속성을 부여하면서 그 정당성을 대중에게 주입시키는 것이었다. 이를 위해서 정부는 혁명 직후 혁명의 성격을 설명할 수 있는 다양한 상징들을 고안했다. 대중 민주주의나 독재 정권처럼 대중 동원을 필요로 하는 정치체제에서는, 앞에서 오바마의 첫 선거전에서 보았듯이, 상징을 시각적으로 표현할 때 대중이 이해하기 쉬운 미술 양식을 선택한다. 이러한 점은 국민이 러시아/소련처럼 문맹률이 높은 경우에 더 중요하다.

　레닌은 1897년 통계로 문맹률이 74퍼센트에 달했던 러시아 국민을 교육시키기 위해서는 혁명 전 러시아에서 유행하던 입체-미래주의, 구축주의, 절대주의와 같은 아방가르드 미술보다는 대중이 쉽게 이해할 수 있는 사실주의적인 그림과 단순한 상징이 필요하다고 여겼다. 이에 따라 레닌 정부는 러시아에서 1890년대 이후 프롤레타리아를 상징하는 붉은 천에 각각 노동자와 농민, 남자와 여자를 상징하는 망치와 반원형 낫이 그려진 국기를 고안하게 되었다. 그 후 붉은 깃발은 레닌 도상학에서 뺄 수 없는 요소가 되었다.

　볼셰비키 정부가 시각매체를 통한 정치 선전에 특별히 노력을 기울인 이유로는 일반적으로 국민의 낮은 문자해독률과 함께 러시아인 고유의 도상 전통이 거론된다. 즉 러시아인들은 차르 지배 동안 화려한 소품들이 사용된 각종 행렬에 친숙하고 러시아 정교를 통해 이콘(도상)에 익숙하기 때문에 그들에게는 이미지 자체가 신성한 힘을 지니며, 이에 따라 레닌 사망 후에 우상숭배 방식의 하나로 등장한 '레닌 코너'에서 그의 이미지가 거의 모든 농가의 한구석에 있는 이콘과 같은 기능을 할 수 있었다는 것이다. 이러한 양상을 레오니드 우스펜스키L. Ouspensky는 "비잔틴이 글로 표현된 신학을 세계에 전파하는 데 특출났다면, 이미지로 표현된 신학은 러시아인들이 탁월하게 만들어냈다"라는 말로 설명했다.

실제로 볼셰비키 정부는 혁명을 선전하기 위해서 노동절이나 혁명기념일 행사 시 러시아의 전통적 축제 의식과 소품들을, 단순화한 방식으로이긴 하지만, 대폭적으로 수용했다. 신체제가 구체제에서 사용되던 상징과 형상화 방식을 차용했기 때문에 두 체제의 도상학은 서로 유사해졌다. 그렇지만 신체제와 그것이 전복한 구체제 사이의 정신적 연속성은 존재하지 않는다. 신체제는 국민에게 익숙한 구체제의 의례와 도상학을 이용하면 당의 메시지를 효과적으로 전달할 수 있을 것으로 보고 표현 방식을 차용했을 뿐이다.

이러한 전략은 과거로부터 긍정적인 것을 선택적으로 가져와 사회주의 맥락으로 해석하는 것을 제안한 레닌의 생각과도 연결된다. 그는 문화혁명을 '전통적 부르주아 문화에서 선하고 유익한 것을 보존하고 그것을 완전무결한 당의 독트린과 일치시키는 과정'으로 보았다. 이에 따라 그는 1918년 모스크바 시내에 세우기 위해서 60명 이상의 유럽과 러시아의 정치가와 사상가, 예술가의 동상을 사실주의적 기법으로 제작하라고 기념동상제작법령을 공표했다. 유럽의 마르크스주의를 실제 혁명을 통해 구체화한 그는 러시아뿐만 아니라 유럽 역사 속에서 자신의 혁명의 연속성을 찾고, 그것의 역사적 정당성을 주장하려 했으며, 이것을 시각매체를 통해서 형상화함으로써 도시 대중과 소통하고자 했다.

그러나 살아생전 레닌은 자신을 포함한 생존 인물을 재현하고 찬양하는 것을 엄격히 저지했다. 그는 1918년 가을의 한 연설에서 그가 "오랫동안 인물, 개인의 영광을 찬양하는 것에 반대하는 이념적 투쟁을 한" 점을 상기시켰다. 비슷한 시기에 그는 그가 찬양되기 시작하는 것을 목도하고 "대단히 불쾌해서 지적도 했다"면서, "이것은 짜증나고 해가 되는 일이다"라고 비난하기도 했다. 실제로 혁명 직후 그는 그의 이미지가 찬양의 목적이나, 그것이 아니더라도 어떤 다른 목적을 위해 신문 지면에 혼자 등장하는 것을 삼갔다. 그러다가 1918년 1월 그의 첫 공식 사진이 포스터 형태로 제작되어 전국에 배포되었는데, 이것은 정면 흉상 사진으로 여느 민주 국가에서도 볼 수 있는 한 국가의 공식 대표로서의 일상적인 이미지였다. 그다음 해에는 그의 공식 흉상이 모스크바에서 제막되었다. 그 후로 그의 이미지를 보여주는 포스터가 증가하면서 본격적으로 그를 기념비화하는 작업이 시작되었다.

1918년 8월 러시아에 첫 정치 포스터가 등장한 이후 1921년까지 내전으로 인해 더 많은 선전이 요구되면서 3,100종류의 포스터가 450개의 상이한 조직과 기구에서 제작되었다. 그러나 연구자들에 따르면 그렇게 많은 포스터가 제작되었음에도 불구하고, 지도자로서의 레닌의 위상에 비하면 그에 관한 포스터의 양은 놀라울 정도로 적었다. 그것은 도상에 대한 그의 태도와 무관하지 않다. 그럼에도 레닌의 경우 스탈린보다 다양한 모습으로 그려진 이유는, 레닌이 사회주의 국가의 첫 창설자여서 그의 이미지가 그가 통치하던 시기뿐만 아니라 사후에도 그의 후계자에 의해서, 그리고 제2차 세계대전 후 구 동독과 같은 현실 사회주의 국가들에서 초상화, 역사화, 풍속화 방식으로, 그리고 포스터, 더 나아가서 우표나 배지와 같은 일상용품으로 변안되어 재생산되었기 때문이다.

레닌 생전에 제작된 그의 회화나 포스터의 종류가 적고 그의 이미지도 다양하지 않지만 복장, 자세와 소품들에서 도상학적 캐논이 나타났다. 이에 따라 이 그림들은 후에 그의 이미지가 생산될 때 표본이 되었다. 마틴 다무스M. Damus는 1981년 『사회주의적 사실주의와 나치즘의 미술』에서 사회주의적 사실주의 회화 속의 레닌 이미지를 이론가 타입과 행동가 타입으로 분류했다. 이 두 타입은 각각 1920년과 1922년에 제작된 레닌의 포스터 「유령이 유럽에 나타난다, 공산주의 유령이」와 「통치 계급들은 공산주의 혁명 앞에서 떨게 될 것이다」에서처럼 그의 생전에 제작된 포스터에서도 발견된다.

작자가 알려지지 않은 1920년 포스터는 내전 기간 중에, 그리고 아르세니 소콜로프A. Sokolov가 제작한 1922년 포스터는 신경제정책이 시작된 직후에 나온 것이다. 이 두 포스터에서 레닌의 표정과 몸짓, 복장과 소품, 그리고 그것들이 상징하는 의미와 레닌의 이미지는 모두 각 포스터가 만들어진 시기의 정치·사회 상황과 연결되어 있다. 그의 이미지를 구성하는 이러한 '부속품'들은 '대변적인 것repräsentative'으로 설명할 수 있는데, 이것들은 레닌 시대만이 아니라 특히 권위적인 사회와 전체주의 사회에서 권력을 시각화하는 도상학의 특징이기도 하다.

헤어프리트 뮌클러H. Münkler는 「권력의 가시성과 시각화 전략」이라는 글에서 정치적인 힘을 공표하는 방식을 담론적인 것과 자유분방한 것, 대변적인 것으로 구분하였다. 그에 따르면 권위적인 사회와 전체주의 사회에서는 셋 가운데 마지막 방식으로 정치적인 힘이 공표된다. 하버마스가 1971년 『공론장의 구조 변동』에서 지적한 바에 따르면 전형적으로 대변적인 것들은 훈장, 휘장, 복장, 머리 모양, 인사 방식, 자세, 연설 방식 등과 같은 '개인의 부속품들'과 연결되어 있다. 이러한 요소

작자 미상, 「유령이 유럽에 나타난다, 공산주의 유령이」(1920)

들은 레닌과 스탈린의 이미지를 캐논화할 때 필수적으로 동반되던 것들이다.

1920년 포스터에서 레닌은 거대한 붉은 깃발이 장막처럼 걷힌 무대 같이 보이는 곳에서 왼손으로는 난간을 잡고, 오른팔을 들어 집게손가락을 편 채 어딘가를 가리키면서 서 있다. 손가락이 가리키는 방향으로 상체를 내민 그의 자세는 매우 다급해 보이고, 그의 얼굴 표정은 고통스러워 보인다. 난간과 볼셰비키 정권의 상징들 중 하나인 공장은 그가 절실하게 전달하려는 메시지의 수신자가 노동자라는 것을 알려준다. 여기에서 그는 이론가이다. 공장과 펼쳐진 깃발이 윗부분만 보여 그가 높은 곳에 있고, 멀리 있는 노동자도 그를 볼 수 있을 것으로 짐작된다.

레닌의 표정과 몸짓에는 당시 그와 러시아가 처한 상황이 반영되어 있다. 그는 1918년 8월 30일 암살 위기를 겪었다. 이 포스터가 제작되기 직전이라 할 수 있는 시기인 1919년과 1920년 사이 러시아의 실상은 '지옥에 가까울' 정도였다. 그의 얼굴에는 당시 지도자로서 그가 가졌을 인간적인 불안과 고뇌가 보인다. 이러한 것은 그가 살아 있던 시기 그의

알렉산드르 게라시모프, 「단상 위의 레닌」(1930)

이미지의 특징이자, 그가 사망한 후에 제작된 이미지들과 구별되는 요소이다. 그가 사망하자 정부는 그를 신격화하면서 그를 이와 같은 이미지로 묘사하는 것을 지양했다. 그 이유는 사회주의적 사실주의에서는, 게라시모프가 1930년 이 포스터를 참고해서 그린 것으로 보이는 회화 작품 「단상 위의 레닌」에 관해 당대 미술평론가 렐레비치G. Lelevich가 지적하고 있듯이, 프롤레타리아의 지도자에게 "고통스러움과 불안함은 어울리지 않는 특징"이었기 때문이다.

　소콜로프의 1922년 작 포스터 속의 레닌은 화면 중앙에 그가 딛고 선 지구본보다도 큰 거인처럼 그려졌다. 이 포스터에서는 1920년 작에 비해 간결한 방식으로 그려졌지만 여러 상징적인 부속품들이 등장하면서 지도자의 여러 이미지가 복합적으로 재현되어 있다. 하나는 내전을 종결시키고 신경제정책에 착수한 시점에 있는 자신감에 찬, 노동자와 농민의 지도자 이미지이다. 다른 하나는 프롤레타리아 국가를 축복하

아르세니 소콜로프, 「통치 계급들은 공산주의 혁명 앞에서 떨게 될 것이다」(1922)

고 기원하는 신격화된 지도자 이미지이다. 따라서 부속품들의 대부분은 이 두 이미지를 중의적으로 연출한다. 이를테면 반쯤 떠오른 태양은 그림 하단에 적힌 연도 1917, 1922와 연결시키면 볼셰비키를 상징하지만, 서양 전통에서는 신이나 성인, 계몽주의적 지도자의 엠블럼이거나 이성의 알레고리였다. 작은 지구본 역시 한편으로는 레닌을 국제주의적 지도자로, 다른 한편으로는 세상 위에 있는 신적인 존재로 읽게 한다.

우선 레닌을 노동자와 농민의 지도자로 표현할 때 가장 기본적인 소품, 즉 '대변적인 것'은 모자이다. 그는 1920년 포스터에서와는 달리 영국과 프랑스에서 1890년대 이래 프롤레타리아 복장의 일부로 간주되어 온 속칭 '인민군 모자'를 쓰고 있다. 그에게 이 모자는, 이론가 타입으로 그려졌던 앞의 포스터에서와는 달리, 그의 행동가적 이미지를 부각시킨다. 코퀸F.-X. Coquin은 모자를 쓰지 않은 레닌의 모습은 소련의 지도자 이미지인 반면, 모자를 쓰면 "볼셰비키, 망명 중의 비밀 투쟁가, 10

월 혁명의 투사, 국제주의적 지도자"의 이미지가 된다고 썼다. 스탈린이 공식적 지도자가 된 1929년 이후 레닌은 무엇보다 이론가로서 우상화되었는데, 실제로 이 시기 이후의 대부분의 그림에서 그는 모자를 쓰지 않고 있다.

레닌의 좌우에 볼셰비키 혁명의 '동지'인 노동자와 농민이 지구본 밖의 단상 위에서 각각 커다란 붉은색 V자의 두 획의 머리 쪽을 잡고 서 있다. 이 단상은 각각 화면 양쪽의 밀 다발의 끝에 있는데, 이 밀은 당시 농업 국가였던 소련에서 노동자와 농민이 이루어낸 성과이자 풍요의 알레고리로, 노동자와 농민을 상징하는 망치와 낫으로부터 시작되었다. 밀 다발 위에 기념비처럼 서 있는 노동자와 농민이 말[言] 띠로 연결됨으로써 그들과 그들을 상징하는 소품들이 한 줄로 이어져 해가 비치고 있는 '지구'를 감싸게 되었다. 이러한 모습은 말 띠에 적힌 "세계의 프롤레타리아들은 결속한다"는 내용을 시각적으로 표현한 것이다.

이러한 맥락에서 볼 때 노동자와 농민이 잡고 있는 거대한 획은 볼셰비키 정권을 작동시키는 두 축을 상징한다고 할 수 있다. 실제로 이 두 획이 만난 부분을 휘감고 있는 듯하며 그들의 상징이기도 한 낫과 망치가 베어링처럼 보여 이 두 축도 회전하는 굴대처럼 보이게 된다. 이 V자 안에 거대한 레닌이 서 있다. 이러한 맥락에서 레닌 앞쪽 아래에 그를 감싸듯이 놓인 V자는, 위에서 언급했듯이, 1918년부터 레닌의 호칭이 된 Vozhd(지도자)와 그가 속한 볼셰비키가 창간한 신문 명칭인 'Vpered(앞으로)'의 머리글자로 해석할 수 있다.

한편 앞으로 뻗은 레닌의 손은 바닥이 아래로 향해 있다. 이 자세는 예수나 성인 또는 교황 이미지에 자주 사용되어 러시아인에게도 익숙한, 축복하고 기원하는 자세이다. 그가 축복하고 기원하는 내용과 대상은 텍스트와 이미지로 제시되어 있는데, 그것은 말 띠의 "세계의 프롤레타리아들은 결속한다"는 구절로 시사된 세계 프롤레타리아 혁명, 두 프롤레타리아 계급, 농업 국가였던 소련의 풍요를 상징하는 밀 등이다. 또한 비율상 다른 인물보다 큰 레닌은 중세 미술과 러시아 이콘화에서 볼 수 있는 도상학을 따른 것이다. 태양 광선은 레닌 사후에 나온 포스터에서처럼 그의 머리 뒤에 후광으로 그려진 것이 아니라 지구본 뒤에서 비치고 있다. 뒤에서 설명하겠지만, 1927년에 제작된 작자 미상의 포스터 「북 캅카스의 10월」에서처럼 스탈린은 레닌이 죽은 직후 레닌을 포스터에 그릴 때 러시아의 민속적인 알레고리나 종교적인 이콘을 그대로 차용하거나 변형해 사용했으나, 레닌 시대에는 그러한 경향이 적었다. 그럼에도 이 태양은 뒤에서 보게 될 1918년과 1920년에 제작된 포스터에서보다는 크고, 레닌 바로 뒤에 있어 강하게 빛을 낸다. 이에 따라 이 태양은 볼셰비키의 상징이었다가 레닌의 신격화로 옮겨 가는 과정에 있다고 할 수 있으며, 이러한 태양을 통해서 사후 스탈린에 의해서처럼 완전히 신격화되지는 않았지만, 레닌은 국민을 축복할 자격이 있는 성인의 이미지를 부여받았다. 다시 말해, 이 포스터에서는 레닌의 프롤레타리아의 지도자로서의 역할만이 아니라 지금까지는 부분적으로만 요구되던 신과 같은 역할이 가시화되었다고 할 수 있다.

한편 레닌 도상 제작자들로 하여금 그를 러시아적인 종교적 인물로 신화화하게 만든 것은 무엇보다도 떠오르는 태양 이미지이다. 소콜로프 포스터에서 햇살로 표현된 태양 이미지는 러시아 민속 미술에서 흔히 나타난다. 이전 시대의 미술 경향을 모두 부정하고 새롭게 탄생한 말레비치K. Malevich의 작품 「검은 정사각형」(1915)의 제작 과정이 일식 현상에 비유되는 것에서 알 수 있듯이, 새로운 세계의 출현에 대한 기원을

알렉산드르 압싯, 「프롤레타리아 독재의 해, 1917. 10~1918. 10」(1918)

태양을 통해서 표현하는 것은 러시아인들의 전통으로 간주되었다. 따라서 레닌의 이미지 연구자들 중에는 태양과 함께 등장하는 그의 이미지에서 러시아 전통과 혁명 당시 혁명을 통해 세상을 바꾸기를 기원했던 지식인들의 건신주의적建神主義的 사고의 만남을 읽는 이들이 있다. 이와 함께 레닌의 도상학 연구에서는, 스탈린 시대에서처럼, 레닌의 출현을 러시아적 신화로 해석하는 경향이 일반적이 되었다. 볼셰비즘을 러시아인의 천년왕국에 대한 기원의 구체화이자 "인간신의 도래"로 보고 "학문적 연구는 단지 볼셰비즘의 종교적 성격을 은폐하기 위한 것"이라고 주장하는 레네 퓔립-밀러R. Fülöp-Miller와 같은 입장이 이러한 경향의 한 예이다.

예를 들어 압싯A. Apsit이 제작한 「프롤레타리아 독재의 해, 1917. 10~1918. 10」(1918)이나 「노동 승리 만세」(1920)에서 공장과 농토 너머 멀리서 빛나고 있는 태양은, 농민이 밟고 있는 문장이 있는 방패와 깃발, 왕관, 사슬 등이 상징하는 제정 러시아를 무너뜨린 볼셰비키의 상징이다. 소콜로프의 1922년 포스터에서 레닌을 개인적으로 신격화하여 태양으로 상징화하는 경향이 서서히 시작되지만, 이미 그 전인 혁명 후 몇 년간 태양은 볼셰비키 혁명과 이 혁명의 지도자로서의 레닌의 상징이었다. 통치자를 태양으로 은유적으로 표현하거나 태양신으로 신격화시키는 전통은 고대 이집트에서부터 루이 14세와 나폴레옹을 거쳐 나치 정권까지 러시아 밖에서도 계속 나타나는 전통이다. 새로운 세계를 태양에 비유하는 것 역시 계몽주의 시대의 도상학에서 반복되어 나타났다. 「북 캅카스의 10월」에서처럼 머리 주변에서 태양 광선이 나와 머리를 태양처럼 보이게 한 도상학의 전통은 통치자를 '생명을 선사하고 유지시키는 태양'으로 보는 것으로, '새로운 시대의 선구자'로 재현된 나폴레옹의 이미지에서도 보인다. 따라서 레닌의 태양 이미지를 러시아의 전통선상에서만 해석하는 것은 무리가 있다.

이러한 맥락에서 1920년의 포스터에 나온 '이론가' 레닌이 서 있는 연단 역시 유럽의 전통과 연결시킬 수 있다. 프랑스 대혁명 시기에 연단과 종이는 '말과 법의 상징적 결합'을 지시하기 위해서 사용되었다. 레닌이 모스크바에 동상을 건립하려 했던 인물 명단에는 마르크스와 엥겔스는 물론 마라, 당통, 로베스피에르 등도 있었다. 구축주의자 엘 리시츠키El Lissitzky가 1924년에 세운 「레닌 연단」 역시, 1920년의 포스터와 마찬가지로, 자신의 혁명의 뿌리를 프랑스 대혁명까지 거슬러 올라갔던 레닌을 객관적으로 묘사한 것이라 할 수 있다.

아울러 포스터 속의 레닌-태양 이미지를 러시아의 종교적 도상과 구별시킬 수 있는 근거는 당시의 현실에서도 찾을 수 있다. 레닌은 공산주의를 "소비에트의 힘 플러스 전기"라고 정의했다. 1920년 초 그는 큰 기대 속에서 국민경제의 전력화電力化 정책에 착수했다. 따라서 떠오르는 태양과 연기를 뿜는 굴뚝은 당시의 전력화 사업을 선전하기 위해 등장시킨 소재들이라고도 할 수 있다.

레닌 도상학을 해석할 때 그와 태양 이미지를 러시아적 전통으로만 보는 경향은 볼셰비키 행사와 그림들에 나온 의식과 소품에서 러시아적 전통의 맥락만을 주목하는 경향과 같은 의도에서 나온 것이라고 할 수 있다. 이렇게 볼 때 10월 혁명을 "러시아인이 항상 집단주의자였고, 신과 인민은 동일시되었으며, 선先논리적-신화적이다"라는 신화의 연속선상에 놓으려는 것을 냉전의 도구라고 해석한 클라우스 폰 바이메식의 견해는 장래의 소련 미술 연구에서 중요하게 고찰되어야 할 방법론이라고 하겠다.

사후의 레닌 그림: 스탈린에 의해서 우상화된 '이콘'

1) 스탈린의 위상의 정당성 확립 도구로서 불멸화된 '다른 몸'

1924년 1월 21일 레닌이 사망했다. 레닌 자신이 스탈린을 1922년 초대 공산당 서기장으로 임명했지만, 1923년부터는 그를 해임하고 트로츠키를 그의 후계자로 세우기를 원했다. 이러한 내용은 '정치적 유언'으로 불리는 레닌의 구술 기록의 일부가 중앙위원회에서 낭독되면서 알려졌다. 그러나 1922년 이래 병석에 있던 그는 후계자를 정하지 않은 상태에서 사망했다. 그 후 후계자 다툼이 격렬하게 일어났고, 이 과정에서 서기장 스탈린이 유리한 고지를 점령하게 되었다. 스탈린은 1925년 그의 최대 정적이었던 트로츠키를 축출한 후 차례로 그의 반대파들을 '제거'하고, 1929년 공식적으로 최고지도자가 되어 절대 권력을 잡게 되었다.

클라우스 폰 바이메는 특정 시기에 정치도상학이 증가하는 현상을 "통치권이 불안전하게 보일수록 — 대개 한 왕조의 초기와 말기 — 이미지-프로파간다를 위해 동원하는 도상학적 경비가 더 크다"는 말로 요약했다. 스탈린 정권하의 레닌 이미지 생산 규모의 변화는 이러한 분석에 정확하게 들어맞는다. 스탈린은 레닌이 사망하자 많은 레닌의 이미지를 제작하고 거대한 동상을 건립하면서 레닌 숭배 문화를 만들었다. 일차적 이유는 스탈린이 주목할 만한 혁명적 업적을 내지 못했고, 또 레닌 사후 '적자 후계자'가 아닌 상태에서 권력을 잡아 입지가 불안하자 자신의 입지를 정당화하기 위해서였다. 따라서 그의 입지의 변화에 따라 레닌 이미지도 변화하고 생산량도 줄게 되었다. 레닌 이미지는 그의 생전보다 사후에 비교할 수 없을 정도로 더 많이 제작되었는데, 1924년부터 증가하기 시작해 스탈린이 공식적으로 최고지도자가 된 1929년경에는 절정에 달해 1,250만 장의 레닌 포스터가 유통되었다. 그러나 스탈린의 입지가 견고해진 1930년대에 유통된 레닌 포스터는 15~20만 장 정도이다.

1918년 잡지 『노동의 깃발』은 "개인 숭배는 마르크스주의 정신에도, 과학적 사회주의 정신에도 위배된다"고 썼다. 그리고 레닌이 자신의 모습이 이미지로 만들어져 유포되는 것을 반대했던 것처럼 레닌의 부인 크룹스카야N. Krupskaya도 남편 사망 직후 "여러분의 일리치Il'ich에 대한 슬픔을 그에 대한 개인 숭배로 표현하지 마십시오. 그의 이름으로 기념비도 궁도 만들지 말고, 그를 기억하기 위해 요란한 행사를 조직하지도 마십시오. 생전에 그는 이런 것에 전혀 관심이 없었습니다. 그런 것은 그를 불편하게 했습니다. 얼마나 많은 가난과 무질서가 아직도 우리나라에 산재해 있는지를 기억하십시오. 블라디미르 일리치의 이름을 존경하고 싶으면 아기 침대, 유치원, 주택, 학교, 도서관, 응급차, 병원, 양육원 등을 세우십시오. 무엇보다 그의 가르침을 여러분의 삶 속에서 실천하십시오"라고 호소했다.

그러나 스탈린은 이러한 호소나 마르크스주의의 이데올로기와 상관없이 레닌을 신화화시켜 레닌 숭배 문화를 만들기 시작했다. "그는 모든 나라와 시대와 민족들의 가장 위대한 전장의 영웅이었다. 그는 죽었다. 〔……〕 그러나 그는 공산당의 집단 이성 속에 살아 있다." 그가 죽고 나서 닷새 후인 1924년 1월 26일 제2차 소비에트 대회 의장 칼리닌M. Kalinin이 발표한 위의 성명은 레닌의 신격화와 불멸화 작업의 시작이었다. 당 지도부는 레닌 그림들을 심의하는 특별위원회를 만들어 그의 이미지를 통제하고 관리하기 시작했다. 레닌은 이러한 과정을 거쳐 그가 사망하자마자 거대한 영묘, 동상, 포스터, 영화 등을 통해서 자신을 정당화하고 '살아 있는 신'으로 만들려는 스탈린에 의해서 철저히 계획적으로 우상화되고 불멸화되어 '신'으로 태어나게 되었다. 예이젠시테인의 레닌 영화 「10월」도 이러한 과정에서 1927년에 촬영되어 1928년에 상영되었다.

스탈린은 포스터나 영화와 같은 시각매체 외에 두 가지 방식을 더 추가해 레닌 이미지를 생산했다. 그는 한편으로는 실제 레닌, 즉 레닌의 주검을 썩지 않게 방부 처리해 신처럼 불멸하게 하고, 다른 한편으로는 소련 각지에 거대한 레닌 동상을 건립했다.

스탈린은 레닌이 사망하자 겨울이라 언 시신을 기차로 모스크바의 노동조합의 집으로 옮겨 대중에게 공개했다. 그런 후 그는 시신을 방부 처리해 보관하기 위해 붉은 광장에 거대한 영묘靈廟를 만들어 레닌을 안치했다. 이러한 방법으로 스탈린은 레닌을 중세 기독교와 러시아 정교의 전통에 따라 죽었으나 썩지 않는 몸으로 '불멸화'함으로써 그를 신의 위치에 올려놓았다. 다른 한편으로 스탈린은 1925년에는 레닌그라드에, 1926년에는 스탈린그라드에 거대한 레닌 동상 기념비를 건립했다. 이에 따라 대중은 일상적 공간에서는 동상을 통해서, 그리고 제의적 공간에서는 썩지 않는 '신성한 몸'을 통해서 불멸화된 지도자, 레닌을 지속적으로 만나게 되었다. 한스 미티히H.-E. Mittig는 기념비의 역할을 두 가지로 정리했다. 하나는 도시 안에서 매일 만나게 되는 일상적 역할이고, 다른 하나는 도시 밖에 있어 일요일이나 행사 때 방문하게끔 하는 역할이다. 도시 속에 세워진 거대한 레닌 동상은 첫번째 역할을, 그의 무덤은, 시내에 있지만 방문해야 하기 때문에, 두번째 역할을 수행하게 되었다.

1926년에 10월 혁명 10주년을 미리 축하하기 위해 제작된 「10월 축전」과 앞에서 언급한 「북 캅카스의 10월」(1927)에서 보이듯이, 1924년 이후 몇 년 동안 제작된 포스터들에서 레닌은 러시아 정교의 도상, 러시아의 민속 수사학과 소련의 새 상징들 및 의식들과 결합되어 묘사되었다. 이를 통해 레닌은 러시아화되어 신성한 국부國父로 숭배되있다.

당 지도부는 레닌이 죽고 스탈린이 권력을 장악하기까지 약 5년 동안 예술에서 그 전과 후에 비해서 다원주의를 허용하였다. 위의 포스터들에서 다양한 전통과 연결된 이미지들이 사용된 것은 바로 이러한 문화정책에 기인한 것이다. 이는 레닌 정권 초기의 도상학에서와 마찬가지로, 정권 초기의 불안한 민심을 하나로 모으기 위해서 대중에게 친숙한 도상을 사용하면서 민족주의에 호소한 징치직 전략이다. 그렇기 때문에 스탈린의 입지가 견고해지고 정권이 안정되면서 민속적이거나 종교적인 도상을 이용할 필요가 없어졌다. 대신 정부는 스스로 구심점이 되기 위해 자체적으로 원칙을 만들어 관리하는 관영 미술을 고안해내게 되었다. 이러한 목적으로 만들어질 양식 역시 대중이 이해하기 쉬워야 했기 때문에 추상 미술이 아니라 사실주의 미술 쪽으로 다가갔다. 이 징후는 1928년 프롤레타리아 미술을 강조하는 단체들이 주류를 이루면서 현저해지다가 1932년 사회주의적 사실주의가 공식 양식으로 제정되었고, 이와 함께 미술 양식에 대한 논의도 종결되었다. 이 과정에서 1910년대 혁명 사상에 동조하면서 추상 미술을 통해서 그 사상을 표현하려 했던 아방가르드 미술이 1920년대 중반부터 쇠퇴하게 되자 많은 미술가들이 서방 세계로 떠났다.

레닌이 대좌를 포함해 높이가 실물의 4배 이상이 될 정도로 큰 동상으로 등장한 포스터 「국제 프롤레타리아 혁명 만세」는 작자 미상으로 1925년에 제작되었다. 이 포스터는 앞에서 언급한, 거대한 동상 기념비가 일상에서 하는 역할과 기능을 잘 보여준다.

이 포스터 작가가 그린 레닌은 실물이 아니라 그의 동상, 즉 '다른 몸'이다. 기념비로서의 동상은 동상으로 만들어진 죽은 사람을 위해 존재하는 것이 아니라 그것을 제작하도록 지시한 사람을 위해서 존재하면서 살아 있는 사람의 역할을 대신한다. 레닌이 살아 있을 때 그의 이미지는, 자주 군중 옆에 거인과 같은 모습으로 그려졌던 스탈린과 달리, 대부분 혼자 있는 모습이었다. 끝이 보이지 않을 정도로 수많은 군중이 동상 옆을 자랑스럽게 행진하고, 레닌 동상은 마치 살아서 행렬을 축복하는 것처럼 보인다. 군중이 많은 곳의 높은 대좌 위에서 비슷한 몸짓을 하고 있는 거대한 레닌 동상은 다른 포스터에도 등장했고, 실제로 이와 같은 동상은 각각 1925년과 1926년에 레닌그라드와 스탈린그라드, 그

작자 미상, 「국제 프롤레타리아 혁명 만세」(1925)

리고 그 외 여러 도시에 건립되었다.

스탈린은 레닌을 자신의 정치적 메시지로 전달하는 가면으로 사용하여 자신을 레닌과 연결하는 것을 넘어 이름/텍스트를 이용해 레닌과 결합시키기도 했다. 작자 미상으로 1925년에 제작된 「레닌은 강철과 화강암이다」라는 포스터를 보면, 같은 해에 제작된 「국제 프롤레타리아 혁명 만세」에 나오는 레닌 동상과 포즈가 비슷하며 화강암으로 제작된 레닌 동상이 강철로 만들어진 거대한 나사 모양으로 된 대좌 위에 놓여 있다. 재료의 성격을 의인화한 것은 유물론적 미학의 반영이다. 빅토리아 보넬은 포스터 하단에 "Lenin-Stal' i granit(레닌은 철과 화강암)"이라고 쓴 것은 발음상으로나 의미상으로 이 두 지도자를 하나로 결합시키기 위해서라고 해석했다. 실제로 1930년과 1931년 사이에는 "스탈린은 오늘의 레닌"이라는 당시의 과도기적 구호를 레닌과 스탈린의 이름과 이미지로 서로 연결시키는 그림들이 증가했다.

구스타프 클루치스, 「임원단은 모든 것을 결정한다」(1935)

　이처럼 스탈린이 포스터에 거대한 레닌 동상을 군중과 함께 표현한 것은 레닌의 동상이 일상에서 스탈린이 하는 역할과 기능을 할 수 있게 국민을 교육시키기 위해서이다. 한 예로 1936년 스탈린의 프로파간다 미술가인 클루치스G. Klutsis가 제작한 포스터 「임원단은 모든 것을 결정한다」가 보여주듯이 스탈린은 1930년대에 일상에서 이러한 장면을 직접 연출했다. 따라서 1925년 포스터와 같은 이미지는 스탈린이 최고 지도자의 권력을 가지기 전인 1920년대 후반에 거대한 레닌 동상을 국민이 어떻게 해석해야 하는지를 알려주기 위해 제작된 것이라 하겠다. 마틴 다무스는 전체주의 국가들의 거대한 동상에 관한 연구에서 기념비화를 "그것을 주재한 측의 요구에 따르지 않는 사람은 누구나 협박하는 폭력의 표현"으로 설명했다. 이러한 맥락에서 볼 때 포스터 속의 레닌 동상은 실제 동상처럼 대중을 축복할 뿐만 아니라 파수를 보는 기능을 한다.

프랭크 카프라, 「스미스 씨 워싱턴에 가다」(1939)

　이처럼 시각매체를 통해 기념비에 재현된 정치적 메시지를 읽는 방식을 교육하는 것은 시청각 및 동영상 매체를 통해 훨씬 더 효과적으로 이루어진다. 프랭크 카프라F. Capra 감독의 1939년 미국 영화 「스미스 씨 워싱턴에 가다」에는 인공 언덕에 흰 대리석으로 건립된 거대한 링컨기념관 안에 게티스버그 연설문이 새겨진 벽을 앞에 두고 할아버지와 어린 소년과 주인공인 청년, 즉 세 세대의 남자들이 서 있는 유명한 장면이 나온다. 주인공은 기존 상원의원이 갑자기 사망하자 뜻하지 않게, 소위 '전략 공천'으로 임명되어 워싱턴에 도착한 시골의 소년단 단장이다. 그는 워싱턴 역에 도착하자마자 사무실에 가는 대신 '꿈속에서나 볼 수 있었던' 워싱턴 내셔널몰을 '견학'한 후 링컨기념관을 둘러보다가 서로 손잡고 있는 작은 소년과 할아버지를 보게 된다. 주인공은 워싱턴의 연설문과 링컨의 게티스버그 연설문을 다 외운 사람이다. 그는 소년이 흰 대리석 위에 새겨진 링컨의 연설문을 소리 내어 읽는 것과 그가 발음을 잘 못하는 단어가 나올 때마다 할아버지가 인자하게 웃으면서 고쳐주는 것을 감탄과 황홀함을 지닌 표정으로 비리본다. 그는 나중에 국회의원들의 불의에 대항해, 어린이와 자연을 위해, 그리고 자본주의의 횡포를 막기 위해, 궁극적으로는 링컨 연설문의 메시지를 실천하기 위해 기절해서 멈출 때까지 24시간 동안 발언한다(필리버스터가 아니었다!). 영화의 끝 부분에서 그가 현실 정치에 실망하고 좌절해 귀향하기 전에 찾아온 곳도 여기이다. 그는 비서의 충고에 따라 링컨의 연설문을 상기하고 다시 국회의사당으로 돌아가 링컨이 전쟁터에 만들어진 게티스버그 국군묘지에서 선언문을 읽었듯이, 그도 '전쟁터'가 된 국회의사당 건물에서 발언을 한다.

이렇게 이 장면은 기념관이나 기념비를 세우는 목적과 그것의 교육방법인 의식ritual을 일목요연하게 보여준다. 사람들은 역사 속에서 선택된 인물이나 사건을 그냥 보러 오는 것이 아니다. 그곳에 와서 그 웅장함에 압도되어 경건함을 느끼고, 건립 주체가 이 인물이나 사건을 선택해 이미지로 보여주면서 전달하고자 하는 정치적 메시지를 건물 양식이나 동상의 모습을 통해서만이 아니라 텍스트를 소리 내어 읽고, 잊지 않고 기억하고, 할아버지 세대로부터 교정받으면서 후세로 이어가는 것 등을 넘어 삶에서 그 메시지를 직접 실천하는 것이다. 이것이 원활하게 이루어지기 위해서는 그 장소의 상징적 의미가 원래 있었던 것이 아니라 미국 건립 후 '고안된invented' 것이라는 사실은 은닉되어야 한다.

위에서 살펴보았듯이 스탈린은 자신이 확실하게 새 지도자로 공인될 때까지 레닌의 '가면'을 썼다. 그는 1932년 제1차 경제개발 5개년 계획을 완수함으로써 후계자로서의 정당성을 대중에게 각인시킨 후부터는 그의 이미지에서 레닌과 볼셰비키의 이미지를 제거하고 주로 혼자 나오거나, 레닌이나 다른 인물이 등장하게 될 때는 그들을 풍속화에서 가져온 알레고리 이미지나 러시아 이콘화에서처럼 작은 부차적인 인물로 표현했다. 이러한 경향은 각각 1926년과 1927년에 제작된 작자 미상의 포

작자 미상, 「10월 축전」(1926)

스터 「10월 축전」과 「북 캅카스의 10월」에 잘 드러나 있다.

이 두 포스터를 1925년에 나온 「국제 프롤레타리아 혁명 만세」와 비교하면 레닌을 신격화하는 방법과 그의 도상이 작아지는 과정이 정교하게 진행되었음을 알 수 있다. 앞의 두 포스터에서 레닌은 모두 타원형의 틀 속에 흉상으로 그려져, 종교적인 이콘처럼 표현되었다. 종교 행렬이 따르는 성인 이콘처럼 이 포스터에서도 레닌 도상은 다방면에서 몰려드는 군중의 구심점에 놓여 있다. 1926년 포스터에는 민속 의상을 입은 사람들이 등장한다. 축전 행렬, 깃발, 양식화된 태양 광선은 앞서 지적했듯이, 러시아의 민속과 종교 미술의 전통을 따른 것이지만 유럽의 미술사에서도 나타난 것이다. 혁명 10주년을 기념하며 행진하는 프롤레타리아와 그들의 업적이 묘사된 그림에 둘러싸여 성과를 헌정받고 있는 레닌은 신격화되어 있다. 레닌의 추종자로 묘사된 노동자와 농민들, 레닌의 비율 상 큰 몸과 후광, 사망하였으나 썩지 않는 몸, 그가 '프롤레타리아 독재'라는 새로운 세계를 가져다주고 혁명 후에도 다른 저항 세력을 진압한 점 등을 통해서 레닌에게 그리스도적 성격이 부여된 것이다. 1927년 포스터에서는 레닌의 얼굴과 어깨를 액자처럼 두르고 있는 타원형 주변에 태양 광선이 그려져, 그 타원이 태양인 듯이 보인다. 이처럼 레닌이 사망한 후에는 태양이 레닌 개인의 상징이 되었다. 이것은 스탈린 시대에 집단 숭배가 개인 숭배로 바뀐 경향의 한 증거이다. 니나 투마킨N. Tumarkin은 이러한 사실을 레닌이 1918년 암살 위험으로부터 모면한 뒤 몇 달간 '성인, 사도, 예언자, 순교자 등의 성격을 가진 그리스도와 같은 소양을 지닌 사람'으로 설명되던 것과도 연결시켰다.

「10월 축전」의 전체적 구성과 레닌 도상의 위치와 의미는 미켈란젤로의 「최후의 심판」(1536~41)을 연상시킨다. 그러나 스탈린 통치하에서 그려진 포스터의 장면은 '최후의 심판' 후의 세계다. 보리스 그로이스B. Groys는 스탈린 시대에는 그 시대의 문화를 스스로 묵시록 이후의 문화로 이해했다고 썼다. 즉 심판 후의 세계라는 것이다. 스탈린 시대의 예술인 사회주의적 사실주의의 세계관의 바탕인 마르크스주의의 변증법적 유물사관론에 따르면, 사회주의 혁명은 변증법적 발전도상의 마지막 단계다. 이 포스터에 그려진 세계는 프롤레타리아 독재국가로서, 그리스도 이미지로 나온 레닌을 통해서 '심판'이 끝난 이후의 세계의 모습인 것이다. 따라서 이 축전 포스터는 위와 같은 스탈린 미학을 상징적으로 드러내주고 있다고 할 수 있다.

한편 1925년과 1926년의 포스터를 1927년의 포스터 「북 캅카스의 10월」과 비교하면 우상화된 레닌 도상이 시간이 경과함에 따라 일상적 공간에서 벗어나 상징적인 공간 속으로 기념비화되어가고 있음을 발견할 수 있다. 그는 여전히 타원형의 액자 속의 '다른 몸'이고 신격화되었다. 그러나 그의 위치는 대중, 즉 인민들 속이 아니라 그들의 위에 놓임으로써 그들의 일상으로부터 멀어졌다. 레닌은 더 이상 '성자'가 아니라 '성부'가 되었다. 그러나 그의 도상이 다른 다섯 명의 볼셰비키들과 함께 나옴으로써 그의 의미는 상대적으로 약화되었다. 이러한 특징은 이 포스터 속의 레닌 이미지를 거대한 동상(「국제 프롤레타리아 혁명 만세」)이나 커다란 타원형 이콘(「10월 축전」) 형식으로 추종자들과 함께 나왔던 이미지와 구분시킨다. 이 포스터에서는 레닌의 도상이 1930년대 스탈린의 개인 숭배와 함께 스탈린에 의해서 대체되는 과정이 예고되고 있다.

이러한 변화는 스탈린이 경제정책 완수 후 그가 자신의 입지를 정당화하기 위해 더 이상 레닌의 이미지에 의존할 필요가 없어져서이기도 하지만, 1930년대 당 노선이 레닌이 추구했던 이상과 달라졌기 때문이기도 하다. 이에 따라 스탈린은 국내외 상황과 당의 정책에 상응하는 다양한 이미지 타입을 고안해 자신을 부단히 영웅화시키고 개인 숭배화 해나갔다. 1932년 이후 그의 이미지는 '살아 있는 신'이었다. 이러한 현상은 위에서 살펴본 정치도상학의 특성상 자연스러운 현상이라고 할 수 있다.

2) '살아 있는 신' 스탈린에 의해 신화화된 레닌

1929년 스탈린의 쉰번째 생일에 레닌의 합당한 승계자로서 스탈린의 '영웅적 개성'에 대한 찬양이 시작되었다. 생전의 레닌 이미지가 혁명가나 이론가로 단순했던 것과 대조적으로 스탈린은 정치·군사 지도자, 프롤레타리아의 친구이자 그들의 스승, 혹은 '사랑스러운 아빠' 등으로 묘사되었다. 그가 정식 지도자로 승계하기 전에 진행되었던 레닌 숭배는 자신의 개인 숭배를 위한 초석이었다. 폰 바이메는 스탈린의 레닌 숭배가 스탈린의 개인 숭배를 정당화시켰고, 나아가서는 보그다노프와 같이 프롤레트쿨트를 주장하는 집단주의자들과 레닌에 비견할 정도로 숭배를 받고 있던 트로츠키와 같은 그의 정적들을 '마녀사냥'처럼 처단할 수 있도록 했다고 썼다. 또한 과도기에 집중적으로 나타났던 레닌 숭배는 그 기간 동안 그의 후계자를 정치적으로 정당화하는 것뿐만 아니라 사회주의적 사실주의 미학의 합리화를 위해 중요한 역할을 했다. 왜냐하면 레닌은 사회주의적 사실주의를 통해 스탈린 문화가 추구하던 '새로운 인간'의 모델이었기 때문이다. 시인 마야콥스키의 말을 빌리자면 "레닌은 살아 있는 어떤 사람보다도 생생"했다.

그러나 1929년 제1차 경제개발에 착수한 스탈린 치하의 당 지도부는 정치 선전이 당대 사안을 가장 구체적으로 전달해야 한다는 입장을 가지게 되었다. 프롤레타리아 혁명은 이미 1917년에 레닌에 의해 이루어졌기 때문에, 당이 혁명을 강조하는 한 스탈린은 레닌의 그림자에서 벗어날 수 없었다. 마야 투로브스카야M. Turovskaja는 과도기에 스탈린은 자신을 신격화하기 위해서 이미 신격화된 전 지도자의 이름을 빌려 "스탈린은 우리 시대의 레닌"이라는 구호를 방편적으로 사용하게 되었다고 썼다. 이러한 상황 속에서 당이 구체적인 현안을 강조하는 것은 현 지도자의 비중을 강조하는 것이었다. 이에 따라 1930년대 초부터 당은 세계 혁명이 아니라 소련 내의 혁명을 강조했고, 소련을 "공장 노동자의 조국"으로 선포했다. 당은 방금 시작된 경제개발 계획과 당시 진행 중이던 농장의 집단화 작업을 효율적으로 수행하기 위해서 이전까지 계급 개념 때문에 거부되었던 애국심, 고향 등의 정서와 가치를 사용하여 국민을 감정적으로 결속시키려 했다. 러시아적 가치를 추구하고 국내 사안에 초점을 맞추면서 스탈린 치하의 문화는 반서구적이 되었다. 이렇게

구스타프 클루치스, 「사회주의 건설을 위해 레닌의 깃발 아래」(1930)
구스타프 클루치스, 「우리 프로그램의 리얼리티는 살아 있는 인민, 너와 나이다」(1931)

러시아적 가치를 강조하여 애국심을 고취시키는 선동 방식은 제2차 세계대전 기간에는 "조국 수호"의 구호로 이어졌다.

1930년대 초 스탈린이 더 이상 레닌의 이미지를 가면으로 사용하지 않아도 되고, 오히려 레닌의 뒤에 있는 것이 동시대의 당 노선과 상충되어 그가 레닌 이미지 전략으로부터 벗어나야 했던 상황은 1930년 클루치스가 제작한 포스터 「사회주의 건설을 위해 레닌의 깃발 아래」에 총체적으로 표현되어 있다. 화면 중앙에는 붉은 사회주의 깃발을 배경으로 앞에는 레닌 얼굴이, 그리고 그 뒤에는 스탈린의 어두운 얼굴이 레닌의 얼굴에 가려 반 조금 넘게 드러나 있다. 그들의 주변에는 한창 진행 중인 건설 장면이 그려져 있다. 레닌의 얼굴 뒤에서 자신을 드러내는 스탈린의 얼굴은 당시 스탈린 도상이 변화하던 양상을 은유적으로 보여주고 있고, 건설 장면은 그러한 변화가 일어나게 된 배경인 스탈린의 업적과 당의 과제인 경제개발의 제유법적 표현이다.

한편 스탈린이 인민의 동료로 그려진, 클루치스의 1931년 포스터 「우리 프로그램의 리얼리티는 살아 있는 인민, 너와 나이다」의 제목과 도상학은 경제개발 시기의 당의 이념을 함축적으로 전달하고 있다. 당은 과거의 혁명 영웅보다는 국가의 현재 과업을 구현할 수 있는 영웅의 전형을 선전하였다. 기계적으로 획일화된 타입의 인민을 요구하는 당의 노선은, 1925년 모스크바의 인텔리겐치아 논쟁에서 부하린이 한 다음과 같은 설명으로 요약될 수 있다. "우리는 모스크바에서와 같이 프라하에서도 일할 수 있는 노동자가 아니라 모스크바에서만 잘하는 노동자를 원한다. 〔……〕 우리의 지식 분야의 간부들은 특별한 방식으로 이념적으로 훈련되는 것이 중요하다. 그렇다. 우리는 우리의 지식인을 공장에서처럼 찍어내고 제조할 것이다."

이러한 목표를 위해서 스탈린 치하의 예술은 명료함과 단순함을 전제하게 되었다. 전형적인 사회주의적 사실주의 양식에 따라 1935년 제작된 포스터 「스타하노프 운동」은 스탈린 문화의 특징들을 총체적으로 보여주고 있다. 이 포스터는 당시 1만 부가 제작되어 유포되었고, 그 후 이러한 양식의 모델이 되었다. 포스터의 중앙에는 광산 노동자 스타하노프가, 그가 들고 있는 깃발에는 스탈린이, 그 뒤에는 크렘린 궁이, 그리고 그 앞에는 인민들이 그려져 있다. 당시 "볼셰비키에게 불가능이란 없다"라는 구호가 흔했는데, 이 포스터는 이러한 구호를 전형적으로 시각화하며 당시의 미학적, 정치적 이념을 총체적으로 표현하고 있다. 이 그림에서 스탈린은 살아 있는 영웅이다. 주어진 업무를 초과 달성한 스타하노프는 과도기에 레닌의 이미지를 통해서 숭배되었던 혁명가 영웅의 자리를 대체한 노동자 영웅이자, '새로운 인간'의 전형이다. 인민은 정치 선전의 수신자로서, 사회주의에 따르면 '새로운 인간'으로 '개조'되어야 할 대상이고, 크렘린 궁은 러시아의 연속성의 살아 있는 상징이자 현재 이 운동의 현장이다. 이 포스터는 이미 자신의 숭배를 통해서 보여주었던 스탈린 문화의 특징인 개인 숭배가 당대가 요구하는 노동자 영웅으로까지 확대되고 정착된 사실을 보여준다.

로버트 윌리엄스R. Williams는 1928년과 1932년 사이의 문화혁명의 이러한 양상을 "프롤레트쿨트의 집단주의적 신화의 종말인 동시에 개인 숭배와 같은 개인적 권위의 시작의 표시"로 해석하고, 스탈린 문화가 "자기희생적인 성인이나 혁명가들이 아니라 성취하는 개인들을 재료로 삼아 영웅을 만들어냈고, 그럼으로써 개인 숭배를 집단 숭배와 섞어놓았다"고 설명했다.

보리스 그로이스는 위와 같은 양상을 "사회주의적 사실주의는 아직 있지Sein는 않으나 창조되어야 할 것Sollen을 향한다. 그것은 '스탈린의 꿈의 세계의 반사'인 전형적인 것을 창조함으로써 그 안에서 정치적인 것, 즉 스탈린의 정치 이념과 미학적인 것, 즉 사회주의적 사실주의 미술이 만나게 된다"고 설명했다. 실제로 사회주의적 사실주의가 재택된 1930년대에 들어서는 레닌 숭배는 '살아 있는 신인 스탈린'과 '새로운 인간'을 추앙하는 개인 숭배를 통해서 약화되었다. 이 시기 이후 레닌 도상은 현격히 줄어들었고, 있다 해도 크기가 작거나 우상으로서의 의미가 약화되었다. 이러한 과정은 앞에서 보았던, 스탈린이 레닌의 그늘에서 빠져 나오는 듯이 보이는 포스터 「사회주의 건설을 위해 레닌의 깃발 아래」를 통해서 상징적으로 시각화되어 있다. 이 그림은 스탈린이 레닌의 후계자임을 증거하면서 스탈린 역시 레닌처럼 신격화되어가고

카지미르 말레비치, 「모스크바의 영국인」(1913)

있음을 시사한다.

　이러한 표현 방식을 러시아 현대 미술의 도상학적 전통에서 레닌의 태양 이미지나, 앞에서 언급했던 말레비치의 「검은 정사각형」과 연결시켜 스탈린의 얼굴을 새로운 태양으로 해석할 수 있다. 그렇지만 포스터는 표현 방식상 이 추상 회화보다 더 구체적이고 직설적인 방식을 취했다. 태양의 메타포로서의 스탈린의 얼굴은 「검은 정사각형」에 영향을 준 말레비치의 입체-미래주의 작품 「모스크바의 영국인」과 이 포스터를 비교하면 더 분명해진다. 여기에서는 한 남자의 얼굴이 콜라주 방식으로 그려진 물고기 형태의 흰 면에 의해 반쯤 가려진 모습으로 그려졌다. 이러한 남자의 얼굴은 몽타주 방식으로 제작된 레닌/스탈린 포스터에서의 스탈린의 모습과 유사하다. 「모스크바의 영국인」에서 남자의 얼굴을 「검은 정사각형」에 대한 도상학적 해석을 바탕으로 일식 현상에서의 태양으로 해석할 수 있는데, 이러한 해석은 이 그림에 쓰여진 "부

구스타프 클루치스, 「마르크스, 엥겔스, 레닌과 스탈린의 깃발을 더 높이 들어라!」(1933)

분 일식"이라는 단어를 통해 뒷받침된다. 이와 조형적으로 유사한 포스터 속의 스탈린 얼굴 역시 레닌의 도상학에서 태양을 지도자의 메타포로 사용한 전통과 당시 스탈린이 절대적인 권력을 지닌 지도자가 되었던 사실을 상기하면 일식 현상 속의 태양으로 해석할 수 있다.

「사회주의 건설을 위해 레닌의 깃발 아래」에서는 스탈린을 태양으로 레닌과 대등하게 묘사함으로써 스탈린을 신격화시키는 것 외에도 레닌의 영향력을 상징적으로 약화시키려 한 듯하다. 이러한 '정치적 연출'은 1933년에 당시 가장 영향력 있던 화가 클루치스가 제작한 또 다른 포스터 「마르크스, 엥겔스, 레닌과 스탈린의 깃발을 더 높이 들어라!」에서 더 구체적으로 드러나 있다.

여기에서는 공산주의 이론의 창시자이자 실천가 네 명의 사진이 활동 시기 순으로 왼쪽에서 오른쪽으로 그려졌다. 이 포스터는 얼굴이 붉은 깃발 앞, 그리고 노동자와 농민의 무리 위에 있는 네 개의 그림을 결합하는 방식으로 만들어졌다. 왼쪽에 있는 마르크스와 엥겔스는 얼굴과 눈을 모두 스탈린을 향하고 있고, 얼굴을 약간 스탈린 쪽으로 돌린 레닌은 먼 곳을 바라보고 있다. 그러나 당시 유일하게 살아 있는 인물이던 스탈린의 얼굴은 정면을 향하고 있다. 그는 관객을 직시함으로써 현재와 '대화'를 하고 있다. 이를 통해서 포스터 제작자는 스탈린만이 당시 대중에게 직접적이고 실제적으로 영향을 줄 수 있다는 사실을, 다시 말해서 스탈린이 공산주의 이론의 '완성자'이자 현재 지도자이며, 따라서 다른 죽은 세 인물들보다 대중에게 더 큰 영향력이 있다는 사실을 표현했다. 시티칸s. Shtykan에 따르면 1933년 전 소련의 정치적 미술에서 관객을 직시하는 시선은 소수의 예외적인 경우에만 등장했다. 1930년대 초 몇몇 포스터에서 관객의 시선을 끌고 포스터의 효과를 강화하기 위해 이러한 시선을 고안해냈다. 한편 이러한 시선은 이콘화의 시선을 닮아 스탈린에게 신적인 이미지를 부여한다. 이 외에도 스탈린은 생존해 있으면서도 죽은 영웅들과 나란히 나옴으로써 신격화되었다. 레닌은 다른 세 영웅과 동일한 배경 앞에 크기도 같게 그려짐으로써 '혁명의 신'이라는 숭배 대상으로 홀로 등장할 때 부여되었던 절대적 위상이 약화되어 있다.

클루치스는 이러한 스탈린 신화를 1933년 5월 1일 노동절 행사 때 「사회주의 산업화의 위대한 업적」이라는 제목으로 모스크바의 스베르들로프 광장에서 사진 구조물과 조명으로 훨씬 더 분명하고 역동적으로 연출했다. 그는 광장에 각각 레닌과 스탈린의 전신사진이 붙은 폭 9미터, 높이 25미터인 판자 두 개를 세웠다. 그 사이에는 댐 무대를 세워, 그 위를 레닌의 유명한 말인 "공산주의는 소비에트의 힘 플러스 전기"로 장식하고, 댐 벽에는 댐을 건설하는 노동자 사진을 몽타주해서 붙였다. 그는 밤에는 전깃불을 켜놓음으로써 레닌이 말한 '전기화'를 문자 그대로 상연했다. 레닌은 서서 스탈린 쪽을 바라보는 옆모습이다. 반면

구스타프 클루치스, 「우리나라에서 사회주의의 보증을 받았다」(1932)

스탈린은 오른발을 내딛고 앞으로 걸어 나오는 모습이며, 뒤로 젖혀진 코트 자락은 그의 활동성을 짐작게 할 뿐만 아니라 이것을 레닌의 호주머니에 낀 손의 수동성과 대조를 이루게 한다. 1933년 포스터에서처럼 그는 레닌의 말을 현실로 구체화시킨, 살아 있는 신화의 전형으로 그려졌다.

　스탈린이 제1차 경제개발 계획을 마친 후인 1932년 역시 클루치스가 제작한 포스터 「우리나라에서 사회주의의 보증을 받았다」는 스탈린 숭배가 고조에 달하면서 도상학에서는 물론 당 노선에 나타난 레닌의 위상 변화를 생생하게 보여준다. 얼굴과 어깨만 나온 스탈린 흉상은 운집한 노동자와 농민과 건설 중이거나 완성된 산업시설 이미지 가운데 거인처럼 솟아 있는, 살아 있는 신으로 그려졌다. 반면 레닌은 흑백인 주변괴 달리 붉은 색으로 강조된, 군중이 든 깃발 속의 자은 옆모습으로 나왔다. 모도로프F. A. Modorow의 풍속화적인 회화 작품 「스탈린과 칼

리닌」에서 벽에 걸린 자그마한 원형 액자 속의 레닌 도상은 스탈린과 대화하는 인물이 당 고위층(제2차 소비에트 대회 의장)에 속한다는 사실을 알레고리로 전달하고 있다. 그러나 제2차 세계대전 당시 스탈린을 전쟁의 신으로 묘사한 도상학은, 예를 들어 토이드체I. Toidze가 제작한 포스터 「스탈린은 우리를 승리로 인도하고 있다」(1943)에서 보듯이, 알레고리로조차도 레닌 이미지를 필요로 하지 않게 된다.

이러한 맥락에서 「우리나라에서 사회주의의 보증을 받았다」를 전쟁의 신으로서의 스탈린 이미지와 탱크 위에 서 있는 레닌을 그린 「레닌이 전차에서 연설한다」(1934~36)와 비교하면 스탈린 시대의 레닌 이미지의 생산에 미친 레닌의 정치적 의미의 변화를 읽을 수 있다. 이를 테면, 전쟁을 프롤레타리아 투쟁으로 묘사할 때는 레닌 이미지가 필요했었다. 1928년에 나온 예이젠시테인의 레닌에 대한 영화 「10월」의 한 장면과 구도와 포즈, 소재가 거의 흡사한 이 그림에서 레닌은 타이탄 같은 스탈린과 대조적으로 작고 위엄도 없는 모습으로 그려졌으며, 그의 특징인 벗겨진 머리만 없다면 누구로도 대체 가능한 연설가로 보인다. 스스로 새로운 정권을 세웠던 히틀러와는 달리 스탈린은 1929년 후계자로 등장했다. 이에 따라, 앞에서 서술했듯이, 스탈린은 정권을 잡게 되었을 때 그의 정치적 정당성을 주장하기 위해 자신의 도상에 "우리 시대의 레닌"과 같은 구호, 즉 문자와 알레고리, 레닌 이미지를 필요로 했다. 그러나 그는 경제개발과 전쟁을 거치면서 스스로 신이 되어 그의 도상에서 레닌 이미지가 변형, 약화되거나 사라졌는데, 「스탈린은 우리를 승리로 인도하고 있다」의 전쟁 장면도 그러한 예에 속한다.

1931년부터 시각적 프로파간다는 중앙집권화되었다. 포스터 미술가들은 자신들의 스케치가 당 지도부가 선정한 구호와 문구에 적합한지

508

승인을 받기 위해서 국가출판국Izogiz을 방문해야 했다. 1920년 프롤레타리아 문화가 "프롤레타리아의 전령사인 공산당 외에도 여러 유형의 프롤레타리아 조직들의 활동을 통해서" 이루어져야 한다고 밝혔던 레닌과 달리, 스탈린은 1932년 최종적으로 모든 미술가 단체를 해산시키고 소비에트 예술가연맹 하나로 만든 후 중앙에서 시각적 프로파간다를 엄격히 통제하였다. 1934년에 집필된『소비에트 검찰과 그의 업무』를 보면 '법' 대신 '적법성'을 논하고 있고, 이 '적법성'도 '잘못'이나 '불충분함' 같은 모호하고 추상적인 용어로 대치되어 있다. 이렇게 볼 때 사전과 사후에 검열을 거친 스탈린 시대의 예술은 당의 이상을 획일적으로 반영하는 도구일 뿐이었다.「마르크스, 엥겔스, 레닌과 스탈린의 깃발을 더 높이 들어라!」에서 보았듯이 스탈린은 '살아 있는 신'으로서 막강한 권력을 행사하기 위해서 레닌을 신화로 만들어 역사 속에 끼워 넣었다. 레닌의 신화화는 그 개인뿐만 아니라 볼셰비키 혁명까지도 신화화하는 데 기여하였고, 이후 스탈린의 '현재' 이상理想의 시각화인 사회주의적 사실주의 안에서 레닌의 이미지는 축소되고 소멸되었다.

지금까지 레닌 도상학의 변화를 통해서 살펴보았듯이 포스터에 나타난 한 통치자의 시각 이미지들은 그것들이 생산된 시대의 정치 이념을 비춰주는 거울이며, 따라서 권력의 도상학이다. 레닌의 이미지는 그 자신이 권좌에 있을 때는 그가 가지고 있는 권력을, 그리고 사후에는 그의 이미지를 생산하는 당대 통치자의 권력을 구체화했다. 특히 레닌의 이미지는 그가 죽은 후에는, 격변하던 세계사의 중심 무대에서 교조적인 이념을 유지하기 위한 수단으로 가장 먼저는 스탈린에 의해, 그리고 제2차 세계대전 후에는 광범위하게 동구권 국가들의 지도자에 의해 상황에 따라 전략적으로 다양하게 변주되어 제작되었다가 제거되거나 파괴되었다. 동시대 권력을 옹호하는 미술이든 그것을 비판하는 미술이든 모두 그 권력이 전복되면 미술의 가치나 평가도 전복되기 때문이다.

독일의 제3제국 관영 미술은 그것을 장려했던 나치 정권이 '퇴폐미술전'을 개최해 아방가르드 미술에게 했던 것처럼 압수되거나 공공장소에서 제거되었고, 부분적으로는 파괴되었다. 독일 통일과 소련을 비롯한 동구권 국가의 붕괴 후에도 공공장소에 있는 기념비들은 군중에 의해서 파괴되었다. 스탈린 시대의 미술의 대부분이, 특히 그의 협력자들이 그린 작품들이 '탈스탈린화' 과정에서 파괴되었다. 후르쇼프에 의한 스탈린 비판은 이미 1956년 2월에 시작되어, 수천 점의 미술 작품들이 파괴되거나 감춰졌고, 책과 미술관 같은 공공 영역에서 사라졌다. 독일의 네오 나치처럼 과거의 잔재가 남아 있는 상황에서는 제3제국의 관영 미술 작품들의 전시와 출판이 제약을 받고 있다. 전체주의 국가에 봉사한 미술에 대한 연구 역시 당대 정치 상황으로부터 자유롭지 못하다. 따라서 레닌과 스탈린 시대의 미술에 대한 중립적 연구가 시작된 것은 소련 체제의 붕괴 이후부터라고 해도 과언이 아니다.

이 글의 서두에서 서술했듯이 권력자가 시각매체를 통해 이미지를 생산하고 유포하는 것은 전체주의 국가 체제만이 아니다. 소위 민주주의 체제에서는 매스미디어에서 '소비자'의 피드백 없이 일방적으로 무수한 이미지를 쏟아내는데도 불구하고, 전체주의 체제의 프로파간다를 대할 때와는 달리 경계심이 적어 이러한 사실을 간과하고 있다. 이는 동구권이 무너진 후 이슬람 국가들이 서구 국가들의 '적'으로 부상했지만 '서방 세계'에 대한 이데올로기적 견제가 없는 오늘날 진지하게 고려해야 할 사안이다.

김민아

러시아인문학대학교에서 문학 박사학위를 받았다. 논문으로「인간 존재에 대한 물음으로서의『죄와 벌』」「로자노프와 고골: 로자노프의 문학 비평에서 본 고골」등이 있다. 현재 서울대학교와 상명대학교에서 강의를 하고 있다.

김성일

러시아 상트페테르부르크 국립대학에서 문학 박사학위를 받았다. 지은 책으로『러시아영화와 상상력』『톨스토이: 욕망이 아닌 사랑으로 살라』(공저) 등이, 논문으로「문화원형으로서의 도시 페테르부르크 연구」「L. 톨스토이 문학에 나타난 전쟁」등이, 옮긴 책으로『러시아문화에 관한 담론』(공역) 등이 있다. 현재 청주대학교 문화콘텐츠학과 교수이다.

김수환

서울대학교 노어노문학과 및 같은 과 대학원을 졸업하고, 러시아 과학아카데미(학술원) 문학연구소에서 박사학위를 받았다. 지은 책으로『책에 따라 살기』『사유하는 구조』등이, 옮긴 책으로『문화와 폭발』『기호계』『영화와 의미의 탐구』(공역) 등이 있다. 현재 한국외국어대학교 러시아학과 교수이다.

김정희

독일 함부르크 대학에서 철학 박사학위(미술사)를 받았다. 지은 책으로『문명화, 문화주의, 기업문화: 영국정부와 예술 정책』『서울대학교 미술대학의 70년: 또 하나의 한국현대미술사』등이, 논문으로「고야의 〈전쟁의 참화〉: 선과 악 저편의 인간의 드러냄」「장 뤽 고다르 영화 속의 Pop(ular) Art」「요제프 보이스의 십자가」등이 있다. 현재 서울대학교 서양화과 교수이다.

손유경

서울대학교 국어국문학과를 졸업하고 같은 과 대학원에서 박사학위를 받았다. 지은 책으로『슬픈 사회주의자』『프로문학의 감성 구조』『고통과 동정』등이, 옮긴 책으로『지금 스튜어트 홀』이 있다. 현재 서울대학교 국어국문학과 교수이다.

송은지

서울대학교 노어노문학과 및 같은 과 대학원을 졸업하고, 미국 UCLA의 슬라브어문학과에서 석박사 학위를 받았다. 논문으로「러시아어 발화동사의 상과 구문적 의미」「러시아어에서의 분노의 정서개념 의미 연구」등이 있다. 현재 서울대학교 노어노문학과 교수이다.

박종소

러시아 모스크바 국립대학에서 문학 박사학위를 받았다. 지은 책으로『한국 근대문학의 러시아 문학 수용』(공저) 등이, 논문으로「스키타이 문명과 러시아 문학」「러시아 속의 세계문학」등이, 옮긴 책으로『우리 차르의 사람들』등이 있다. 현재 서울대학교 노어노문학과 교수이다.

박혜경

서울대학교에서 문학 박사학위를 받았다. 지은 책으로『백년의 매혹: 한국의 지성 러시아에 끌리다』(공저),『나를 움직인 이 한 장면: 러시아문학에서 청춘을 단련하다』(공저)가, 논문으로「나보코프의『사형장으로의 초대』속 "감시와 처벌": 푸코의 계보학적 방법론에 근거하여」등이, 옮긴 책으로『P세대』『사형장으로의 초대』등이 있다. 현재 한림대학교 러시아학과 교수이다.

이병훈

러시아 모스크바 국립대학에서 문학 박사학위를 받았다. 지은 책으로『아름다움이 세상을 구원할 것이다』『모스끄바가 사랑한 예술가들』등이, 옮긴 책으로『젊은 의사의 수기·모르핀』등이 있다. 현재 아주대학교 다산학부대학 부교수이다.

이장욱

고려대학교 노어노문학과에서 박사학위를 받았다. 지은 책으로『영원이 아니라서 가능한』『천국보다 낯선』『혁명과 모더니즘』등이 있다.

차시원

서울대학교 노어노문학과와 같은 과 대학원 박사과정을 마치고 러시아 과학아카데미(학술원) 문학연구소에서 박사학위를 받았다. 논문으로「'떨어진 별'의 비극: 알렉산드르 블로크의 드라마「낯선 여인」」, "Imagining an Empire: The Idea of 'Moscow-The Third Rome' and the Russian Empire" 등이, 옮긴 책으로『아방가르드 프런티어』『신화시학 1·2』(공역) 등이 있다. 현재 이화여자대학교에서 강의하고 있으며 서울대학교 인문학연구원 객원연구원으로 재직 중이다.

최진석

러시아인문학대학교에서 문화학 박사학위를 받았다. 지은 책으로 『민중과 그로테스크의 문화정치학』『국가를 생각하다』(공저), 『불온한 인문학』(공저)이, 옮긴 책으로 『누가 들뢰즈와 가타리를 두려워하는가?』『해체와 파괴』『러시아 문화사 강의』(공역) 등이 있다. 문학평론가이자 수유너머104 회원이며, 서울대학교와 한국예술종합학교에서 강의하고 있다.

출전

김성일 「혁명과 유토피아: 흘레브니코프의 「라도미르」에 나타난 미래주의 유토피아」

이 글은 『비교문화연구』 제13권 제2호(2009)에 게재되었던 것이다.

김수환 「혁명과 소리: 볼셰비키의 땅에서 사운드 씨의 기묘한 모험」

이 글은 『슬라브연구』 제33권 제1호(한국외국어대학교 러시아연구소, 2017)에 게재되었던 것이다.

박혜경 「혁명의 서사시: 『고요한 돈강』과 『의사 지바고』의 장르 비교」

이 글은 『러시아연구』 제27권 제1호(2017)에 게재되었던 것이다.

손유경 「혁명과 문장: 최인훈의 『화두』에 담긴 러시아 혁명의 유산」

이 글은 『민족문학사연구』 제63호(민족문학사학회, 2017)에 세새되었던 것이다.

송은지 「러시아어에 나타난 10월 혁명의 파토스와 에토스: 언어, 정치 이데올로기, 문화적 정체성」

이 글은 『슬라브연구』 제33권 제2호(한국외국어대학교 러시아연구소, 2017)에 게재되었던 것을 수정한 것이다.

이병훈 「러시아 혁명과 문학비평의 두 방향: 1920년대 소비에트 비평의 근본 문제들」

이 글은 『러시아연구』 제27권 제1호(서울대학교 러시아연구소, 2017)에 게재되었던 논문을 부분적으로 수정한 것이다.

이장욱 「러시아 혁명과 시: 혁명의 시와 시의 혁명 사이에서」

이 글은 이장욱, 『혁명과 모더니즘』(랜덤하우스, 2005)에서 일부를 발췌, 수정한 것이다.

차지원 「혁명과 상징주의: 혁명의 풍경, 블로크의 「열둘」」

이 글은 『슬라브학보』 제32권 3호(한국슬라브유라시아학회, 2017)에 게재되었던 것이다.